Riehen – ein Portrait

Riehen – ein Portrait

Arlette Schnyder, Sibylle Meyrat, Isabel Koellreuter, Daniel Hagmann, Stefan Hess

Schwabe Verlag Basel

Herausgeberin: Gemeinde Riehen
© 2010 Schwabe AG, Verlag, Basel
Lenkungsausschuss: Willi Fischer, Maria Iselin-Löffler, Urs Denzler
Konzept: Max Hauck, Isabel Koellreuter, Sibylle Meyrat, Arlette Schnyder
Texte und Redaktion: Arlette Schnyder, Sibylle Meyrat, Isabel Koellreuter,
    Daniel Hagmann, Stefan Hess
Projektleitung, Schlussredaktion: Stefan Hess
Gestaltung: hartmann bopp, Basel
Lithos: Andreas Muster, Basel
Einband: Buchbinderei Grollimund AG, Reinach/BL
Schriften: Centennial, Avenir
Papier: Profi Bulk 11, 115 g/m^2

Gesamtherstellung: Schwabe AG, Druckerei, Muttenz/Basel
Printed in Switzerland
ISBN 978-3-7965-2672-5

www.schwabe.ch

Inhalt

6	Vorwort
8	Einleitung
13	Heimatgeschichten und Ansichten
41	Herrschaft und Gemeinschaft
73	Leben an der Grenze
101	Wohnstadt im dörflichen Kleid
127	Das grüne Kapital
157	Herausforderung Verkehr
185	Wasser- und Energiekreisläufe
213	Arbeiten in der Wohngemeinde
241	Freizeit und Begegnung
273	Kulturelle Vielfalt
301	Bildungswandel
327	Kirchen im Dorf
362	Zeittafel
365	Quellen und Literatur
378	Personenregister
381	Orts- und Sachregister
394	Bildnachweis
396	Autorinnen und Autoren

Vorwort

«Denn nur wer seine eigene Vergangenheit kennt, kann seine Gegenwart gut gestalten und sich auf seine Zukunft verantwortlich einstellen.» Dieser bekannte und vielfach auch abgewandelte Merkspruch des spanisch-amerikanischen Schriftstellers und Philosophen George de Santayana mag auch als Leitsatz zum vorliegenden neuen Buch ‹Riehen – ein Portrait› gelten.

Bereits seit längerer Zeit ist die ‹Gemeindekunde Riehen› von 1980 und 1988 vergriffen. Eine Neuauflage war geplant, und der Verfasser, Michael Raith, wurde beauftragt, seine Gemeindekunde zu überarbeiten und zu aktualisieren. Doch leider kam er nicht mehr dazu: Der Autor verstarb im Jahr 2005 völlig unerwartet. Sein Werk blieb unvollendet, und so musste sorgfältig ein Neustart evaluiert werden. Mit grosser Genugtuung darf rückblickend festgestellt werden, dass es gelungen ist, mit einem jungen Autorenteam ein gänzlich neu gestaltetes Buch über unser Riehen zu realisieren. Bewusst wurde ein anderer Ansatz gewählt: keine enzyklopädische Fortschreibung der ‹Gemeindekunde›, sondern eben das Anfertigen und Gestalten eines ‹Portraits›. Um im wahrsten Sinn des Wortes beim Bild zu bleiben: Mit feinen, präzisen Pinselstrichen wurde ein Bild gemalt, das die wesentlichen Gesichtszüge unseres Dorfes mit all seinen markanten und unverwechselbaren Merkmalen zeigt. Es ist der Autorenschaft damit gelungen, ganzheitlich und umfassend über Altes und Neues zu berichten und Hintergründe und Zusammenhänge aufzuzeigen. Dies geschieht in einem ausgewogenen Verhältnis von sorgfältig recherchierten Texten und aussagekräftigen Bebilderungen, so dass die Lektüre gleichsam beides vermittelt: Lesefreude und Wissen. Das Buch wird so auch in einer modernen Welt, in der sich neue Medien breitmachen, seinen Platz und Stellenwert behaupten und soll nicht zuletzt auch unserer Schuljugend gute Dienste erweisen.

Mein grosser Dank geht an die Autorinnen und Autoren, an die Gestalter, Drucker und Verleger sowie an alle weiteren Personen und Institutionen, die zum guten Gelingen beigetragen haben.

Einer möglichst grossen Leserschaft möge das Buch dienen, das alte und das neue Riehen noch besser kennen und verstehen zu lernen. Alteingesessene und Neuzugezogene sollen gleichermassen angesprochen werden, damit sich Heimatgefühl und Interesse an der Wohngemeinde festigen oder neu entwickeln können. Schliesslich soll das neue Buch auch mithelfen, Vergangenes und Zukünftiges gemäss dem eingangs erwähnten Zitat so zu verbinden, dass sich die Gemeinde Riehen nachhaltig und gesund weiterentwickeln kann.

Riehen, im März 2010

Willi Fischer, Gemeindepräsident

Einleitung

Über Riehen ist schon viel geschrieben worden: zwei umfangreiche Dorfgeschichten, unzählige Artikel in dem seit 1961 erscheinenden Jahrbuch ‹z'Rieche› sowie die ‹Gemeindekunde› von Michael Raith, deren zweite Auflage aus dem Jahr 1988 vergriffen und in vielem überholt ist. Letztere begleitete Neuzuzügerinnen, Schüler, Gemeindeangestellte und Heimweh-Riehener über Jahrzehnte mit ihrem reichen, lexikalischen Wissen. Eine dritte, überarbeitete Auflage konnte Michael Raith, der letzte Chronist Riehens, nicht mehr fertigstellen: Am 16. Juni 2005 verstarb er unerwartet. Die alte ‹Gemeindekunde› bleibt ein wichtiges Nachschlagewerk. Mit dem neuen Ortsportrait wagt Riehen nun einen neuen Blick auf sich selbst.

Grenzfall Riehen

Die Gemeinde mit ihren gut 20 000 Einwohnerinnen und Einwohnern teilt viele Herausforderungen und Vorzüge mit anderen mittelgrossen Schweizer Ortschaften. Dennoch befindet sich Riehen in einer besonderen Lage: als Teil eines Kantons, der gerade mal drei Gemeinden zählt; direkt neben der Stadt Basel gelegen und doch nicht mit ihr verwachsen; mehrheitlich von nationalen Grenzen umgeben, durch Grenzgänger und Einkaufstourismus eng mit den badischen Nachbarn verbunden; statistisch längst zur Stadt herangewachsen, in der Selbstwahrnehmung zuweilen immer noch ein Dorf. Riehen gibt sich traditionsverbunden und blickt selbstbewusst in die Zukunft; stolz betont man hier die reiche Vergangenheit, ablesbar an Kirchenburg und Herrschaftsgütern, aber auch die Auszeichnung mit dem ‹European Energy Award in Gold›.

Riehen zeigt Mut

Über einen vielfach beschriebenen Ort Neues sagen zu wollen, bedeutet, neue Perspektiven einzunehmen, abzuwägen, wo Lücken bestehen und welche Geschichten auch in zehn Jahren noch von Interesse sind. Die Gemeinde vertraute das vorliegende Buchprojekt einer jüngeren Generation von Historikerinnen und Historikern aus Basel an, die während rund zwei Jahren mit professioneller Distanz und engagierter Neugier das Wesen der Gemeinde zu ergründen suchten. Alle kannten sie Riehen bereits, sei es als ehemalige Einwohner, als Arbeitnehmende, als Spaziergängerinnen oder durch ihre politische Tätigkeit. In zwölf thematischen Kapiteln erzählen sie Geschichte und Geschichten aus Riehen.

Riehen neu geschrieben

Andere Augen sehen Altes neu. Sie verbinden Bekanntes mit Unbekanntem: Informationen zur Geschichte der Verkehrsprobleme und zur Entwicklung der Quartiere machen Riehen im Verhältnis zur Stadt sichtbar, Riehens Kulturleben wird vor dem Hintergrund politischer Autonomiebestrebungen beleuchtet. Es gibt mehr als genug Informationen und mehr als eine mögliche Erzählung über Riehen. Die neue Gemeindekunde versteht sich deshalb weder als Chronik noch als Lexikon. Sie will vielmehr in gut lesbarer Weise Zusammenhänge aufzeigen und Prozesse sichtbar machen. Den Schwerpunkt bilden die Entwicklungen seit dem 19. Jahrhundert bis in die Gegenwart. Eine Vielzahl historischer wie aktueller Bilder verführt zum Stöbern und macht das Geschichtenbuch auch zum Bilderbuch. Das Personen- und Sachregister am Ende hilft bei der gezielten Suche. Und ein ausführliches Literaturverzeichnis gibt Hinweise zur vertiefenden Lektüre.

Einiges, was 1988 noch in der ‹Gemeindekunde› stand, fehlt nun, anderes findet sich hier neu: Auf 400 Buchseiten kann nur ein Teil der Wirklichkeit Platz finden. Wie bei jedem Portrait, so bleibt auch hier ein Teil unsichtbar, anderes steht voll im Licht oder ist knapp im Schatten zu erkennen. Was Riehen ist, kann und will dieses Buch nicht allgemeingültig definieren – das bleibt jeder Leserin und jedem Leser vorbehalten.

Dank

Dass dieses Portrait der Gemeinde Riehen möglich wurde, ist der grossen Unterstützung zu verdanken, die das Team der Autorinnen und Autoren während seiner Arbeit erhielt.

Ein grosser Dank für die angenehme Zusammenarbeit geht an den Lenkungsausschuss (Willi Fischer, Urs Denzler, Maria Iselin-Löffler).

Herzlich danken möchten wir auch all jenen Institutionen und Personen, die durch Bilder, Auskünfte, kritische Lektüre und sonstige Hilfe einen Beitrag zu diesem Buch geleistet haben:

- Dokumentationsstelle Riehen (Imre Boejtes, Gaspare Foderá, Helena Schneider)
- Staatsarchiv Basel-Stadt (Andreas Barth, Dieter Leu, Sabine Strebel)

- Gemeindeverwaltung Riehen (Isabella Bader, Ivo Berweger, Christiane Dähnrich, Bernhard Graf, Wolfgang Graf, Richard Grass, Christian Jann, Katrin Kunst, Rolf Kunz, Christian Lupp, Roger Perret, Jürg Schmid, Andreas Schuppli, Susanne Spettel, Vera Stauber, Philipp Wälchli, Cornelia Wingeier, Urs Zengaffinen)
- Christian Aeberhard, Elisabeth Arnold, Hansjörg Becherer, Michel Chalon, Conradin Cramer, Ralf Dolzer, Heinz Durrer, Roland Engeler-Ohnemus, Francesa Falk, Marc Fivaz, Patrick Gantenbein, Michael Gärtner, Miranda Graf, Max Hauck, Andreas Ineichen, Philippe Jaquet, Rolf Jeck, Christoph Junck, Markus Junck, Paul Jungi, Albin Kaspar, Ernst Kauer, Brigitta Kaufmann, Gerhard Kaufmann, Sr. Doris Kellerhals, Andreas Klaiber, Men Kräuchi, Georg Kreis, Liselotte Kurth, Peter Laube, Martin Leuenberger, Michael Martig, Sylvia Martinez, Luzia Meister, Thomas Meyrat, Gerhard Moehring, Andreas Ochsenbein, Margret Osellame, Franz Osswald, Gerd Pinsker, Ruth und Samuel Preiswerk-Tschopp, Sr. Heidi Roth, Caroline Schachenmann, Niklaus und Margret Schmid-Heimes, †Elisabeth Schmid-Utz, Christoph Schneider-Marti, Willi Schneider, Aletta Schubert-Vischer, †Theophil Schubert-Vischer, Benedict Schubert, Silvia Schweizer, Lukrezia Seiler-Spiess, Rolf Spriessler-Brander, Rolf Stöcklin, Rolf Thalmann, Johannes Wenk-Madoery, Felix Werner, Walter Werz, Fredy Wickli, Bianca Wülser, Andreas Zimmermann, Peter Zinkernagel

Die Autorinnen und Autoren

Arlette Schnyder, Sibylle Meyrat, Isabel Koellreuter, Daniel Hagmann, Stefan Hess

Ansichtskarte aus Riehen, 1899.

Heimatgeschichten und Ansichten

Arlette Schnyder

Riehen ist kein unbeschriebenes Blatt. In wissenschaftlichen Abhandlungen und Memoiren, in Dorfgeschichten und Gedichten und nicht zuletzt auf Karten wurde der Charakter der Gemeinde immer wieder festgehalten. Zwei Themen dominieren in der Tradition der heimatkundlichen Darstellungen: der dörfliche Charakter der Gemeinde und ihre Grenzlage. Zwei Drittel der gesamten Gemeindegrenze Riehens fallen mit der schweizerischen Landesgrenze zusammen. Der einstige dörfliche Charakter der heutigen Wohnstadt liegt Riehen am Herzen; er hilft der Gemeinde, sich gegenüber der nahen Stadt Basel als eigenständig zu positionieren.

Perspektiven

Kommt man heute von Basel her der Hauptstrasse entlang nach Riehen, so fällt nach Familiengärten und kleinen Quartierbildungen das malerische Zentrum auf; Reste des alten Dorfkerns mit historischen Bauten vermitteln den Eindruck, dass hier die Kirche noch im Dorf steht und Linden zum Verweilen einladen. Dieses stimmungsvolle Bild, das sich vielen Besucherinnen und Besuchern als erster Eindruck einprägt, besitzt eine Rückseite, die erst bei einem zweiten Blick auf die Dorfmitte sichtbar wird: Der Landgasthof, das Gemeindehaus und der Dorfplatz mit seinen Einkaufszentren erinnern an den Bauboom der 1950er und 1960er Jahre.

Das städtische Dorf

Riehen ist eine von drei Gemeinden des Kantons Basel-Stadt und der Einwohnerzahl nach die zweitgrösste Gemeinde der Nordwestschweiz. Sie breitet sich im unteren Teil des Wiesentales bei dessen Übergang in die Rheinebene aus und umfasst eine Gesamtfläche von 1087 Hektaren. Die Einwohnerzahl verdreizehnfachte sich von 1850 bis 1965. Seither stagniert die Zahl der hier wohnhaften Personen zwischen knapp 20 000 und 21 000. Riehen kann sich aus statistischer Sicht als Stadt bezeichnen. Dennoch betont die Gemeinde immer wieder ihren dörflichen Charakter.

Riehen als Heimat

Liest man alte Chroniken und Beschreibungen Riehens, so scheint es, dass sich gerade dieses Dorf besonders als Heimat eigne. Der Riehener Pfarrer Ludwig Emil Iselin begann etwa seine ‹Geschichte des Dorfes Riehen› von 1923 mit folgenden Worten: «Dem Namen nach ist Riehen ein Heim-Ort und hieß früher Riechheim. Wirklich ist es schon durch seine Lage wie geschaffen für eine Heimat.» Die Gegend wird immer wieder als besonders fruchtbar, mild und offen beschrieben. Schon 1752 hielt der Basler Kanzleibeamte Daniel Bruckner in seinem ‹Versuch einer Beschreibung historischer und natürlicher Merkwürdigkeiten der Landschaft Basel› fest: «Die Gegend von Riehen ist in Ansehung der schönen und guten Wiesen, Felder, Reben, bergichten Waldungen von Crentzach nicht nur eine der angenehmsten, sondern auch eine der fruchtbarsten, sowol wegen allerhand Feld- und Gartenfrüchten, nidlichem Obs und treflichem Weinwachs als auch wegen vieler Kräuter.» Die schönen Landschaften haben auch Heimatdichter inspiriert. So findet sich in der ‹Riehener Zeitung› vom 12. April 1935 folgendes Gedicht von Margrit Schär-Seckinger:

«Die Frucht reift weithin nicht so süss
Wie in dem Heimatparadies
Da ist sie stets gediehen.
Kein Schornstein raucht, die Luft ist rein,
Als möcht' es immer Sonntag sein
In meinem lieben Riehen!»

Das Bild des ‹grossen grünen Dorfes›, dem sich Riehen verschrieben hat, hilft, sich gegen die Stadt abzugrenzen, anders zu sein, nicht vereinnahmt zu werden. Auf den ersten Blick passt es ja auch: Ein Kirchturm inmitten von Giebeldächern, Weiden und gepflegtem Baumbestand verweist auf eine traditionell landwirtschaftlich geprägte Gemeinde. Die Aufnahme stammt aus dem Jahr 2008.

Was aber ist Heimat und was macht Heimat aus? Der schwer zu fassende Begriff wird unterschiedlich verwendet: Er steht für das Land oder den Ort, in dem man geboren oder aufgewachsen ist oder ständigen Wohnsitz hat, wird aber oft in einem übertragenen Sinn für Orte gebraucht, an denen man sich geborgen und wohl fühlt. Schnell zeigt sich, dass Heimat nicht etwas Statisches, ein für alle Mal Festgeschriebenes ist, sondern in oft konfliktreichen Auseinandersetzungen mit der Umwelt konstruiert wird.[1] Heimat kennt Arm und Reich. Heimat ist ein Ort, wo gelitten und gestritten wird und gemeinsam schwierige Situationen gemeistert werden. Wenn wir von Heimat sprechen, dann denken wir an eine Landschaft, eine eigene Sprache, an Vereine, Kirche und Familie. Heimatbeschreibungen wie die oben zitierten berücksichtigen kaum, dass Heimat immer auch geprägt ist von menschlichen Unzulänglichkeiten und sozialen Spannungen. Heimatliche Kultur will das Eigene erheben und Liebe wecken zu den einzelnen Teilen, aus denen das Dorf und die Dorfgemeinschaft zusammengesetzt sind. In den Beschreibungen Riehens sind dies die Obstbaum- und

Ein Bündner Geisshirt in Riehen

Niemand war schon immer da, auch in Riehen nicht. So musste sich Gion Peder Thöni, der 1954 aus einem kleinen Bündner Bergdorf nach Riehen kam, zunächst in dem auf ihn städtisch wirkenden Umfeld zurechtfinden. Er unterrichtete während dreissig Jahren als Sekundarschullehrer am Hebelschulhaus in Riehen, amtierte als Chorleiter und schrieb romanische Bücher und Novellen. Seinen ersten Eindruck hielt er 1964 im Jahrbuch ‹z'Rieche› unter dem Titel ‹Wenn ein Geisshirt nach Riehen kommt› fest: «Eine Stadt suchte ich und fand ein Dorf; ich erwartete ein Dorf und fand eine Stadt! […] Doch dieses stadtgewordene Dorf hat es sage und schreibe fertiggebracht, sich trotzdem ein gut Teil von Eigenständigkeit zu bewahren! […] Ich jedenfalls staunte nicht nur, sondern freute mich richtig, in meiner Wohnheimat nicht so ein wesensloses Staatswesen mit unsichtbarer, geisterhafter, sich nur in patrouillierender Polizeistreifen verdeutlichender Führung anzutreffen; nein, hier begegnest Du noch den lieben Dorfvätern aus dem Gemeinderat auf dem gleichen Trottoir, du spürst geradezu ihre dirigierende, ordnende, waltende Hand […]. Riehens gewahrte romantische Selbständigkeit von der nahen Stadtmacht erschien mir lange noch als kleines Wunder. Und dabei kommt mir diese Stadt immer wieder als so etwas wie die Riehener Sabinerberge vor. In diesen gebirgigen Landschaften raubten bekanntlich die Römer den Etruskern ihre Frauen weg – in der Stadt haben wohl die meisten Riehener Futterkrippe und Milchkuh, die ihr Portemonnaie füllen.»

Rebbestände, das sonntäglich behäbige Dorf, das Läuten der Kirchenglocken, die Abwesenheit von Industrie, der erhabene Blick von der Chrischona oder vom Schlipf auf das weich gebettete Dorf und die grünen Wiesenauen.

Betrachtet man, wem heute Riehen ein Heim bietet, so sind dies in erster Linie Familien sowie viele alte und gebrechliche Menschen. Der Altersdurchschnitt der Wohnbevölkerung liegt bei 46,3 Jahren; 19,5 Prozent der Bevölkerung sind unter zwanzigjährig und lediglich 8 Prozent sind zwischen zwanzig- und dreissigjährig. Mit einem rückläufigen Geburtenüberschuss und etwa gleich vielen Zu- wie Wegzügern hat sich die Einwohnerzahl seit 1965 nicht wesentlich verändert. Dennoch wird Riehen für jährlich rund siebenhundert Menschen zum neuen Zuhause, das sie kennenlernen wollen, in dem sie ihren Platz suchen und wo sie vielleicht ein Stück Heimat finden.

Ortsnamen und Wappen

Jede Gemeinde hat einen eigenen Namen und ein eigenes Wappen. Die Geschichten, die sich rund um diese Symbole eines Orts gruppieren, tragen zum Selbstverständnis einer klar abgrenzbaren kommunalen Identität bei und bilden Grundpfeiler des historischen Selbstverständnisses einer Gemeinde.

Riehen – nach einer Person oder einem Ort benannt?

Zum ersten Mal schriftlich erwähnt wird das Dorf Riehen in einer Schenkung, die Waldo von Waldeck am 7. April 1113 dem Kloster St. Blasien machte.[2] Die Schreibweise des Ortsnamens war noch uneinheitlich, so findet man die Benennung ‹Rieheim› (1157), später ‹Riehaeim› (1179), ‹Riechen› (1219), ‹Riehaim› (1238), ‹Richem› (1264) und ‹Riehen› (1287).[3]

Die Deutung des Namens Riehen bleibt in Ermangelung genügend alter und aussagekräftiger Quellen unsicher. Trotz der späten ersten urkundlichen Erwähnung Riehens nimmt man gemeinhin an, dass der Name der Siedlung bereits vor dem 7. Jahrhundert entstand. Denn der zweite Teil des Ortsnamens ‹Rieheim› verweist in die Zeit der alemannischen oder fränkischen Landnahme. Er leitet sich vom Gattungswort ‹heim› ab, das im Alt- und Mittelhochdeutschen so viel wie ‹Haus› oder ‹Wohnung› bedeutet. Keine Einigkeit besteht bis heute über die Deutung des ersten Teils des Namens. In der älteren Forschung wurde meist eine Bildung mit dem Personennamen ‹Riocho› vorgeschlagen, wie in der Geschichte Riehens von Ludwig Emil Iselin 1923 oder in ‹Riehen. Geschichte eines Dorfes› von 1972. Noch 2003 schrieb Michael Raith: «Trotz aller in letzter Zeit zu diesem Thema formulierter Thesen scheint noch immer die alte Deutung ‹Heim des alemannischen Sippenältesten Riocho› am wahrscheinlichsten zu sein.»[4] Eine zweite Interpretation, die ebenfalls seit Beginn des 20. Jahrhunderts für den Namen Riehen vorliegt und regelmässig wieder aufkommt, nimmt eine Bildung mit althochdeutsch ‹rîho›, mittelhochdeutsch ‹rîhe› an, was ‹Rist des Fusses› oder ‹Reihen› bedeutet. Dies verweise auf eine Erhöhung am Fusse des Schwarzwaldes. «Doch was soll ein Heim des Rists oder auf dem Rist?»[5], fragte der Basler Genealoge Hans B. Kälin empört, als er diese Deutung an der Schweizerischen Landesausstellung ‹Expo 2002› als offizielle Version vertreten fand. Gleichwohl lässt sich die Möglichkeit nicht ausschliessen, dass nicht ein Personenname, sondern eine Ortsbezeichnung den ersten Teil des Dorfnamens ausmacht. Denn der Personenname Riocho ist nur für einen badischen Ort belegt, nicht aber für Riehen. Welche der beiden Varianten für die Namensgeschichte Riehens zutrifft, wird sich vielleicht nach Abschluss der laufenden Arbeiten der Basler Flurnamenforschung näher bestimmen lassen. Die Geschichtsschreiber des Dorfes mussten sich wegen der fehlenden Quellen in Mutmassungen über die frühe Siedlung ergehen. So schrieb Michael Raith in der Zeitschrift ‹Das Markgräflerland› 2003: «Als Riocho vielleicht nach 500 seinen Hof in Riehen baute, war er vermutlich noch kein Christ.» ‹Vielleicht› und ‹vermutlich› sind unverzichtbare Worte in der Geschichtsschreibung Riehens, wenn es um die Anfänge des Orts geht.

Das Wappen – Tatsachen und Meinungen

Das heutige Wappen der Gemeinde Riehen stammt in seiner Form aus dem Jahr 1948. Gemäss Beschluss des Gemeinderats und der Bürgerversammlung zeigt es einen dreistufigen, in blauem Feld frei schwebenden Treppengiebel, gebildet aus sechs liegenden weissen Steinen, deren Seiten sich zueinander verhalten wie die Teilstücke einer im Goldenen Schnitt aufgeteilten Strecke, das heisst im Verhältnis 5 : 8.[6]

Ursprünglich ging das Gemeindewappen aus dem Herrschaftswappen der sogenannten Herren von Riehen hervor. Diese hatten das Amt des Meiers in Riehen inne, das heisst, sie verwalteten die Güter des Dorfherrn. Eine Familie der Herren von Üsenberg-Waldeck ist so durch ihre gewichtige Aufgabe in den Rang des niederen Adels aufgestiegen und begann sich nach dem von ihnen verwalteten Dorf zu nennen. Michael Raith stellte in seiner Gemeindekunde von 1988 alle bekannten Personen zusammen, die sich zu diesem Geschlecht der Edlen von Riehen zählten. Hier sei nur die erste Nennung eines Vogtes Gottfried von Riehen im Jahr 1183 erwähnt. Zuletzt treffen wir das Geschlecht im 15. Jahrhundert in Freiburg im Breisgau an. Nach 1479 scheinen die Edlen von Riehen ausgestorben zu sein.[7] Dass das Wappen eines Dorfes bis ins Spätmittelalter zurückverfolgt werden kann, ist bemerkenswert. Damals handelte es sich allerdings nicht um ein Gemeinde-, sondern um ein Herrschaftswappen, denn nur Ritter, geistliche Würdenträger, Klöster oder Städte waren berechtigt, Wappen zu tragen. Die Farbgebung, Weiss auf blauem Grund, verweist darauf, dass die Edlen von Riehen Hörige der Edlen von Üsenberg waren, die im 13. Jahrhundert Besitzungen in Riehen und Inzlingen hatten. Auf dem Schild verwendete man die Farben seiner Herren. In einer Kirchengutsrechnung des Jahres 1531 erschien das Wappen der Herren von Riehen dann erstmals als Wappen der Gemeinde.

Während über die Farbgebung des Wappens relativ sichere Aussagen gemacht werden können, sind sich die Spezialisten in der Frage seiner heraldischen Bedeutung bis heute nicht einig. In seiner 1923 erschienenen Dorfgeschichte sprach Ludwig Emil Iselin die Vermutung aus, dass im 14. Jahrhundert in Riehen eine Burg gestanden haben könnte, die das Motiv für das Wappen lieferte. In der Dorfgeschichte von 1972 wurde die These einer Burg der Herren von Riehen wieder aufgegriffen. Nach Ausgrabungen auf dem Kirchplatz, im Meierhof und auf dem Maienbühl, die zu keinem Ergebnis führten, kam der damalige Kantonsarchäologe Rudolf Moosbrugger zum Schluss, das Wappen stelle die Silhouette einer mittelalterlichen Motte dar. Eine Motte ist eine einfache hölzerne Burganlage auf einem künstlich aufgeschütteten Hügel. Albert Bruckner, ehemaliger Basler Staatsarchivar, folgerte daraus, das frühe Wap-

Die abgebildeten Stempel wurden von 1900 bis 1970 bei Abstimmungen und Wahlen für Dokumente-Versiegelungen gebraucht.

Wappen der Herren von Riehen, 1530.

‹Riehen Schilt› in einem Zinsbuch der Kirchengüterverwaltung von 1531.

Wappen der Herren von Riehen in Siebmachers Wappenbuch, 1703.

Stempel der Gemeindekanzlei Riehen, Anfang 20. Jahrhundert.

Das heutige Gemeindewappen.

pen zeige einen auf einer Aufschüttung aufragenden befestigten Hag mit Wehrturm.[8] In der Gemeindekunde von 1988 schrieb Michael Raith: «Es wird angenommen, dass es sich um eine heraldische Abbildung der im Riehener Bann gelegenen Burg derer von Riehen handelt. Wo diese Burg von Riehen stand, ist nicht sicher.»[9] Trotz Ausgrabungen fehlt bis heute von einer Burg jede Spur.

Nicht zuletzt deshalb fand der Heraldiker Hans Rudolf Christen an den lange vertretenen Burg-Thesen keinen Gefallen. Christen betonte, es gebe Regeln in der Wappenkunde, über die man sich nicht hinwegsetzen dürfe: Erstens müssten die Darstellungen auf Wappen auf grosse Entfernung erkennbar sein, eine Burg sei zum Beispiel durch Zinnen zu erkennen. Zweitens würden in alten Wappen nie wirkliche Gebäude abgebildet. Die Stufengiebelteilung auf dem Riehener Wappen führte Christen auf geometrische Formen zurück, die mit der Verbreitung von Wappen im 12. und 13. Jahrhundert unter Rittern in Mode kamen. Dabei galt ein Wappen mit geometrischer Einteilung als vornehmer denn eines mit einer Figur.[10] Erst im 16. Jahrhundert wurde die an ein Mauerwerk erinnernde Aufteilung der weissen Fläche des Wappens eingeführt. In dieser Form wurde das Wappen bis nach dem Zweiten Weltkrieg verwendet. Die Deutung des Wappens, wie sie 2002 von Christen vorgelegt wurde, legt nahe, es handle sich nicht wie bisher angenommen um die schematische Darstellung einer Burg.

1948 erhielt das Riehener Wappen ein neues Gesicht. Die Schweizerische Landesausstellung von 1939 machte alle Schweizer Gemeinden auf dem ‹Weg der Schweiz› mit ihrem Wappen sichtbar. Dies löste einen eigentlichen Wappen-Boom aus: Ortschaften, die bisher noch kein eigenes Wappen geführt hatten, entwickelten nun eines, und viele alte Gemeindewappen wurden modernisiert. So fand auch Riehen zu seinem neuen Wappenbild mit den sechs frei schwebenden Mauersteinen. Diese Lösung war nach heraldischen Gesichtspunkten umstritten; Michael Raith bemerkte dazu: «Historisch ist die damals getroffene Lösung falsch.»[11]

Von Grenzen und Karten

Ortsnamen und Wappen sind Teile der Identität einer Gemeinde. Aber erst, wer eine Ortschaft in eine Landschaft bettet und sie in ihren Grenzen sichtbar macht, kann die mit ihr verbundenen Geschichten im eigentlichen Sinn des Wortes verorten.

Erste kartografische Darstellungen

1522 erwarb die seit 1501 zur Eidgenossenschaft gehörende Stadt Basel das bischöfliche Dorf Riehen und wurde in politischer und rechtlicher Beziehung unbestrittene Dorfherrin. Rund hundert Jahre nach dem Übergang Riehens an Basel beauftragte die Stadt den Maler Hans Bock den Älteren mit der Darstellung ihres Herrschaftsgebietes – der «Grundlegung der Landschaft» –, besonders ihrer Grenzen zu fremden und eidgenössischen Nachbarn. Auf Hans Bocks Plan der ‹Landschaft nördlich des Rheins› sind deshalb die Marksteine nach Lage und Beschreibung detaillierter bearbeitet als der Rest des Planes. Ein schriftliches Dokument begleitet den Plan und dokumentiert in Worten die genaue Position der Grenzsteine und den damaligen Grenzverlauf. Die Karte war blosses Hilfsmittel zur Visualisierung der viel genaueren Beschreibung. Im 17. Jahrhundert entstanden weitere bekannte Darstellungen Riehens, die später wieder aufgenommen und kopiert wurden. So erstellte der Ingenieur Jacob Meyer 1643 mit Hilfe von Bocks Plan einen Grundriss des Riehener Bannes. 1672 leitete sein Sohn Georg Friedrich Meyer mit einem Plan über den umstrittenen Verlauf der Grenze entlang der Wiese eine neue Ära der Grenzvermessung ein. Er fixierte aufgrund mathematischer Berechnungen die Grenzlinie so, dass sie jederzeit wieder rekonstruiert werden konnte.[12] Der Plan war für die Festsetzung der Landesgrenze bedeutsam und wurde immer wieder als Grundlage für weitere Darstellungen der Grenzgebiete verwendet.

Noch bis ins 18. Jahrhundert bezeichneten Grenzen vor allem die Trennung von Herrschaftsgebieten und von Grundbesitz. Jedoch nahm im Lauf der militärisch-politischen Grenzziehungen des 18. Jahrhunderts die Bedeutung von Landesgrenzen zu. Und es «blieb dem Nationalismus des 19. und 20. Jahrhunderts vorbehalten, in den Rebbauern des Schlipfs unterschiedliche Wesen zu sehen, je nachdem, ob ihre Weinstöcke mehr rechts oder mehr links vom Tüllinger Berg lagen», wie Michael Raith es formulierte.[13]

Von beweglichen Grenzen und eingeschworenen Männern

Dass sich die genaue Grenzlinie selbst nach exakt gefertigten Plänen nur unter Schwierigkeiten aufrechterhalten liess, zeigt das Beispiel des Schlipfs, dessen Name nicht von ungefähr kommt: Der Hang am Tüllinger Hügel hat die Tendenz, sich zu bewegen, zu rutschen, zu ‹schlipfen› eben. So ereignete sich 1831 am Schlipf nach starken Niederschlägen ein grosser Rutsch, nach welchem der Grenzverlauf zwischen Riehen und Tüllingen nicht mehr auszumachen war, da die Grenzsteine unter Erdmassen begraben waren.[14] Bis heute bewegt sich der Landesgrenzstein Nr. 36 jährlich 35 Millimeter. 1991 wurde der seit der letzten Setzung im Jahr 1953 um zwei Meter ver-

Auf diesem ältesten Plan Riehens von Hans Bock dem Älteren, der das rechtsrheinische Kantonsgebiet um 1620 zeigt, sind die Marksteine exakt abgebildet. Die Landschaft ist nur in Grundzügen festgehalten. Dafür erzählt das Bild von der Arbeit der Bauern, vom Vergnügen der Herrschaft während der Jagd und vom Akt der Vermessung der nördlichen Landesgrenzen.

Die Zeichnung unten zeigt die unter dem Markstein befindlichen Lohen, die als Markierung des genauen Grenzverlaufs dienten. Beim Setzen eines Landesgrenzsteins sind nicht nur die Landvermesser zur Stelle, sondern auch Grenzbeamte, wie hier am 13. Mai 1986.

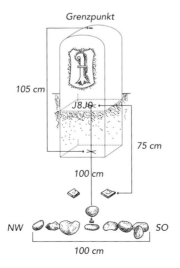

rutschte Stein zurückversetzt. 2007 rutschte der Hang unterhalb des Nägeliweges über einen Meter ab. Fänden keine regelmässigen Korrekturen des Grenzverlaufs statt, würde die Schweiz – wenn auch nur wenig, so doch stetig – kleiner werden.

Landesgrenzen wieder instand zu setzen, bedeutete einen grossen Aufwand. In Riehen kontrollierte seit dem 16. Jahrhundert das sogenannte Gescheid die Einhaltung von Grenzen, entschied bei Grenzstreitigkeiten und musste gegebenenfalls Grenzsteine versetzen, neu setzen oder aufheben. Die Gescheidsleute, meist sieben Männer, die der Ehrbarkeit des Dorfes angehörten, hatten unparteilich zu sein und mussten das Lohengeheimnis wahren. Denn die Setzung von Grenzsteinen war ein geheimnisvoller und geheim gehaltener Akt, der mit einer feierlichen Zeremonie verbunden war. In die zur Aufnahme des Steins ausgehobene Grube wurden zuunterst sogenannte Lohen gelegt. Diese bezeichneten den genauen Verlauf der Grenze. In Riehen zum Beispiel waren es zwei bis drei Holzkohlen und einige Kiesel, von denen nur die Männer des Gescheids wussten. Auf die Lohen wurden dann die Grenzsteine platziert. So konnte ein Grenzstein zwar versetzt werden, jedoch nicht die Lohen, da diese nur für Eingeweihte erkennbar oft bis zu einem Meter unter dem eigentlichen Grenzstein lagen. Die Gescheidsmänner trugen beim Setzen eines Grenzsteines eine feierliche Amtskleidung aus schwarzen Mänteln und Hüten. Dazu kam ein Stab, den man ihnen nach dem Tod in den Sarg mitgab.[15]

Bei den oft notwendigen Grenzregulierungen am Schlipf und in der Wiese war es vor allem wichtig, das freundnachbarliche Verhältnis zwischen Weil und Riehen zu pflegen. Die Gemeinden spendeten ihren Gescheidsleuten ein üppiges Mahl, das den Zweck hatte, Missverständnisse aus der Welt zu schaffen und eventuelle Streitigkeiten zu schlichten. Zwar wurde im 19. Jahrhundert das Gescheid durch einen mit Messgerät ausgerüsteten Landvermesser ersetzt, dennoch legt das basel-städtische Grundbuch- und Vermessungsamt auch heute noch unter Grenzsteine kegelförmige Tonzapfen mit einem aufgeprägten Baselstab. Der Sinn dieser modernen Lohen liegt allerdings nicht mehr in der Sicherung des Grenzverlaufs, sondern in der Weiterführung einer alten Tradition.

Die nach einem Plan von Jacob Meyer aus dem Jahr 1643 verfertigte Detailkopie mit dem Bann von Riehen zeigt deutlich die Ausdehnung der Wiese, das Dorf und die Verbindungsstrassen zu den benachbarten Gemeinden. Einzelne Grenzsteine sind in ihren Eigenschaften näher umschrieben. Gezeichnet wurde die Detailkopie 1747 von Emanuel Büchel.

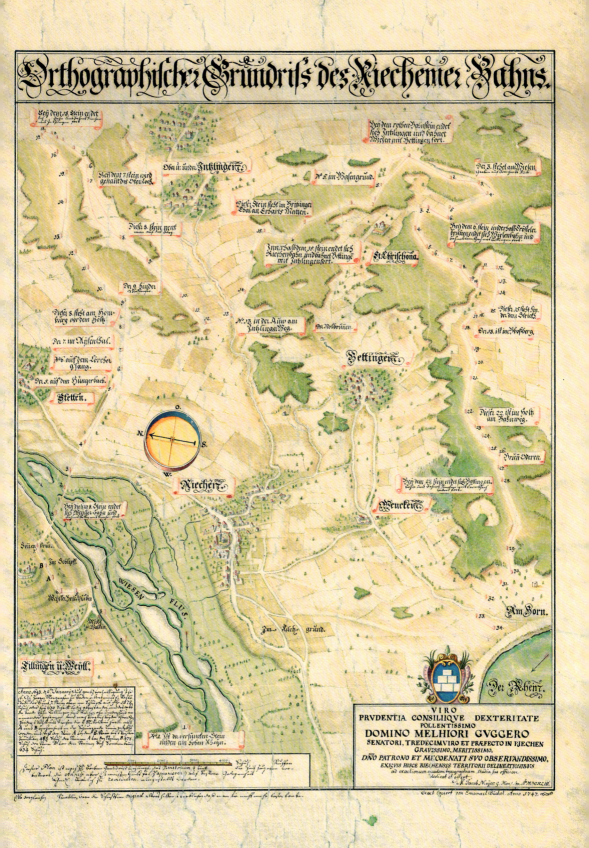

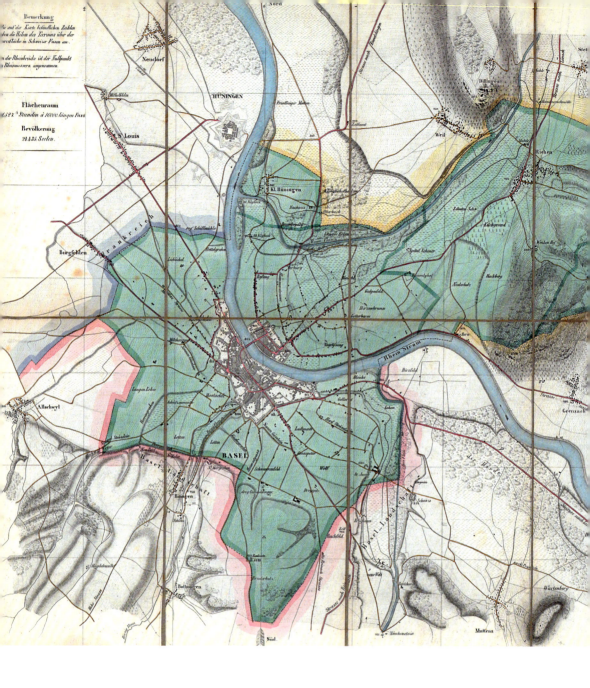

Der 1838 nach damals neuesten geometrischen Erkenntnissen erstellte Plan des Kantons Basel-Stadt widerspiegelt die im 19. Jahrhundert entstehende Gewichtung von territorial-nationalen Zugehörigkeiten.

Erste exakte Vermessungen

Zu Beginn des 19. Jahrhunderts erlebte die Kartografie einen enormen Aufschwung. Im Zusammenhang mit den entstehenden Nationalstaaten wurde es von grosser Wichtigkeit, die neu geschaffenen Staatswesen abzubilden, sie auf Plänen überblickbar und strategisch einschätzbar zu machen. Die erste genaue Vermessung der Gemeinde Riehen liess der Kanton 1824/1825 durch den Geometer Philipp Jakob Siegfried vornehmen. Dass Riehen relativ früh eine so genaue Vermessung erlebte, lag allerdings am Steuerkataster, nach dem alle Einwohner ihrem Grundbesitz entsprechend besteuert werden sollten. Der gesamte Gemeindebann wurde in sechs Sektionen (von A bis F) unterteilt. Alle Grundstücke einer Sektion, sowohl die bebauten wie auch die unbebauten, wurden vermessen, in einen Plan eingetragen und mit fortlaufenden Nummern versehen.[16]

In der Folge entstand eine grosse Zahl von Karten und Plänen, die im weiteren Verlauf des 19. Jahrhunderts nicht zuletzt der bewegten politischen Zeiten wegen dauernd angepasst und erneuert werden mussten. Eine frühe Darstellung des nach der Kantonstrennung von 1833 neu entstandenen Halbkantons Basel-Stadt macht deutlich, wie gross die rechtsrheinischen Landreserven des kleinen Staatswesens waren und wie sehr sich das städtische Interesse durch die vollkommen neue politische Lage auf diese wichtigen Ressourcen richten musste. Die unterschiedlichen Qualitäten der politischen Grenzen werden aus der grafischen Darstellung der Karte klar ersichtlich. So sind die Gemeinden mit feinen dunkelgrünen Linien auf der hellgrünen Kantonsfläche nur schwach voneinander abgegrenzt. Dagegen markiert die fette dunkelgrüne Kantonsgrenze eine klare Zäsur. Eine noch deutlichere Abgrenzung findet gegenüber Deutschland statt, da die Kantonsgrenze dort zusätzlich durch eine dicke, leuchtend gelbe Linie als Landesgrenze markiert wird.

Grenzverschiebungen bis heute

Grenzverschiebungen werfen Diskussionen auf. So zum Beispiel der Landabtausch, der 1950 zwischen der Gemeinde Riehen und der Stadt Basel stattfand. Hans Stohler begründete im Jahrbuch ‹z'Rieche› von 1961 den Tausch entlang der Grenzlinie beim Bäumlihof folgendermassen: «Um die Mitte des 20. Jahrhunderts wurde auf Riehener Boden die Landauerkolonie erbaut. Da es sich um eine finanzschwache Arbeitersiedlung handelte, übernahm Basel die Gemeindehoheit über den Baugrund und übergab Riehen eine gleich grosse Fläche Basler Boden.»[17] Auch wenn für Riehen dieser steuertechnisch gewichtige Grund vorrangig sein mochte, lautete die gängige Erklärung für den Abtausch, der Grenzverlauf im Bäumlihof und in der Landauersiedlung sei derart unmöglich gewesen, «dass ein Spassvogel behaupten konnte, in der dortigen Küche diene ein Bannstein als Taburettli».[18] Die ‹Riehener Zeitung› begründete am 29. September 1950 den Abtausch mit der unhaltbaren Situation, dass einige in der Landauerkolonie wohnhafte Familien auf Stadtgebiet schliefen und in Riehen assen. Der zwischen Stadt- und Landgemeinde lange ausgehandelte Vertrag sah einen Abtausch von rund 260 800 Quadratmetern Boden vor. Riehen trat das ganze Gebiet um die Landauersiedlung mit einem Geländeteil am Rhein an die Stadt Basel ab und übernahm dafür das Bäumlihofareal und einen Teil der Langen Erlen. Riehen verlor damals 450 Meter Rheinanstoss.[19] 1956 fand ein weiterer Landabtausch, diesmal zwischen Bettingen und Riehen, statt. Das Gebiet ‹Auf den Bücken› südwestlich der Bettingerstrasse mit einer Fläche von etwa 505 Quadratmetern wurde zur Gemeinde Bettingen geschlagen, während Riehen auf der nordöstlichen Seite der Strasse einen Abschnitt von 480 Quadratmetern erhielt. Im September 1981 nahm man eine weitere Grenzverlegung zwischen den beiden Gemeinden vor, bei der Flächen von je 3125 Quadratmetern getauscht wurden. Die letzte flächengleiche Verschiebung der Gemeindegrenze zwischen Basel und Riehen fand 2004 im Gebiet des Bäumlihofs statt.

Riehener Alphörner

Seit der zweiten Jahrtausendwende empfangen Alphornklänge die Banntagbesucher und markieren hart an der Schweizer Grenze mit eidgenössischem Brauchtum, wem man sich zugehörig fühlt. Die Regio-Alphorngruppe tritt selbstverständlich in der Riehener Tracht auf; sie wurde erst im Jahr 1999 gegründet. Zuvor war das Alphorn ein exotisches Instrument in Riehen, das vor allem durch den Schulhausabwart Robert Blumer Berühmtheit erlangte. Dieser verbreitete, auf dem Wasserstelzen-Schulhausdach blasend, an lauen Abenden Alpenstimmung. Am Banntag markieren die Bläser fernab der Alpen eine Facette der Riehener Identität, die immer wieder aktiv hergestellt und neu mit Bedeutung aufgeladen werden muss.

Etwas älter ist die Tracht in Riehen. Sie wurde 1933 geschaffen, denn vorher hatte es eine Riehener Tracht im eigentlichen Sinne nie gegeben. Als Vorlage dienten die ‹Basslerischen Ausruff-Bilder› von David Herrliberger aus dem Jahre 1749, auf denen allgemein auf der Basler Landschaft übliche Trachten zu sehen sind. In der Zwischenkriegszeit besannen sich viele Schweizerinnen und Schweizer auf ‹nationale› Werte und Bräuche. Damit versuchte man, sich im Sinne einer Geistigen Landesverteidigung gegen die Nationalismen der umliegenden Länder abzugrenzen. Sowohl Tracht als auch Alphorn wurden erst während des 20. Jahrhunderts zu Wahrzeichen eines allgemeinen Schweizertums.

Die 1999 gegründete Regio-Alphorngruppe tritt selbstverständlich in der Riehener Tracht auf, hier am Banntag 2008.

Banntag – neue alte Tradition

Eine Gemeinde stellt sich nicht nur in ihrem Wappen, in ihrem Namen und in Karten dar, sie sucht auch, ihre Identität in gemeinschaftlichem Brauchtum zu festigen. Der Banntag, an dem die Bevölkerung gemeinsam mit Vertretern der Behörden die Gemeindegrenzen zu Fuss erwandert, ist ein Anlass, bei dem Gemeinschaftsgefühl und territoriale Zugehörigkeiten in hohem Mass gepflegt werden.

Der Riehener Banntag wurde von der im selben Jahr gegründeten Bürgerkorporation erstmals im Mai 1946 abgehalten. Ziel der Bürgerkorporation war es in erster Linie, sich der Einverleibung Riehens durch die sich stark ausdehnende Stadt zu widersetzen. «Gegen eine solche Möglichkeit wollte man die Bürger von Riehen mobilisieren, da die Erfolgsaussichten für eine Abwehr nur in der Zusammenfassung und systematischen Bearbeitung der heimattreuen Bürger selbst bestehen konnte», wie Theodor Seckinger, Mitbegründer und langjähriger Präsident der Bürgerkorporation, 1966 im Jahrbuch ‹z'Rieche› schrieb. Die von Männern aus den ältesten Riehener Familien aus der Taufe gehobene Bürgerkorporation sollte Neubürgern Gelegenheit bieten, Alteingesessene kennenzulernen und Kontakte zu knüpfen.

Von den ersten Bannumgängen

Der Bannumgang ist keine Erfindung der Moderne. Grenzbegehungen kannten bereits die Römer. Nachdem mit der Verbreitung des Christentums heidnische Grenz- und Fruchtbarkeitsrituale im Frühling verboten worden waren, kehrte der Brauch im 14. und 15. Jahrhundert in kirchlichem Gewand wieder: Vor Auffahrt schritt man mit den Reliquien des Kirchenpatrons die Grenzen des eigenen Bannes ab und bat so um den Segen für Fruchtbarkeit. Im zweiten Taufbuch von Riehen, das 1651 angelegt wurde, ist festgehalten, welche kirchlichen Sitten und Gebräuche nach der Reformation verbreitet waren. Unter Punkt fünf steht: «An der Auffahrt wird Bannritt angekündet, den Umbreitenden Glück gewünscht, wie für Gewächs und Früchten des Landes gebetten.» Dazu findet sich die später eingetragene Ergänzung: «Diess ist ein Rest des katholischen Feldumganges; der Feldumgang besteht nicht mehr.»[20] Bis 1798 wurden in Riehen regelmässig Bannritte des Gescheids durchgeführt. Nach den Revolutionswirren erliess die helvetische Regierung ein Verbot von Bannritten. Von diesem Verbot erholte sich der Brauch nicht mehr und kam bis ins 20. Jahrhundert ganz zum Erliegen.

Als die Riehener Bürgerkorporation 1946 den Banntag wieder einführte, sahen nur wenige den Sinn und Zweck dieser Einrichtung ein. Am zweiten Banntag nahmen rund dreissig Personen teil, berichtet die ‹Riehener Zeitung› am 9. Mai 1947. Regelmässige ausführliche Berichte über den Banntag und die an diesem Anlass versammelte auserwählte Männergesellschaft liessen jährlich mehr Bürger am Banntag teilnehmen. 1952 begleitete erstmals eine Frau die Truppe auf ihrem Weg, und 1967 erwog die Korporation, Kinder und Frauen sowie Behörden und Presse einzuladen. Die Männer beschlossen aber, lieber beim bewährten Muster zu bleiben, da sie um den gemütlichen und intimen Rahmen fürchteten.[21] 1972 lud die Bürgerkorporation anlässlich des 450-Jahr-Jubiläums der Zugehörigkeit Riehens zu Basel alle in Riehen wohnhaften Einwohner einschliesslich ihrer Familien zum Banntag ein. Wider Erwarten kamen rund dreihundert Männer und Frauen zu diesem bisher exklusiven Vergnügen. Danach blieb der Banntag bis 2003 wieder den Bürgern und Bürgerinnen von Riehen vorbehalten.

Öffnung des Banntages

Ab den 1980er Jahren wurde der Banntag schrittweise geöffnet, zunächst für die Frauen und Familien der Bürger. Um die Veranstaltung für mehr Bürger zugänglich zu machen, verschob man 1989 den Start von 7.00 Uhr auf 8.00 Uhr. Diese Änderung kam auch den eingeladenen Vertretern der Nachbargemeinden entgegen, die seit 1980 regelmässig teilnehmen. Aus Anlass der 700-Jahr-Feier der Eidgenossenschaft 1991 lud Riehen, wie viele andere Ortschaften, ausserhalb der Gemeinde wohnhafte Bürgerinnen und Bürger ein. Damit die Auswärtigen rechtzeitig eintreffen konnten, verschob man den Start auf 9.00 Uhr. Dieser besondere Banntag im Rahmen der eidgenössischen Feierlichkeiten wirkte sich auf die späteren Jahre aus. Waren zuvor die drei Salutschüsse vom Wildhüter zum Abschluss prägend, so tauchten nun Heimatklänge mit Jodel und Alphörnern auf. Damit erhielt der Riehener Banntag Ende des 20. Jahrhunderts ein nationalschweizerisches Gepräge. 2003 öffnete die Bürgerkorporation den Banntag für alle Einwohnerinnen und Einwohner von Riehen. Die Teilnehmerzahl stieg seither stetig an, so dass man 2008 rund siebenhundert Personen zählte.

Riehens Nachbarn

Riehen ist keine Insel. Die Beziehungen zu den sieben Nachbargemeinden Basel, Bettingen, Birsfelden, Grenzach-Wyhlen, Inzlingen, Lörrach und Weil am Rhein sind für das Leben in Riehen von zentraler Bedeutung. Sie finden auf verschiedenen Ebenen statt, denn die Grenzen tragen unterschiedliche Bedeutungen, je nachdem ob sie Gemeinden, Kantone oder gar Länder voneinander trennen oder ob die gemeinsame Grenze besonders lang oder eher kurz ist.

Nachbarschaft innerhalb der Landesgrenze

Will man von Riehen aus in die übrige Schweiz gelangen, so führt der Weg unweigerlich über die grosse Nachbargemeinde Basel. Sie ist zugleich die grösste Gemeinde des Kantons Basel-Stadt, zu dem sonst nur noch Riehen und Bettingen gehören. Einen direkten Zugang nach Birsfelden, der Nachbargemeinde im Kanton Basel-Landschaft, gibt es nicht, da das kleine Stück gemeinsamer Grenze im Rhein verläuft.

Basel

Die Stadt Basel ist zweifellos die wichtigste Nachbarin Riehens. Die Nachbarschaft begann 1392 damit, dass die Stadt das bischöfliche Kleinbasel kaufte und mit dem bisherigen Stadtgebiet vereinigte. 1501 trat die Stadt Basel der Schweizerischen Eidgenossenschaft bei und kaufte 1522 das bischöfliche Dorf Riehen. Damit kam Riehen zur Eidgenossenschaft. 1833 wurde nach einem Bürgerkrieg der Kanton Basel in die Halbkantone Basel-Stadt und Basel-Landschaft geteilt. Bei Basel-Stadt verblieben neben der Stadt Basel die rechtsrheinischen Gemeinden Bettingen, Riehen und Kleinhüningen. Letztere wurde 1908 von der Stadt Basel eingemeindet.

Bettingen

1513 kaufte die Stadt Basel Bettingen, was 1522 vom Bischof bestätigt wurde. 1627 legte man die beiden zuvor getrennten Ämter Riehen und Bettingen zusammen. Dennoch hat Bettingen eine eigenständige Dorfkultur bewahrt: «Wir meinen, dass es nicht immer opportun ist, wenn sich Bettingen einfach Riehen anschliesst», äusserte sich 1993 der Bettinger Gemeindepräsident Kurt Fischer in einem Interview.[22] Mit Bettingen verbindet Riehen sehr viel. So arbeiten die beiden rechtsrheinischen Gemeinden zusammen, wenn es um Fragen der Autonomie gegenüber der Stadt geht, sie setzen sich für Bauschutzzonen an der Grenze ein, haben ein gemeinsames Abfallentsorgungskonzept und teilen sich in die Aufgabe der Strassenreinigung, der Spitex und der Schulen. Und nicht zuletzt sind sowohl die katholische Pfarrei als auch die reformierte Kirchgemeinde von Riehen und Bettingen zusammengeschlossen. Bettingen und Riehen bieten bis heute attraktive Naherholungsgebiete für Städterinnen und Städter und sind auch in dieser Hinsicht miteinander verwandt.

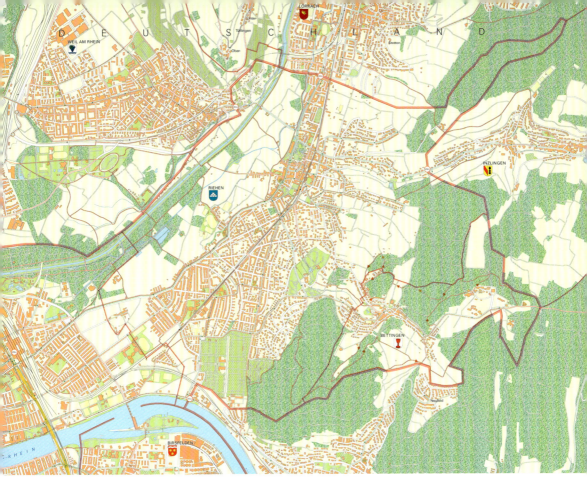

Auf dem Ortsplan von Riehen und Bettingen aus dem Jahr 2009 wird deutlich sichtbar, wie nah die Siedlungsgebiete von Riehen und seinen Nachbargemeinden sich in den letzten Jahrzehnten gekommen sind.

Birsfelden

107 Meter Kantonsgrenze, die im Rhein verläuft, machen Riehen und Birsfelden zu Nachbarn. Bis zum Anschluss des Laufentals war Birsfelden die jüngste Gemeinde des Kantons Basel-Landschaft, denn vor 1874 gehörte das Gebiet zur Gemeinde Muttenz. Direkte Kontakte zum einzigen Nachbarn im Landkanton bestanden sozusagen nicht, zumal das Riehener Rheinufer öffentlich kaum zugänglich ist. Eine fast direkte Fussgänger- und Fahrradverbindung zwischen Riehen, Basel und Birsfelden entstand mit der Inbetriebnahme des Rheinkraftwerks Birsfelden im Jahr 1954. Dennoch blieben die nachbarschaftlichen Beziehungen zur flächenmässig kleinsten Gemeinde des Kantons Basel-Landschaft eher locker. Erst die Schliessung einer Diskothek in Birsfelden im Sommer 1985 brachte festfreudige Jugendliche über die nahe Kantonsgrenze in die Disco der Freizeitanlage Landauer. Mit den Jugendlichen kamen auch Reklamationen und Probleme, was regelmässige Kontakte der Gemeindebehörden notwendig machte.[23]

Nachbarschaft über die Landesgrenze

Die Verbindungen über die Landesgrenze in die badische Nachbarschaft haben eine lange Geschichte und sind vielfältig. Während Jahrhunderten haben Riehener Bauern auf der deutschen und badische Landwirte auf der Riehener Seite ihre Äcker bestellt, Marktfrauen aus der badischen Nachbarschaft ruhten sich auf dem Weg nach Basel in Riehen aus, und die vielen kleinen Wege, die durch Wald und Feld über die grüne Grenze führten, verlockten immer wieder zu Schmuggel. Es wurde auch über die Grenze hinweg geheiratet. Dabei kamen für Riehener vor allem die evangelischen Orte in Frage, während kaum Ehen mit Personen aus katholischen Nachbargemeinden geschlossen wurden.

Erst die beiden Weltkriege und die ab 1914 eingeführten Grenzkontrollen mit Passzwang vermochten die bis dahin lebhaften nachbarschaftlichen Verhältnisse zu stören.[24] Wege wurden gesperrt, Grenzen dicht gemacht, das Tram nicht mehr über die Landesgrenze fortgeführt. Damit wurden nicht nur wirtschaftliche, sondern auch familiäre Bande und freundschaftliche Beziehungen abrupt getrennt. Es dauerte lange, bis die Verbindungen wiederhergestellt waren, auch wenn die Riehener Bevölkerung nach dem Zweiten Weltkrieg ihre deutschen Nachbarn unterstützte, indem sie Kartoffeln, Kondensmilch, Büchsenkonserven oder Kleider lieferte. Erst 1970 erkannten die Behörden die Notwendigkeit einer aktiven Nachbarschaftspflege über die Grenzen hinweg und organisierten regelmässige Treffen, um sich besser kennenzulernen.

Seit 2000 besteht der Trinationale Eurodistrict Basel (TEB), dessen Zweck es ist, den Informationsfluss durch Kontaktpflege und gemeinsame Projekte zu verbessern. Zudem veranstaltet Riehen seit 2005 unter dem Namen ‹Riehen regional› jährlich ein kommunales Gipfeltreffen aller Nachbargemeinden.

Grenzach-Wyhlen

Da der alte Riehener Dorfkern weitab von Grenzach lag und die gemeinsame Grenze bloss 1,7 Kilometer lang ist, hatte man mit dieser Gemeinde eher wenige Beziehungen. Bekannt sind frühe Dokumente, die von Grenzstreitigkeiten am Horn und von Auseinandersetzungen um alte Durchfahrtsrechte handeln.[25] Ende des 19. Jahrhunderts liessen sich bedeutende Schweizer Unternehmen in Grenzach nieder, insbesondere 1896 die F. Hoffmann-La Roche AG und 1898 die Firma Joh. Rudolf Geigy & Co. Die heutige Gemeinde Grenzach-Wyhlen entstand 1975, als sich Grenzach mit der östlich anstossenden Gemeinde Wyhlen zusammenschloss. Seit 2008 verbindet eine Buslinie Riehen mit Grenzach.

Inzlingen

Inzlingen liegt von der Riehener Dorfkirche aus gesehen ziemlich genau im Osten. Ein bedeutender Teil der 3,4 Kilometer langen Grenze führt entlang der sogenannten Eisernen Hand, einer schmalen Einbuchtung in deutsches Staatsgebiet. Auch wenn man in Inzlingen katholisch war und in Riehen reformiert, brachen die Beziehungen nie ab. Dies ist den wechselseitigen Grundbesitzen entlang des komplizierten Grenzverlaufs zu verdanken. Während des Zweiten Weltkriegs bedeutete das Fehlen des Stacheldrahtverhaus rund um die Eiserne Hand für Flüchtlinge einen möglichen, wenn auch gefährlichen Weg in die Freiheit. Die Grenzschliessung während des Zweiten Weltkrieges wirkte noch bis in die 1950er Jahre nach. So wurden die meisten Spazierwege nach Inzlingen erst 1957 geöffnet. Als 1980 die Buslinie Weil–Riehen–Inzlingen eingeweiht wurde, rückte Inzlingen noch näher an Riehen heran. Wichtige gemeinsame Themen sind die Wasserführung des Aubachs, die Freihaltezone beim Zusammenstoss der beiden Gemeinden und Abfallentsorgungsprobleme, die nicht an den Landesgrenzen haltmachen.

Lörrach

Stetten und Tüllingen, die direkten Nachbarorte Riehens, sind heute Ortsteile der Grossen Kreisstadt Lörrach. Tüllingens Anschluss wurde 1935 durch die nationalsozialistische

Regierung angeordnet, während Stetten die Eingemeindung selbst anstrebte. Im 19. Jahrhundert, im Zuge der Industrialisierung, platzierte Lörrach die Wohnungen seiner Arbeiter auf das Grenzgebiet zu Stetten. In den 1860er Jahren bot die kleine Gemeinde der grossen Stadt die Eingemeindung der mit Problemen kämpfenden Arbeitersiedlung Neu-Stetten an. Die badische Stadt willigte aber nur bei einer Eingemeindung ganz Stettens ein, zu der Stetten 1908 bereit war. Die Grenze zwischen Stetten und Riehen war lange durch einen nicht überbauten Landgürtel markiert, der das Zusammenwachsen der Gemeinden verhindern sollte. Mit der Entstehung der Überbauung Stetten Süd zu Beginn des 21. Jahrhunderts kamen sich die Gemeinden näher. Die frühere Abgrenzung konnte nun der Nachbarschaftspflege weichen, wie sich dies in der Planung des Gebiets im Stettenfeld abzeichnete. Die Verbindungen Riehens zu Tüllingen sind vielfältig. Wie in Inzlingen, so sind auch in Tüllingen die komplizierten Besitzverhältnisse der Tüllinger und Riehener Rebbauern verbindendes Element. Heute zeugt der grenzüberschreitende Weinpfad von der Verbundenheit der Gemeinden Riehen, Weil und Lörrach.

Weil am Rhein

Das ursprünglich durch den Weinbau geprägte Dorf Weil am Fuss des Tüllinger Hügels wuchs Mitte des 19. Jahrhunderts dank seiner günstigen Verkehrslage und dem Rangierbahnhof Basel-Weil (1913) stark an. 1929 erhielt Weil den Titel einer Stadt. Die eigentliche Stadtwerdung folgte aber erst nach dem Zweiten Weltkrieg. Mit Weil pflegte man in Riehen enge Verbindungen. So meinte 1986 Riehens Gemeindepräsident Gerhard Kaufmann in seiner Rede zum Festakt ‹1200 Jahre Weil›, es gebe wohl kaum ein altes Riehener Geschlecht, in dessen Reihen sich nicht ein Weiler Ahne befände.[26] Wie eng verbunden man sich auch in kirchlichen Belangen fühlte, zeigt sich anhand der neuen Glocken, die 1950 im Kirchturm von Weil aufgehängt wurden und deren Klang eigens auf das Riehener Geläut abgestimmt war.[27] In der jüngsten Vergangenheit sorgte die Diskussion rund um die Zollfreistrasse von Lörrach nach Alt-Weil über den unteren Schlipf auf Riehener Gemeindegebiet immer wieder für kontroverse nachbarschaftliche Gespräche. Ein wichtiges gemeinsames Thema der beiden Gemeinden war auch die Abwasserentsorgung. Heute engagieren sich beide Gemeinden gemeinsam für den ‹Landschaftspark Wiese›. Zudem ist Weil für Riehener Radfahrer seit 2008 durch die direkte Verbindung der Velowege über Erlenweg und Erlensteg deutlich näher gerückt.

Anmerkungen

1. Hagmann, Daniel: Grenzen der Heimat. Territoriale Identitäten im Laufental, Liestal 1998, S. 239.
2. Urkundenbuch der Stadt Basel, Bd. 1, bearbeitet durch Rudolf Wackernagel und Rudolf Thommen, Basel 1890, S. 16.
3. Lexikon der schweizerischen Gemeindenamen, Frauenfeld 2005, S. 742f.
4. Raith, Michael: Entwicklung der Landgemeinde Riehen. Leben vor der Stadt am Rhein und an der Grenze im Grünen, Sonderdruck aus: Das Markgräflerland, 2003, Bd. 1, S. 7.
5. Kälin, Hans B.: Onoma – oder die Herkunft der Ortsnamen, in: Regio-Familienforscher, Jg. 15, 2002, Nr. 4, S. 241.
6. Riehener Zeitung, 23. Juli 1948, Beschluss des Weiteren Gemeinderats vom 31. März 1948.
7. Raith, Michael: Gemeindekunde Riehen, 2. Aufl., Riehen 1988, S. 22.
8. Bruckner, Albert: Das Mittelalter, in: Riehen. Geschichte eines Dorfes, Riehen 1972, S. 79–164, hier S. 105.
9. Raith, Gemeindekunde, S. 20.
10. Christen, Hans Rudolf: Die Deutung des Riehener Wappens, in: Baselbieter Heimatblätter, Jg. 67, April 2002, S. 22–30.
11. Zit. nach Christen, Riehener Wappen, S. 29.
12. Golder, Eduard: Die Wiese, ein Fluss und seine Geschichte, Basel 1991, S. 73f.
13. Raith, Gemeindekunde, S. 24.
14. Kaufmann, Brigitta: Und er bewegt sich doch, in: z'Rieche, Jg. 47, 2007, S. 21–29.
15. Raith, Michael: Grenzen entlang, in: z'Rieche, Jg. 44, 2004, S. 47–69, hier S. 57.
16. Kaspar, Albin: Häuser in Riehen und ihre Bewohner, Heft I, Riehen 1996, S. 7.
17. Stohler, Hans: Riehens Banngrenze, in: z'Rieche, Jg. 1, 1961, S. 41–55, hier S. 45.
18. Stohler, Riehens Banngrenze, S. 44.
19. Raith, Gemeindekunde, S. 45.
20. Linder, Gottlieb: Geschichte der Kirchgemeinde Riehen-Bettigen, Basel 1884, S. 89.
21. Riehener Zeitung, 12. Mai 1967.
22. Riehener Zeitung, 23. Juli 1993.
23. Riehener Zeitung, 21. Juni 1985.
24. Riehener Zeitung, 25. März 1966.
25. Riehener Zeitung, 31. Dezember 1970.
26. Riehener Zeitung, 6. Juni 1986.
27. Riehener Zeitung, 10. Mai 1950.

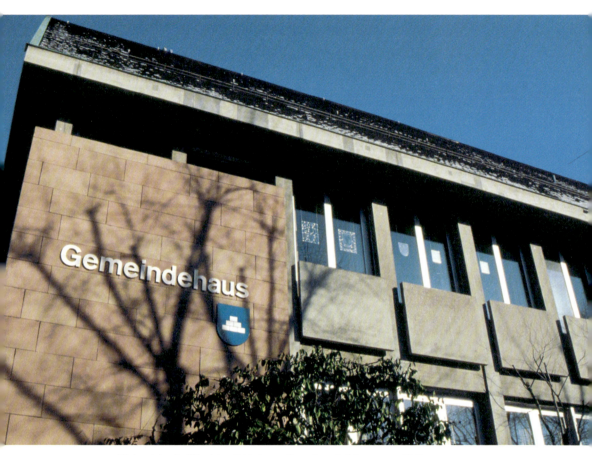
Blick auf den Saalflügel des 1961 eingeweihten Gemeindehauses, um 2000.

Herrschaft und Gemeinschaft

Isabel Koellreuter, Arlette Schnyder, Stefan Hess

Wer Riehen regiert, ob eine öffentliche Tiefgarage gebaut wird und wie viel das Schwimmbad kosten darf, liegt heute in der Hand der hier niedergelassenen Schweizerinnen und Schweizer. Mit Wahl- und Stimmzettel ausgerüstet prägen sie die Entwicklung der Gemeinde mit. Das war nicht immer so: Es sind keine fünfzig Jahre her, dass die Frauen für politisch mündig erklärt wurden. Gut 150 Jahre lang herrschte eine Männerdemokratie, vorher waren die Riehener leibeigene Untertanen. Noch heute ist die Gemeinde nicht immer frei in ihren Entscheiden, vieles ist durch Kanton und Bund vorgegeben. In Riehen war der Spielraum lange Zeit kleiner als in anderen Schweizer Gemeinden. Der Ruf nach mehr Gemeindeautonomie prägt die jüngere Geschichte Riehens bis heute.

Vor der Entstehung der modernen Gemeinde

Die politischen Gemeinden in ihrer heutigen Form sind ein Produkt des 19. Jahrhunderts. Ihre Vorgeschichte als Verwaltungseinheiten und Körperschaften mit Autonomierechten lässt sich aber bis weit ins Mittelalter zurückverfolgen, als Dörfer und einzelne Landstriche zu einer gerichtlichen und kirchlichen Einheit zusammengeschlossen wurden.

Herren und Untertanen

In Schriftdokumenten erstmals namentlich genannt wird Riehen im Jahr 1113 anlässlich einer umfangreichen Vergabung von Gütern und Rechten an das Schwarzwaldkloster St. Blasien.[1] Zu dieser Zeit teilten sich mehrere geistliche und weltliche Herren den Besitz des Dorfes. Nach 1270 befand sich die obere Gerichtsbarkeit in den Händen des Basler Bischofs. 1522 verkaufte dieser alle seine Rechte an die Stadt Basel, die sich in den folgenden Jahrzehnten noch weitere Rechte, zum Beispiel das Patronatsrecht über die Kirche, erwerben konnte.[2] Diese Handänderung hatte keinen Einfluss auf die Rechtsstellung der Einwohnerinnen und Einwohner von Riehen: Sie blieben leibeigene Untertanen, die ungefragt verkauft, getauscht oder verpfändet werden konnten. Wenn die Stadt Ordnungen über das Dorf erliess, besass die Einwohnerschaft keinerlei Mitspracherechte. Selbst über Aufnahmen ins Riehener Bürgerrecht bestimmte der Kleine Rat von Basel.

Innerhalb des Basler Herrschaftsgebiets bildete Riehen ein eigenes Amt, dem 1627 auch Bettingen angegliedert wurde. Als Repräsentant der Obrigkeit amtierte ein Mitglied des Kleinen Rates, der Ober- oder Landvogt, der anders als die übrigen Basler Landvögte seinen Wohnsitz in der Stadt behielt. Sein Stellvertreter, der Untervogt, war ein Bürger von Riehen, der vom städtischen Rat aus einem Sechservorschlag des Obervogts bestimmt wurde. Innerhalb der Dorfgemeinschaft besass der Untervogt viel Macht: Er präsidierte nicht nur das Dorfgericht und das fünf Mitglieder zählende Kollegium der Geschworenen, die oberste kommunale Behörde. Er gehörte auch dem Bann, einer Art Ehe- und Sittengericht, an. Überdies wirkte er als Steuereinzüger und Wiesenteichmeister.[3]

Ansätze zu kommunaler Selbstbestimmung

Die Dorfgemeinde war aber nicht nur Herrschaftsobjekt, sie war gleichzeitig auch Selbstverwaltungskörperschaft und Interessengemeinschaft der Einwohner. Allein schon die Bewirtschaftung der Ackerflur und die Nutzung der Weiden, die Pflege der Allmend und die Organisation der Weinlese erforderten eine verbindliche Verständigung der Bauern untereinander. Zudem machten die Verpflichtungen gegenüber der städtischen Obrigkeit, namentlich der Einzug der Abgaben und die Organisation der Fronarbeit, einen engeren Zusammenschluss nötig. Obrigkeitliche Herrschaftsausübung und kommunale Selbstverwaltung waren denn auch eng miteinander verflochten. So war der vom Basler Rat eingesetzte Untervogt gleichzeitig oberster Würdenträger der Dorfgemeinschaft und deren Wortführer gegenüber der Obrigkeit. 1609 ersuchte

Der Meierhof befand sich 1662–1846 im Besitz einer Linie der Familie Wenk, die von 1675 bis 1798 den Untervogt stellte. Mit dem Besitz des Meierhofes war auch die Pflicht verbunden, Zuchtvieh zu halten. Foto um 1960.

etwa der damalige Untervogt Paul Bucherer gemeinsam mit den Geschworenen den Kleinen Rat in Basel darum, die Einrichtung eines Gemeindehauses zu bewilligen. Die Gemeinde erlangte die Zustimmung des Rates, musste aber die Kosten selber bestreiten.[4] Das Gleiche gilt für das erste lokalisierbare Schulhaus von 1623. Als 1661 in Riehen ein Schützenhaus errichtet wurde, steuerte die Stadt dagegen die Hälfte der Baukosten bei. Denn anders als in den Gemeinden der badischen Nachbarschaft war den Männern von Riehen und Bettingen der Besitz von Feuerwaffen nicht nur erlaubt, sondern eine von der Obrigkeit auferlegte Pflicht, damit sie die Sicherheit in der Gemeinde gewährleisten konnten.

Gemeindehaus, Schulhaus und Schützenhaus – diese drei kommunalen Bauten waren der sichtbarste Ausdruck der Handlungsfähigkeit der dörflichen Gemeinschaft. Überdies organisierte die Dorfgemeinde die Wasserversorgung, das Löschwesen und den Unterhalt der Gemeindestrassen, und sie war zuständig für das sogenannte Armenwesen. Vermutlich bestimmte sie auch die niederen Beamten, wie etwa die Hirten, die Bannwarte und den Totengräber. Dazu zählte ebenso die Dorfhebamme, die von den verheirateten, im Dorf lebenden Frauen gewählt wurde.[5]

Da die Gemeinde keine Einkommens- oder Vermögenssteuern einziehen konnte, war sie zur Bestreitung ihrer Aufgaben auf Fronleistungen und Abgaben aller Dorfbewohner angewiesen. Von den Dorflasten befreit waren die in Riehen wohnhaften Basler Bürger, wie ein Ratserlass von 1537 ausdrücklich festhielt.[6]

Die Anfänge der Demokratie

Die Verfassung der Helvetischen Republik von 1798 schaffte in der ganzen Schweiz die Untertanenschaft ab. Die Riehener Männer erhielten die gleichen Rechte wie die Stadtbürger und damit das Wahlrecht in kantonalen Angelegenheiten. Zudem wurde die Niederlassungsfreiheit eingeführt, wobei alle in der Gemeinde wohnhaften Schweizer den Riehener Bürgern gleichgestellt wurden.

Dies war die Geburtsstunde der Einwohnergemeinde, die allerdings innerhalb des zentralistischen Staatsaufbaus nur eine untergeordnete Stellung hatte. So bestimmte der von der Zentralregierung eingesetzte Regierungsstatthalter den Distriktsstatthalter, der wiederum den Agenten, den obersten Beamten im Dorf, kürte. Immerhin durften die Riehener Männer ab 1799 die fünfköpfige Exekutive, die sogenannte Munizipalität, wählen.

Die Mediationsverfassung von 1803 schränkte das Wahlrecht der Landgemeinden und die Niederlassungsfreiheit wieder ein. Die Gemeinde lag nun erneut in den Händen der Ortsbürger. Von den in der Helvetik eingeführten Ämtern blieben der Distriktsstatthalter und die Munizipalität – unter den neuen Namen Bezirksstatthalter und Gemeinderat – bestehen. Der Vorsteher der obersten kommunalen Behörde hiess nun erstmals Gemeindepräsident.[7]

An den Machtverhältnissen innerhalb der Gemeinde änderten diese Umwälzungen wenig: Drei der ersten sechs Gemeindepräsidenten stammten aus der Familie Wenk, die bereits von 1675 bis 1798 in unterbrochener Folge den Untervogt gestellt hatte.

Kantonstrennung mit Folgen

Nach 1815 galten in vielen Bereichen die alten Ungleichheiten. Aus den ehemaligen Untertanengebieten der Stadt wurde indes der Ruf nach gleichwertiger Vertretung im Kantonsparlament immer lauter. Auf halbherzige Verfassungsrevisionen folgten 1831 bis 1833 militärische Auseinandersetzungen. Schliesslich bekräftigte die eidgenössische Tagsatzung 1833 die Trennung des Kantons Basel in zwei Halbkantone.[8]

Die drei rechtsrheinischen Gemeinden Riehen, Bettingen und Kleinhüningen hielten während der Trennungswirren zur Stadt, ein Umstand, der unter anderem mit ihrer geografischen Situation zusammenhing.[9] Entsprechend wurden sie nach der Kantonstrennung dem Kanton Basel-Stadt zugeteilt.

Die Verfassung von 1833 teilte den neuen Halbkanton Basel-Stadt in einen Stadt- und einen Landbezirk ein. An der Spitze des Landbezirks stand weiterhin der von der städtischen Obrigkeit eingesetzte Bezirksstatthalter, der die Verbindung zwischen

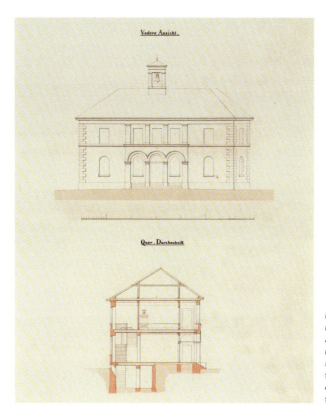

Die Kantonstrennung von 1833 machte den Bau eines Bezirksamts nötig, das auch als Gemeindehaus diente (heute: Alte Kanzlei). Die Pläne dazu arbeitete 1835 Melchior Berri aus, die Ausführung 1836–1837 betreute Amadeus Merian.

Landgemeinden und Kantonsregierung herstellte. Er agierte von Basel aus, während sein Stellvertreter, der Bezirksschreiber, vor Ort in Riehen wirkte.

Mit der Bundesverfassung von 1848 wurde die allgemeine Niederlassungsfreiheit eingeführt. In etlichen schweizerischen Gemeinden, so auch in Riehen, blieb jedoch die Mitsprache auf kommunaler Ebene weiterhin ein Privileg der Bürger. Erst mit der Revision der Bundesverfassung von 1874 bildete sich das politische System heraus, das in weiten Teilen bis heute besteht. Niedergelassene Schweizer Männer erhielten damals das Recht, in Gemeindeangelegenheiten mitzureden, was zur definitiven Durchsetzung der modernen Einwohnergemeinde führte. 1875 gab sich Basel-Stadt eine neue Kantonsverfassung. Auf deren Grundlage arbeitete man ein Gemeindegesetz aus, das 1876 verabschiedet wurde. Die Zuständigkeiten von Bürger-, Einwohner- und Kirchgemeinde, die sich bislang stark überlagert und vermischt hatten, wurden durch das Gesetz neu geregelt.[10] Die Kompetenzen der Bürgergemeinde fielen eher bescheiden aus, die Einwohnergemeinde wurde zu Lasten der Bürger-

Meilensteine der politischen Geschichte Riehens

1522	Riehen gelangt in den Besitz der Stadt Basel und wird damit Teil der Eidgenossenschaft.
1798	Helvetische Republik: Die Riehener Männer werden den Städtern rechtlich gleichgestellt.
1803	Mediation: Das Wahlrecht der Landbevölkerung wird wieder eingeschränkt.
1833	Kantonstrennung: Riehen wird dem Kanton Basel-Stadt zugeteilt.
1876	Verabschiedung des Gemeindegesetzes auf der Basis der im Vorjahr angenommenen neuen Kantonsverfassung: Die Einwohnergemeinde wird stark aufgewertet.
1889	Revision der Kantonsverfassung: Das Verhältnis des Kantons zu den Gemeinden wird nur in fünf Paragraphen behandelt, die vor allem das Thema Eingemeindung betreffen.
1924	Einführung des Gemeindeparlaments anstelle der bisherigen Einwohnerversammlung.
1958	Einführung des Stimm- und Wahlrechts für Frauen in der Bürgergemeinde Riehen.
1966	Einführung des Stimm- und Wahlrechts für Frauen im Kanton Basel-Stadt auf Kantons- und Gemeindeebene.
2006	Neue Kantonsverfassung: Sie gibt den Gemeinden Riehen und Bettingen mehr Handlungsspielraum und verankert deren Autonomie verfassungsrechtlich.

gemeinde zur eigentlichen Entscheidungsträgerin in Riehen. Auch in der Stadt Basel richtete man eine Einwohnergemeinde ein, doch wurden deren Aufgaben grösstenteils vom Kanton übernommen. So sollten bisherige Doppelspurigkeiten verhindert werden. Dies ist bis heute so und stellt innerhalb der politischen Landschaft der Schweiz einen Sonderfall dar.

Mit der Kantonsverfassung von 1875 wurde die Unterteilung in einen Land- und einen Stadtbezirk aufgehoben, womit auch die Ämter des Bezirksstatthalters und des Bezirksschreibers wegfielen. Auch wurden sämtliche Bezirkseinrichtungen wie das Zivilgericht, das Grundbuch und das Konkurs- und Gantwesen durch kantonale Behörden ersetzt.

Politische Strukturen und Aufgaben

Wie in den meisten Schweizer Gemeinden existiert in Riehen eine Einwohner- und eine Bürgergemeinde. Beide Institutionen haben je eine eigene Exekutivbehörde, den Gemeinderat respektive den Bürgerrat. Während die Einwohnergemeinde über ein Parlament – den Einwohnerrat – verfügt, besteht die Legislative der Bürgergemeinde aus der Versammlung der Bürgerinnen und Bürger.

Für die Meinungsbildung in Sachfragen entscheidend ist die Arbeit der Parteien. Diese stellen auch Kandidatinnen und Kandidaten für die Besetzung von Ämtern auf.

Die Einwohnergemeinde

Die Einwohnergemeinde beruht auf dem Einwohnerprinzip: Alle niedergelassenen mündigen Menschen mit schweizerischem Bürgerrecht sind in der Gemeinde stimmberechtigt. Lange blieben die Frauen von jeglicher Mitsprache innerhalb der politischen Gemeinde ausgeschlossen. Sie erhielten das Stimm- und Wahlrecht in Riehen wie auch auf kantonaler Ebene erst 1966.[11]

Das Kollektiv der Stimm- und Wahlberechtigten bildet auf Gemeindeebene das oberste Organ. Bis 1924 wurden die Gemeindegeschäfte vor versammelter Einwohnerschaft diskutiert und entschieden. Durch den massiven Anstieg der Bevölkerung nach dem Ersten Weltkrieg gestaltete sich die Organisation dieser Versammlungen zunehmend schwieriger. An ihrer Stelle wurde 1924 ein Gemeindeparlament – heute ‹Einwohnerrat› genannt – eingerichtet. Neben der Wahl des Parlaments führte man damals zwei neue Mittel der politischen Mitsprache ein: die Initiative und das Referendum.

Die Gemeindebehörden bestehen aus der Legislative – dem Einwohnerrat – und der Exekutive – dem Gemeinderat mit Gemeindepräsident.

Der Einwohnerrat

Der Einwohnerrat bildet die oberste Gemeindebehörde und ist gesetzgebende Gewalt. Nach seiner Einführung 1924 wurde er bis 1986 offiziell ‹Weiterer Gemeinderat› ge-

Zwischen 1900 und 1940 hat sich die Bevölkerung von Riehen verdreifacht. Dies wirkte sich auch auf die politischen Strukturen der Gemeinde aus.

Statistik der Bevölkerungsentwicklung 1770 bis 2008

Jahr	Einwohner	Jahr	Einwohner	Jahr	Einwohner	Jahr	Einwohner
1770	1 088	1920	4 227	1970	21 026	2008	20 608
1815	1 066	1940	7 415	1980	20 611		
1850	1 576	1950	12 402	1990	19 914		
1900	2 576	1960	18 077	2000	20 370		

Blick in eine Sitzung des Einwohnerrates von 1972, damals noch ‹Weiterer Gemeinderat› genannt.

nannt. Ursprünglich bestand er aus 30 Mitgliedern, wurde jedoch 1951 auf 40 Mitglieder erweitert.[12] Diese werden alle vier Jahre nach dem Grundsatz des Proporzes gewählt. Geleitet wird die Legislative durch einen auf zwei Jahre gewählten Präsidenten oder eine Präsidentin sowie einen Statthalter beziehungsweise eine Statthalterin. Scheidet ein Mitglied aus dem Rat aus, so rückt von den Nichtgewählten der gleichen Wahlliste nach, wer am meisten Stimmen erhalten hat und bereit ist, den Sitz einzunehmen.

In der Regel trifft sich der Einwohnerrat einmal im Monat. Er legt die politischen Ziele und Vorgaben für Gemeinderat und Verwaltung fest. Diese werden in sogenannten Leistungsaufträgen für die nächsten drei bis vier Jahre formuliert. Zudem müssen die dazu erforderlichen finanziellen Mittel bewilligt werden. Eine entscheidende Funktion von Mitgliedern des Einwohnerrats ist es, die Anliegen von Parteien, von wirtschaftlichen und gesellschaftlichen Interessenorganisationen in die parlamentarische Debatte und den Entscheidungsprozess einzubringen.

Am 24. Juni 1961 wurde das neue Gemeindehaus mit einem Fest eingeweiht. «Der Erbauer, Architekt Giovanni Panozzo, hat es den Riehenern leicht gemacht, sich an das Neue zu gewöhnen; denn er hat ein Gemeindehaus erstellt, das so, wie es nun dasteht und sich präsentiert, ein Stück Riehen ist», lobte Hans Krattiger in der ‹Riehener Zeitung› vom 23. Juni 1961.

Gemeinderat der Amtsperiode 2006–2010 (von links nach rechts): Andreas Schuppli (Gemeindeverwalter), Matthias Schmutz, Christoph Bürgenmeier, Maria Iselin-Löffler, Willi Fischer (Gemeindepräsident), Irène Fischer-Burri, Michael Martig, Marcel Schweizer.

Der Gemeinderat

Der Gemeinderat ist das leitende und vollziehende Gemeindeorgan. In Riehen umfasst der Gemeinderat seit 1951 sieben Mitglieder. Er wird alle vier Jahre nach dem Majorzprinzip gewählt. An der Spitze des Gemeinderates steht der Gemeindepräsident, der gleichzeitig wie der Gemeinderat direkt vom Volk gewählt wird.[13] Die Entlöhnung eines Gemeinderatmitglieds orientiert sich an einem 20-Prozent-, diejenige des Gemeindepräsidenten an einem 50-Prozent-Pensum. Der zeitliche Aufwand eines solchen Amtes sprengt die entlöhnten Pensen jedoch bei weitem. Neben den regulären Geschäften und Sitzungen finden auch ausserplanmässige Besprechungen mit verschiedenen Interessenvertreterinnen und -vertretern statt. Das Pflichtenheft umfasst zudem repräsentative Aufgaben und die Teilnahme an öffentlichen Diskussionen.

Der Gemeinderat trifft seine Entscheide als Kollegialbehörde. Jedes Mitglied des Gemeinderates trägt zugleich eine Teilverantwortung für einen Geschäftskreis oder Teile davon, die er in enger Koordination mit der Verwaltung wahrnimmt.

Die Bürgergemeinde

Die Bürgergemeinde besteht aus denjenigen Personen, die in Riehen das Bürgerrecht besitzen und in der Gemeinde wohnhaft sind. Nach der Einführung der Kantonsverfassung von 1875 und der Verabschiedung des Gemeindegesetzes von 1876 verblieb der Bürgergemeinde im Wesentlichen nur noch die Kompetenz, über Einbürgerungen zu entscheiden und das Bürger- und Korporationsvermögen sowie das Armengut zu verwalten.

Das oberste Organ der Bürgergemeinde ist die mindestens einmal im Jahr einberufene Bürgerversammlung, an der alle in der Gemeinde stimmberechtigten Bürgerinnen und Bürger teilnehmen können. Sie wählt die Exekutive, bestehend aus einem Präsidenten oder einer Präsidentin und sechs weiteren Mitgliedern. 1918 entschied die Bürgerversammlung, dass diejenigen Gemeinderäte, die das Bürgerrecht von Riehen besassen, automatisch auch Bürgerräte sein sollten. Der Bürgerratspräsident war bis zu Gerhard Kaufmanns Rücktritt 1982 immer zugleich auch Gemeindepräsident: Die Trennung zwischen Einwohner- und Bürgergemeinde wurde so verwischt.

Kerngeschäft der Bürgergemeinde ist bis heute die Behandlung der Einbürgerungsgesuche, die den anwesenden Bürgerinnen und Bürgern vorgetragen werden. Nach den Diskussionen stimmt die Versammlung über die Gesuche ab.

Die erste Schweizer Bürgergemeinde mit Stimm- und Wahlrecht für Frauen

Am 26. Juni 1958 beschloss die Bürgerversammlung von Riehen mit grosser Mehrheit, den Frauen das Stimm- und Wahlrecht zuzugestehen. Bürgerrats- und Gemeindepräsident Wolfgang Wenk konnte im Rahmen der darauffolgenden Versammlung am 29. September 1958 zum ersten Mal auch Frauen begrüssen. Diese Versammlung löste ein schweizweites Raunen aus: Zeitungen aus allen Landesteilen berichteten über den denkwürdigen Anlass. Gerade angesichts des mehrheitlich positiven Medienechos erstaunt es, dass ein Jahr später, im Rahmen einer eidgenössischen Abstimmung, das Stimm- und Wahlrecht für Frauen auch in Riehen abgelehnt wurde. Vermutlich galt das Engagement der Frauen innerhalb der Bürgergemeinde mit ihrem eingeschränkten Aufgabenfeld eher als gemeinnützig denn als politisch und schien entsprechend unbedenklich.[14]

Gertrud Späth-Schweizer tanzt mit Fritz Weissenberger am Banntag 1974. Sie war als erste Bürgerrätin der Schweiz von 1958 bis 1974 im Amt.

Seitdem 2005 mit der Sozialhilfe eine der wichtigsten bisherigen Aufgaben der Bürgergemeinde an die Einwohnergemeinde übergegangen ist, werden Funktion und Notwendigkeit der Institution kontrovers diskutiert.

Die Parteienlandschaft

Mit dem 1902 gegründeten Arbeiterverein entstand die erste, heute noch bestehende Partei in Riehen. 1918 wurde der Verein zur Sozialdemokratischen Partei umbenannt. Weitere Parteien entwickelten sich vor allem im politisch angespannten Klima der Zwischenkriegszeit. Damals herrschte auf kantonaler Ebene eine Pattsituation zwischen rechts und links. Die bestehenden kantonalen Parteien erkannten in Riehen eine politische Brache, die es strategisch zu besetzen galt. Im Vorfeld der Wahlen in den Grossen Rat von 1923 kam es in Riehen zu diversen Parteigründungen wie der Radikal-Demokratischen Partei (heute: FDP), der Evangelischen Volkspartei (EVP) und der Bürger- und Gewerbepartei (BGP).[15] Politische Parteien wurden in Riehen in den 1920er Jahren auch aufgrund der Einführung des Weiteren Gemeinderates wichtig. Mit der Etablierung des Gemeindeparlaments kam der parteipolitischen Zuordnung der Kandidaten wachsende Bedeutung zu.

Auch in der Zeit vor diesen Parteigründungen bildete Riehen keineswegs eine politisch unorganisierte Gemeinschaft. Familien und Sippen, Alteingesessene und Neuzugezogene standen sich gegenüber. Konfliktlinien verliefen auch entlang sozialer Unterschiede von Unter-, Mittel- und Oberschicht. Als Vorläufer der politischen Parteien gelten die Vereine. Grössere politische Auseinandersetzungen fanden in der zweiten Hälfte des 19. Jahrhunderts vor allem zwischen den Konservativen und den Freisinnigen statt.

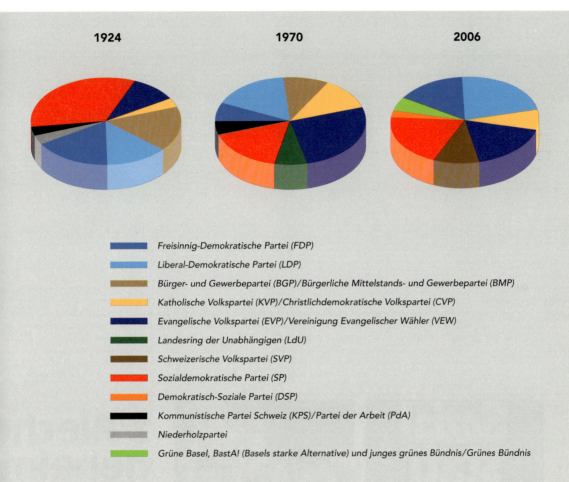

Im Schnitt wählte Riehen etwas bürgerlicher als die Stadt. Die Diagramme zeigen die Sitzverteilung der Parteien im Gemeindeparlament. Bei den Wahlen 1924 bewarben sich acht verschiedene politische Gruppierungen um Sitze im Gemeindeparlament. Um der erstarkten Sozialdemokratie die Stirn bieten zu können, überwanden die Konservativen und die Radikalen ihre Konflikte und fanden sich in einem bürgerlichen Bündnis. Die sogenannte ‹Bürgerliche Vereinigung Riehen› überlebte bis 1953. Als neue bürgerliche Kraft gewann 2002 die SVP gleich vier Sitze auf Kosten der Schweizer Demokraten (SD), der DSP, der VEW und der FDP; sie verteidigte ihre Sitze auch 2006. Als wählerstärkste Partei bestätigte sich 2006 die LDP, wie schon in den drei vorherigen Legislaturen.

Starke EVP/VEW: Eine Riehener Spezialität

Die Riehener Sektion der Evangelischen Volkspartei (EVP) wurde 1923 gegründet. Während des Zweiten Weltkriegs schliefen die Parteiaktivitäten ein. 1945 kam es unter dem neuen Namen ‹Vereinigung Evangelischer Wähler› zur Neugründung. Die Partei profitierte von der Empörung über Machenschaften im Zusammenhang mit der Wahl des Gemeindepräsidenten 1945, in deren Folge ein Teil der Liberalen Partei aus Protest übertrat. Die Wählerstärke der Riehener EVP ist ein schweizerischer Sonderfall: Seit 1970 stellt sie ununterbrochen das Gemeindepräsidium und von sieben Gemeinderäten gehörten bis 2010 immer zwei der EVP an. Auch bei den Einwohnerratswahlen gelingt es der EVP seit Jahren, zwischen 15 und 20 Prozent Wähleranteile zu gewinnen, während der schweizerische Durchschnitt bei rund fünf Prozent liegt.

Dies lässt sich vor allem durch die örtliche Dichte evangelischer Institutionen erklären. Dazu gehören das Diakonissenhaus, die Freie Evangelische Gemeinde, der Christliche Verein Junger Männer (CVJM) und die Staatsunabhängige Theologische Hochschule Basel. Nach dem Zweiten Weltkrieg entwickelte sich der CVJM immer mehr zu einer Ausbildungsstätte für spätere Träger öffentlicher Ämter: Alle drei Gemeindepräsidenten seit 1970, Gerhard Kaufmann, Michael Raith und Willi Fischer, hatten sich vorgängig innerhalb des CVJM engagiert.[16]

Als eigentliche Geburtsstunde des politischen Plakates gilt in der Schweiz der Herbst 1919, als auf eidgenössischer Ebene das Proporzsystem eingeführt wurde. Während in der Zwischenkriegszeit die politischen Plakate kämpferisch waren, sind sie seit dem Zweiten Weltkrieg zahm: In der Regel wird mit Persönlichkeiten geworben. Aufmüpfiger gab sich die PdA in den 1970er und 1980er Jahren mit ihren Parolen, während die meist in Dialekt verfassten Slogans der VEW als eigenständige Riehener Schöpfung gelten. Das abgebildete Plakat der PdA, entworfen von Heiri Strub, datiert von 1974, die Plakate der LDP und der VEW stammen beide aus dem Jahr 1986.

Aufgabenteilung und Autonomiewünsche

Ende des 19. Jahrhunderts strebte die finanziell schwache Gemeinde Riehen eine Verschmelzung mit der Stadt Basel an, in der Hoffnung, die finanzielle Bürde ablegen zu können. In der zweiten Hälfte des 20. Jahrhunderts jedoch, mit zunehmendem Wohlstand, zeigte sich die Gemeinde Riehen interessiert daran, einige der Aufgaben, die in den Verantwortungsbereich des Kantons gelangt waren, wieder selbst wahrzunehmen. Einerseits wurde damit der Kanton finanziell entlastet, andererseits erhielt die Gemeinde so wieder mehr Kompetenzen.

Diskussionen um die Eingemeindung Riehens

Im ausgehenden 19. Jahrhundert sah sich Riehen vor kaum zu bewältigende Aufgaben gestellt. Zwischen 1877 und 1885 hatten sich zwar die Steuereinnahmen verdoppelt, doch nahmen die Gemeindeaufgaben in weit stärkerem Masse zu, weshalb sich die Gemeindeschuld im gleichen Zeitraum vervierfachte.[17]

1885 baten die Gemeinderäte von Kleinhüningen und Riehen zeitgleich darum, dass sämtliche Aufgaben vom Kanton übernommen werden sollten. Begründet wurde das Begehren damit, «dass die Autonomie der Gemeinden wenig mehr als eine Last sei».[18] Der Regierungsrat riet von einer Übernahme ab, allerdings mit dem Angebot, etliche Aufgaben wie das Schulwesen, den Unterhalt der Wiesenufer und einiger Strassen zu übernehmen.[19] Im Fall Kleinhüningens wurde anders entschieden: Diesem Gesuch wurde stattgegeben, was mit der räumlichen Nähe Kleinhüningens zur Stadt begründet wurde.[20]

Trotz der finanziellen Entlastungen blieb die Frage nach einer partiellen oder vollständigen Übernahme der Geschäfte Riehens durch die staatlichen Organe aktuell. So lancierte der Gemeinderat ab 1898 weitere entsprechende Gesuche, wegen der Einführung der elektrischen Beleuchtung, der Erweiterung der Wasserversorgung und der Kanalisation sowie der Korrektur einiger Strassen.[21] Von der Aufgabe der Selbstverwaltung von Riehen wollte der Regierungsrat erneut nichts wissen. In den folgenden drei Jahren fand in Riehen ein Meinungsumschwung statt. Man schien zur Überzeugung zu gelangen, dass eine selbständige Verwaltung den Bedürfnissen der nach wie vor ländlich geprägten Gemeinde besser entspreche. Nach einer Unterredung des Gemeinderats mit dem zuständigen Regierungsrat war das Thema für rund acht Jahre vom Tisch. 1910 ging beim Regierungsrat des Kantons Basel-Stadt ein von 248 Stimmberechtigten unterzeichnetes Gesuch mit der Bitte um Übernahme der Gemeindegeschäfte ein. Das Dorf werde immer mehr zur Vorstadt, und es sei deshalb angebracht, Riehen auch in Bezug auf Infrastruktur und Hygiene auf den gleichen Stand wie Basel zu setzen. Anders als die Gesuchssteller war der Gemeinderat der Ansicht, dass der Zeitpunkt ungünstig sei, gestaltete sich doch die damalige Entwicklung Riehens in finanzieller Hinsicht sehr zufriedenstellend.[22] Das Gesuch wurde in der Folge wieder fallengelassen.

Ein letzter Vorstoss zur Eingemeindung Riehens kam 1927 vonseiten der kommunistischen Partei, die eine kantonale Initiative einreichte. Alle kostspieligen Aufgaben habe

Riehener Mädchen beteiligen sich als ‹heraldische Gruppe› am Festumzug anlässlich der ‹Vierhundertjährigen Vereinigungsfeier von Riehen und Basel› im Juni 1923. Ihre mit Basler und Riehener Wappen geschmückten Schürzen wurden eigens für diesen Anlass angefertigt. Die gross aufgemachte Vereinigungsfeier von 1923 bezog sich auf den Erwerb Riehens durch die Stadt Basel im Jahr 1522. Die symbolische Verschmelzung der beiden Gemeinwesen, wie sie an der Feier in mannigfacher Weise zelebriert wurde, zielte aber auch auf die jüngere Vergangenheit. So war die Jubiläumsveranstaltung unverkennbar als Kompensation für den von den Gemeindebehörden vor dem Ersten Weltkrieg angestrebten Anschluss Riehens an die Stadt Basel gedacht. Ihre Aufgabe bestand darin, zur Versöhnung zwischen Befürwortern und Gegnern einer Preisgabe der Gemeindeautonomie beizutragen.

Riehen schon vor etlicher Zeit an den Kanton abgegeben. In der Folge erlasse die Gemeinde den Wohlhabenden die Steuern und brüste sich mit einem schuldenfreien Finanzhaushalt. «Ein derart stümperhaftes und zugleich kostspieliges Gemeindewesen aufrecht zu erhalten, nur damit ein paar Leute Gemeinderat spielen können, ist eine Zumutung», regte sich ein Redaktor des ‹Basler Vorwärts› auf und empfahl den Stimmberechtigten, die Initiative zur Annahme.[23] Diese wurde am 19./20. Mai 1928 nur knapp mit 52 Prozent Nein-Stimmen verworfen. Beachtliche 41 Prozent der Riehener Stimmbürger traten für die Eingemeindung ein.

Autonomiebewegungen nach dem Zweiten Weltkrieg
Während des Zweiten Weltkriegs fand in vielen wirtschaftlichen und administrativen Bereichen eine Zentralisation durch den Bund statt. Nationale, kantonale und kommunale Aufgaben erfuhren eine starke Verflechtung, durch welche die Gemeindeautonomie eingeschränkt wurde. Gegen Ende des Krieges jedoch liess sich schweiz-

Durch die Stadt überstimmt

Steuerunterschiede zwischen Stadt und Gemeinde sorgten bereits Ende des 19. Jahrhunderts für Unmut: Die Steuerlast pro Einwohnerin und Einwohner betrug in Riehen gegenüber der Stadt ein Mehrfaches. Im Lauf des 20. Jahrhunderts kehrte sich das Verhältnis um: Um die Jahrtausendwende bezahlten Einwohnerinnen und Einwohner von Riehen im Schnitt 18 Prozent weniger Steuern als jene von Basel. 1989 und 1996 wurde aus städtischen Kreisen eine Initiative zur Verminderung der Steuerunterschiede innerhalb des Kantons eingereicht. Die Differenz sollte auf 5 Prozent reduziert werden. Die ‹Steuerneid›-Initiative, wie man sie in Riehen nannte, wurde 2002 verworfen. Den vom Regierungsrat ausgearbeiteten Gegenvorschlag, der eine Senkung des Steuerunterschieds auf 8,2 Prozent und eine Erhöhung der Kantonssteuer für Riehen von 50 auf 60 Prozent vorsah, nahm eine Mehrheit der Stimmenden (72 Prozent) in der Stadt an. In Riehen hingegen wurde der Gegenvorschlag mit über 80 Prozent Nein-Stimmen abgelehnt. Für Riehen bedeutete dieser Entscheid, dass die Gemeinde die Kompetenz verlor, den Steuertarif frei festzulegen.

weit eine Bewegung feststellen, in der sich viele Gemeinden dafür einsetzten, wieder mehr Eigenständigkeit zu erlangen.[25] In Riehen gab es ab den 1960er Jahren breit abgestützte Bestrebungen zu einer selbständigeren Bewältigung der Gemeindeaufgaben. Ein weiterer Wunsch der Bewegung war, den Steuersatz selber und tiefer als in der Stadt setzen zu können. Die angepeilte Autonomie schien durch die Wiedervereinigungsbestrebungen der beiden Basler Halbkantone in Reichweite gerückt: Hätten sich damals die beiden Halbkantone zusammengeschlossen, so wäre in der Stadt Basel wieder eine Einwohnergemeinde eingerichtet worden, was gleichzeitig eine klarere Aufteilung zwischen Gemeinde- und Kantonsaufgaben ermöglicht hätte. Auch versprach der Verfassungsentwurf für einen wiedervereinten Kanton Basel die Wahrung grösstmöglicher Gemeindeautonomie, von der auch Riehen und Bettingen profitiert hätten. Der Zusammenschluss der beiden Halbkantone wurde jedoch 1969 von den Stimmbürgern des Halbkantons Basel-Landschaft mit einer Mehrheit von 76 Prozent abgelehnt, während die basel-städtischen Wahlberechtigten der Vorlage

Der Baselstab zertrümmert mit dem Hammer die beiden Sparschweinchen Riehen und Bettingen. Die Karikatur von Heinz Rüti in der ‹Basellandschaftlichen Zeitung› bezog sich auf zwei Steuervorlagen von 2002, in welchen die Riehener und Bettinger Stimmberechtigten von den Städterinnen und Städtern überstimmt wurden.

mit 66,5 Prozent zustimmten. In Riehen hatten sich 55,5 Prozent für die Vorlage ausgesprochen.[25] Dieser Entscheid lancierte die Diskussion neu und vehementer als zuvor.

In einem Rückblick auf die Entwicklung des Verhältnisses zwischen Gemeinde und Kanton schrieb der Gemeinderat 1993 vor allem der Arbeit der Autonomiekommission, die von 1970 bis 1993 wirkte, und Michael Raiths Vorstoss für ein neues Autonomieleitbild von 1985 grosse Bedeutung zu. Die Autonomiekommission legte eine Liste mit 29 Aufgaben vor, welche die Gemeinde bis 1993 übernommen hatte (von der Musikschule bis zum Gemeindespital). Zudem definierte sie diejenigen Aufgabenfelder, in denen die Übertragung erst beabsichtigt war: Schulzahnpflege, Zonenfestsetzungskompetenz, Kindergärten und Schiesswesen.[26] Diese Schritte trugen zu einem neuen Selbstverständnis der Gemeinde bei und beeinflussten die Arbeit an der neuen Kantonsverfassung.

Neue Kantonsverfassung und NOKE: Stärkung der Gemeinden

Die Arbeiten an der neuen Kantonsverfassung begannen im Herbst 1997, am 13. Juli 2006 trat sie schliesslich in Kraft. Für die Klärung der Stellung der Gemeinden im Kanton war vor allem die Arbeit der Kommission ‹Gemeinden und regionale Zusammenarbeit› entscheidend. Die Kommission, die von der Riehener Gemeinderätin Maria Iselin-Löffler präsidiert wurde, orientierte sich am Förderalismusprinzip, nach dem die Einwohnergemeinden für diejenigen Aufgaben Verantwortung übernehmen, für die eine örtliche Regelung geeignet ist. Die wichtigsten Leitlinien für die Gemeindepolitik wurden in die neue Verfassung eingeschrieben. So habe sich die Aufgabenteilung zwischen Kanton und Einwohnergemeinden an den Grundsätzen der Transparenz, der Wirtschaftlichkeit und der Bürgernähe zu orientieren. Den Gemeinden müsse deren Autonomie und ein möglichst weiter Handlungsspielraum gewährt werden.

Durch die neue Verfassung erhielten die Gemeinden auch neue Rechte wie ein Gemeinde-Initiativrecht, ein Recht auf Anhörung, wenn ein Geschäft sie speziell betrifft, und die Befugnis, selbst eine ‹kleine Aussenpolitik› mit dem benachbarten Ausland zu verfolgen.[27]

Das Projekt ‹Neuordnung des Verhältnisses Kanton/Einwohnergemeinde› (NOKE) ging zurück auf die Steuerabstimmung vom 2. Juni 2002. Anstatt den Steuersatz von Riehen und Bettingen zu erhöhen, sollten den beiden Gemeinden Riehen und Bettingen zusätzliche Aufgaben übertragen werden. Die Arbeiten an der neuen Verfassung waren für die Ausformulierung von NOKE wegleitend. Zuerst wurde überprüft, welche Aufgaben die Gemeinden unter Berücksichtigung von Kunden- und Bürgernähe, Autonomiegewinn, organisatorischen Vorteilen und den Grundsätzen der Wirtschaftlichkeit übernehmen könnten. In einem zweiten Schritt konnte der finanzielle Entlastungseffekt für den Kanton berechnet werden. Daraus entwickelten sich drei Zielrichtungen: die Schaffung eines Finanzausgleiches zwischen den Einwohnergemeinden, die Übernahme zusätzlicher Aufgaben durch Riehen und Bettingen und eine Aktualisierung des Gemeindegesetzes. Herzstück der Reform war die Übernahme der Primarschulen und der Tagesbetreuung durch die beiden Landgemeinden ab August 2009.[28]

Auf der Fotografie von 1915 posieren die Gemeindeangestellten vor dem einstigen Gemeindehaus (heute Alte Kanzlei). Von links nach rechts: Ortsdiener, Kanzleibeamter, Gemeindeschreiber, Sekretär, Schutzmann, Polizeikorporal und Polizeiwachtmeister.

Gemeindeaufgaben

Wie stark sich die Organisation der Gemeindeaufgaben verändert hat, wird eindrücklich anhand der Zahl der Gemeindeangestellten sichtbar. Im 19. Jahrhundert standen ausschliesslich nebenamtliche Gemeindehelfer wie Protokollant, Gemeindekassier oder Armenschaffner im Dienst des Gemeinwesens. Selbst der Leiter des Verwaltungsapparats, der Gemeindeschreiber, wurde erst ab 1895 vollamtlich angestellt.[29]

Grössere Aufgabenbereiche – grössere Gemeindeverwaltung

1939 hatten zur Bestreitung der Gemeindeaufgaben noch 25 Personen genügt, 6 in der Gemeindeverwaltung, bis 1956 noch ‹Gemeindekanzlei› genannt, und 19 im Aussendienst. 1970 waren im Werkhof und in der Gärtnerei bereits 62 Personen angestellt, und die Verwaltungstätigkeit wurde von 26 Personen bewältigt. 1986 waren 40 Personen in der Verwaltung und 86 im Aussendienst der Gemeinde beschäftigt.

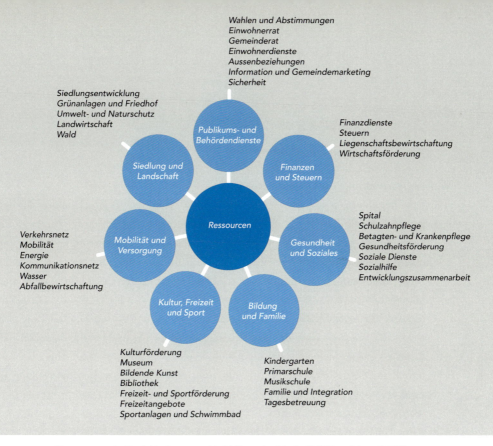

Der sogenannte Produktrahmen macht sichtbar, wie sich die Politikbereiche seit 2010 zusammensetzen. Die sieben Politikbereiche sind in verschiedene Produkte wie ‹Landwirtschaft›, ‹Primarschule›, ‹Steuern› oder ‹Einwohnerrat› aufgeteilt, für die jeweils eine Person der Gemeindeverwaltung zuständig ist. Die Ressourcen, wie sie sich in der Mitte darstellen, bestehen nicht nur aus Geldern, sondern beziehen sich auch auf Mitarbeitende oder auf die gemeindeeigenen Fahrzeuge und Liegenschaften. Sie alle sind Teil der ‹Leistungserbringerin› Gemeinde.

Der gesamte Personalbestand des Jahres 2008 mit 173 Verwaltungsangestellten und 71 Personen im Aussendienst hat sich im Vergleich zu 1986 stark verändert, da die Gemeinde vermehrt Aufgaben übernommen hat, die vorher vom Kanton besorgt worden waren. So fielen in diesem Zeitraum etwa die Kindergärten, die Planungskompetenz der Siedlungsentwicklung oder der betriebliche Unterhalt der auf Gemeindegebiet liegenden Kantonsstrassen und Grünanlagen in den Verantwortungsbereich der Gemeinde. Von der Bürgergemeinde Riehen übernahm die Gemeindeverwaltung die Sozialhilfe. Während 1986 bei der Gemeinde noch fast ausschliesslich Vollzeitbeschäftigte arbeiteten, verteilten sich 2008 178 Vollzeitstellen auf 244 Mitarbeitende. Im August 2009 kam durch die Übertragung der Primarschule an die Gemeinden Riehen und Bettingen der gesamte Personalbestand der Schulen hinzu: 124 Personen auf 85 Vollzeitstellen.

Von der Verwaltung zur Dienstleistung

Auch die Organisation der Gemeinde hat sich im Lauf der Zeit verändert. Die letzte grosse Restrukturierung fand im Zusammenhang der 2001 bis 2003 durchgeführten Gemeindereform ‹Prima› statt. Verwaltung, Gemeinde- und Einwohnerrat wurden in einem breit angelegten Prozess nach den auf Riehen zugeschnittenen Kriterien des New Public Management umgeformt. ‹Prima› steht entsprechend für ‹Public Riehen Management›. Ziel war eine effizientere Verwaltung durch Einführung betriebswirtschaftlicher Instrumente. So wurde eine Leistungs- und Kostenrechnung eingeführt sowie eine stärkere Kunden- und Leistungsorientierung und ein engeres, klar strukturiertes Zusammenspiel zwischen Politik und Verwaltung angestrebt. Herzstück der neuen Gemeindeordnung sind die vom Einwohnerrat zu beschliessenden Leistungsaufträge, die für die verschiedenen Politikbereiche Ziele und Vorgaben für die nächsten drei oder vier Jahre festlegen.

Die zu den Leistungsaufträgen gehörigen Globalkredite bilden die finanzrechtliche Grundlage für die Gemeindeleistungen. Der Politikplan schliesslich ist der Aufgaben- und Finanzplan des Gemeinderates, der jährlich festlegt, wie die Mittel im Rahmen der vereinbarten Leistungsaufträge verteilt werden sollen. Auf diesen Grundlagen erbringen die Gemeindeangestellten sowie von der Gemeinde beauftragte Drittanbieter ihre Dienstleistungen für die Bevölkerung. Die sieben Politikbereiche werden von je einem Abteilungsleiter respektive einer Abteilungsleiterin geführt, der oder die innerhalb der Verwaltung angestellt ist. Dies löst das bisherige Departementalsystem des Gemeinderates ab. Die Gesamtleitung der Verwaltung ist Aufgabe des Gemeindeverwalters, der zugleich mit beratender Funktion an den Gemeinderatssitzungen teilnimmt.

Im Folgenden werden diejenigen Gemeindeaufgaben kurz beschrieben, die in keinem eigenen Kapitel vorkommen:

Einwohnerdienste und Sicherheit

Im Erdgeschoss des Gemeindehauses befindet sich die zum Bereich ‹Publikumsdienste› gehörende Kanzlei der Gemeinde. Hier wird das Einwohnerregister geführt, werden Personen an- und abgemeldet, Bewilligungen zur Nutzung der Allmend oder Auskünfte aus dem Grundbuchkataster erteilt. Zudem fällt die Organisation und Durchführung von Wahlen und Abstimmungen sowie die Behandlung von Initiativen und Referenden in den Aufgabenbereich der Publikumsdienste. Die Einwohnerkontrolle wird zwar vom Kanton durchgeführt, die Gemeindeverwaltung hat jedoch Zugriff

Den Polizeibeamten fielen bisweilen auch besondere Aufgaben zu, wie die Fotografie von 1975 zeigt. Die ‹Riehener Zeitung› beschrieb am 11. März 1977 die Regelung des Viehtriebs durch die Schmiedgasse folgendermassen: «Jedesmal, wenn die Herde kommt, muss ein Polizeimann die Signalanlage auf ‹rot› stellen, damit dann das Vieh, vor Autos und Trams den Vortritt beanspruchend, die gefährliche Kreuzung überqueren kann.».

darauf. Zudem kann, wer in Riehen angemeldet ist, neue Ausweise auch auf der Kanzlei in Riehen bestellen.

Eine Besonderheit stellt das Zivilstandswesen Riehen dar. Bis 1871 war der Gemeindepfarrer zuständig für die Bestätigung von Ehen, Geburten oder Todesfällen. Mit der Revision der Bundesverfassung fiel diese Kompetenz dem Kanton zu. Riehen erhielt kein eigenes Amt. Seit 1976 führen Beamte des Zivilstandsamtes Basel-Stadt für Riehener Einwohnerinnen oder Bürger Ziviltrauungen im repräsentativen Trauzimmer des Neuen Wettsteinhauses durch. Das Angebot erfreut sich grosser Beliebtheit, so dass Ziviltrauungen in Riehen seit 1978 an zwei festen Wochentagen stattfinden.

In den Bereich der Publikums- und Behördendienste fällt auch die Sicherheit innerhalb der Gemeinde. Die Kosten der rund um die Uhr besetzten Polizeiwache der Gemeinden Bettingen und Riehen teilen sich der Kanton und die Gemeinden. Das war nicht immer so. Noch im 19. Jahrhundert bezahlten die Bürger der Gemeinde zwei Dorfwächter. Da diese aus ärmlichen Verhältnissen stammten und daher mit ihren Kleidern oft nicht ernst genommen wurden, erhielten sie ab dem 1. Juni 1844 auf Kosten der Gemeinde eine Uniform «aus dunkelblauem Tuch [...] mit heiterblauem Kragen und Aufschlägen und weissen Knöpfen».[30] 1957 zog die Riehener Polizeimannschaft mit zwei Unteroffizieren, sechs Motorradfahrern und einem Kreischef in den neuen Polizeiposten am Erlensträsschen 2 ein, den «modernsten und schönsten von ganz Basel», wie die ‹Riehener Zeitung› am 8. November 1957 stolz berichtete.

1872 wurde das Riehener Pompier-Korps gegründet. Um auch freiwillige Feuerwehrmänner zu gewinnen, bot die Gemeinde jedem Eintretenden «einen Helm, einen tuchenen Rock, ein Paar Hosen und einen Gurt mit Schnalle an. Es war bei Strafe verboten, diese Kleidung Zivil zu tragen».[31] 1873 besass Riehen zwei für Pferdegespanne eingerichtete Feuerspritzen. Die Geräte wurden von der Gemeinde aus eigenen Mitteln bezahlt. Die heutige Organisation der Bezirksfeuerwehr hat ihren Ursprung im Gesetz über das Löschwesen und in der dazugehörenden Verordnung aus dem Jahr 1879. Damals wurde für vier Stadtbezirke sowie die Landgemeinden je eine Kompanie gebildet. Alle männlichen Einwohner vom 32. bis zum 44. Altersjahr waren feuerwehrdienstpflichtig. Seit 1993 unterstehen auch Frauen dieser Pflicht. 2004 wurde die Bezirksfeuerwehr mangels Freiwilliger auf drei Kompanien reduziert, von denen eine für Riehen und Bettingen zuständig ist.

Allmend

Grund und Boden, der nicht privates Eigentum ist und im Prinzip von allen genutzt werden kann, wird Allmend genannt. Dazu gehören Parks, Grünanlagen, Plätze, Verkehrswege und Wasserflächen. In Riehen gibt es kantonale und kommunale Allmend. Die Zuständigkeiten zwischen Kanton und Gemeinde sind genau geregelt. So pflegt die Gemeindegärtnerei öffentliche Parks und Anlagen, auch dort, wo sie dem Kanton gehören. Und die in Absprache mit Bettingen betriebenen Putz- und Räumdienste sind für die Reinigung und den Winterdienst von Gemeinde- und Kantonsstrassen zuständig. Der bauliche Unterhalt der Kantonsstrassen ist hingegen Sache des Kantons.

Die Gemeinde ist auch Eigentümerin wichtiger öffentlicher Gebäude wie des Gemeindehauses, der Alten Kanzlei, des Dorfmuseums, des Landgasthofs oder der Musikschule. Sie vermietet Wohnhäuser im Dorfkern, ist Eigentümerin der Reithalle im Wenkenpark und verpachtet den Landwirtschaftlichen Betrieb Maienbühl. Hinzu kommen

Nutzgebäude wie die Werkhöfe Haselrain und Bluttrainweg, die Gemeindegärtnerei, öffentliche Toiletten, Waldhütten und Velounterstände.

Pflege und Fürsorge

Die Gesundheitsdienste der Gemeinde wurden im 20. Jahrhundert stark ausgebaut. Das wohl grösste Engagement galt dem Gemeindespital Riehen. Dieses wurde bis zur Übernahme durch die Gemeinde im Jahr 1973 von den Diakonissen als Privatspital betrieben. Die Verantwortung für den Betrieb lag beim Kantonsspital Basel, Kanton und Gemeinde kamen anfänglich hälftig für die Kosten auf. Als Basel 1980 seinen Beitrag strich, hatte Riehen den Fehlbetrag für sein Spital alleine aufzubringen. 1986 betrug dieser 3,5 Millionen Franken.[32]

Das Krankenversicherungsgesetz des Bundes von 1996 zwang das Gemeindespital zu einem Abbau von Akutbetten. Ab 1998 wurde das Spital als selbständige öffentlich-rechtliche Anstalt geführt. Wie der damalige Spitalverwalter Matthias Spielmann im Jahrbuch ‹z'Rieche› 1998 selbstbewusst schrieb, sei das Minimalziel des Unternehmens Eigenwirtschaftlichkeit, das Maximalziel jedoch sei ein Betrieb, der Gewinn erwirtschafte. Dass die Gemeinde Riehen das weiterhin stetig ansteigende jährliche Defizit des Gemeindespitals in Millionenhöhe trug, bewies die Verbundenheit der Riehener Bevölkerung mit ihrem Spital.

2008 musste die Zukunft des Gemeindespitals erneut diskutiert werden. Dies im Zusammenhang mit der Revision des Krankenversicherungsgesetzes, die ab Januar 2009 in Kraft trat und deren Bestimmungen bis 2012 umgesetzt werden müssen. Die neue gesamtschweizerische Spitalfinanzierung setzt die Spitäler mit der Einführung von Fallpreispauschalen unter Wettbewerbsdruck und erlaubt keine Subventionierung mehr durch die Gemeinde. Der Einwohnerrat stimmte einer Weiterführung des Gemeindespitals unter der Bedingung zu, dass sich Partner finden liessen, die einen wirtschaftlichen Spitalbetrieb garantierten. Da keine solchen Partner gefunden wurden, verkündete der Gemeinderat im April 2009 die Schliessung des Gemeindespitals. Dieser Entscheid wurde in der Öffentlichkeit stark kritisiert. Es entstand eine Bewegung zur Rettung des Spitals, und innerhalb kürzester Frist wurde eine Volksinitiative eingereicht. Der Gemeinderat legte einen Gegenvorschlag für ein ambulantes Gesundheitszentrum mit einer kleinen Geriatriespitalabteilung vor. In einer schweizweit beachteten Abstimmung entschied sich das Riehener Stimmvolk am 6. September 2009 mit einer Ja-Mehrheit von 70 Prozent und einer Stimmbeteiligung von 58 Prozent für den Gegenvorschlag des Gemeinderates.

Gegen den Entscheid des Gemeinderates, das Gemeindespital zu schliessen, demonstrierten am 7. April 2009 mehrere hundert Personen, ein zuvor nie dagewesenes Bild in Riehen.

Das Fürsorgewesen stellt einen der klassischen Aufgabenbereiche der Gemeinde dar. Die Zuständigkeit für Fürsorgefälle von Riehener Bürgern lag seit der Kantonstrennung von 1833 in den Händen der Bürgergemeinde, während die Fürsorge von Nichtbürgern lange nicht geregelt war. Mit dem Armengesetz von 1897 wurde die Fürsorge zur kantonalen Aufgabe erklärt. Fürsorgeabhängige Nichtkantonsbürger wurden durch die staatlich subventionierte allgemeine Sozialhilfe Basel unterstützt. Für Stadtbürger war das bürgerliche Fürsorgeamt der Stadt zuständig, während sich Bettinger und Riehener Bürger an ihre jeweilige Bürgergemeinde wenden mussten. Mit dem kantonalen Fürsorgegesetz von 1984 wurde die Sozialhilfe generell zur Angelegenheit der Wohngemeinde. In Riehen übertrug man die Aufgabe direkt der Bürgergemeinde. Diese stellte einen Fürsorger an und setzte eine Fürsorgekommission ein. Im Zusammenhang mit dem kantonalen Sozialhilfegesetz von 2001 und der Riehener Gemeindereform gelangte man zur Auffassung, dass diese Aufgabe organisatorisch und räumlich in die Gemeindeverwaltung integriert werden sollte. Im Januar

2005 zog das neu ‹Sozialhilfe› genannte Amt ins Gemeindehaus ein. Die Bürgergemeinde gab damit eine ihrer ältesten Aufgaben ganz an die Einwohnergemeinde ab.

Vom Landarmenhaus zum Alterszentrum

Nach der Kantonstrennung von 1833 fehlte den beim Stadtkanton verbliebenen Landgemeinden eine Bleibe für ihre Armen, weshalb der Kanton 1834 das ehemalige Socingut an der Oberdorfstrasse 15 zur Errichtung eines Landarmenhauses kaufte. Die Bürgergemeinde verwaltete das sogenannte Armengut, den Fonds zur Deckung der anfallenden Fürsorgekosten.[33] Das Landarmenhaus – 1902 in Landpfrundhaus umbenannt – wurde seit seiner Eröffnung immer von einem Ehepaar geleitet. 1932 weihte man den im Anstaltsgarten an der Inzlingerstrasse erstellten Neubau für das erste Altersheim des Landpfrundhauses ein.[34] 1960 entstand anstelle des alten Landpfrundhauses die erste Alterssiedlung Riehens. 1968 folgte eine weitere Alterssiedlung am Bäumliweg 30 und 1972 die Siedlung ‹Zu den drei Brunnen› an der Oberdorfstrasse 21. 1988 konnte an der Inzlingerstrasse anstelle des 1932 gebauten Altersheims des Landpfrundhauses das neue, ökumenische Alters- und Pflegeheim ‹Haus zum Wendelin› mit einer Tagesbetreuung für Betagte eröffnet werden. 2005 stellte der zum einstigen Landpfrundhaus gehörende Bauernhof seinen Betrieb ein. An seiner Stelle entstand ein Neubau mit zwölf grosszügigen Alterswohnungen und neuen Räumlichkeiten für das Tagesheim des ‹Wendelins›.

Fenster in die Welt

1959 ging Riehen, im Zuge einer schweizweiten Patenschaftsbewegung für Dörfer in Bergregionen, eine entsprechende Beziehung zur Bündner Berggemeinde Mutten ein. Im Lauf der letzten fünfzig Jahre entwickelte sich im Rahmen dieser Patenschaft ein anregender Austausch mit der deutschsprachigen Walsersiedlung im rätoromanischen Sprachgebiet. Riehener Gelder halfen beim Ausbau der Wasser- und Energieversorgung oder unterstützten das Schulsystem vor Ort.

1989 ging Riehen ein zweites Mal eine Partnerschaft ein. Diesmal nahm man Kontakt mit der Stadt Miercurea Ciuc/Csíkszereda im rumänischen Siebenbürgen auf. Ziel war es, die im ungarischen Sprachgebiet liegende Stadt «auf dem Weg zur Demokratie und zu einem eigenen politischen Bewusstsein zu begleiten», wie die ‹Riehener Zeitung› am 31. August 1990 betonte. Im Vordergrund standen allerdings zunächst Hilfeleistungen in Form von Materialien wie Kleider oder medizinischer Unterstützung für das Bezirksspital. 1993 schloss sich eine Gruppe Interessierter zum Verein ‹Riehen hilft

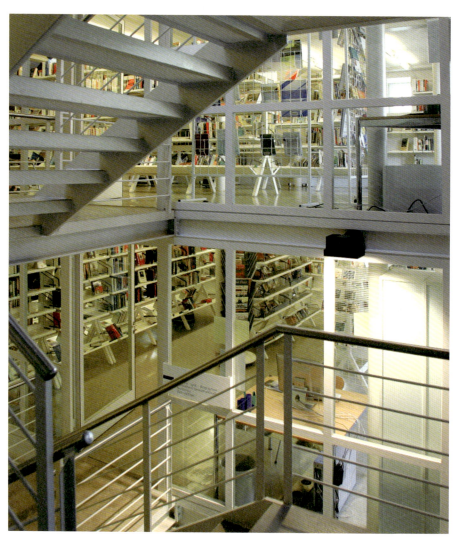

Auch die Gemeindebibliothek mit ihrem Bestand von 38 000 Medien öffnet den Blick in die weite Welt.

Rumänien› zusammen. Seither wird der Austausch der beiden Gemeinden durch die Arbeit des Vereins begleitet. Schwerpunkt sind Projekte im Schulbereich und die Kinderabteilung des Bezirksspitals. Regelmässige gegenseitige Besuche unterstützen den Austausch. Riehen hat damit – auch wenn die Schweiz der Europäischen Union (EU) nicht angehört – ein Zeichen europäischer Solidarität gesetzt.

Nach der Auflösung des 1895 erstmals belegten Lesevereins Riehen im Jahr 1923 übernahm die Gemeinde dessen Bücherbestand. Die von der Gemeinde betriebene ‹Volksbibliothek› befand sich im zweiten Stock des alten Gemeindehauses an der Baselstrasse, wo man aber bald zu wenig Platz hatte. 1958 zog die Bibliothek in den ehemaligen Polizeiposten im Erdgeschoss und drei Jahre später in das neue Gemeindehaus um. Die neu ‹Gemeindebibliothek› genannte Institution wagte den Schritt zur Freihand-Ausleihe. Die Anschaffung neuer Medien Ende der 1980er Jahre machte einen Umzug ins ‹Haus zur Waage› notwendig. 1990 wurde die Bibliothek auf vier Stockwerken am neuen Standort eröffnet.[35] Heute verfügt die Gemeindebibliothek zusätzlich über eine Filiale im Rauracherzentrum.

Nicht allein persönliche Kontakte und Bücher lassen Riehens Bewohner und Bewohnerinnen in die Welt hinausblicken. Das 2001 von der Tiefbauabteilung der Gemeinde verlegte Kabelnetz stellt sowohl den Empfang von Fernsehen und Radio als auch den schnellen Zugang zum Internet sicher. Bis dahin ermöglichte die 1974 auf dem Britzigerberg aufgestellte Grossgemeinschafts-Antennenanlage (GGA) von Riehen und Bettingen den Fernseh- und Radioempfang im gesamten Gemeindegebiet.[36]

Anmerkungen

1 Bruckner, Albert: Das Mittelalter, in: Riehen. Geschichte eines Dorfes, Riehen 1972, S. 79–164, hier S. 86f.
2 Bruckner, Das Mittelalter, S. 136–138; Lehmann, Fritz: Unter der Herrschaft der «Gnädigen Herren» von Basel (1522–1798), in: Riehen. Geschichte eines Dorfes, S. 267–318, hier S. 271–276.
3 Raith, Michael: Gemeindekunde Riehen, 2. Aufl., Riehen 1988, S. 192–195.
4 Wirz, Eduard: Das alte Gemeindehaus, in: z'Rieche, Jg. 1, 1961, S. 17–24; Eisenhut, Hanspeter: Zur Geschichte der Alten Kanzlei, in: z'Rieche, Jg. 23, 1983, S. 5–11.
5 Staatsarchiv Basel-Stadt, Sanität G 6.
6 Raith, Michael: Basel und seine Landgemeinden Riehen, Bettingen und Kleinhüningen, in: Kreis, Georg / von Wartburg, Beat (Hg.): Basel – Geschichte einer städtischen Gesellschaft, Basel 2000, S. 355–359, hier S. 357.
7 Vögelin, Hans Adolf: Von der Französischen Revolution bis zur Gegenwart (1798–1970), in: Riehen. Geschichte eines Dorfes, S. 319–410, hier S. 319–326.
8 Leuenberger, Martin: 1830 bis 1833: Der neue Kanton, in: Nah dran, weit weg. Geschichte des Kantons Basel-Landschaft, Bd. 5, Liestal 2001, S. 171–182, hier S. 172–177.
9 Siegfried, Paul: Die neueste Zeit (1815–1922), in: Iselin, Ludwig Emil: Geschichte des Dorfes Riehen, Basel 1923, S. 223–250, hier S. 224f.
10 Raith, Michael: Zweihundert Jahre gelebte Demokratie, in: z'Rieche, Jg. 39, 1999, S. 4–37, hier S. 15.
11 Kreis, Georg: Goldene Jahre mit irritierenden Erfahrungen, in: Kreis/von Wartburg, Geschichte, S. 283f.
12 Raith, Gemeindekunde, S. 197f. und 206f.
13 Grolimund, Markus: Die Autonomie der basel-städtischen Landgemeinden Riehen und Bettingen, Diss. Basel 1983, S. 39.
14 Anzeiger von Uster, 2. Februar 1959; Riehener Zeitung, 4. Juli 2008.
15 Raith, Gelebte Demokratie, S. 25.
16 Raith, Michael: Kleine Geschichte der Riehener Parteien, in: Riehener Zeitung, 15. März 1974; Raith, Michael: CVJM, 125 Jahre 1875–2000, überarbeitete und ergänzte Festschrift von 1975, Riehen 2000, S. 43f.
17 Wenk, Peter: Die Gemeinde Riehen und ihre Stellung im Kanton Basel-Stadt, Diss. Basel 1951, S. 19f.
18 Staatsarchiv Basel-Stadt, Gemeindearchiv Riehen, B 2, 252, Ratschlag und Entwurf eines Grossrats-Beschlusses betreffend die Verhältnisse der Gemeinden Riehen und Bettingen, dem Grossen Rat vorgelegt den 13. April 1891, S. 3f.
19 Staatsarchiv Basel-Stadt, Gemeindearchiv Riehen, A 1,9, 1900–1903, Zwischenprotokoll der Sitzung des Gemeinderates mit Regierungsrat Eugen Wullschleger am 25. Juli 1902.
20 Staatsarchiv Basel-Stadt, Ratschlag Nr. 335, 13. April 1891.
21 Staatsarchiv Basel-Stadt, Gemeindearchiv Riehen, B 2, 252, Brief des Gemeinderats an das Departement des Innern, Dezember 1898.
22 Staatsarchiv Basel-Stadt, Gemeindearchiv Riehen, B 2, 252, Brief des Gemeinderats an den Regierungsrat, 11. Juli 1910; Brief des Gemeinderats an den Regierungsrat, 22. September 1910.
23 Basler Vorwärts, 15. Mai 1928.
24 Nawiasky, Hans et al. (Hg.): Die Gemeindeautonomie, Einsiedeln 1946.
25 Kreis, Goldene Jahre, S. 278.
26 Riehener Zeitung, 15. Oktober 1993.

27 Schuppli, Andreas: Vom fetten Spatz in der Hand. Baselstädtische Gemeindepolitik in neuer Verfassung, in: Basler Stadtbuch 2005, Jg. 126, S. 109–111, hier S. 110f.
28 Schuppli, Andreas: Neu geordnet: Basel-Stadt und seine Gemeinden, in: Basler Stadtbuch 2007, Jg. 128, S. 98f.; Regierungsrat des Kantons Basel-Stadt: Bericht betreffend die Neuordnung des Verhältnisses zwischen Kanton und Einwohnergemeinden, 20. Dezember 2006, http://www.steuerverwaltung.bs.ch/03.1664.01-ber.pdf, 28. Oktober 2009.
29 Raith, Gemeindekunde, S. 204.
30 Riehener Zeitung, 24. August 1945.
31 Tschanz, Peter: 100 Jahre Feuerwehr Riehen, in: Riehener Zeitung, 7. September 1973.
32 Raith, Michael: Das Dorfspital in Riehen, in: z'Rieche, Jg. 29, 1989, S. 4–37, hier S. 24.
33 Dokumentationsstelle Riehen, ohne Dossiernummer, Materialien Landpfrundhaus.
34 Schmid, Rudolf: Das Landpfrundhaus des Kantons Basel-Stadt in Riehen, in: z'Rieche, Jg. 22, 1982, S. 62–95, hier S. 64f.
35 Blättler, Alfred: Aus der Geschichte der Riehener Dorfbibliothek, in: z'Rieche, Jg. 30, 1990, S. 161–169, hier S. 162.
36 Dokumentationsstelle Riehen, Dossier Nr. 169, Erstellung einer Fernseh-Ortsantennenanlage, Allgemeines 1965–2001.

Spaziergang entlang der Gemeindegrenze am Banntag 2008.

Leben an der Grenze

Sibylle Meyrat

Zu über sechzig Prozent ist Riehens Banngrenze auch Landesgrenze, mehr als die Hälfte seiner Nachbargemeinden liegen in Deutschland. Bis zu Beginn des 20. Jahrhunderts war die Landesgrenze kaum spürbar, sie wurde so selbstverständlich überschritten wie heute eine Gemeinde- oder Kantonsgrenze. In den beiden Weltkriegen wurde sie weitgehend geschlossen und trennte Verwandte und Freunde über Jahre. Für Flüchtlinge bedeutete ihre Überschreitung Rettung oder Tod. In den Jahren nach den beiden Weltkriegen wurde sie jeweils nur zögerlich geöffnet. Seit den 1950er Jahren hat sich zwischen der Nordwestschweiz, Südbaden und dem Elsass wieder ein reger Grenzverkehr entwickelt, der auch in Riehen spürbar ist. Infolge des Beitritts der Schweiz zum Schengener Abkommen finden an den Grenzübergängen seit 2008 zwar noch Waren-, aber kaum mehr Personenkontrollen statt.

Offene Grenzen und erste Zollstationen

Vor dem Ersten Weltkrieg konnten sich Bewohnerinnen und Bewohner Riehens und der badischen Nachbargemeinden ohne Ausweispapiere über die Grenze hin- und herbewegen. Sofern überhaupt Kontrollen stattfanden, betrafen diese ausschliesslich den Warenverkehr. Enge wirtschaftliche und persönliche Beziehungen verbanden die Menschen dies- und jenseits der Landesgrenze. So kauften Riehenerinnen und Riehener aufgrund der günstigeren Preise eher in den badischen Nachbargemeinden als in Basel ein.

Zum Zahnarzt nach Stetten, auf den Markt nach Basel

Auch zum Zahnarzt und Coiffeur gingen Riehener eher nach Stetten als nach Basel. Marktfrauen aus Stetten und Inzlingen verkauften ihre Produkte in Riehen und Basel.[1] Eine Arbeit jenseits der Grenze anzunehmen, war bis 1914 ohne jede behördliche Formalität möglich. Viele Schweizer arbeiteten in Textilbetrieben in Südbaden oder im Elsass. Seit den 1950er Jahren verlaufen die Pendlerströme hauptsächlich in umgekehrter Richtung.[2]

Die Menschen dies- und jenseits der Landesgrenze waren enger als heute durch persönliche Beziehungen verbunden. Sie pflegten Freundschaften, fochten Streitigkeiten aus, schlossen Ehen und übernahmen gegenseitige Patenschaften, bei denen konfessionelle Grenzen eine grössere Rolle spielten als nationale. Die engen Familienbande reichen zum Teil mehrere Jahrhunderte zurück. So flohen während des Dreissigjährigen Kriegs (1618–1648) viele Menschen aus den südbadischen Nachbarorten nach Riehen und Basel. Dies zeigt sich an den zahlreichen Namen von Markgräfler Geschlechtern, die in den Taufbüchern aus dieser Zeit erscheinen.

Auch der Grundbesitz von Riehener Familien im Badischen und umgekehrt reicht weit zurück. Beim Dialekt bestanden bis zu Beginn des 20. Jahrhunderts sehr grosse Ähnlichkeiten. Während sich Riehener und Bettinger Mundart nach dem Zweiten Weltkrieg allmählich ans Baseldeutsche anglichen, wurde das Alemannische in Südbaden abgelöst von einer an der Schriftsprache orientierten Umgangssprache mit badischem Akzent.[3]

Nationale Zollgrenzen entstehen

Ein einheitliches Zollwesen entstand in der Schweiz erst mit der Gründung des Bundesstaats. Zuvor erschwerten eine Vielzahl von Weg- und Brückenzöllen sowie unterschiedliche Währungen den Handel. Nach harten Verhandlungen überliessen die Kantone 1850 die Zollhoheit dem Bund. Ein nationales Grenzwachtkorps wurde aus Kostengründen erst 1894 aufgebaut, zuvor waren kantonale Landjäger für die Kontrolle der Zollgrenze verantwortlich. In Riehen befanden sich im 19. Jahrhundert ein Zollposten und eine Grenzwachtschutzhütte, das Zollamt war in wechselnden Gebäuden im Dorfkern untergebracht. 1881 wurde ein Wohnhaus an der Inzlingerstrasse, Ecke Lörracherstrasse, für Zollzwecke umgebaut. Erst 1902 wurde die Zollstation direkt an die Grenze verlegt. Weitere Zollstellen entstanden am Grenzacher-

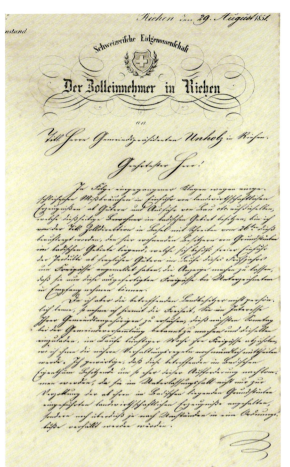

In einem Brief vom 29. August 1851 schrieb der für Riehen zuständige eidgenössische Zolleinnehmer an den Gemeindepräsidenten Heinrich Unholz von «Klagen wegen eingeschlichenen Missbräuchen» bei der Einfuhr landwirtschaftlicher Erzeugnisse. Personen aus Riehen, die auf badischer Seite Land besassen, konnten für den zollfreien Import ihrer Güter einen sogenannten Freipass beantragen. Diese Freipässe sollten im Lauf der kommenden Woche bei ihm abgeholt werden, teilte der Zolleinnehmer dem Gemeindepräsidenten in seinem Schreiben mit.

horn (1860), am Riehener Bahnhof (1903), an der Weilstrasse (1913) und an der Inzlingerstrasse (1923). Bis zum Ersten Weltkrieg beschränkten sich die Aufgaben der Zollbeamten auf die Bekämpfung des Schmuggels. Eine spezielle Herausforderung für die badischen und schweizerischen Behörden war die Regelung der Zollverhältnisse auf der Wiesentalbahnlinie zwischen Basel und der Grenze. Auf badischer Seite wurde das Zollwesen bereits 1836 mit dem Beitritt des Grossherzogtums Baden zum Deutschen Zollverein vereinheitlicht. Durch Badens Beteiligung am Deutschen Zollverein entstand gegenüber der Schweiz eine hohe Zollschranke. Um diese zu umgehen, gründeten viele schweizerische Firmen Zweigniederlassungen im nahen Ausland, was etwa im Wiesental zu einem eigentlichen Wirtschaftsboom führte, der auch Arbeiter aus der Schweiz anzog.[4]

Grenzübertritte nur noch mit Identitätspapier

Im 20. Jahrhundert führten die beiden Weltkriege für die Bevölkerung dies- und jenseits der Landesgrenze zu grundlegend anderen kollektiven Erfahrungen und in der Folge zu unterschiedlichen Fragen an die Vergangenheit. Nie zuvor in der Geschichte Riehens hat die Landesgrenze mit vergleichbarer Schärfe Menschen und Schicksale getrennt. Greifbar wird dies etwa in einer Kindheitserinnerung der Schriftstellerin Hilde Ziegler, die 1939 in Lörrach zur Welt kam und in Weil am Rhein aufgewachsen ist: «Ich darf mit Anneli und Onkel August auf den Mühlematten heuen. Nach zwei Stunden setzen wir uns unter einen Baum und essen Rettichsalat und Brot. Onkel August schaut hinüber nach Riehen. Nach einer Weile sagt er: numme zäh Meter witter äne, no were mr Schwizer. Und wieder nach einer Weile: un dr Karli wer no do. Und wieder nach einer Weile: numme zäh Meter.»[5]

Mit dem Ausbruch des Ersten Weltkriegs im August 1914 wurde die Grenze zwischen der Schweiz und Südbaden geschlossen. Bürger neutraler Staaten und Angehörige des Deutschen Reiches durften ab November 1914 zwar wieder ein- und ausreisen, brauchten dazu aber einen Reisepass mit Visum. Für die Bewohner des Gebiets 15 Kilometer dies- und jenseits der Grenze wurden zusätzliche Zollstellen für den sogenannten kleinen Grenzverkehr eingerichtet. Dort genügte ein Passierschein für den Übertritt. Über zehntausend solcher Passierscheine stellte die Gemeindekanzlei Riehen während des Ersten Weltkriegs aus – ein Beleg für den nach wie vor regen Grenzverkehr. Einen Passierschein brauchten auch Bauern, die auf der andern Seite der Grenze Land besassen. Wer Verwandte besuchen wollte, musste ein spezielles Formular mit Zeitpunkt und Dauer des Aufenthaltes ausfüllen.[6]

Militär im Dorf, Tote jenseits der Grenze

Während des gesamten Ersten Weltkriegs waren in Riehen Truppen der Armee und des Grenzwachtkorps stationiert. Dieses wurde in den Jahren 1915 bis 1920 massiv ausgebaut und militärisch straff organisiert. Die Soldaten wurden in verschiedenen Gebäuden im Dorfkern und in Baracken in Grenznähe untergebracht. Alle paar Wochen wurden die Truppen, denen Männer verschiedener Kantone angehörten, ausgetauscht.

Nicht weit von Riehen, am Vogesenkamm, wurde unmittelbar nach Kriegsbeginn eine Frontlinie aufgezogen. Der Lärm der Geschütze aus dem Elsass drang bis nach Riehen, und in klaren Nächten konnte man die Leuchtraketen sehen. Bis Kriegsende starben allein am Hartmannsweilerkopf 30 000 französische und deutsche Soldaten. Unter den Toten des Ersten Weltkriegs waren auch Männer aus Riehens unmittelbarer Nachbarschaft, davon über achthundert Männer aus Lörrach und seinen heutigen Teilorten Tumringen, Haagen, Hauingen, Brombach und Tüllingen.

In Riehen verloren zwei Männer ihr Leben durch den Krieg: Am 3. Juni 1917 wurde der 61-jährige schwerhörige Pfrundhausinsasse Friedrich Schmid in der Nähe der Grenze von einem Soldaten der Schweizer Armee erschossen, weil er dessen Haltebefehl nicht hörte. Am 28. Oktober 1918 stürzte ein von den schweizerischen Grenzsoldaten

Grenzübergang Lörracherstrasse im Ersten Weltkrieg.

Nach Ausbruch des Ersten Weltkriegs konnte die Grenze nur noch mit einem amtlichen Papier überquert werden. Als Begründung für den Grenzübertritt nannte etwa Anna Löliger aus Riehen «Familienangelegenheiten in Lörrach».

Grenzübergang Lörracherstrasse, Postkarte aus der Zeit des Ersten Weltkriegs.

beschossenes deutsches Flugzeug am Hackberg ab. Der verwundete Pilot erlag seinen Verletzungen während des Transports nach Basel. Ungleich mehr Todesopfer als der Krieg forderte die Grippeepidemie von 1918 und 1919. Schweizweit raffte die sogenannte Spanische Grippe 24 449 Menschen hinweg; genaue Zahlen für Riehen fehlen. In der Dorfgeschichte von 1923 werden neun Diakonissen erwähnt, die bei der Pflege der Grippekranken den Tod fanden.

Nach dem Ersten Weltkrieg blieben viele Wege im Grenzgebiet geschlossen. So mussten die Inzlinger, die in Lörrach arbeiteten, noch bis am 1. Mai 1920 einen mühsamen Umweg in Kauf nehmen, weil die schweizerische Grenzwache den Maienbühlweg, die direkteste Verbindung, gesperrt hielt.

Im Verlauf der 1920er Jahre wurde in den lokalen Zeitungen rege über den Abbau von Pass- und Grenzformalitäten diskutiert. Viele wünschten sich eine Rückkehr zum Zustand vor dem Ersten Weltkrieg. Als sich die wirtschaftliche Lage in Deutschland ab 1923 besserte, wurden die zuvor sehr strengen Bestimmungen gelockert. Passierscheine waren nun leichter erhältlich, und ab Juli 1925 war im Rahmen des kleinen Grenzverkehrs ein Aufenthalt von bis zu drei Tagen im benachbarten Gebiet erlaubt. Der Weg zwischen Weil und den Langen Erlen konnte aber erst 1925 wieder benutzt werden. Der Weg zwischen Riehen und Lörrach durchs Stettenfeld war sogar bis 1927 gesperrt.[7]

Abschottung im Vorfeld des Zweiten Weltkriegs

Die zögerliche Öffnung der Grenze in der Zwischenkriegszeit fand 1933 mit der Machtübernahme der Nationalsozialisten in Deutschland ein jähes Ende. Mit ständig neuen Vorschriften schränkte das NS-Regime auch in Baden den Grenzverkehr ein. Ab 1. Januar 1934 liess es alle Wander- und Feldwege zwischen den badischen Nachbargemeinden und Riehen ganz oder teilweise sperren, einzig der Fussweg entlang der Wiese blieb durchgehend offen. Die Grenze durfte nur noch mit gültigen Papieren überquert werden. Im September 1934 wurden auf deutscher Seite Schlagbäume aufgestellt, und an den Grenzübergängen klebte ein Plakat mit der Aufschrift ‹Des Deutschen Gruss Heil Hitler›. Neben den bisherigen Grenzwächtern führten nun Männer der Schutzstaffel (SS) Grenzkontrollen durch.[8] Schweizer und Deutsche beschwerten sich in zahlreichen Briefen über die pedantischen Personen- und Warenkontrollen, die als Schikane empfunden wurden. Auch viele Unternehmen, vor allem aus Basel, protestierten gegen die Nachteile der neuen Regelung. Hinter einer «geordneten Grenzüberwachung» müssten Einzelinteressen zurücktreten, beantwortete das Badische Bezirksamt am 16. Juni 1935 ein entsprechendes Schreiben der Firma J. R. Geigy AG.[9] Unter der Abschottung, mit der die Nationalsozialisten eine Abwanderung der Kaufkraft zu verhindern versuchten, litt die Wirtschaft beidseits der Grenze. Manches Riehener Geschäft sei damals eingegangen, heisst es in der Chronik des Grenzpostens Riehen Lörracherstrasse.[10]

Im März 1936 wurden in Lörrach erstmals nach Ende des Ersten Weltkriegs wieder Soldaten der Wehrmacht stationiert. Diese begannen auf Anhöhen, wie dem Tüllinger Hügel und dem Isteiner Klotz, mit dem Bau des Westwalls – eines Festungsgürtels von Bunkern, Stollen und Gräben –, der bis nach Brügge bei Aachen reichte.

Geschlossene Grenzen und Stacheldraht

Nach Kriegsbeginn 1939 wurde die Grenze von beiden Seiten her geschlossen und durfte nur noch mit einem Visum überquert werden. In Riehen und Bettingen baute man kurz vor Kriegsbeginn Strassensperren auf. Entlang der Grenze wurde auf der schweizerischen Seite eine militärische Sperrzone eingerichtet, die nur mit Bewilligung des Territorialkommandos Basel betreten werden durfte. Eine Bewilligung erhielten Personen, die dort wohnten oder Land bewirtschafteten. Die Sperrzone umfasste das ganze rechtsseitige Wieseufer, grosse Teile des Schlipfs, einen breiten Waldgürtel beim Horngraben sowie das ganze Maienbühl und die Eiserne Hand. Bewohnerinnen und Bewohner dieses Gebiets waren somit während des Krieges von der Aussenwelt praktisch abgeschnitten.[11]

Die deutsche Seite liess ab dem 25. September 1939 nur noch Inhaber einer Grenzkarte passieren. Eine solche konnte erwerben, wer nicht mehr als zehn Kilometer von der Grenze entfernt wohnte und einen dringlichen Grund für den Grenzübertritt nachweisen konnte. Verwandtenbesuche genügten nicht mehr als Begründung, Arbeit oder Schulbesuche wurden unter Umständen akzeptiert. So konnte der Milchmann Heinrich Neukom seine Lörracher Kundschaft bis 1942 beliefern.[12] Die Molkerei Felder brachte sogar während der gesamten Kriegsdauer ihre Produkte nach Lörrach.

Am 10. Mai 1940 wurde die Grenze aufgrund des Kriegs zwischen Deutschland und Frankreich für sechs Monate komplett geschlossen, und ab 1942 wurde sie von deutscher Seite her fast hermetisch abgeriegelt. Mit einem acht Meter breiten und drei Meter hohen Stacheldrahtverhau sollten Kriegsgefangene, Juden, Zwangsarbeiterinnen und Deserteure an der Flucht aus Deutschland gehindert werden. Die von weitem sichtbare Konstruktion gehört zu den prägendsten Erinnerungen der Kriegsgeneration. Sie wurde erst 1951 entfernt, ein Teilstück von 70 Metern Länge oberhalb Lörrach-Stetten blieb sogar bis 1967 stehen, weil niemand die Kosten für den Abbruch übernehmen wollte.

Um den Bau des Drahtverhaus im Bereich Maienbühl zu vereinfachen – allein die Eiserne Hand hat eine Aussengrenze von 3600 Metern Länge –, plädierte das deutsche Grenzkommissariat für eine zeitweise Gebietsabtretung, wie dies bereits im Ersten Weltkrieg für kurze Zeit ausgehandelt worden war. Es schlug der basel-städtischen Grenzpolizei vor, sie möge auf dem Gebiet zwischen den Grenzsteinen 74 und 50 oberhalb des Maienbühlhofs selbst einen Zaun errichten, der die beiden Teilstücke des deutschen Stacheldrahtverhaus verbinden und die Eiserne Hand abtrennen würde. Für die Bauern mit Bewilligung könnten Tore im Zaun angebracht werden, die Grenze sei so auch für die Schweizer Grenzwache besser kontrollierbar. Der Vorschlag wurde von verschiedenen Instanzen begutachtet und schliesslich vom Eidgenössischen Polizei- und Militärdepartement abgelehnt. Somit blieb während der gesamten Kriegsdauer eine – wenn auch winzige und streng überwachte – Lücke im Grenzzaun bestehen.

Grenze gegen Stetten 1945.

Strassensperre im Maienbühl 1945.

Ausgegrenzt und verfolgt

Nach der Machtergreifung der Nationalsozialisten im Jahr 1933 wurden Juden und Andersdenkende auch in Riehens unmittelbarer Nachbarschaft systematisch ausgegrenzt und verfolgt. Wie einst gut integrierte Bürgerinnen und Bürger in die Illegalität und schliesslich in den Tod getrieben wurden, zeigt das Schicksal der Familie Grunkin aus Lörrach. Rosa Schäublin-Grunkin zog nach ihrer Heirat 1938 nach Riehen, wurde Schweizer Staatsbürgerin und entkam so der Verfolgung. Dagegen wurden ihre Mutter und zwei ihrer Geschwister zusammen mit den anderen rund fünfzig Jüdinnen und Juden, die 1940 noch in Lörrach lebten, in ein Internierungslager im südfranzösischen Gurs gebracht, wo sie unter unsäglichen Haftbedingungen litten. Während die Mutter von Rosa Schäublin schliesslich in die Schweiz ausreisen konnte, kamen Rosas Geschwister Josef und Marie Grunkin in den Vernichtungslagern der Nationalsozialisten um.[13]

Tausende von Menschen versuchten vor und während des Zweiten Weltkriegs über die grüne Grenze in die Schweiz zu flüchten. Wie viele es in Riehen und Bettingen waren, lässt sich nicht genau sagen. Aufgrund der Aktenlage im Bundesarchiv in Bern konnte lediglich die Zahl von 2822 Zivilflüchtlingen ermittelt werden, die nach einem Grenzübertritt in Basel, Riehen oder Bettingen Aufnahme in der Schweiz fanden. Die Zahl der Flüchtlinge, die an die Grenze zurückgestellt wurden, lässt sich dagegen nicht mehr ermitteln. Dass es sehr viele waren, dafür sprechen die Einträge in den Chroniken der Grenzwachtposten und die Aussagen von Zeitzeuginnen und Zeitzeugen.[14]

Ein legaler Grenzübertritt war aufgrund der strengen Bestimmungen der schweizerischen Behörden für viele – ab 1938 insbesondere für Jüdinnen und Juden – unmöglich. Mit ihrem unübersichtlichen Verlauf durch Wälder und Gebüsch, über Hügel und Felder war die achtzehn Kilometer lange Grenze, die Riehen und Bettingen von den badischen Nachbargemeinden trennt, für die Flüchtlinge Chance und Gefahr zugleich. Einerseits war sie nur schwer zu kontrollieren, andererseits konnten die Flüchtlinge nie sicher sein, auf welcher Seite sie sich gerade befanden. Ein häufig benutzter Weg führte von Weil am Rhein über die Wiese in die Langen Erlen, ebenso bekannt war der Weg von Lörrach-Stetten über die Eiserne Hand und das Maienbühl; auch die Züge der Wiesentalbahn wurden zur Flucht benutzt.

Die Bevölkerung Riehens war mit den Schicksalen dieser Flüchtlinge in unterschiedlichem Mass konfrontiert. Während die Bewohnerinnen und Bewohner der Sperrzonen sehr häufig in Kontakt mit ihnen kamen, war dies im Dorfzentrum weniger der Fall. Dra-

Spuren des Kriegs in Riehener Familien

Obwohl Riehen nur indirekt vom Krieg betroffen war, prägte dieser auch hier Schicksale auf oft tragische Weise. So wurde der 19-jährige Gärtnersohn Fritz Brändle beim Laubsammeln in den Langen Erlen tödlich von einer Granate getroffen. Der deutsche Konditor Michael Raith-Bandle, der seit 1936 zusammen mit seiner Familie in Riehen gelebt hatte, kam im Krieg um. Eine Einbürgerung hätte ihn vor dem Aufgebot der deutschen Wehrmacht schützen können. Doch das entsprechende Gesuch wurde Ende April 1941 von der Riehener Bürgerversammlung ohne Begründung abgelehnt. Andere schlichen heimlich über die Grenze, um freiwillig am Krieg teilzunehmen. Darunter waren zwei Jugendliche, die 1937 noch die vierte Primarklasse im Schulhaus Erlensträsschen besucht hatten. Ihr ehemaliger Klassenkamerad Robert Tettamanti erinnert sich: «Der eine ging zur SS, überstand den Krieg und kehrte nachher nach Riehen zurück, wo er mit Hilfe eines ehemaligen Lehrers rehabilitiert werden konnte. In den ersten Nachkriegsjahren zeigte er uns noch seine Uniform mit den Totenkopfabzeichen; heute mag er nicht mehr darüber sprechen. Der andere Kollege, dessen Begeisterung für Deutschland stets gross gewesen war, ging 1943 zur Wehrmacht; er bekam aber sehr schnell genug vom Krieg, kam in französische Kriegsgefangenschaft und wollte nach seiner Rückkehr nie von seinen Erlebnissen erzählen.»[15] Ein weiterer Mitschüler wurde als deutscher Staatsbürger zur Wehrmacht einberufen und kam in Russland ums Leben.

matische Szenen zwischen jüdischen Flüchtlingen, die sich auf sicherem Boden glaubten, und schweizerischen Polizisten oder Grenzwächtern, die sie zurück über die Grenze schafften, ereigneten sich aber nicht nur in der militärischen Sperrzone, sondern auch vor dem Polizeiposten, mitten im Dorf.[16]

Exponiert und preisgegeben

Infolge ihrer exponierten Lage rechts des Rheins ragen die Gemeinden Riehen und Bettingen wie eine Halbinsel in deutsches Gebiet hinein. Im Fall einer deutschen Invasion von Lörrach her wären sie zuerst angegriffen worden. Heini Neukom, der an der Lörracherstrasse nahe der Grenze aufgewachsen ist, erinnert sich an ein Gefühl der Bedrohung, das ihn durch die Kriegsjahre begleitete. Man sei umzingelt, ausgesetzt und eingeklammert gewesen im Grenzzipfel Riehen. In den Abendstunden hörte er, wie durch grosse Megaphone vom Tüllinger Hügel herabgerufen wurde: «Schweizer gebt acht, wir holen euch über Nacht».[17]

Heitere Gesichter beim französischen Militär und der Zivilbevölkerung am Grenzübergang Weilstrasse anlässlich des Kriegsendes vom 8. Mai 1945.

Da der Maienbühlhof in der Sperrzone lag, waren seine Bewohner während der ganzen Kriegszeit sehr isoliert. Der Kontakt zu den Soldaten war eng, man half sich gegenseitig. Die Bilder aus dem Fotoalbum von Ernst Kauer, der auf dem Hof aufgewachsen ist, zeigen die ausgelassene Stimmung nach dem Kriegsende. Auf dem Bild links ist seine Schwester Hedwig Kauer mit Soldaten der Schweizer Armee zu sehen. Bild rechts: im Vordergrund Ernst Kauer, verkleidet als deutscher Soldat.

Zwar wurde die Grenze in Riehen und Bettingen während der ganzen Kriegsdauer bewacht. Doch bereits Ende Juni 1940 stand fest, dass Basel im Fall eines deutschen Einmarschs nicht verteidigt worden wäre, ebenso wenig Riehen oder Bettingen. Das Stadtkommando Basel und das rund neunzig Mann umfassende Detachement Riehen wurden aufgelöst. Die bei Kriegsbeginn errichteten Barrikaden und Strassensperren wurden wieder entfernt, mit Ausnahme jener an den Grenzübergängen.

Dass die Brücken über den Rhein vermint waren und bei einem Einmarsch der deutschen Truppen sofort gesprengt worden wären, wusste in Riehen jedes Kind. Viele hatten für den Fall einer Flucht ein gepacktes Rucksäcklein bereitstehen. Als einziger Kanton der Schweiz hatte Basel-Stadt die Evakuation der Zivilbevölkerung systematisch vorbereitet. Vom 26. März bis 20. April 1940 hatten sich in speziellen Evakuationsbüros in Basel, Riehen und Bettingen 22 343 Personen angemeldet. Die staatliche Evakuation wurde aber nie ausgeführt.[18] Als die Angst vor einem deutschen Einmarsch im Mai 1940 ihren Höhepunkt erreichte, verliessen in Riehen viele Menschen ihre Wohnungen und Häuser und suchten Zuflucht im Landesinneren bei Verwandten oder Bekannten. Mit dem Ziel, Fluchtwohnungen auf dem Beatenberg bereitzustellen, wurde 1940 in Riehen eine private Gesellschaft gegründet, die zwei Jahre später wieder aufgelöst wurde. Wer 1940 noch in Riehen oder Bettingen wohnte, nahm den Krieg in der unmittelbaren Nachbarschaft wahr. Zu hören waren die Eisenbahngeschütze, die von Lörrach Schüsse in Richtung Belfort abfeuerten. Auch den Widerschein der brennenden Dörfer, die nach dem Beschuss durch die Franzosen entlang der Maginot-Linie in Flammen aufgegangen waren, konnte man bis Riehen sehen.

Trotz dieser grossen Nähe zum Kriegsgeschehen fühlten sich nicht alle gleichermassen bedroht. Für die meisten wurde die Angst zu einem Teil des Alltags, ebenso wie die Mehrfachbelastung der Frauen, die Abwesenheit der Männer aufgrund des Aktivdiensts, die Rationierung der Lebensmittel und der Mehranbau von Kartoffeln und Getreide auf Grünflächen, die vor dem Krieg als Pärke oder Sportplätze gedient hatten. Für andere war Angst rückblickend kein Thema. «Angst hatte ich gar nicht. Ich hatte ja gar keine Zeit dazu», sagte etwa Marie Schmutz-Rüegsegger, die 1936 als 19-Jährige auf den Maienbühlhof zu Verwandten gezogen war und dort wegen zwei Todesfällen innert kürzester Zeit sehr viel Arbeit und Verantwortung übernehmen musste. Ähnlich äusserte sich Frieda Rinklin-Thommen, die 1943 von Hölstein nach Riehen gekommen war, wo sie zusammen mit ihrem Mann einen Bauernbetrieb im Schlipf übernommen hatte: «Angst hatte ich nie. Wir hatten ja so viel Arbeit. Und dann waren wir ja auf unserm Land – wir wären nie fortgegangen.»[19]

Angepasst und widerständig

Schliesslich gab es in Riehen auch Menschen, die einen Einmarsch deutscher Truppen begrüsst hätten. Der deutsche Staatsangehörige Willy Meckes, der seit 1936 am Grenzacherweg wohnte und 1945 vom Bundesrat wegen wiederholten verbotenen Nachrichtendienstes ausgewiesen wurde, wäre im Fall einer Besetzung Orts- und Gauleiter geworden.[20] An «eigentliche Nazi-Nester» erinnert sich Albert Schudel-Feybli, der als Redaktor der ‹Riehener Zeitung› seine Leser trotz Pressezensur unerschrocken vor den Gräueln nationalsozialistischer Herrschaft warnte.[21] Zu den landesweit bekannten Stimmen, die schon früh vor dem Nationalsozialismus warnten und den ganzen Krieg über eine kritische Haltung bewahrten, gehörte auch der in Riehen wohnhafte Gross- und Nationalrat Albert Oeri. Dagegen berichtet Heini Neukom von den Versammlungen der sogenannten Fünften Kolonne im Restaurant Stab an der Lörracherstrasse – wenn tagsüber die Läden heruntergelassen wurden, habe jedermann gewusst, dass sich dort die Nazi-Sympathisanten trafen. Durchs offene Fenster von Neukoms Wohnung an der Lörracherstrasse drangen die Hitlerreden aus dem Radio eines Nachbarn.[22]

Einen Nationalsozialisten als Nachbarn hatte auch Oskar Jung, der während des Zweiten Weltkriegs am Schopfgässchen wohnte. Nachdem er dort mehrere verdächtige Besucher beobachtet hatte, teilte er dies seinem Onkel mit, dem Chef des Riehener Polizeipostens. Dieser leitete die Information an die Bundespolizei weiter, die den verdächtigen Nachbarn, Karl Kammerer aus Zürich, von Jungs Wohnung aus observieren liess. Nach dem Krieg stellte sich heraus, dass dieser einem international tätigen Spionagering angehörte. Aus den Akten ging hervor, dass Oskar Jungs Familie bei einem Einmarsch der Deutschen sofort hingerichtet worden wäre.[23]

Der Krieg konnte in Riehen dazu führen, dass eng befreundete Nachbarn aufgrund ihrer unterschiedlichen politischen Einstellung zu Feinden wurden – Brüche, die oft eine Generation später noch deutlich spürbar waren. Wer im Krieg auf welcher Seite stand, war nicht ausschliesslich eine Frage der Nationalität. Für den Grenzwächter Alfred Schmocker war dies eine prägende Erfahrung: «Was mich in diesem Krieg am meisten geschockt hat, war die Tatsache, dass man den eigenen Landsleuten nicht mehr trauen konnte. Es gab deutsche Nazifreunde, die nach dem Krieg ausgewiesen wurden, aber es gab auch etwelche Schweizer, die mindestens so schlimm waren.»[24]

Im Rahmen der unmittelbar nach dem Krieg einsetzenden sogenannten Säuberungen wurden sieben deutsche Staatsangehörige aus Riehen ausgewiesen. Auch Ausgewiesene aus anderen Kantonen brachte die Polizei in Riehen über die Grenze.

Das Tram fährt nach Lörrach

Eine Verlängerung der Tramlinie 6 von Riehen bis nach Lörrach war bereits 1908 bei der Projektierung der Linie Basel–Riehen geplant, konnte aber wegen des Ersten Weltkriegs erst 1919 realisiert werden. Anfänglich mussten die Fahrgäste an der Grenze umsteigen, ab 1926 fuhr das Tram über die Grenze. Nach der Machtergreifung der Nationalsozialisten hielten verschärfte Grenzkontrollen, strengste Devisenvorschriften und die ausländerfeindliche Hetze des NS-Regimes viele Schweizer vom Grenzübertritt ab. 1933 sanken die Fahrgastzahlen auf der Linie 6 zwischen Riehen und Lörrach um 35 Prozent. Aufgrund des hohen Defizits kündigten die Basler Strassenbahnen 1939 den Pachtvertrag mit der Lörracher Stadtverwaltung. Das erste Tram, das nach dem Zweiten Weltkrieg anlässlich des Hebeltags am 11. Mai 1947 wieder nach Lörrach fuhr, wurde dort freudig begrüsst, symbolisierte es doch ein Stück wiedergewonnene Normalität. Da die Basler Verkehrsbetriebe (BVB) kein Interesse am Betrieb des deutschen Teilstücks hatten, wurde dieses von der Stadt Lörrach übernommen. Die BVB vermieteten lediglich eine Anzahl älterer Motorwagen und übernahmen deren Wartung. Von aussen sahen die Wagen aus wie Basler Trams, doch standen auf den Mützen des Fahrpersonals die Lettern ‹StBL› für ‹Strassen-Bahn Lörrach›. Die Fahrgäste mussten an der Grenze umsteigen und dort ein neues Billet lösen. Im Rahmen einer neuen Verkehrsplanung beschloss Lörrach die Stilllegung der Tramlinie und ersetzte sie 1967 durch Busse.[25]

Tram an der Lörracherstrasse, 1934.

Im Zusammenhang mit den Säuberungen steht auch die Veröffentlichung der ‹Eingabe der 200› in Schweizer Tageszeitungen am 26. Januar 1946. Unter den 173 Männern, darunter 80 Offiziere, die den Bundesrat am 15. November 1940 zu einer verstärkten Anpassung der schweizerischen Presse an das nationalsozialistische Deutschland aufgefordert hatten, fanden sich auch zwei bekannte Namen aus Riehen: Oberleutnant Ernst Kron, der die Soldaten des Detachements Riehen kommandiert hatte, und Hans Fischer-Schultheiss, der als Mitglied des Grossen Rates zu den beliebtesten Vertretern der Schweizer Bauernschaft gehört hatte und in Riehen wichtige öffentliche Ämter bekleidete. Letzterer zog sich nach der Veröffentlichung umgehend aus der Politik zurück.

Von der geschlossenen zur mobilen Grenze

Nach Ende des Zweiten Weltkriegs kamen Riehens badische Nachbargemeinden unter französische Militärregierung, die Grenze blieb für die meisten Menschen geschlossen. Lörrach war im Vergleich zu anderen deutschen Städten nur wenig bombardiert worden, doch hatten 1800 Männer aus Lörrach und seinen heutigen Teilorten ihr Leben als Soldaten verloren. Fast in jeder Familie gab es einen oder mehrere Tote zu beklagen. Grosse Teile der Bevölkerung in Südbaden litten bis 1948 Hunger und Mangel. Die Nähe zur Schweiz, die als Schlaraffenland empfunden wurde, erwies sich als Vorteil. Das heimliche Überschreiten der Grenze wurde für viele zu einer Überlebensstrategie.

Nachbarschaftshilfe

Ab 1944 wurden im Rahmen der Schweizer Spende für die Kriegsgeschädigten Geld, Nahrungsmittel, gebrauchtes Geschirr, Haushaltartikel und landwirtschaftliche Geräte gesammelt. Dabei zeigten sich auch in der Region Basel Ressentiments gegenüber Deutschland, das den Krieg begonnen hatte. Die Spendenbereitschaft bei Hilfsaktionen für das Elsass war grösser als bei solchen für Südbaden.

In Riehen fand Nachbarschaftshilfe auf unterschiedlichen Ebenen statt. Trotz Verboten und strenger Kontrollen kamen immer wieder Menschen, insbesondere auch Kinder, auf der Suche nach Nahrungsmitteln über die Grenze und erfuhren dabei unbürokratische Hilfe. In den Jahren 1946 und 1947 führte die Gemeinde Riehen Sammel-

Anlässlich des Hebeltags am 11. Mai 1947 strömten Tausende von Menschen aus der Schweiz nach Lörrach, um Verwandte, Bekannte und Freunde zu besuchen. Erstmals nach dem Krieg war die Grenze wieder offen.

Nachdem Lörrach unter französische Militärregierung gekommen war, wurde die Grenze auf deutscher Seite von französischen Truppen bewacht. Diese setzten sich, abgesehen von den weissen Offizieren, vor allem aus Soldaten aus Marokko zusammen, das damals noch eine französische Kolonie war. Mit Erlaubnis der Schweizer Grenzwache konnten die marokkanischen Soldaten das Gebiet des Maienbühlhofs betreten und dort Wasser holen. Für die Bewohner des Hofs (rechts im Bild Ernst Kauer) war dies die erste Begegnung mit Menschen aus Afrika.

Anlässlich des Schweizer Nationalfeiertages am 1. August 1945 gaben die marokkanischen Soldaten ein Konzert an der Grenze. Bei feierlichen Anlässen wurde ein Ziegenbock als Maskottchen mitgeführt.

Schmuggel als Überlebensstrategie und grosses Geschäft

Schmuggel hat im Grenzgebiet zwischen der Schweiz und Südbaden eine lange Tradition. In vielen Geschichten wird überliefert, mit welchen Tricks die Grenzwächter an der Nase herumgeführt wurden. Geschmuggelt wurde besonders in den Notzeiten nach den beiden Weltkriegen. In Südbaden dienten in den Jahren nach dem Zweiten Weltkrieg illegal eingeführte Zigaretten oder Schokolade oft als Zahlungsmittel für Grundnahrungsmittel. Schmuggel in der umgekehrten Richtung kam zwar auch vor, war aber viel seltener. Dass die Zöllner unter Umständen ein Auge zudrückten, lässt ein Hinweis in der ‹Riehener Zeitung› vom 28. September 1923 vermuten: «Der Schutz der Wiesentälergrenze durch Polizei und Grenzorgane vollzieht sich mit vollem Verständnis und der grössten Anteilnahme an der Not unserer unglücklichen Nachbarn.» Die Freimengen im kleinen Grenzverkehr sind bis heute sehr klein. So werden Menschen, die im Grenzgebiet wohnen und auf der andern Seite der Grenze einkaufen, nicht selten zu Schmugglern, bewusst oder unbewusst. Wurden diese Verstösse noch bis in die 1960er Jahre ausserordentlich hart geahndet, konzentrieren sich die Zollbeamten heute eher darauf, die illegale Einfuhr von Drogen, Waffen und gefälschten Markenprodukten aufzudecken. Vereinzelt werden aber immer noch Lebensmittelschmuggler aufgegriffen. So stiess die Basler Grenzwache am 17. Juli 2007 bei der Kontrolle eines Kleinbusses an einem unbewachten Grenzübergang in Riehen auf 85 Liter Wein und 90 Kilogramm Kartoffeln. Der portugiesische Staatsbürger mit Wohnsitz in der Schweiz musste für die massive Überschreitung der erlaubten Freimengen von zwei Litern Wein und 20 Kilogramm Kartoffeln eine Busse von über tausend Franken bezahlen.

Zum jüngeren Schmuggelgut in Europa gehört Khat, eine Pflanze, die vor allem in Ostafrika wächst. Durch gründliches Kauen der Blätter wird der Wirkstoff Cathinon aufgenommen, der ein hohes Abhängigkeitspotential aufweist. Nach der Ernte muss die Pflanze innert weniger Tage konsumiert werden. Im Jahr 2009 stellte die Schweizer Grenzwache mehrere hundert Kilo Khat sicher. Auch in Riehen deckte sie mehrere Fälle von Khat-Schmuggel auf.

aktionen durch und brachte Nahrungsmittel nach Lörrach, zudem übernahm sie von Dezember 1947 bis Oktober 1948 die sogenannte Schülerspeisung für 400 Kinder in Lörrach.[26] Der ehemalige Gemeindeangestellte Oskar Jung erinnert sich, wie er am 15. September 1946 mit Ross und Wagen von Haus zu Haus durch die Quartiere fuhr und Lebensmittel einsammelte. In manchen Häusern gab es noch Vorräte aus der Kriegszeit wie Konserven oder Hülsenfrüchte.[27]

Anlässlich des Hebeltags am 11. Mai 1947 wurde die Grenze erstmals nach sieben Jahren für Schweizerinnen und Schweizer geöffnet. Rund 18 000 Personen besuchten an diesem Tag ihre Verwandten, Freunde und Bekannten und brachten insgesamt rund zwanzig Tonnen Nahrungsmittel mit. Am Hebeltag des folgenden Jahres waren es noch mehr. Aus der Spendenfreudigkeit entstand auch ein florierendes Geschäft. So konnten die deutschen Nachbarn mit sogenannten Liebesgaben oder Liebesgabengutscheinen beschenkt werden. Die Gutscheine konnten in Lörrach bei speziellen Händlerinnen und Händlern eingelöst werden. Geschäfte in Riehen und Basel verkauften Liebesgaben auch fertig verpackt.

Grenzöffnung und nachbarschaftliche Zusammenarbeit

Tausende von Menschen überqueren heute in der trinationalen Region Basel täglich die Grenze, wenn sie zum Arbeiten oder Einkaufen, für einen Theater- oder Restaurantbesuch ins Nachbarland fahren. Lebensmittelgeschäfte in Frankreich und Deutschland locken die Schweizer mit günstigeren Preisen, der Arbeitsmarkt in der Schweiz die Badener und Elsässer mit höheren Löhnen und niedrigerer Arbeitslosenquote, während tiefere Immobilienpreise im ländlichen Elsass Käuferinnen und Käufer aus der Schweiz und Deutschland anziehen. Unmittelbar nach dem Krieg war die Situation völlig anders. Bis 1947 war der Grenzübertritt von und nach Deutschland kaum, bis 1950 nur mit schwer erhältlichen Spezialbewilligungen möglich. Ab 1950 konnten sich Einwohnerinnen und Einwohner Riehens im Rahmen des kleinen Grenzverkehrs bis zu drei Tagen im Nachbarland aufhalten. Doch bereits im folgenden Jahr wurden die Bedingungen wieder verschärft und die Freimengen für mitgeführte Waren eingeschränkt. Ein «Sorgenkind der Anwohner» nannte die ‹Riehener Zeitung› in ihrer Ausgabe vom 30. März 1951 den kleinen Grenzverkehr. Alle zwei Monate erlasse der deutsche Staat zuhanden seiner «Untertanen» im Grenzgebiet neue Vorschriften. Pro Person dürften neustens nur noch zwei Pakete Zigaretten, 100 Gramm Kaffee und 40 Gramm Tee pro Monat zollfrei eingeführt werden, für Einkäufe dürften lediglich 5 Deutsche Mark mitgenommen werden. Die schweizerischen Detailhändler erlitten

Grenzverschiebungen mit dem Abkommen von Schengen-Dublin

Nachdem die Länder der Europäischen Union (EU) in den 1990er Jahren einen gemeinsamen Binnenmarkt und eine Passunion eingeführt hatten, entfielen die Waren- und Personenkontrollen an den Binnengrenzen der EU. Die Grenzübergänge in Riehen markierten in dieser Zeit eine EU-Aussengrenze, die stärker konmtrolliert wurde. Ebenfalls in den 1990er Jahren veränderte sich die Einsatzdoktrin der schweizerischen, deutschen und französischen Grenzwächter von der stationären zur mobilen Kontrolle.

Mit dem Beitritt der Schweiz zum Abkommen von Schengen-Dublin im Jahr 2004 hat sich diese Tendenz noch verstärkt. Die Öffnungszeiten der kontrollierten Zollübergänge wurden laufend reduziert. Parallel dazu wurde in der Schweiz ein System zur Selbstdeklaration von Waren eingerichtet, und die mobilen Kontrollen wurden ausgebaut. Bis 2007 war der Grenzabschnitt Riehen zusammen mit Jura, Lysbüchel und Stein einer von vier Abschnitten des Grenzwachtkorps Basel. Im Jahr 2007 wurden die vier nationalen Grenzwachtkorps durch acht neu geschaffene Grenzwachtregionen abgelöst. Der Abschnitt Riehen ging dabei in der Grenzwachtregion Basel auf, die sich von Roggenburg (BL) bis nach Augst (BL) erstreckt.

Seit die Schweiz zum Schengen-Raum gehört, finden auch an Riehens Grenzübergängen höchstens noch Warenkontrollen statt. Personenkontrollen werden nur im Verdachtsfall durchgeführt, können aber im gesamten Kantonsgebiet erfolgen. Eine neue Aufgabe des Personals der Grenzwachtregion Basel ist die Kontrolle des Flughafens Basel-Mulhouse, der seit 2005 eine Schengen-Aussengrenze markiert. Während die Personenkontrollen innerhalb des Schengenraums – etwa an den Grenzübergängen nach Riehen – abgebaut wurden, werden die Schengen-Aussengrenzen mit Hilfe aller Teilnehmerstaaten stärker befestigt und die Massnahmen gegen illegale Einreise verschärft.

dadurch grosse Einbussen. «Nach Ansicht der deutschen Bürokratie ist der Idealzustand offenbar dann hergestellt, wenn jeder Bürger nur noch eine Zigarette und eine Kaffeebohne auf sich tragen darf», kommentierte die ‹Riehener Zeitung›.

Trotz zeitweiliger Rückschläge führte der Wirtschaftsboom der 1950er Jahre zu einer steten Zunahme des Grenzverkehrs und zu einer Lockerung der Vorschriften. Ab 1958 fiel die Grenzkartenpflicht weg, es genügte nun eine Identitätskarte oder ein Personalausweis.

Wer entlang der Landesgrenze durch die Eiserne Hand oder über die Chrischona spaziert, stösst auf Grenzsteine, welche die Landesgrenze markieren, und auf Schilder des Hauptzollamts Lörrach mit der Aufschrift ‹Halt Landesgrenze. Grenzübertritt verboten›. Die Schilder scheinen niemanden mehr zu kümmern. Die grüne Grenze rund um Riehen wird jeden Tag hundertfach von Arbeitnehmern und Einkäuferinnen, von Hunden, Kindern, Fussgängern, Velofahrern und Joggern überquert. Unendlich weit entfernt scheint die Zeit, als die grüne Grenze von Grenzwächtern, Soldaten und Hundepatrouillen scharf bewacht wurde. Die Bilder entstanden im Jahr 2009.

Einer von vielen Grenzsteinen im Riehener Wald. Die Aufnahme entstand im Jahr 2004.

97 Leben an der Grenze

Grenzüberschreitende Kontakte auf politisch-institutioneller Ebene waren in den 1950er Jahren noch sehr schwierig. Seither hat sich eine enge Zusammenarbeit zwischen Gemeinden der Nordwestschweiz, Südbadens und des Elsass entwickelt. Der Gründung des Vereins Regio Basiliensis 1963 in Basel folgten 1965 die Regio du Haut-Rhin und 1985 die Freiburger Regio-Gesellschaft. Seit 1990 bilden die drei Vereine einen gemeinsamen Ausschuss; gemeinsam mit der Oberrheinischen Bürgermeisterkonferenz entstand 1995 die RegioTriRhena. 2007 wurde in Saint-Louis der Verein Trinationaler Eurodistrict Basel gegründet. Stärker als die Vorgänger konzentriert sich dieses Gremium, in dem auch Politiker aus Riehen aktiv mitwirken, auf konkrete und bürgernahe Projekte.

Als Erfolg der grenzüberschreitenden Zusammenarbeit gilt die Regio-S-Bahn, die seit 2006 im Halbstundentakt zwischen Zell im Wiesental und dem Bahnhof SBB in Basel verkehrt. Der Richtplan Landschaftspark Wiese, das Trinationale Umweltzentrum in Weil am Rhein und der Geothermieexport von Riehen nach Lörrach-Stetten zeugen ebenso von gut funktionierender Zusammenarbeit wie eine Vielzahl von Kulturprojekten, die Riehen zusammen mit seinen badischen Nachbargemeinden realisiert.

Vor dem Hintergrund der im 20. Jahrhundert so oft unpassierbaren Grenzen kommt dem Abbau von sichtbaren Hindernissen und der Schaffung neuer Verbindungen eine hohe symbolische Bedeutung zu. So wurden im Jahr 2002 die beiden Schlagbäume an der Zollstation Weilstrasse im Beisein von Politikern, Medienvertretern und Verwaltungsbeamten aus Riehen, Weil, Basel und Lörrach feierlich entfernt. Sie waren in den späten 1970er Jahren aufgestellt worden, als die Grenzen infolge der Attentate der Roten Armee Fraktion wieder schärfer kontrolliert worden waren. Bei der Einweihung eines neuen Velo- und Fusswegs zwischen Riehen und Stetten im Oktober 2009 wurde das gutnachbarschaftliche Verhältnis von Riehen und Lörrach betont. Trotz aller Erfolge hat die grenzüberschreitende Zusammenarbeit aber immer noch viele Hürden zu überwinden.

Anmerkungen

1. Suter, Stefan: «Liebe Freunde und Nachbarn». Riehen und die Nachbargemeinde Stetten, in: z'Rieche, Jg. 26, 1986, S. 64–85; Gespräch mit Johannes Wenk-Madoery vom 30. Oktober 2009.
2. Bloch, Urs: Grenzgänger aus Südbaden in Basel-Stadt in den ersten Jahren nach dem Zweiten Weltkrieg, in: Basler Zeitschrift für Geschichte und Altertumskunde, Jg. 95, 1995, S. 207–235.
3. Kaufmann, Brigitta: Riehener Mundart oder «Mir häi aliwil die erschte Chirsi gkha», in: z'Rieche, Jg. 44, 2004, S. 71–77; Moehring, Markus / Zückert, Martin (Hg.): Halt Landesgrenze: Schmuggel und Grenzentwicklung im Dreiländereck, Lörrach 2000, S. 2.
4. Moehring, Markus: Lörrach und die Schweiz. Ergebnisse einer Ausstellung zur Lörracher Stadtgeschichte, Lörrach 1992, S. 14–20.
5. Ziegler, Hilde: Während der Verlobung wirft einer einen Hering an die Decke. 198 Erinnerungen eines Kindes, Basel 1991, S. 43.
6. Moehring / Zückert, Halt Landesgrenze, S. 10.
7. Moehring / Zückert, Halt Landesgrenze, S. 12.
8. Jaquet-Anderfuhren, Nicolas: Riehen im Zweiten Weltkrieg, in: z'Rieche, Jg. 25, 1985, S. 76–108.
9. Staatsarchiv Freiburg, G17/1 Nr. 3728, zit. nach Moehring / Zückert, Halt Landesgrenze, S. 22.
10. Nach Moehring / Zückert, Halt Landesgrenze, S. 25.
11. Seiler, Lukrezia / Wacker, Jean-Claude: «Fast täglich kamen Flüchtlinge»: Riehen und Bettingen – zwei Schweizer Grenzdörfer in der Kriegszeit: Erinnerungen an die Jahre 1933–1948, Riehen 1996, S. 70.
12. Neukom, Heini: Wir Lörrachersträssler. Jugenderinnerungen, in: z'Rieche, Jg. 33, 1993, S. 72–79, hier S. 76.
13. Seiler / Wacker, Flüchtlinge, S. 77–80; Seiler, Lukrezia (Hg.): Was wird aus uns noch werden? Briefe der Lörracher Geschwister Grunkin aus dem Lager Gurs, 1940–1942, Zürich 2000.
14. Seiler / Wacker, Flüchtlinge; Seiler, Lukrezia: Geschichten von Flucht, Verweigerung und Hilfe, in: z'Rieche, Jg. 44, 2004, S. 30–45.
15. Seiler / Wacker, Flüchtlinge, S. 86.
16. Seiler / Wacker, Flüchtlinge, S. 111.
17. Diesseits und Jenseits des Stacheldrahts – Erlebnisse aus dem Zweiten Weltkrieg, Audio-CD, aufgenommen im Februar 1992, hg. vom Dorf- und Rebbaumuseum Riehen.
18. Weissenberger, Patrick: Die Evakuationsfrage in Basel, in: Guth, Nadja / Hunger, Bettina (Hg.): Réduit Basel 39–45. Katalog zur Ausstellung des Historischen Museums Basel in der Stückfärberei, Kleinhüningen, 4. November 1989 bis 28. Januar 1990, Basel 1989, S. 19–29.
19. Zit. nach Seiler / Wacker, Flüchtlinge, S. 124.
20. Privatarchiv Johannes Wenk-Madoery, Tagebuch von Paul Wenk-Löliger inkl. Zeitungsartikel vom 22. Juli 1945.
21. Nach Seiler / Wacker, Flüchtlinge, S. 111; Soiron, Rolf: Schweizerkreuz und Christenkreuz. Zur Haltung der Riehener Zeitung im 2. Weltkrieg, in: z'Rieche, Jg. 18, 1978, S. 29–45.
22. Neukom, Lörrachersträssler, S. 74; Gespräch mit Heini Neukom, 30. Oktober 2009.
23. Privatarchiv Lukrezia Seiler, Gespräch von Lukrezia Seiler mit Oskar Jung vom 25. August 1997.
24. Zit. nach Seiler / Wacker, Flüchtlinge, S. 105.
25. Appenzeller, Stephan: Basel und sein Tram. Die Geschichte der Basler Verkehrs-Betriebe, Basel 1995, S. 166.
26. Vegh, Andrea-S.: Überleben. Die Ernährungssituation 1945–1949, in: Chiquet, Simone / Meyer, Pascale / Vonarb, Irene (Hg.): Nach dem Krieg: Grenzen in der Regio 1944–1948. Publikation zu den Ausstellungen in Lörrach (D), Liestal (CH), Mulhouse (F), Zürich 1995, S. 173–175, hier 174.
27. Privatarchiv Lukrezia Seiler, Gespräch von Lukrezia Seiler mit Oskar Jung vom 25. August 1997.

International bekannte Architekten haben in Riehen Spuren hinterlassen. Dennoch sind moderne Bauten nur punktuell vorhanden und für das gesamte Dorfbild wenig prägend. Hier das 1927/1928 im Stil des ‹Neuen Bauen› errichtete Haus Schaeffer, das von Paul Artaria und Hans Schmidt erstellt und als Musterhaus propagiert wurde. Seit 2005 steht es unter Denkmalschutz. Die Aufnahme stammt von 1993.

Wohnstadt im dörflichen Kleid

Arlette Schnyder

Riehen wandelte sich in den letzten 150 Jahren vom überschaubaren Dorf zur Wohn-Stadt. Seine Attraktivität verdankt es den grossen Wasserschutzzonen, den Parkanlagen herrschaftlicher Landsitze, dem Fehlen von Hochhäusern und Industrie. Zudem besticht der dörfliche Charakter der seit 1950 statistisch zu den Schweizer Städten zählenden Gemeinde. Auch wenn Riehen eine wohlhabende Ortschaft ist, wohnen hier nicht nur die Reichen und Schönen. Neben Villen und Luxuswohnungen blicken auch Genossenschaftssiedlungen und Mehrfamilienblöcke auf eine bald hundertjährige Tradition zurück. Verändert haben sich nicht nur die Siedlungsflächen, sondern auch die Innenräume: Wer wo wie schlief, ass, Kinder aufzog oder sich wusch, das zeigt ein historischer Streifzug durch Häuser und Wohnungen.

Von Zahlen und Menschen

Am 19. November 1965 konnte Riehen seinen zwanzigtausendsten Einwohner feiern. Seither blieb die Zahl der in Riehen lebenden Menschen konstant, und das solle auch in Zukunft so bleiben, steht im ‹Leitbild 2000–2015›. Da Riehen sich darin auch zum Ziel gesetzt hat, begehrte stadtnahe Wohngemeinde zu sein, bemüht man sich darum, die bauliche Verdichtung zu beschränken und, um der Überalterung entgegenzuwirken, vermehrt Wohnraum für Familien mit Kindern anzubieten.

Bevölkerungsentwicklung

Darüber, wie viele Menschen früher in Riehen wohnten, geben zunächst Verzeichnisse der Einkünfte von Klöstern und anderen Besitzern von Grundzinsen Auskunft. In den bereinigten Zinsbüchern, sogenannten Berainen, werden für Riehen im 16. Jahrhundert rund 120 Behausungen nachgewiesen, in denen eine unbekannte Anzahl von Haushaltungen untergebracht waren. Bei der ‹Aufnahme der Einwohner der Liegenschaften und des Viehbestandes auf der Landschaft› von 1774 wies Riehen 1078 Bewohner in 202 Bauten und 270 Haushaltungen auf.[1] In der Regel besass jede Familie eine eigene Wohnung. Hinzu gesellten sich oft weitere Verwandte, verwitwete Elternteile, ledig gebliebene oder verwitwete Geschwister und alleinstehende Einzelpersonen als Kostgänger zum gemeinsamen Haushalt. Die Wohnräume waren nicht selten dicht belegt.[2]

Zu Beginn des 19. Jahrhunderts machte die nahe Stadt das Dorf vermehrt zum Wohnort von Arbeitern und Taglöhnern. Bereits im ausgehenden 18. Jahrhundert hatten einige Riehener in den schnell wachsenden Indiennefabriken in Basel zu arbeiten begonnen. Im Jahr 1787 waren es bereits 29 Erwachsene und 34 Kinder aus Riehen, die dort angestellt waren. Mit der Industrialisierung im 19. Jahrhundert und dem Anstieg der Wohnbevölkerung sah sich das Dorf vor bisher unbekannte Probleme gestellt. 1880 bemängelte der Basler Polizeigerichtspräsident die Unreinlichkeit in den Strassen und rund um die Häuser: «Riehen ist wie Klein Hüningen nur zu einem kleinen Theil ein landwirtschaftliches Dorf, die Mehrzahl der Bewohner sind wohl Taglöhner, Fabrikarbeiter und Proletarier, deren Wohnungen ebenso sehr der Beaufsichtigung bedürfen, wie in den Städten.»[3] Im letzten Viertel des 19. Jahrhunderts begann die Bevölkerung Riehens rasch zu wachsen. Ein Blick auf die Statistik zeigt den Anstieg bis zum Höchststand von 21 000 Einwohnern im Jahr 1970. 1950 galt Riehen mit 12 402 Einwohnern statistisch als Stadt.

Der Durchschnitt der Einwohner pro Haus lag 1888 mit 9,1 am höchsten. Eine ähnlich hohe Belegung pro Haus wurde im Jahr 1970 erreicht – in dieser Zeit entstand ein grosser Teil der Wohnblocks, in denen eine Vielzahl von Haushaltungen untergebracht werden konnten. So entstand 1966 an der Rössligasse anstelle des Kleinbauernhauses Nummer 41 ein Mehrfamilienhaus mit acht Wohnungen, und 1963 kam an der Rössligasse 33/35 an die Stelle des alten Konsumladens ein Mehrfamilienhaus für 14 Partien zu stehen.

Der Anbau des ehemaligen Bauernhauses an der Oberdorfstrasse 57, hier um 1930, diente manch einer Taglöhnerfamilie als Mietwohnung. Eine Wohneinheit umfasste im Wesentlichen eine Stube und eine Küche. Zum Haus gehörte auch eine kleine Stallscheune.

Bevölkerungsentwicklung Riehens

Jahr	Einwohner	Häuser	Einwohner pro Haus Ø
1774	1 078	202	5,3
1888	2 145	242	9,1
1920	4 227	478	8,8
1941	7 415	1 341	5,5
1970	21 026	3 021	7,0
1985	20 192	3 617	5,6
2000	20 370	3 894	5,3

Die Enge der Wohnverhältnisse um 1888 wird vorstellbar, wenn man bedenkt, dass in Riehen gegenüber 1774 doppelt so viele Menschen lebten, aber nur ein Fünftel mehr Wohnhäuser zur Verfügung standen. Zwischen 1888 und 1920 stieg die Anzahl der in Riehen wohnhaften Personen auf das Doppelte an, von 1920 bis 1970 verfünffachte sich die Einwohnerzahl.

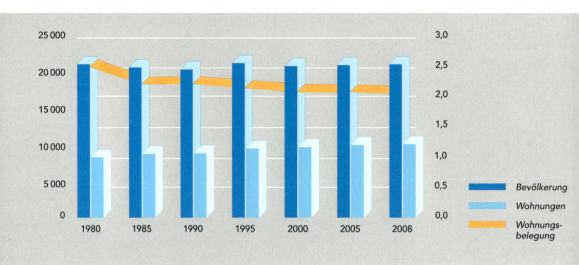

Seit 1980 nimmt der Bedarf an Wohnraum stetig zu. 1980 wohnten 20 611 Einwohner in 8098 Haushaltungen, was eine durchschnittliche Wohnungsbelegung von 2,55 Personen ergab. 2008 teilten sich gleich viele Einwohner 9898 Wohnungen, die Wohnungsbelegung sank auf durchschnittlich 2,08 Personen.

War noch in den 1970er Jahren eine Dreizimmerwohnung für eine vierköpfige Familie mit mittlerem Einkommen üblich, so berechnete man 2009 bei der Vergabe von gemeindeeigenen Wohnungen die benötigte Zimmerzahl nach der Anzahl der Personen im Haushalt plus ein Zimmer. Gründe für den gestiegenen Wohnraumbedarf sind nicht zuletzt in der geänderten Struktur der Gesellschaft zu suchen: Es gibt mehr Alleinstehende, weniger Kinder, und man bleibt vermehrt bis ins hohe Alter in der eigenen Wohnung.[4] Die Altersstruktur der Gemeinde wirkt sich hier besonders aus. Auch der im Vergleich zur Stadt Basel geringere Anteil an Ausländern prägt das Bevölkerungsprofil der Gemeinde. Der kantonale Ausländeranteil lag 2008 bei 31,2 Prozent, während in Riehen 18,6 Prozent aller Einwohner keinen Schweizer Pass hatten. Von diesen stellte Deutschland mit 46,5 Prozent den grössten Anteil, gefolgt von Italien mit 12 Prozent, Grossbritannien mit 4,7 und der Türkei mit 4,6 Prozent. Die restlichen gut dreissig Prozent teilten sich auf Menschen aus verschiedenen, meist europäischen Ländern auf.

Riehen verfügt mit fünf Alters- und Pflegeheimen, mit Alterswohnungen und betreuten Alterssiedlungen über ein reiches Wohnangebot für ältere und pflegebedürftige Menschen. Die Innenansicht des Aufenthaltsraumes im ökumenischen Alters- und Pflegeheim ‹Haus zum Wendelin› – fotografiert bei der Eröffnung 1989 – zeigt die grosszügig angelegte Architektur des Alterszentrums. Die Aussenaufnahme stammt von 2005.

Prozentuale Altersstruktur

Jahr	0–19-jährig	20–64-jährig	65-jährig und älter
1970	30,5	57,9	11,6
1980	23,5	58,8	17,7
1990	18,4	60,0	21,6
2000	19,8	55,4	24,8
2008	19,4	54,5	26,2

Riehen wies 1990 unter allen Schweizer Agglomerationsgemeinden hinter Lugano den zweitgrössten Anteil von über 65-Jährigen auf, nämlich 21,6 Prozent der Ortsbevölkerung. Während sich die Bevölkerungsgruppe im Pensioniertenalter seit 1970 mehr als verdoppelt hat, ist der Anteil der Kinder und Jugendlichen um mehr als ein Drittel zurückgegangen. Zahlen gemäss Gemeindeverwaltung Riehen, Abteilung Hochbau und Planung.

Besitzverhältnisse, Grund und Boden

Ein attraktiver Wohnort muss mehrere Kriterien erfüllen. Um in die höchsten Ränge der 129 Schweizer Gemeinden mit über 10 000 Einwohnern zu kommen, hat ein Wohnort gemäss dem jährlichen Städteranking der Zeitschrift ‹Bilanz› bei den Kriterien Arbeitsmarkt, Dynamik, Erholungswert, öffentlicher Verkehr, Reichtum, Sozialstruktur, Steuerbelastung, Tourismus und Zentralität möglichst hohe positive Werte aufzuweisen. Riehen lag 2009 auf Platz 64, wobei sich dieses Mittelmass aus Extremen zusammensetzte. Die Gemeinde belegte Platz 122, was den Arbeitsmarkt angeht, bei der Anbindung an den öffentlichen Verkehr jedoch Platz 14. Was das Einkommen der Einwohner betrifft, befand sich Riehen auf Platz 18, während die Gemeinde in Sachen durchschnittlicher Steuerbelastung mit Platz 63 im Schweizer Mittelfeld lag.

Riehen gilt als eine Wohngemeinde, in der sich gerne einkommensstarke Menschen niederlassen. Das hat Tradition. Bereits aus dem Jahr 1537 ist ein Erlass überliefert, nach dem Bürger hier Güter steuerfrei kaufen und bewirtschaften konnten. Dieses Privileg

Verteilung des öffentlichen Grundeigentums Ende 2008

Einwohnergemeinde der Stadt Basel	2 574 677 m²	236,8‰
Einwohnergemeinde Riehen	1 316 977 m²	121,1‰
Bürgergemeinde Riehen	988 893 m²	91,0‰
Kanton Basel-Stadt	642 736 m²	59,1‰
Kantonale und kommunale Allmendflächen (Strassen, Trottoirs, Wasserflächen)	514 500 m²	47,3‰
Bürgergemeinde der Stadt Basel	183 111 m²	16,8‰
Landpfrundhaus Riehen/Bettingen	94 530 m²	8,7‰
BRD, Bundeseisenbahnvermögen	67 296 m²	6,2‰
Pensionskasse des Basler Staatspersonals	15 239 m²	1,4‰
Schweizerische Eidgenossenschaft	13 693 m²	1,3‰
Evangelisch-reformierte Kirche des Kantons Basel-Stadt	12 800 m²	1,2‰
Basler Kantonalbank	6 911 m²	0,6‰
Römisch-Katholische Kirche des Kanton Basel-Stadt	5 478 m²	0,5‰
Die Schweizerische Post	2 291 m²	0,2‰
Bürgergemeinde Bettingen	2 201 m²	0,2‰
Basellandschaftliche Pensionskasse	1 792 m²	0,2‰
Diverse (weiteres öffentliches Grundeigentum)	1 146 m²	0,1‰
Privatflächen	4 427 275 m²	407,2‰
Gesamtfläche Gemeinde Riehen	10 871 388 m²	1000,0‰

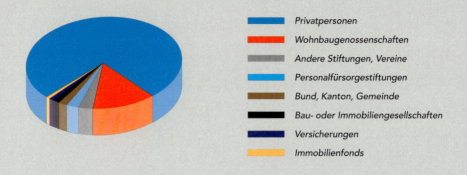

Betrachtet man den Gebäudebestand im Jahr 2000 nach Eigentümern in Riehen, so ergibt sich obenstehendes Diagramm.

entsprach der damaligen Vorstellung der Rechte freier Stadtbürger. Die Landsitze dienten nicht nur der Erholung, sondern auch als langfristige Kapitalanlagen. Den Anfang machte um 1540 Stadtschreiber Heinrich Ryhiner. Er erwarb einen Teil der alten Kirchenburg, das heutige Klösterli an der Kirchstrasse 8, und liess dieses zu einem Landsitz ausbauen. Etwa gleichzeitig errichtete der reiche Jacob Rüdin ein Landhaus am Erlensträsschen, das heute die Leitung der Gemeindeschulen Bettingen und Riehen beherbergt. Um 1560 übernahm Balthasar Meyel eine Liegenschaft an der Baselstrasse und liess sie ebenfalls zu einem Landsitz umbauen.[5] Um 1800 waren von 200 bewohnten Häusern in Riehen rund 20 in den Händen von begüterten Städtern. Diese Zahl wäre nicht ins Gewicht gefallen, hätten zu den Landsitzen nicht umfangreiche Ländereien gehört, die rund ein Viertel der überbauten Dorffläche beanspruchten.[6]

Heute sind knapp sechzig Prozent des Riehener Bodens in öffentlicher Hand. Immer wieder wird darauf hingewiesen, dass es wohl keine zweite Gemeinde gebe, die durch den Grundbesitz einer Nachbargemeinde derart dominiert werde wie Riehen durch das Grundeigentum der Stadt Basel. Die Gemeinwesen besitzen jedoch auch Land, das weder bewohnt noch bebaut werden kann. So liegen grosse Teile des städtischen Besitzes in der Grundwasserschutzzone. Vierzig Prozent der gesamten Gemeindefläche entfallen auf Firmen, Stiftungen und natürliche Personen. Grösste private Grundbesitzerin ist die Kommunität Diakonissenhaus Riehen, der Liegenschaften mit einer Gesamtfläche von 10,3 Hektaren gehören.

Geplantes Wohnen – vielfältige Interessen

Richt-, Bebauungs- und Zonenpläne für Riehen entstanden in der ersten Hälfte des 20. Jahrhunderts. Zwar erliess der Kanton bereits 1865 ein erstes Hochbautengesetz, die Vorschriften beeinflussten jedoch die Bebauung Riehens kaum. Bis zu Beginn des 19. Jahrhunderts wurde – die basel-städtischen Landsitze ausgenommen – fast nur innerhalb des alten Dorfkernes gebaut.

Das alte Dorf

Auf dem ältesten Plan Riehens von 1620 zeichnete Hans Bock um jedes der abgebildeten Häuser einen Zaun. Das Dorf bildete damals eine Ansammlung von Gehöften mit Baumgärten. Die Zäune der einzelnen Baumgärten ergaben eine geschlossene Umzäunung des Dorfgebietes, einen sogenannten Etter. Ein früher Hinweis auf einen solchen findet sich in einer Urkunde von 1272. Das Kloster Wettingen verlieh damals der Witwe Anna Schwörstadt und ihrer Tochter Ita einen Baumgarten: «Quodam pomerium situm infra septa de Riehen.»[7] Dieser Baumgarten lag also innerhalb des Etters (lateinisch ‹septum›) von Riehen. Viele Siedlungsstudien belegen den Dorfetter, der das bebaute Dorf als Rechts- und Lebensgemeinschaft umgab. Ausserhalb des umzäunten Gebietes erstreckte sich die Flur, auf der die Bewohner Getreide anbauten. Die Flur durfte nicht besiedelt werden und musste von allen Bewohnern nach dem gleichen System bestellt werden. Das gesamte Ackerland rund um das Dorf war in drei gleich grosse Zelgen aufgeteilt, die in jährlichem Wechsel mit Winter- und Sommergetreide bepflanzt und als Brache genutzt wurden.[8] Daran erinnern heute noch die Flurnamen Oberfeld, Mittelfeld und Ausserfeld. Erst die Aufhebung des Flurzwangs zu Beginn des 19. Jahrhunderts machte die Bebauung des ausserhalb des Dorfes liegenden Landes möglich. 1825 befand sich das Dorf noch innerhalb einer weiten Ackerflur, die nicht mit Zufahrtsstrassen erschlossen war. Im Verlauf des 19. Jahrhunderts nahm die Bevölkerung zu, so dass gewisse Quartiere, wie das Oberdorf, dichter bebaut wurden.

Erste Bebauungspläne und Bauboom

Die Eröffnung der Wiesentalbahn im Jahr 1862 machte Riehen für Städter besser erreichbar und als Wohnort noch attraktiver. 1908, im Jahr der Eröffnung der Tramlinie Basel–Riehen, wurde ein erster, partieller Bebauungsplan für das Dorf verabschiedet. Er richtete sich, wie es im Ratschlag hiess, nach denselben Bauvorschriften, wie sie für das Bruderholzplateau beschlossen worden waren. Das Gebiet zwischen Niederholzstrasse und Bettingerstrasse sollte als Bauland nutzbar gemacht werden, da dieses durch seine Nähe zur Stadt bei gleichzeitig hoher Wohnqualität und prächtiger Hanglage als für den Bau von Villen bevorzugt erachtet wurde.[9]

Um die Wende zum 20. Jahrhundert zogen einkommensstarke Städter nach Riehen und errichteten hier – gewissermassen in der Nachfolge der alten Basler Landsitze – Villen nach dem Zeitgeschmack. Bis heute zeugen Häuser an der Burgstrasse, der Wenkenstrasse und der Bettingerstrasse von dieser Entwicklung. Nach 1900 dehnte sich die

Dass in Riehen in parkähnlicher Umgebung gewohnt werden kann, macht die Gemeinde bis heute zu einem beliebten Wohnort. Besonders in Hanglage finden sich oft luxuriöse Wohnungen. Hier die 2008 fertiggestellte Überbauung Inzlingerpark.

zunehmend auch ‹Villenvorort› genannte Siedlung auf Riehens Aussichtspunkte aus: Bischoffhöhe, Bosenhalde, Mohrhalde, Wenkenhalde und Hackberg. Nicht realisiert wurde das in den 1910er Jahren geplante Villenviertel zwischen Gstaltenrain und Hörnli. Die Pariser ‹Compagnie Foncière et Immobilière› wollte hier eine Luxus-Villen-Halde erstellen: «Die Zukunft des Geländes ist so gedacht, dass die Terrasse für reichere Villen, die Halde aber zu Gärten und Anlagen dienen sollen, also zu einer Art ‹hängenden Gärten der Semiramis›. Unten, am Fusse dieser Halde, hat der Staat bereits eine breite Strasse mit Baum-Alleen projektiert. Sowohl von dieser Strasse aus als von der Riehen- und Niederholzstrasse wird der projektierte Kranz reicher Villen mit den Gärten und Anlagen an der Halde dem Beschauer ein herrliches Bild bieten.»[10] Das Projekt scheiterte, da die Pariser Auftraggeberin wegen Insolvenz das Land verkaufen musste. Käuferin war die Heimstättengenossenschaft Gartenfreund in Riehen. Anstelle von Villen entstanden die ersten Riehener Wohngenossenschaften.

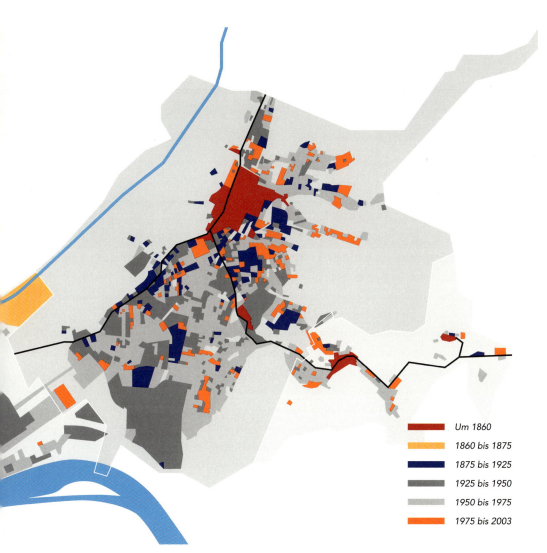

Siedlungsentwicklung Riehens seit 1860: 1860 fanden sich ausserhalb des Dorfkerns nur ganz vereinzelt Gebäude. In einem ersten Bauschub wurden die frühsten Genossenschaftssiedlungen im Süden erstellt, daneben wuchs das Dorf entlang der Tramlinie und in attraktiver Hanglage. Die grössten Bauschübe erlebte Riehen zwischen 1925 und 1970. In der Zeit danach wurden bloss noch kleine Flächen neu überbaut.

Von der Heimstättengenossenschaft zum Quartier

Nach der Erstellung von Etagenhäusern an der Lörracherstrasse in den 1910er Jahren kamen Menschen nach Riehen, die in einer bisher im Dorf nicht bekannten Wohnsituation lebten. In den sogenannten Mietskasernen lebten zugezogene Arbeiter ohne eigene Gärten oder Nutztiere – eine für die dörfliche Bevölkerung neue, befremdende Nachbarschaft. Zusätzliche bevölkerungspolitische Akzente setzte die Errichtung der Wohnkolonien Niederholz und Gartenfreund in den 1920er Jahren. Die hier verwirklichte Vision von Gartenstädten erlaubte auch Arbeitnehmenden, ein kleines Grundstück zu bewirtschaften und den misslichen Wohnverhältnissen in den städtischen Industriequartieren auszuweichen. 1921 schlossen sich Pflanzlandpächter aus dem Horburgquartier in Kleinbasel zur Heimstättengenossenschaft Niederholz zusammen und erwarben rund 40 000 Quadratmeter Bauland im Gebiet des Hörnli. Hier entstanden entlang der Schäferstrasse und der Römerfeldstrasse Doppelhäuser, die bereits 1922 bezogen werden konnten. 1933 waren alle Infrastrukturkosten mit der Gemeinde abgerechnet, die Genossenschaft wurde aufgelöst und die Häuser gingen in den Besitz der Bewohner und Bewohnerinnen über.[11]

Im Dezember 1921 fanden sich die Interessenten der Heimstättengenossenschaft Gartenfreund zu einer Wohnbaugenossenschaft zusammen, deren Zweck es war, «gesunde, zweckmässig eingerichtete, billige Wohnhäuser mit möglichst grossem, Kleinviehhaltung ermöglichendem Garten zu beschaffen».[12] Im Oktober 1922 konnten entlang sechs neu angelegter Strassen 54 Wohnhäuser bezogen werden. Ganze Reihen mit genau gleich aussehenden Häusern, wie sie nun an der Morystrasse, dem Vierjuchartenweg, der Kornfeldstrasse, dem Tiefweg, der Roggenstrasse und dem Wasserstelzenweg standen, waren für Riehen unerhört und noch nie da gewesen. Der herablassende Ausdruck ‹Negerdörfli›, mit dem die Alt-Riehener auf die Genossenschaftshäuser reagierten, bezeichnet das stark sozialpolitisch aufgeladene Klima. Den Begriff findet man nicht nur in Riehen; die Grossbasler etwa nannten die Arbeitersiedlungen in Kleinhüningen ebenso. 1924–1926 liess der ‹Gemeinnützige Wohnungsbau Basel› die Häuser In den Habermatten 1 bis 44 erstellen. Mit den drei grossen Wohnsiedlungen hatte sich im Süden der Gemeinde innert kürzester Zeit ein Gebiet herausgebildet, das sich vom historischen Siedlungskern nicht nur architektonisch abhob. Der oft betonte politische Idealismus der Wohngenossenschafter stand im Gegensatz zum konservativen Denken der Alteingesessenen, es gab politische Auseinandersetzungen, und anlässlich der ersten Wahl des Riehener Gemeindeparlamentes 1924 formierte sich eine sogenannte Niederholzpartei.[13]

Generell konnte ab dem 19. Jahrhundert bis zum ersten Zonenplan von 1930 das ausserhalb des Dorfkerns liegende Land fast ohne Einschränkungen überbaut werden. Ein Problem bot allerdings die fehlende Erschliessung durch Verkehrswege. Hier das abgesteckte Trassee der Strassenführung der Rudolf Wackernagel-Strasse im Jahr 1937.

Wohngenossenschaft Grünfeld an der Rüdinstrasse um 1950.

Während des Zweiten Weltkriegs kam die Bautätigkeit fast ganz zum Erliegen, was eine grosse Wohnungsknappheit hervorrief. Nach Kriegsende folgte ein eigentlicher Bauboom. Zwischen 1946 und 1960 entstanden 33 Prozent aller im Jahr 2000 gezählten Häuser. Unter den 1296 Wohnungen, die in dieser Zeit erstellt wurden, befanden sich 358 Genossenschaftswohnungen, so die Wohngenossenschaften Niederholz, Hirshalm oder die sogenannte Rieba gegenüber dem Friedhof Hörnli. Mit Unterstützung der Gemeinde wurden die Wohngenossenschaften Hinter Gärten (1972), Bündten (1982), Mühleteich (1983) und Im Niederholzboden (1991) ins Leben gerufen. Zudem initiierten in den 1990er Jahren die Christlichdemokratische Volkspartei (CVP) die Gründung der Wohngenossenschaft Hera und die Vereinigung evangelischer Wählerinnen und Wähler (VEW) die Wohngenossenschaft Kettenacker. Trotz eines allgemeinen Rückgangs von genossenschaftlichem Wohnraum gehörten im Jahr 2000 noch rund 12 Prozent aller Wohnungen in Riehen einer Genossenschaft.[14]

Das Dorf wuchs im 20. Jahrhundert zunächst weniger aus seinem historischen Zentrum heraus. Vielmehr entstand in Riehens Süden eine Wohngegend, die sich erst nach und nach mit dem alten Dorf zusammenfügte und deren Bewohner sich stark nach der Stadt ausrichteten. Neben den Wohngenossenschaftern gab es Neuzuzüger, die anfänglich kaum miteinander in Kontakt kamen. Der Süden von Riehen entwickelte erst mit der Überbauung der letzten grossen Baulandreserven in den 1970er Jahren und dem Bau der Begegnungsorte im Landauer- und im Rauracherzentrum ein eigentliches Quartierbewusstsein. Hier wurde 1979 denn auch der älteste noch bestehende Quartierverein Riehens gegründet.

Der Bauboom nach dem Zweiten Weltkrieg bewirkte eine vermehrte Diskussion darüber, wo und wie in Riehen gebaut werden dürfe. Beschlüsse des Kantons betreffend die Bebauung Riehens waren deshalb gerade in dieser Zeit von grosser Bedeutung. So legte der Grosse Rat 1962 die Erweiterung der Grünzone um das Gebiet zwischen Grendelgasse und Dorfkern fest und erklärte Bettingen und Riehen – mit Ausnahme des Stettenfeldes – zur hochhausfreien Zone.[15]

1978 legte der Gemeinderat die bis heute gültige Quartiereinteilung offiziell fest: Riehen Dorf, Stettenfeld, Bischoffhöhe, Moos, Wenken, Kornfeld, Niederholz und Pfaffenloh. Während die Quartiere Niederholz, Kornfeld und in jüngster Zeit Riehen Nord mit aktiven Quartiervereinen ihre eigene Identität als Einheit stärken, bleiben andere eher statistische Grössen, wo man sich weniger als Quartierbewohner denn als Einwohner Riehens empfindet. Die Zugehörigkeit zu einem bestimmten Gebiet hat sich mit der Veränderung des Dorfes gewandelt. So wurde das heute im Dorfkern liegende

Kein Hochhaus für Riehen

Im Dezember 1963 gab die Gärtnerei der Gebrüder Breitenstein einen Auftrag an die Architekten Bräuning und Dürig zur Ausarbeitung eines Bauprojektes für das Gärtnereigelände von rund 26 000 Quadratmetern zwischen Gstaltenrainweg und Niederholzboden. Die Architekten schlugen eine Überbauung mit Mehr- und Einfamilienhäusern vor, darunter drei achtstöckige Wohnblocks. Der Protest liess nicht auf sich warten: Die geplanten 25 Meter hohen «Turmhäuser» würden durch ihre Schatten alle östlichen und westlichen Nachbarn schwer beeinträchtigen und die Topographie gänzlich verunstalten, betonten die Personen, welche die Einsprache gegen das Bauvorhaben am 9. Januar 1964 unterzeichneten.[16] Auch die vom Gemeinderat einberufene Planungskommission befand den Vorschlag als problematisch, insbesondere da sich das vorgelegte Modell nicht an die Zonenvorschriften hielt. Aufgrund der Empfehlungen von Planungskommission und Stadtplanbüro entschied sich der Gemeinderat gegen das Baugesuch und somit gegen ein Hochhaus in Riehen.[17]

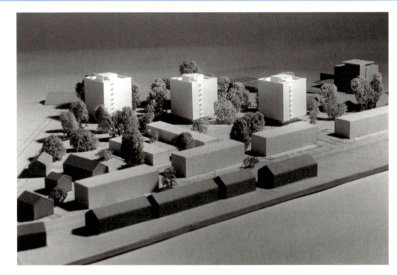

Modell des abgelehnten Hochhaus-Bauprojekts im Gebiet Gstaltenrainweg / Im Niederholzboden, 1963.

Oberdorf bis weit ins 20. Jahrhundert als eigenständiges Quartier wahrgenommen. Der ‹Oberdörfler› Paul Suhr beschrieb das Gebiet in seinen Erinnerungen. Es begann oberhalb der Bahnlinie und hörte unten an der Schlossgasse auf. Neben der Oberdorfstrasse gehörten auch die kleinen Gässlein, das Stiftsgässchen, die Sternengasse und das Bückliwegli dazu: «Wir Oberdörfler waren eine Equipe für uns. Das Verhältnis zum Dorf war nicht schlecht. Streit hatten wir höchstens mit den Buben aus dem ‹Schärbegellert› oder der ‹Bättelchuchi›, wie wir die Lörracherstrassler nannten.»[18]

Von Zonen und Plänen

Der Bettlerkönig in Bertold Brechts Dreigroschenoper wusste Bescheid: «Ja mach nur einen Plan / Sei nur ein grosses Licht / Und mach noch einen zweiten Plan / Gehn tun sie beide nicht.» Diese Erfahrung musste auch Riehen machen. Mit dem neuen Bau- und Planungsgesetz konnte die Gemeinde 2001 in der Ortsplanung mehr Verantwortung übernehmen – bis dahin hatte der Grosse Rat in Basel über die Zonenpläne Riehens entschieden. Der nur für Riehen verbindliche kommunale Richtplan sollte 2004 durch den Regierungsrat Basel-Stadt genehmigt und damit auch in die kantonale Planung aufgenommen werden. Der Kanton stimmte jedoch dem Plan bis Ende 2009 noch nicht zu. Streitpunkt sind die unerschlossenen Bauzonen an der Langoldshalde und im Mittelfeld im Moostal, die gemäss Riehens Richtplan weitgehend aus der Bauzone entlassen würden. Die im Norden liegende unerschlossene Bauzone Stettenfeld wurde hingegen gemäss Richtplan als Entwicklungsgebiet festlegt, wo mehr Wohnraum in Mischform mit Gewerbe- und Grünzone entstehen soll. Für die beiden Gebiete im Moostal suchte die Gemeinde noch Ende 2009 unter anderem mit der städtischen Immobilienverwaltung nach einer Einigung, da diese dort zwecks Wohnungsbau Landkäufe getätigt hatte. Einen Planungskredit für das Gebiet im Stettenfeld lehnte die Riehener Bevölkerung 2009 ab. Ein nächster raumplanerischer Konflikt zeichnet sich im Gebiet um die Familiengartenareale Landauer, Drei Linden und Habermatten ab, die im kommunalen Richtplan als strategische Baulandreserven bezeichnet werden.

Zusätzlichen Wohnraum in einem bereits dicht besiedelten Gebiet zu generieren ist keine einfache Aufgabe. Die bauliche Verdichtung von gut durch den öffentlichen Verkehr erschlossenen, stadtnahen Lagen soll einen wertvollen Beitrag an die angestrebte haushälterische Nutzung des Bodens leisten, so will es die Raumplanung. Aber um kleine Grünflächen, alte Bäume oder ruhige Wohnlagen wird mit Herzblut auf politischem Weg oder mit den zur Verfügung stehenden Rechtsmitteln gekämpft. Zudem können Landeigentümer hohe Entschädigungen fordern, wenn Bauland zur Grünzone wird. Die Siedlungsplanung in Stadt- und Naturnähe ist vielen Zwängen und Interessen unterworfen, die ihr Vorankommen behindern. Dennoch gibt es Leitlinien. So wird in Hanglage die heutige Siedlungsstruktur mit Schwergewicht beim zweigeschossigen Wohnungsbau beibehalten, und bei der Gestaltung der Quartiere kommen dem Ortsbild- und Landschaftsschutz eine wichtige Rolle zu.

Wohnformen und soziale Verhältnisse

Essen, schlafen, sich waschen: Solche Grundbedürfnisse müssen in einem Wohnhaus befriedigt werden können. In vielen Haushaltungen wird aber auch gearbeitet. Seien es die moderne Heimarbeit am Computer oder die einstigen Näharbeiten am Wohnzimmertisch, sei es die traditionelle Einheit von Arbeiten und Wohnen, wie sie im Bauernhaus erhalten geblieben ist, sei es die im Gärtchen hinter dem Haus betriebene Selbstversorgung. Ebenso wichtig wie der Wohnraum ist das Umfeld: ob es grün ist, ob die Nachbarschaft stimmt, ob die Beschaffung von Essen und Trinken sichergestellt ist. Heute bedeutet dies Nähe zu Einkaufszentren und gute Verkehrsanbindungen – einst war es der Pflanzblätz beim Haus und die Hühner im Stall, die eine ausreichende Versorgung ermöglichten. Die enormen Veränderungen im alltäglichen Leben spiegeln sich in der Gestaltung und Nutzung der Wohnräume mit ihrem Umfeld wider.

Bauernhöfe

Die meisten der über hundert kleineren und grösseren Bauernhöfe, die noch um 1900 in Riehen gezählt wurden, sind inzwischen verschwunden. Jedes Bauernhaus verfügte über mindestens drei Einheiten: einen Wohnteil, einen Stall und eine Scheune. Im Dreisässenhaus sind alle Einheiten unter einem Dach angeordnet, wie dies zum Beispiel das einstige Bauernhaus an der Rössligasse 44 noch sichtbar macht. Bei anderen waren Wohnteil und Landwirtschaftstrakt mit Scheune und Stallungen unterteilt oder voneinander getrennt. Im Dorf gab es nur wenige Bauernbetriebe, deren Besitzer allein von der Landwirtschaft leben konnten. Diese benötigten mehr Raum und grössere Gebäude als die Vertreter der übrigen Schichten. Ein Grossteil der bis heute bestehenden Riehener Bauernhäuser wurde zu Wohn- oder Geschäftszwecken umgebaut oder musste Mehrfamilienhäusern weichen.

Vom herrschaftlichen Landgut zum Luxuswohnhaus

Was Riehen bis heute besonders attraktiv macht, sind seine für eine Agglomerationsgemeinde grossen Grünflächen innerhalb der Bauzone. Viele Villen an den Hängen Riehens, die im 20. Jahrhundert entstanden, weisen prächtige Gartenanlagen und Baumbestände auf. Einst wie heute drückt sich der von der dörflichen Gemeinschaft abgehobene Lebensstandard oft darin aus, dass die ausgedehnten Gärten und Parkanlagen von hohen Mauern oder Hecken umgeben sind. Nur die Eingangspforten oder wenige ausgewählte Stellen gewähren Einblick. Die kulturhistorisch wertvollsten Anlagen entstanden im 17. und 18. Jahrhundert. Seither haben die meisten Landhäuser ein neues Gesicht erhalten. Im Alten Wettsteinhaus sind die Museen Riehens untergebracht, und im Elbs-Birrschen Landhaus befindet sich die Musikschule Riehen. Einige Landhäuser sind bis heute bewohnt und gehören nach wie vor Erben alter Basler Familien, zum Beispiel der Glögglihof und der dazugehörige Gartenpavillon (als Cagliostro-Pavillon bekannt).

An der Baselstrasse 24, einem der grossen Bauernhöfe in Riehen, diente das Erdgeschoss als Wohnraum des Bauern und seiner Familie. Eine Knechtekammer und eine grosse Speisekammer waren ebenfalls ebenerdig angebracht. Im Obergeschoss wohnten die Grosseltern, hier schliefen auch der Bauer, die Bäuerin und die Mägde. Der Abort lag ausserhalb des Wohnhauses, beim Schweine- und Hühnerstall. Die Aufnahme links (1949) zeigt Hans Fischer-Schultheiss mit Enkel Willi (dem nachmaligen Gemeindepräsidenten Willi Fischer-Pachlatko). Der Hof ist über Generationen hinweg im Besitz dieser Familie geblieben. 1966 wurde der Bauernbetrieb aufgegeben. An der Stelle der grossen Scheune, die auf der Fotografie oben (1960) gut ersichtlich ist, steht heute ein Mehrfamilienhaus. Das Wohnhaus diente nach einer umfassenden Renovation ab 1974 als Lehrlingsheim. Seit 1984 bietet der Verein ‹Offene Tür› (OT) im ‹Fischerhus› begleitetes Wohnen an.

Ende des 17. Jahrhunderts liess Abraham Le Grand an der Rössligasse ein Landhaus erbauen. Er kaufte sämtliches Land entlang der Inzlingerstrasse bis hinunter zur Baselstrasse und von dort bis zum Werthemann-Stähelinschen Landgut. 1702 kam das letzte Grundstück, die Eckparzelle Inzlingerstrasse/Baselstrasse, hinzu. Das Areal wurde mit einer hohen Mauer umgeben, hinter welcher der Neffe und Erbe von Abraham, Emanuel Le Grand, sich der Pflege von Obstkulturen und der Taubenzucht widmete. Nach dem Tod Le Grands kam das gesamte Gut durch Verkauf 1812 in die Hand der Familie Bischoff, Besitzerin des benachbarten Elbs-Birrschen Landgutes. Diese vereinigte die beiden Gartenanlagen und liess das Areal zu einem englischen Landschaftsgarten umgestalten. Der Besitz ging daraufhin an die Familie Sarasin über, nach der die heutige Anlage des Sarasinparks benannt ist. Das hinter einer Baumgruppe versteckte Landgut verfiel ab 1812 in einen Dornröschenschlaf. Nach dem Übergang des Parks mit allen Gebäuden an das Diakonissenhaus im Jahr 1928 wurde das Landhaus zum Schwesternhaus. Die Fotografie oben von 1976 zeigt das Herrschaftshaus, das mit dem gesamten Areal von der Gemeinde Riehen gekauft wurde. Seit der aufwendigen Renovation wird das luxuriöse Einfamilienhaus vermietet. Die Aufnahme links bietet einen Blick in das Wohnzimmer um 1990.

Vom Taglöhnerhäuschen zum Bijou

Auf engstem Raum wohnten Taglöhner-, Kleinhandwerker- und Arbeiterfamilien. Man hatte Kleinvieh im Stall und besass, wenn immer möglich, etwas Land zur teilweisen Selbstversorgung. Die Stube in Taglöhner- und in kleinräumigen Bauernhäusern war der einzige durch einen Kachelofen beheizbare Raum, sie befand sich stets vorne gegen die Strasse und diente als Arbeits- und Schlafzimmer. Der Wohnungseingang führte direkt in die Küche, die an der dunklen Rückseite des Hauses lag. In der Dachkammer und im Estrich fanden die grösseren Kinder und die ledigen Erwachsenen ihren Schlafplatz, wo laut den Erinnerungen von Paul Suhr «im Winter der Wind durch alle Ritzen blies, so dass am Morgen oft Schnee auf den Deckbetten lag».[19] Fliessendes Wasser gab es bis ins 20. Jahrhundert keines, gekocht wurde auf dem Feuer, und feuchte Wände in überfüllten, schlecht belüfteten Zimmern gehörten zur ungesunden Wohnsituation der kleinen Leute. Zudem gab es pro Haus meist nur einen Abtritt an der Rückseite des Wohnhauses oder neben dem Schweinestall. Sämtliche Abwässer der Haushalte und der Brunnen, an denen man Wasser holte, sich wusch oder Fässer und Kessel säuberte, sammelten sich in den offenen Gräben, die beidseits der Strasse dem Aubach oder dem Immenbach zuflossen.

Die Wohnung der bürgerlichen Kleinfamilie

Während im Bauernhaus und im herrschaftlichen Landgut die Bediensteten gemeinsam mit ihren Herrschaften wohnten und auch dort versorgt werden mussten, unterschied sich die Wohnung der im 19. Jahrhundert aufkommenden modernen Kleinfamilie von diesen Betrieben. Hier kochte, buk und wusch die Hausfrau für den täglichen Eigenbedarf der Familie. Im Unterschied zum Bauern- und Handwerkerhaus war die Wohnung nicht mehr Arbeits- und Wohnort aller am Betrieb beteiligten Personen, sondern diente dem privaten Familienleben. Die Küche war Refugium der Mutter und Arbeitsplatz der Kinder für Hausarbeiten. Die Wohnstube hatte Repräsentationsfunktion. Errungenschaften wie fliessendes kaltes und warmes Wasser, Gaskochrechauds und Zentralheizungen wurden für Mittelstandsfamilien erst in den 1930er Jahren erschwinglich. Das Pfarrhaus Riehen, das sozusagen als Vorbild bürgerlicher Wohnweise galt, wurde 1906 an eine Gasleitung angeschlossen «zum Zweck der Einrichtung eines Gasrechaud in der Küche und einer Gasflamme im Hausgang, sowie zur Installation eines Gasbadofens und einer Badwanne».[20] In Basel waren die Pfarrhäuser längst mit dieser Einrichtung versehen.

Familienwohnungen – Alterswohnungen

Wo einst Taglöhner und Arbeiterfamilien auf engstem Raum wohnten, präsentieren sich heute schmuck sanierte Altbauwohnungen. Ein grosser Teil der einstigen Genossenschaftswohnungen befinden sich inzwischen in privaten Händen. Basels Notwohnungen am Rüchligweg, die seit den 1950er Jahren obdachlosen Familien mit Kindern zur Verfügung standen, weichen dem Alters- und Pflegeheim ‹Humanitas› und grosszügigen Familienwohnungen. Die Nutzung des frei werdenden Baulandes ist richtungsweisend, denn die Gemeinde muss auf zwei Entwicklungen reagieren, die miteinander verknüpft sind: Es braucht vermehrt Wohnraum, der für ältere Menschen geeignet ist. Gleichzeitig will man attraktiven Wohnraum für Familien bereitstellen, damit sich die Gemeinde verjüngt. Wohngenossenschaften kennen diese Problematik im Kleinen. So hat beispielsweise die Wohngenossenschaft Rieba an der Hörnliallee ein neues Wohnmodell ausgearbeitet: 1995 liess sie alte Genossenschaftswohnungen abbrechen und an deren Stelle zwölf grosszügige Zweizimmerwohnungen errichten. Acht dieser neuen Stöckli-Wohnungen wurden von älteren Genossenschafterinnen übernommen. Die frei werdenden Häuser konnten damit an Familien weitergegeben werden.[21] Neben Genossenschaftswohnungen gibt es in Riehen zudem rund 130 Wohnungen in sieben gemeindeeigenen Liegenschaften, die bevorzugt an Familien vergeben werden. Günstigen Wohnraum bietet Riehen auch da, wo es weniger bekannt ist: an der Lörracherstrasse, wo der tägliche Durchgangsverkehr die nahe Erholungszone in den Hintergrund drängt.

Das einstige Taunerhaus an der Gartengasse 27, oben im Bild, wies noch 1935 beengende Verhältnisse auf. Heute wird das im Jahr 2005 von der Gemeinde umgebaute Wohnhaus als Bijou im Dorfzentrum vermietet.

An der Stelle von Fertigbaumöbeln, die heute den Wohnraum der Durchschnittsbürger prägen, standen um 1940 der Sekretär mit gerahmten Bildern und Pendule, wie im Wohnzimmer von Emma Wenk-Weber um 1940, und das Biedermeier-Kinderbettchen mit gesticktem Wandbehang, hier mit Flora Wenk-Löliger und Sohn Johannes, 1934.

Die 56 Reihenhäuser, die im Jahr 2001/2002 an der Gehrhalde fertiggestellt wurden, bieten Wohnraum für Familien zu erschwinglichen Preisen. Zudem wurde auf ökologische Bauweise und einen sorgfältigen Umgang mit der Umgebung Wert gelegt. Damit entsprach die Überbauung in hohem Mass den Zielen des Richtplanes der Gemeinde und erhielt 2005 die Auszeichnung ‹Solarstrasse 2005› des Kantons Basel-Stadt.

Anmerkungen

1. Lehmann, Fritz: Unter der Herrschaft der «Gnädigen Herren» von Basel (1522–1798), in: Riehen. Geschichte eines Dorfes, Riehen 1972, S. 267–318, hier S. 270 und 292.
2. Kaspar, Albin: «Geht auf die Indfabrik – ist zu haus in Jakob Meyers häuslein», in: z'Rieche, Jg. 43, 2003, S. 15–25, hier S. 21.
3. Zit. nach Kaspar, Geht auf die Indfabrik, S. 20–23.
4. Berweger, Ivo: Ein Wohnort, wie er im Buche steht, in: z'Rieche, Jg. 43, 2003, S. 7–13, hier S. 7.
5. Lehmann, Herrschaft, S. 278.
6. Lehmann, Herrschaft, S. 298.
7. Bruckner, Albert: Das Mittelalter, in: Riehen. Geschichte eines Dorfes, S. 79–164, hier S. 117.
8. Kaspar, Albin: Johannes Fischer-Eger, in: z'Rieche, Jg. 25, 1985, S. 21–35, hier S. 26f.
9. Staatsarchiv Basel-Stadt, Ratschlag betreffend den Bebauungsplan für das Strassennetz in Riehen zwischen Niederholzstrasse und Bettingerstrasse. Dem Grossen Rate des Kantons Basel-Stadt vorgelegt den 12. September 1907.
10. Die Siedlung der Heimstätten-Genossenschaft «Gartenfreund» Riehen, Basel 1923, S. 11; Coopzeitung, Jg. 73, Nov. 1974, Nr. 48.
11. Kaufmann, Gerhard: Die Heimstätte-Genossenschaft Niederholz 1921–1933, in: z'Rieche, Jg. 20, 1980, S. 87–100, hier S. 94.
12. Die Siedlung der Heimstätten-Genossenschaft, S. 15.
13. Raith, Michael: Vom Rheinbett zum Niederholzquartier. Die Entwicklung von Riehens Süden, in: z'Rieche, Jg. 31, 1991, S. 21–35, hier S. 32.
14. www.statistik-bs.ch/quartier/wv20/wohnen/gebaeude, 24. September 2009.
15. Riehener Zeitung, 1. Juni 1962.
16. Dokumentationsstelle Riehen, 600.2.5–b.7, Quartierplanung Niederholz 1907–2001.
17. Dokumentationsstelle Riehen, 600.2.5–b.7, Quartierplanung Niederholz 1907–2001, Brief des Gemeindepräsidenten an die Baupolizei Basel-Stadt, 23. Dezember 1965.
18. Suhr, Paul: Jugendzeit im Oberdorf. Aufgrund von Tonbandaufnahmen und mündlichen Erzählungen von Paul Suhr aufgezeichnet durch Lukrezia Seiler-Spiess, in: z'Rieche, Jg. 36, 1996, S. 40–47, hier S. 43.
19. Kaspar, Geht auf die Indfabrik, S. 17f.; Suhr, Jugendzeit im Oberdorf, S. 42.
20. Staatsarchiv Basel-Stadt, Bau OO 3, Riehen, Pfarrhaus, 1697–1911, Schreiben des Justizdepartementes Basel-Stadt vom 28. September 1906.
21. Kaufmann, Brigitta: Wohnen im Alter, in: z'Rieche, Jg. 43, 2003, S. 71–79, hier S. 71.

Das Foto, um die Jahrtausendwende entstanden, veranschaulicht die unterschiedlichen Landschafts- und Grünzonen Riehens. Der Blick Richtung Nordwesten reicht über Landwirtschaftsflächen und angrenzende Gärten bis zum Landschaftspark Wiese mit den Langen Erlen und dem Tüllinger Hügel samt Schlipf.

Das grüne Kapital

Daniel Hagmann

Riehen ist reich an Natur in unterschiedlichster Form. Da gibt es ökologische Nischen für Pflanzen und Tiere, Wiesen und Wälder, Parkanlagen und Gärten; neben Weihern und Bächen finden sich Biotope und Rebberge. Das viele Grün verleiht der Siedlung ein besonderes Profil und markiert augenfällig die Grenze zwischen Stadt und Gemeinde. Genutzt wurde und wird die Landschaft im Riehener Bann in ganz unterschiedlicher Weise. Grün ist nicht gleich Grün, biologisch wie politisch. Der Sarasinpark etwa hat eine völlig andere Geschichte, Tier- und Pflanzenwelt aufzuweisen als das Biotop ‹In der Au›, als ein Feld im Moostal oder ein Obstgarten in der Wieseebene. Zwar wird Naturschutz seit dem ausgehenden 20. Jahrhundert grossgeschrieben. Wie das grüne Kapital genutzt werden soll, gibt aber immer wieder zu Diskussionen Anlass.

Sandstein, Erle und Wiedehopf

Oft ist nicht auf den ersten Blick feststellbar, welchen Reichtum die Natur birgt. Riehen ist zum Beispiel im wörtlichen Sinne steinreich. Mit Buntsandstein aus dem Maienbühl baute man im Mittelalter, zumindest teilweise, das Basler Münster. Die Eisenbahnbrücke über den Rhein von 1873 steht auf Pfeilern aus Riehener Kalkstein. Und für den Bau des Goetheanums wurde 1923 Kies von der Wieseebene nach Dornach transportiert. Viele Steinbrüche, Lehm- und Kiesgruben sind inzwischen stillgelegt, und die ursprüngliche Landschaft ist durch ihre Bewohnerinnen und Bewohner im

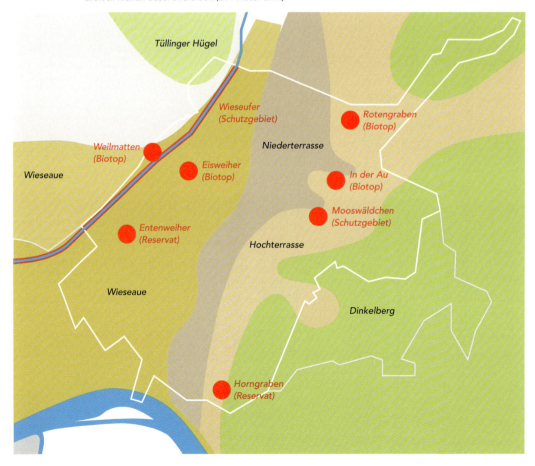

Die Karte zeigt die verschiedenen Grünflächen und Landschaftszonen Riehens sowie einige Naturschutzgebiete. Die Gesamtfläche des Gemeindebanns beträgt 1087 Hektaren. Davon sind 255 Hektaren bewaldet, 295 Hektaren werden landwirtschaftlich genutzt. Die grösste Grünanlage bildet der Friedhof am Hörnli mit knapp 50 Hektaren. Riehen ist 4,28 Kilometer breit. Gut 240 Höhenmeter trennen den höchsten Punkt, den Britzigerberg im Osten (486 Meter ü.M.), vom tiefstgelegenen Punkt, der Rheinsohle im Grenzdreieck Riehen-Basel-Birsfelden (244 Meter ü.M.).

Laufe der Zeit umgestaltet worden. Noch erkennt man aber im Aufbau der Gesteinsschichten jene Spuren der Naturkräfte, welche die Grundlagen des grünen Kapitals in Riehen formten. Dass Riehens Kirschen früher blühen als anderswo, dass hier überhaupt Wein wächst, ist nur möglich, weil während Jahrmillionen Kräfte aus dem Erdinnern dem Boden seine Beschaffenheit und dem Klima seine Besonderheit gaben. Wind und Wasser schufen im Wechselspiel das heutige Tal mit seinen angrenzenden Hügeln, Lebensräume für eine überraschend reichhaltige Pflanzen- und Tierwelt.

Im warmen Tal

Die Riehener Landschaft ist das Resultat jahrmillionenlanger geologischer Prozesse. Bis auf die oberste Schicht besteht der Riehener Untergrund aus Ablagerungen der wechselnden Meere, die einst die Gegend bedeckten. Auf die Absenkung des Oberrheingrabens folgten die Hebung des süddeutschen Raumes und die Auffaltung des Juragebirges. In dieser Urlandschaft entwickelte sich allmählich der Wasserlauf des Rheins. Im Wechsel von Warm- und Kaltzeiten formte der Feldberggletscher das Tal der Wiese mit seinen drei Stufen von Aue, Niederterrasse und Hochterrasse. Im Westen ragte der Tüllinger Hügel mit seinen härteren Gesteinsschichten heraus. Im Osten erhoben sich die Kalkgesteine des Dinkelbergs. Er gehört geologisch gesehen nicht zum Schwarzwald, sondern ist Teil des rechtsrheinischen Tafeljuras, der hier abgebrochen war. Im Süden stiess die Riehener Landschaft dem Wiesenlauf folgend auf den Rhein, dessen Bett einst vom Wiesenschotter nach Südwesten abgedrängt worden war.

Die Region Basel profitiert von einem milden Klima. Riehen kommen dabei besonders die warmen Fallwinde am Westfuss des Dinkelbergs zugute. Im Jahresmittel beträgt die Temperatur 10,5 °C. Extremwerte waren mit minus 24 °C im Jahr 1942 und über 39 °C im Jahr 1983 zu verzeichnen. Pro hundert Höhenmeter nimmt die Wärme ein halbes Grad ab. Entsprechend beginnt die Kirschblüte in der Wieseaue bis zu zehn Tage früher als in Bettingen. Hingegen sind die Talnischen der östlichen Bäche anfällig für Kälteseen, die sich vor allem im Frühjahr bilden. Seit 1963 wird im Gebiet der Langen Erlen die Temperatur gemessen, 1990 kam in den Stellimatten eine zweite Anlage hinzu. Noch weiter zurück reichen die Messungen im Wetterhäuschen, das von 1905 bis 1944 beim Kirchplatz stand. Seit 1973 registriert eine Meteostation beim Gymnasium Bäumlihof Klimadaten, die im Internet veröffentlicht werden.[1] Die Messwerte der Beobachtungsstation auf dem St. Margarethenhügel im Süden Basels weichen kaum von jenen in Riehen ab.

Waldland

Nur noch in Randbereichen ist Riehen heute bewaldet, in den Langen Erlen und in der hügeligen Zone im Osten. Immerhin machen diese 255 Hektaren fast ein Viertel des Gemeindebanns aus. Vor der Besiedlung bedeckte Wald das ganze Gemeindegebiet, je nach Landschaftszone in einer anderen Ausprägung. Der Tüllinger Hügel mit seiner milden Südhanglage war von einem Flaumeichenwald bedeckt. Auf der Niederterrasse stand einst ein Mischwald mit Eichen und Hainbuchen, wie er heute noch in der Muttenzer Hard vorherrscht. In der Hügellandschaft der Hochterrasse dominierten Buchen, beim Wenkenköpfli sind Restbestände davon erhalten. Ebenfalls von einem Buchenwald bedeckt waren und sind die Waldberge im Osten Riehens. Im Bereich der Langen Erlen befand sich einst ein Auenwald mit Weiden, Schwarzpappeln und Erlen. Infolge der Grundwasserentnahme wandelte er sich zum Mischwald. Ein Grossteil war zuvor schon, wie der restliche Wald auf Gemeindegebiet, jahrhundertelanger Rodung zum Opfer gefallen. Über die Hälfte der Bäume auf Riehener Boden sind heute Buchen, rund 55 Prozent. Eschen, Ahorne und weitere Laubholzarten machen 25 Prozent aus, Eichen 12 und Nadelhölzer 8 Prozent.

Seit dem kantonalen Forstgesetz von 1966 gelten Riehens Wälder als Schutzwälder und dürfen in ihrer Ausdehnung nicht vermindert werden. Bedroht wird der Waldbestand jedoch durch verschiedene Krankheiten. Sichtbar wird dies zum Beispiel am Blattverlust der Baumkronen bei den Buchen im Bereich der Langen Erlen.[2] Verglichen mit anderen Gebieten gilt der Riehener Wald als insgesamt heile Welt. Hier werde «raffiniert gefaulenzt»[3], loben Fachleute. Gemeint ist die sanfte und zurückhaltende Bewirtschaftung durch den Revierförster Riehen-Bettingen, gemäss dem kantonalen Waldentwicklungsplan von 2003. Dabei kommen zum Beispiel mobile Seilbahnen zum Einsatz, um Bodenverdichtungen und Vegetationsschäden zu vermeiden. Das geschlagene Holz verkauft die Gemeinde als Bau-, Brenn- oder Industrieholz, Hackschnitzel verwertet sie in den eigenen Holzheizanlagen. Das Restholz geht an das Holzheizkraftwerk Basel. 2002 erhielt Riehen gleich zwei Gütesiegel für die nachhaltige Bewirtschaftung des Gemeindewaldes, das Q-Holz-Label und das Forest Stewardship-Council-Label. Durch Aufforstung in der Wieseaue und Landabtausch mit Basel hat die gesamte Waldfläche im 20. Jahrhundert um einige Hektaren zugenommen. Etwa die Hälfte der Waldflächen besteht aus Parzellen von Privatpersonen; die Bürgergemeinde als grösste Eigentümerin verfügt über knapp 100 Hektaren.

Was kreucht und fleucht

Die Riehener Pflanzenwelt besitzt einige Besonderheiten, die der geologischen Entwicklung zu verdanken sind. Vom milden Klima profitieren besonders die südgerichteten Hänge des Tüllinger Hügels. Ursprünglich stand hier ein flächendeckender Flaumeichenwald, heute finden sich wärmeliebende Pflanzen wie der hellgelbe Winterling, die Osterluzei oder die Felsenmispel. Die zahlreichen Wasserläufe schufen Lebensraum für die Schwertlilie, den Sumpfquendel oder den Klappertopf. Entlang der durch Rodung geschaffenen landwirtschaftlichen Flächen wurden Hecken gepflanzt, die als ökologische Nischen dienen. Auf dem kalkhaltigen Waldboden im Osten der Gemeinde findet man einzelne wild wachsende Orchideenarten. Die jahrhundertelange Nutzung der Natur hat die ursprüngliche Vegetation verändert und auf kleine Inseln zurückgedrängt. Im Gegenzug sind auch neue Pflanzen aufgetaucht, etwa die vielfältigen exotischen Bäume in den historischen Parkanlagen. Die ersten Rosskastanien der Schweiz beispielsweise wurden 1732 beim Bäumlihof gepflanzt.

Auf dieser Windwurffläche im Waldreservat Horngraben zeigt sich der Wald von seiner natürlichsten Seite, so wie er ohne Bewirtschaftung, ohne menschliche Hege und Pflege überall aussähe. Das Foto stammt von 2009.

Wasser am falschen Ort

Nördlich der Wiese reicht das Riehener Gemeindegebiet ein kleines Stück den Tüllinger Hügel hinauf. Hier liegt der Schlipf, der Sonnenhang der Gemeinde mit den Rebbergen; wilde Rebtulpen vermitteln eine fast mediterran anmutende Atmosphäre. Das Klima ist warm und trocken, nur gelegentlich sprudelt ein Bächlein hinunter zum Weilmühleteich. Bis 1951 mussten die Liegenschaften im Schlipf ihr Wasser aus Quellen oder von Weil beziehen, erst dann wurden sie ans Basler Wasserwerk angeschlossen. Dennoch sorgt im Schlipf nicht der Mangel, sondern der Überfluss an Wasser für Probleme. Die Bezeichnung ‹Schlipf› leitet sich ab von schleifen, gleiten. Immer wieder hat sich der Hang des Hügels in den vergangenen Jahrhunderten in Bewegung gesetzt. Der letzte grössere Rutsch ereignete sich im August 2007, leichte Verschiebungen des Geländes kommen laufend vor. Ursache ist das Wasser im Untergrund. Der Tüllinger Hügel besteht aus wechselnden Schichten von Mergel und Kalk. Bei langanhaltenden Regenfällen verwandelt das einsickernde Wasser diese Schichten in eine fast breiartige Masse, auf welcher der zuoberst liegende Hangmantel abrutscht. Anfänglich kamen bei den Rutschungen nur Rebstöcke zu Schaden. Infolge der Überbauung mit Wochenendhäuschen im 20. Jahrhundert sind nun aber auch Liegenschaften bedroht. Damals wie heute traf dies wohl eher die vermögenderen Anwohner. Laut Dorfhistoriker Michael Raith wuchsen die Reben des kleinen Mannes meistens in anderen Lagen.

Die zunehmende Überbauung und die Intensivierung der Landwirtschaft im 20. Jahrhundert bedrohten die ursprünglichen Lebensräume vieler Tiere. So verschwanden in der Nachkriegszeit laufend Vogelarten. Im Autal betraf dies zum Beispiel den Wiedehopf und den Neuntöter, in den Langen Erlen den Zwergtaucher und in der Wieseaue das Rebhuhn. Eine Bestandesaufnahme in den 1990er Jahren zeigte ein verbessertes Bild. Dank der Anlegung von Biotopen wurde im Autal 1995 wieder ein Drosselrohrsänger gesichtet. 2008 konnte man erneut eine Nachtigall in den Wiesenmatten schluchzen hören, und im Stettenfeld brüteten Neuntöter.[4] Auch im Wasser regt sich vielfältiges Leben. Für die Fische bilden die Verbauungen in den Dorfbächen zwar grosse Hindernisse. In der Wiese hingegen leben rund elf Fischarten. Neben Aal, Elritze, Barbe, Nase und Alet scheinen sich auch seltenere Arten wie Gründling, Bachschmerle und Äsche wohl zu fühlen. Die Renaturierung von Abschnitten der Wieseufer um 2000 hat sich positiv auf den Fischbestand ausgewirkt. Der Mühleteich mit seinen Nebengewässern beherbergt gar über zwölf Fischarten.

Der Wiedehopf, ein stark gefährdeter Zugvogel, ist seit einigen Jahren wieder in Riehen zu beobachten. Sein markantes Aussehen – hier ist er in Balzposition zu sehen – macht ihn zum Sympathieträger. Er ziert den Briefkopf der Gesellschaft für Vogelkunde und Vogelschutz Riehen. Weniger beliebt sind die Saatkrähen, die seit den 1960er Jahren in der Region brüten. Der Lärm ihrer Brutkolonien stört Anwohner, Landwirte beklagen Schäden an Kulturen.

Im Wald tummeln sich Rehe, Fasane, Dachse oder Hasen. Und seit den 1990er Jahren sind wieder Familienverbände oder Rotten von Wildschweinen anzutreffen. Anfang des 20. Jahrhunderts waren sie aus dem Gebiet verschwunden, einzelne Exemplare wurden 1947 sowie 1978 erlegt. Mitten im Siedlungsraum finden sich ebenfalls unzählige Pflanzen- und Tierarten, oftmals unscheinbar und leicht zu übersehen. Nicht nur Vögel, sondern auch grössere Tiere haben sich im Dorf niedergelassen – Füchse fühlen sich inzwischen in Gärten fast so heimisch wie im Wald.

Kühe, Kirschen und Reben

«Die gantze Gegend hier / Ist voller grünen Auen, / Der Boden überall / Gut, fett und wasserreich, / Voll Bäume, voller Frucht / Und einem Garten gleich.»[5] So beschrieb der Basler Chronist Daniel Bruckner 1752 die Gegend um Riehen. In der Tat waren die naturräumlichen Voraussetzungen ideal für die Nutzung des Bodens: mehrheitlich flaches Gelände, vielfältige Wässerungsmöglichkeiten, dicke Lösslehmschichten, mildes Klima. Dazu kam die nahe Stadt als Markt- und Absatzort. Ein Blick auf den Ortsplan verrät viel über die frühere Kulturlandschaft. Da wimmelt es von sogenannten Matten, von ehemaligen Futtergrasflächen. ‹In den Habermatten› wuchs Hafer; in der ‹Kuhstelli› weideten die Kühe, und wo heute die Rebenstrasse liegt, standen früher Weinstöcke. Im 20. Jahrhundert haben Überbauung, Grundwasserschutz und veränderte Anbaumethoden zu einem tiefgreifenden Wandel geführt. Landwirtschaft bringt immer noch gute Ernte ein in Riehen, übernimmt aber immer mehr auch ökologische Aufgaben.

Landwirtschaft einst und jetzt

105 Landwirtschaftsbetriebe zählte Riehen im Jahr 1905. Gut hundert Jahre später sind es noch sechs Vollerwerbsbetriebe. Einer steht im alten Dorfkern, die übrigen sind Einzelhöfe ausserhalb des Siedlungsgürtels und am Rand des Gemeindegebiets. Der ehemalige Fischerhof an der Baselstrasse siedelte 1966 an den Leimgrubenweg um. Hätte die Gemeinde Riehen 1951 nicht den Maienbühlhof gekauft und in den 1960er und 1970er Jahren bei der Erhaltung des Bäumlihofguts mitgeholfen, wären diese beiden Höfe ebenfalls verschwunden. Der Mattenhof an der Grendelgasse musste 1952/1953 definitiv aufgeben, da er in der Grundwasserzone lag. Auch wurde 2005 der Landwirtschaftsbetrieb des sogenannten Landpfrundhauses, der ehemaligen Armenanstalt, eingestellt. Von den einst ausgedehnten landwirtschaftlichen Flächen rings um den historischen Dorfkern sind im 21. Jahrhundert noch gut 295 Hektaren übrig geblieben. Dies entspricht immerhin etwa einem Viertel des Gemeindegebietes.

Auch qualitativ hat sich die Landwirtschaft seit dem 19. Jahrhundert stark verändert. Über die Hälfte der Nutzflächen wird als Wiesen und Weiden genutzt, nur ein kleiner Teil für Brotgetreide. Kartoffeln werden kaum mehr angebaut, ältere Nutzpflanzen wie Dinkel oder Flachs sind schon lange aus der Kulturlandschaft verschwunden. Einzig der Maienbühlhof betreibt noch Milchwirtschaft. Trotz Intensivierung und Mechanisierung der Produktion gerieten die Riehener Bauern im ausgehenden 20. Jahrhundert unter wirtschaftlichen Druck. Zugleich begann Ende der 1980er Jahre ein langsames Umdenken hin zu biologischem Landbau. Die Obst- und Rebbaukommission bot verbilligte Bio-Spritzmittel und Bio-Landbau-Kurse an. Sämtliche Riehener Betriebe haben inzwischen auf Integrierte Produktion umgestellt; der Spittelmatthof wirtschaftet nach Richtlinien des Bio-Landbaus.

Landwirtschaft in Riehen – das ist praktisch deckungsgleich mit Landwirtschaft im Kanton Basel-Stadt, stehen doch sechs der insgesamt neun Betriebe auf Riehener und zwei auf Bettinger Boden. Die Situation unterscheidet sich deutlich von jener anderer schweizerischer Gegenden. Ein hoher Anteil der Flächen liegt zugleich in einer

Grundwasserschutzzone mit Nutzungsauflagen und im stark frequentierten Naherholungsbereich der Stadt. Erweiterungen oder Aussiedlungen sind kaum möglich. Das Landwirtschaftsgebiet umschliesst wertvolle Naturschutzflächen, und es enthält einen überdurchschnittlich hohen Anteil an ökologischen Ausgleichsflächen. Diese Lage versucht man zu nutzen. So hat sich der Direktverkauf ab Hof etabliert. Beim Spittelmatthof können Spaziergänger Kontakt mit Hoftieren aufnehmen und die Ställe besichtigen. Auch der Bäumlihof, der Maienbühlhof und der Bauernhof am Leimgrubenweg bieten im Rahmen des gemeindeeigenen Schulprogramms ‹Naturerlebnis Riehen› Besichtigungen an.

Garten-Wirtschaft

Das milde Klima Riehens begünstigt den Anbau von Obst. Nuss-, Birnen- und Kirschbäume wurden seit dem 17. Jahrhundert zunehmend angebaut. Erst im 19. Jahrhundert begann man allerdings mit systematischer Zucht und Pflege. Dank der besonderen

Als wäre man mitten auf dem Lande: Impressionen einer Viehschau beim Bäumlihof 1975. Anstelle dieser Viehschauen findet im 21. Jahrhundert ein ‹Tag der Landwirtschaft› für Fachleute statt.

klimatischen Lage blühten die Kirschen früh im Jahreslauf, und entsprechend startete die Ernte in Riehen etwa zehn Tage früher als in der übrigen Schweiz. Basler Erstfrühe, Weichselkirsche, rote Herzkirsche, Jenzler und Stettener Kirsche hiessen die Sorten, mit welchen Riehen bis zur Mitte des 20. Jahrhunderts die Kirschensaison eröffnete. Billige Konkurrenz, Krankheiten, die Mechanisierung der Landwirtschaft, Ausmerzprämien des Bundes und der gesunkene Grundwasserspiegel führten jedoch dazu, dass innert vier Jahrzehnten viele Bäume eingingen. Die Umstellung von Hochstamm- auf Niederstammobstkulturen veränderte zudem das Landschaftsbild drastisch. Ende der 1980er Jahre war der Hochstammbestand um 90 Prozent zurückgegangen. Deshalb beschloss die Gemeinde 1988 ein Schutzprogramm mit Pflanzaktionen und Pflegeprämien. Das vorgesehene Ziel, mindestens 1500 Hochstamm-Obstbäume im landwirtschaftlich genutzten Gebiet zu erhalten, wurde 1992 erreicht. Zu Beginn des 21. Jahrhunderts zählte man knapp 3000 Exemplare.

Neben den Kirschen gediehen in Riehen Äpfel, Aprikosen, Pfirsiche, Zwetschgen und Pflaumen. Rings um den historischen Siedlungskern bei der Dorfkirche lag ein breiter Gürtel von Obstbaumgärten. Im Zuge der sogenannten Anbauschlacht nach 1939 pflanzte man fast dreissigtausend junge Obstbäume neu. Um 1950 blühten zwischen Brühlweg und Weilstrasse immer noch mehrere Tausend Obstbäume.[6] Heute finden sich nur noch Reste von Obstgärten, im Autal, in den Gebieten ‹Auf dem Brühl›, ‹Auf Hutzlen› und im Stettenfeld. Die in einem weiteren Kreis daran anschliessenden Streuobstbestände, einzelne Bäume auf Wieslandflächen, sind ebenfalls stark geschrumpft und in der Wieseaue kaum mehr vorhanden. Auch im Obstbau hielt die Mechanisierung Einzug, etwa mit der Kirschenschüttler-Maschine um 1973. Dennoch blieb der Anbau aufwendig und wurde immer weniger rentabel.

Mit den Obstbäumen verschwanden auch die Mostpressen. 1978 richtete die Gemeinde Riehen eine Obst- und Traubenmosterei ein, die sich seit 1982 beim Sarasinpark befindet. Dazu kam 1986 eine Dörranlage, deren Kapazität schon nach zwei Jahren verdoppelt werden musste. 2006 wurde ihr Betrieb allerdings wieder eingestellt. Die Dörranlage sollte das naturnahe Gärtnern und die Erhaltung der Hochstammobstkulturen fördern. Auch die Verwertung von Obst zu Schnaps hat Tradition. Die letzte Lohnbrennerei stellte zwar 1977 ihre Tätigkeit ein. Doch auf privater Basis werden weiterhin gebrannte Wasser aus Riehener Obst hergestellt.

Die Riehener Bauernbetriebe wurden im Verlauf der letzten zwei Jahrhunderte vielfach zu Gärtnerbetrieben; sie stellten ihren Betrieb auf Intensivlandwirtschaft respektive auf den Anbau von Obst und Gemüse um. Dazu kamen jene ausgebildeten Gärtner-

Kirschenernte ist auch im 21. Jahrhundert noch weitgehend Handarbeit. Das Foto von 2005 zeigt zwei polnische Erntehelfer. Der Bauernhof am Leimgrubenweg gehört zu den letzten Landwirtschaftsbetrieben mit starker Ausrichtung auf Fruchtbäume.

meister, die ursprünglich in einem der zahlreichen Landsitze mit ihren Nutz- und Ziergärten tätig gewesen waren. Anfänglich lagen die Interessen von Bauern und Gärtnern nahe beieinander. Bis ins frühe 20. Jahrhundert blieben die meisten Gärtnereien Mehrspartenbetriebe. Sie produzierten Gemüse, Blumen oder Topfpflanzen und beschäftigten Landschaftsgärtner. Erst später verschob sich das Schwergewicht in Richtung Baumschulen. 1930 lagen noch 17 Gärtnereibetriebe wie ein Grüngürtel zwischen historischem Siedlungskern und landwirtschaftlichen Flächen. Siedlungswachstum und Umweltschutzgesetze schränkten sie dann aber zunehmend ein, und viele Betriebe verschwanden. Der Einfamilienhausboom brachte zudem eine Verlagerung vom produzierenden Gärtner zum Gartenpfleger.

Weinberge

Fast wäre das Winzerdorf Riehen zum Museumsstück geworden. Als 1972 das Rebbaumuseum seine Türen öffnete, wurden in Riehen noch etwa 35 Aren Rebland gepflegt.

Anderthalb Jahrhunderte zuvor waren es zweihundertmal mehr gewesen. Der erste urkundliche Beleg für Rebbau in Riehen stammt aus dem Jahr 751 n. Chr. Während Jahrhunderten kultivierte jeder Bauer seine Weinstöcke. Eine Statistik weist nach, dass in Riehen im 18. Jahrhundert rund zehn Prozent der landwirtschaftlichen Fläche für den Weinbau genutzt wurden, erheblich mehr als im Durchschnitt auf der Basler Landschaft. Vereinzelt weisen heute noch Strassen- und Flurnamen wie ‹Herbergreben› auf alte Standorte hin. Die grössten Gebiete lagen im Schlipf und in der Gegend zwischen Pfaffenloh und Esterliweg. Vereinzelte Parzellen gab es auch im Dorfkern oder beim Maienbühl. Doch bereits im 19. Jahrhundert begann der Niedergang des Rebbaus, infolge von Konkurrenz durch Importwein, Reblaus und Mehltau sowie von steigenden Baulandpreisen. Trotz eines Wiederaufflackerns in den 1920er und 1930er Jahren sank die lokale Produktion stark ab. 1979 beschloss dann der Gemeinderat, einen eigenen Rebberg im Schlipf anzulegen. Der erste ‹Schlipfer›-Gemeindewein wurde 1981 abgefüllt. Seither hat die Rebbaufläche wieder auf rund 6 Hektaren zugenommen. Etwa die Hälfte davon wird von der Gemeinde bewirtschaftet. Daneben sind ein grosser und mehrere kleine private Rebbaubetriebe aktiv.

Entlang des Ritterwegs informiert seit 2006 ein grenzüberschreitender Lehrpfad über Traubensorten und Weinbau. Angebaut wird heute etwas mehr Rot- als Weisswein. Die Gutedeltrauben, die bis zu Beginn des 20. Jahrhunderts mindestens 40 Prozent der Anbaufläche bedeckten, wurden später durch die Kreuzung Riesling × Sylvaner ersetzt. Für Rotwein wird seit 1933 Blauburgunder, auch Pinot noir oder Spätburgunder genannt, verwendet. Nach der Jahrtausendwende setzten die Winzer zusätzlich auf neue Sorten und Produkte, um im zunehmend hart umkämpften Weinmarkt überleben zu können. Im Gemeinderebberg wurden Sauvignon blanc, Pinot blanc und Merlot angepflanzt; neben Weiss-, Rot- und Roséwein stellt man Schaumwein und Vin de liqueur her. Keine Fortsetzung fand die 1985 versuchsweise begonnene Herstellung von alkoholfreiem ‹Schlipfer›-Traubensaft.

Ein langer Weg zum eigenen Wein: Jakob Kurz, Rebmeister von Riehen (im Vordergrund), und Peter Scherrer im gemeindeeigenen Rebberg 1978.

Parks, Grünanlagen und Familiengärten

«Wichtigster Standortfaktor Riehens ist die hohe Attraktivität als Ort zum stadtnahen Wohnen im Grünen»[7], ist auf der Webseite der Gemeinde zu lesen. Damit wird nicht nur auf die Landschaft ausserhalb der Siedlung angespielt. ‹Im Grünen› meint auch die ausserordentlichen Grünflächen innerhalb der Bauzone, die Gartenanlagen und Parks. Teils sind es historische Zeugen, Schmuckstücke herrschaftlicher Landsitze; teils entstanden sie als öffentliche Werke im 20. Jahrhundert. Gefragt sind der ästhetische Wert und der Erholungsnutzen. Auch die ausgedehnten Familiengartenareale dienen grösstenteils diesem Zweck, wenngleich sie aus ganz anderen Bedürfnissen heraus entstanden sind.

Herrschaftsparks

Diskret hinter Mauern verborgen, fallen sie unwissenden Passanten kaum auf, die zahlreichen grossen Parkanlagen Riehens. Das widerspiegelt ihre ursprüngliche Funktion als private Besitztümer. Entstanden sind die grossen historischen Parks – Bäumlihof, Wenkenhof, Berowergut, Sarasinpark und viele mehr – als Kapitalanlagen. Nachdem Riehen 1522 baslerisch geworden war, kauften sich Stadtbürger hier steuerfrei Landgüter. Der Besitz diente als nahe Sommerfrische, und dank der zugehörigen landwirtschaftlichen Betriebe warfen die Güter auch handfesten Ertrag ab. Anfänglich wurde die unmittelbare Umgebung dieser Herrschaftssitze vor allem landwirtschaftlich genutzt, als Rebacker, Kraut- oder Baumgarten. Ab dem 17. Jahrhundert entstanden ausgedehnte Ziergärten mit Orangerien. Zunehmend rückte die repräsentative Funktion des Gartens in den Vordergrund. Es galt, schöne und ausgefallene Pflanzen zu ziehen und diese den Gästen vorzuführen. Botanik war eine beliebte Beschäftigung für die Frauen in der Basler Oberschicht. Im Lauf des 18. Jahrhunderts wurden aufwendige barocke Gartenanlagen als Gesamtkunstwerke inszeniert und später zu englischen Parks umgestaltet. Aufgrund detaillierter Pläne von Gartenarchitekten legte man kunstvoll geschlängelte Wege an, setzte Baumgruppen gezielt auf Rasenflächen, schuf Weiher und Brunnenleitungen. Ein Grossteil der Bäume wurde als Exoten importiert.

Eine andere Geschichte haben der Wettstein- und der Spitalpark. Sie wurden im 19. Jahrhundert als Bestandteil der neu gegründeten Taubstummenanstalt und des Diakonissenhauses angelegt. Nicht Repräsentation war ihr Ziel, sondern Selbstversorgung und die Schaffung einer ruhigen und geborgenen Umgebung. Der Wettsteinpark trägt seinen Namen übrigens erst seit der Neugestaltung 1972. Zuvor nannte man ihn einfach ‹Platz hinter dem Landgasthof›.[8] Etliche der alten Herrschaftsparks sind heute im Besitz der Gemeinde und öffentlich zugänglich, zum Beispiel der Sarasinpark oder das Berowergut bei der Fondation Beyeler. Andere befinden sich nach wie vor in privaten Händen, etwa der Park des Iselin-Weber-Guts an der Baselstrasse. Der einstige englische Garten beim Glögglihof ist durch die Wohnüberbauung 1996 auf ein kleines Waldgebiet reduziert worden.

Grünanlagen

Der grösste Park auf Riehener Boden ist mit seinen knapp 50 Hektaren zugleich die grösste Grünanlage des Kantons: der Basler Zentralfriedhof am Hörnli. Über die Hälfte seiner Fläche besteht aus Grün- und Waldflächen. Beim Bau 1926 bis 1932 wurden 43 000 Hainbuchen, 16 000 Eiben, 12 000 Buchssträucher, 9000 Rottannen und 600 Linden gepflanzt.[9] Zur gleichen Zeit wandelte die Gemeinde ihren bisherigen Friedhof an der Mohrhaldenstrasse in eine Parkanlage um. Infolge Überbelegung war dieser Friedhof

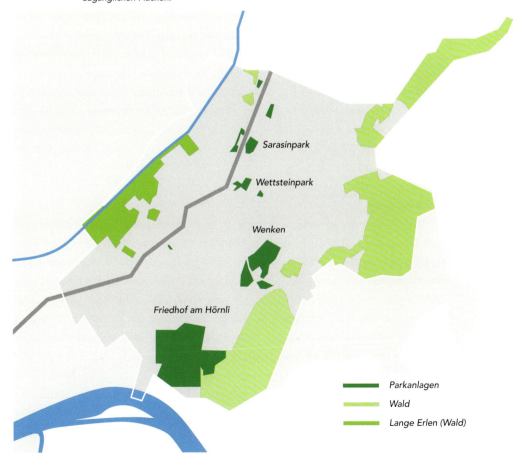

Riehen besitzt vielfältige Grün- und Parkanlagen. Die Karte zeigt die wichtigsten öffentlich zugänglichen Flächen.

der Kirchgemeinde Riehen-Bettingen 1898 geschlossen worden. Die Bettinger verzichteten 1930 auf ihren Anteil am Friedhof unter der Bedingung, dass das Areal der Bauspekulation entzogen werde. Der Friedhof Hörnli, die grösste Friedhofanlage der Schweiz, wird von der kantonalen Verwaltung betreut. Für die Anlage an der Mohrhaldenstrasse, wie überhaupt für alle Grünanlagen Riehens in kommunalem Besitz, ist die Gemeindegärtnerei zuständig. Sie pflegt auch Baumalleen, Blumenbeete, Rabatten, Hecken, Sportplätze usw. Seit 1982 befindet sich ihr Dienstgebäude beim Sarasinpark.

Öffentliche Grünanlagen sind – trotz ihrer teilweise historischen Wurzeln – ein Produkt des 20. Jahrhunderts. Sie entstanden als Ausgleich zu den wachsenden Siedlungs- und Verkehrsflächen vorwiegend in der ersten Hälfte des 20. Jahrhunderts: die Anlage Grenzacherweg-Eisenbahn 1926, die Mohrhaldenanlage wie erwähnt 1930 und die Essiganlage 1931. Entlang zahlreicher Strassen wurden Rabatten und Rasenstreifen angelegt, Übergangsflächen und Böschungen bepflanzt. Ziel war die Verschönerung des öffentlichen Raumes. So hiess es in einem Schreiben der Deutschen Bundesbahn zur Gestaltung des Bahnhofvorplatzes 1955: «An Stelle dieses Gemüsegartens könnte man u. E. eine nette öffentliche Anlage, etwa mit Grünflächen, einigen Zierbäumen oder -büschen und evtl. 2–3 Ruhebänken herrichten».[10] Im ausgehenden 20. Jahrhundert wurden solche Anlagen – wie zum Beispiel ‹In der Au› – naturnaher gestaltet.

Gärten für Familien

Bis in die 1950er und 1960er Jahre hinein gab es im historischen Riehener Dorfkern auch noch ein anderes Grün zu entdecken, jenes der Bauerngärten. Beinahe jedes Haus an der Schmiedgasse, im Oberdorf, an der Rössligasse und an der Baselstrasse besass einen umzäunten Gemüse- und Blumenpflanzplatz. Viele dieser traditionellen Gärten sind inzwischen Strassenverbreiterungen oder Neubauten zum Opfer gefallen. Umgekehrt sind mit den unzähligen Einfamilienhausbauten im 20. Jahrhundert auch neue Gartenflächen entstanden. Aus biologischer Sicht sind dies zwar zuweilen artenarme Lebensräume für Pflanzen und Tiere, doch sie tragen ihren Teil zum Bild Riehens als grünem Mosaik bei. Insgesamt hat die Gartenfläche im 20. Jahrhundert nicht wesentlich abgenommen – aber sie hat ihr Aussehen und ihre Funktion verändert.

Gut ablesbar wird der Wandel der Gartenlandschaft an den Familiengärten. Sie gelten heute als Freizeitangebot; seit 1973 spricht man offiziell von ‹Familiengärten› und nicht mehr von ‹Schrebergärten›.[11] Ursprünglich handelte es sich um Pflanzland für Stadtbewohner. 1929 vergab die neugegründete Pflanzlandstiftung Basel erste Parzellen an der Ecke Gotenstrasse/Rauracherstrasse an Pächter. In der Nachkriegszeit wurden die Pflanzland-Gärten zum Inbegriff kleinbürgerlicher Spiessigkeit. Langsam lockerten sich die Pflanzvorschriften, naturnahere Formen der Bewirtschaftung setzten sich durch und die Areale dienten nicht mehr bloss der Selbstversorgung. 1973 wehrten sich die Pächter ‹In den Wenkenmatten› noch dagegen, als «Bierflaschen-Athleten» belächelt zu werden, und verwiesen stolz auf die gepflegten Rasenflächen. Bei der Eröffnung der Familiengärten ‹In den Weilmatten› 1997 hingegen standen Grillieren und Jassen gleichberechtigt neben Pflanzen und Jäten. In Riehen befinden sich auch die Familiengärten Bäumlihof (1918 eröffnet), Spitalmatten und Hörnli (1942), Im Stettenloch (1978) und Erlensträsschen (1982). Die Anlage Bettingerweg liegt nur teilweise auf Riehener Boden. Der 2009 verabschiedete kantonale Richtplan bezeichnete das Gebiet beim Hörnli als mögliche Bauzone, wogegen sich seitens der Basler Familiengärtnervereine Widerstand regte.

Basels grüne Lungen
Die sogenannten Langen Erlen, deren nördlicher Teil auf Riehener Boden liegt, gehören zu Basels Naherholungszonen. Abgeschirmt von Stadt und Agglomeration spaziert man auf Mergel- und Waldwegen und wähnt sich in der freien Natur. Dabei wird dieses Gebiet seit etwa zweihundert Jahren als ausgedehnte Parkanlage, als Landwirtschaftsgebiet und Trinkwassergewinnungszone genutzt. Einst wuchsen im ehemaligen Auenwald entlang der Wiese Schwarzerlen, die der Gegend ihren Namen gaben. Die Entnahme von Grundwasser seit 1880 entzog dem bestehenden Baumbestand die nötige Feuchtigkeit. Ohne menschliche Eingriffe hätten sich deshalb allmählich andere, Trockenheit liebende Baumarten durchgesetzt. Konsequente Aufforstung und Neupflanzungen schufen die Voraussetzung, dass sich langfristig ein mehrstufiger Mischwald halten kann. In einzelnen Nischen wachsen erneut kleine Auenwaldstücke heran. Es wurden aber auch Exoten wie Mammut- oder Tulpenbaum gepflanzt.

Die radikalste Veränderung des Landschaftsbildes geschah im 19. und im frühen 20. Jahrhundert. Der Wiesefluss wurde, nach wiederholten Hochwasserschäden, etappenweise mittels Uferverbauung und Schwellen in ein starres, geradliniges Korsett gezwängt. Beidseitig legte man einen Hochwasserdamm an, mit sogenannten Vorländern, breiten Terrassen zwischen Fluss und Damm. Hier wuchsen anfänglich

Impressionen aus öffentlichen Parkanlagen: Der Sarasinpark, ursprünglich aus drei Landgütern bestehend, beherbergt auch die Musikschule und die Gemeindegärtnerei. Zu Beginn des 20. Jahrhunderts kam er in den Besitz des Diakonissenhauses. 1976 kaufte die Gemeinde dem Kanton die zweite Hälfte des Areals ab und machte die ganze Anlage öffentlich zugänglich.
Rechts ist der Wenkenpark zu sehen. Der Landschaftspark beim Neuen Wenken ist heute ebenfalls öffentlich zugänglich. Die Fotos stammen aus den Jahren 2003–2007.

Unscheinbar, aber wertvoll: Natur mitten im Siedlungsgebiet, hier entlang des Bahndamm-Velowegs. Beim Bau des Velowegs wurde Wert auf eine naturnahe Umgebung gelegt. Zu sehen sind für Magerwiesen und Ruderalflächen (Kies- und Schotterbrachen) typische Pflanzen. Das Foto entstand im Jahr 2008.

Wo Gartenfreunde wohnen

«Als die Hausfrau das erste Gemüse aus dem eigenen Garten dem hungrig heimkehrenden Hausherrn vorsetzen konnte, gab es ein befriedigendes Lächeln. Ja es gab so viel, dass man allein gar nicht fertig wurde, man konnte noch verkaufen, oder an seine Verwandten abgeben. […] Wenn die Sonne untergeht und die Lichter der fernen Stadt anfangen aufzublitzen, sitzt die Familie vertraut auf einer Bank vor dem Hause und geniesst den schönen Anblick auf Stadt und Land, bis allmählich alles still wird und tiefe, ländliche Ruhe eintritt.» Mit solchen Worten feierte die Heimstättengenossenschaft Gartenfreund 1923 die Verwirklichung ihrer Vision. Von einer eigenen Scholle mit eigenem Heim hatten die Pflanzlandpächter-Vereinigungen in Basel 1920 geträumt. Man wollte raus aus dem «Mietskasernen-Elend» der Stadt. «Wie soll ein Familienleben gedeihen in diesen öden Mauern ohne den kleinsten Garten?» Die Arbeit auf dem eigenen Boden versprach Gesundheit und Harmonie. 1921 wurde die Genossenschaft Gartenfreund gegründet, und schon im Oktober des folgenden Jahres waren vierzig Häuser mit Garten, Schuppen und Kleintierställen bezogen.

Robinien und Weiden, die jedoch 1906 abgeholzt wurden. Völlig standortfremd sind die Douglasienbäume auf den Dämmen. Im rechtsufrigen Abschnitt bei der Landesgrenze entwickelte sich anstelle des grasbewachsenen Vorlands ein kleiner Wald aus Robinien. Nach Abschluss der 2006 begonnenen Bauarbeiten an der Zollfreistrasse soll dort als Ersatz einheimisches Ufergehölz gepflanzt werden.

Die Wieseaue, in der sich die Langen Erlen befinden, liegt zugleich auf schweizerischem wie deutschem, Riehener wie Basler Boden. Sie dient nicht nur der Erholung, sondern auch der Landwirtschaft, und sie bildet ein wichtiges Rückzugsgebiet für Tier- und Pflanzenarten. Seit 2000 gilt hier ein grenzüberschreitender Landschaftsrichtplan. Der ‹Landschaftspark Wiese› hat folgende Ziele: Erhaltung der bestehenden Kulturlandschaft; Aufwertung der Naturschutzräume; Priorität der Trinkwassergewinnung; öffentliche Zugänglichkeit mit möglichst naturnahem Erlebnis.

Auch der Riehener Wald, beliebtes Spaziergebiet für viele Städterinnen und Städter, steht unter vielfältiger Beanspruchung. Mit der Verbreitung des Mountainbike-Sports kam es in den 1990er Jahren zu wiederholten Konflikten zwischen Spazierenden, Sporttreibenden, Naturschutzgruppen und Jägern. Anfänglich setzte die Gemeinde Riehen auf Verbote, es wurden eigens zweifarbige Verbotsschilder hergestellt und auf allen Zufahrtswegen zum Wald platziert. Im Rahmen des Waldentwicklungsplans beschlossen die Gemeinden Bettingen und Riehen dann 2003 die Errichtung eines speziellen Parcours. Die Rundstrecke von sieben Kilometern ging 2007 nach einer zweijährigen Pilotphase in Betrieb.

Biotop, Bauland, Grünzone

Der hohe Stellenwert von Landschaft und Naturschutz in Riehen ist ein verhältnismässig junges Phänomen. Dass die Wieseaue im frühen 20. Jahrhundert unverbaut blieb, geht vor allem auf die Vorschriften zum kantonalen Grundwasserschutz zurück. Lange waren es private Verbände und Einzelpersonen, die sich dafür einsetzten, der bedrängten Natur Schutzräume zu sichern. Das erste Vogelschutzgebiet, den sogenannten Entenweiher, legte die ornithologische Gesellschaft Basel 1915 als Winterquartier für Zugvögel an.[13] In den 1960er und 1970er Jahren entstanden vermehrt Biotope; gezielt schuf man Lebensräume für bedrohte Pflanzen- und Tierarten. Heute listet das ‹Riehener Naturinventar› insgesamt 90 Objekte auf, darunter drei Gebiete von nationaler Bedeutung. Dennoch steht die Nutzung des grünen Kapitals immer wieder zur Diskussion, wenn die Interessen von Naturschutz, Spaziergängern, Bauherren und Siedlungsplanern aufeinanderprallen.

Lebensraum für Laubfrosch und Edelchrüsler

Mit den trockengelegten und umgenutzten Sümpfen, Tümpeln und Moorflächen verschwanden wichtige und für Riehen typische Lebensräume. Beim Eisweiher eröffnete der Biologe Heinz Durrer 1967 deshalb eine Aufzuchtstation mit Weiherbiotopen. Hier werden seither einheimische Tiere und Pflanzen wie Zwergmaus, Tigerspinne oder Froschlöffel gepflegt. Ein wichtiger Erfolg ist die Wiederansiedlung des Laubfrosches.[14] Unter Professor Durrer wurden, gezielt in Siedlungsnähe und für Passanten zugänglich, weitere Naturschutzanlagen geschaffen. Im Auftrag der Gemeinde entstand zum Beispiel 1979–1980 im Autal ein neues Feuchtgebiet, Lebensraum für Ufer- und Sumpfpflanzen sowie für Amphibien wie Frösche, Kröten und Molche. Verschiedene Spazierwege ermöglichen die Beobachtung. Impulse gingen auch von der Naturschutzgruppe Riehen aus, die sich 1983 bildete. Sie legte dem Gemeinderat 1984 einen Plan zur Schaffung eines Systems natürlicher Lebensräume vor. Dieser stimmte zu, möglichst viele kleinflächige Biotope zu schaffen, seien es Hecken, Wiesen oder Feuchtgebiete.

1991 nahm eine gemeinderätliche Naturschutzkommission die Arbeit auf. Das kantonale Gesetz über den Natur- und Landschaftsschutz von 1995 verpflichtete die Behörden zu flächendeckendem Schutz und Förderung der Natur. Entsprechend wurde im selben Jahr die kommunale Fachstelle Natur- und Landschaftschutz geschaffen. Deren Leiter Jürg Schmid begann mit der Erarbeitung eines eigenen Natur- und Landschaftskonzepts, das die Schutz- und Entwicklungsziele konkretisiert. Unter anderem heisst es darin, dass keine der in Riehen noch vorkommenden Tier- und Pflanzenarten aussterben solle. In den Folgejahren wurde die lange Liste der dringlichen Massnahmen in Angriff genommen: sanfte Renaturierung des Alten Teiches und des Aubachs, Auslichten des Nollenbrunnenweihers, Amphibienschutz entlang von Strassen, Förderung der Hochstammobstbäume, Pflege der Hohlwege, Entbuschung des Bahngeländes und Förderung der Eichenbestände. Die naturschützerischen Massnahmen betreffen auch den Wald. Seit 1982 besteht am Horngraben ein Waldreservat, wo keine menschlichen Eingriffe mehr stattfinden. Es steht seit 1990 unter laufender Beobachtung der ETH Zürich. Waldränder werden, wie zum Beispiel seit 1989 im Autal, neu stufenweise aufgebaut, mit Hecken und Büschen bepflanzt.

Drei besondere Projekte widmen sich Kulturpflanzen. Im Brühl befindet sich seit 1999 ein Obstgarten, wo traditionelle Hochstamm-Obstsorten wachsen. Hier hat etwa der ‹Stettemer Kirschbaum› überlebt oder die ‹Edelchrüsler Apfelsorte›. Die Anlage entstand auf Initiative eines Gärtners, beratend steht die Organisation Pro Specie

Im Naturschutzgebiet Wiesenmatten kann der Kreislauf der Natur beobachtet werden. Hier frisst eine Ringelnatter einen Wasserfrosch.

Joggen, Grillen, Baden, Spazieren, Meditieren: Die Wieseufer werden vielfältig beansprucht. Auf dem Bild ist der nördlichste Abschnitt auf Riehener Boden zu sehen, wo 2006 mit dem Bau der Zollfreistrasse begonnen wurde. Das Foto stammt von 2005.

Blick auf das Mittelfeld 2005.

Rara zur Seite. 2008 wurde beim Gänshaldenweg ein zweiter Garten, mit Wildobstgehölzen und Hochstamm-Apfelbäumen, angelegt. Parallel dazu betreibt Pro Specie Rara seit 1999 an der Mohrhalden-/Dinkelbergstrasse ein nationales Pilotprojekt mit alten Beerensorten. 300 verschiedene Sorten, die oft bereits in Vergessenheit geraten waren, wachsen hier.

Freie Sicht oder Wohnen im Grünen

«Wieviel Grün solls denn sein, Grosses Grünes Dorf?»[15], titelte 2003 die ‹Riehener Zeitung› in Anspielung auf das neue Leitbild der Gemeinde. Anlass zur Frage gab die geplante Überbauung des Moostals. Zum wiederholten Mal standen sich zwei Interessengruppen gegenüber. Während die einen für die Nutzung einer der letzten Baulandreserven Riehens plädierten, forderten die anderen den nachhaltigen Schutz einer intakten Landschaft mit ökologischen Nischen. Die Auseinandersetzung hatte 1987 mit der ‹Moostal-Initiative› begonnen. Der Einwohnerrat entsprach dem Anliegen weitgehend, die Initiative wurde zurückgezogen. 1993 plante eine Baugenossenschaft, neben dem Mooswäldchen für 1000 Menschen neuen Wohnraum zu schaffen. Dagegen formierte sich Opposition, eine Petition wurde eingereicht. Der Gemeinderat beschloss einen auf vier Jahre befristeten Planungsstopp. Als er 1998 vorschlug, nur diejenigen Teile des Moostals endgültig zur Grünzone zu machen, die bisher weder als Bauland eingezont noch erschlossen seien, regte sich erneut Opposition. 2004 kam es zur Abstimmung über zwei Initiativen und zwei Gegenvorschläge. Gutgeheissen wurde die Auszonung im Gebiet Mittelfeld, für das Gebiet Langoldshalden hingegen stimmten die Riehenerinnen und Riehener der Möglichkeit einer teilweisen Bebauung zu. Weil in der Folge verschiedene Grundeigentümer Rekurs einlegten, suchte man neue Lösungswege, in Abstimmung mit der künftigen Gesamtzonenplanrevision. Die Gemeinde Riehen, bei der seit 2001 die Kompetenz zur Zonenfestsetzung liegt, hatte in ihrem ‹Leitbild 2000–2015› die landschaftliche Qualität des Moostals betont. Neue Wohnungen sollten demnach hauptsächlich im Stettenfeld entstehen und durch eine sanfte Verdichtung des Siedlungsgebietes.

Eine andere Konfliktzone lag bis 2009 beim Bäumlihofareal. Begonnen hatte es 1964: Der grüne Trenngürtel zwischen Stadt und Agglomeration sollte damals mit einem Einkaufszentrum, Hochhäusern, einer Ladenstrasse mit Kino und etlichen Zeilen mehrgeschossiger Wohngebäude überbaut werden.[16] Realisiert wurden die Pläne zwar nicht, doch das Gebiet blieb in der Bauzone. Als zu Beginn der 1970er Jahre erneut eine Überbauung zur Diskussion stand, regte sich breiter Widerstand. Das Bäumlihofareal wurde 1972 in eine provisorische Schutzzone eingewiesen. Riehen befürwortete eine völlige Freihaltung, und 1974 wurde eine Rückzonungsinitiative eingereicht. 1982 stimmte die Kantonsbevölkerung dem Kauf und einer Rückzonung zu. Riehen beteiligte sich mit 4,4 Millionen Franken am Kaufpreis von insgesamt 80 Millionen. Da die Randgebiete des Bäumlihofareals nicht ausgezont worden waren, prüfte die Kantonsregierung 1993 erneut eine Teilüberbauung. Wiederum wurde eine Volksinitiative eingereicht, um das gesamte Bäumlihofareal (ohne die Gutsgebäude) in die Grünzone einzuweisen. 1999 beschloss der Regierungsrat einen Planungsstopp bis 2012. Im kantonalen Richtplanentwurf von 2008 war die Fläche zwischen Allmendstrasse und Bäumlihofgut immer noch als Bauzone vorgesehen. 2009 wurde sie aber, nach heftiger Opposition auch seitens Riehen, im bereinigten Richtplan als Grünzone definiert.

Vom obersten Teil des Friedhofs Hörnli, der sich den Hang des Ausserbergs hinaufzieht, reicht der Blick über die Baumlandschaft der Anlage bis zur nahen Stadt Basel. Die Aufnahme stammt aus dem Jahr 2005.

Anmerkungen

1. http://weather.gymb.unibas.ch.
2. Interkantonales Walddauerbeobachtungsprogramm der Kantone AG, BL, BS, BE, SO, ZG, ZH, TG, FR und des BAFU. Bericht 2005, Institut für Angewandte Pflanzenbiologie, Schönenbuch, 8. Juni 2006.
3. Basler Zeitung, 9. November 2005.
4. Mitteilung von Margret Osellame, Riehen, 17. Februar 2009; Basler Zeitung, 13. Mai 2008.
5. Zit. nach Raith, Michael: Gemeindekunde Riehen, 2. Aufl., Riehen 1988, S. 52f.
6. Riehener Zeitung, 1. September 1950.
7. http://www.riehen.ch/de/gewerbe/gewerbemain/, 27. Januar 2009.
8. Riehener Zeitung, 26. Juli 1968.
9. Brodbeck, Martin: 50 Jahre Hörnli-Friedhof, in: Basler Staatskalender 1982, S. 44–48, hier S. 47; Raith, Gemeindekunde, S. 64.
10. Dokumentationsstelle Gemeinde Riehen, 353.4, Schreiben der Deutschen Bundesbahn an die Gemeindeverwaltung, 2. März 1955.
11. http://www.stadtgaertnerei.bs.ch/gs_familiengaerten_09.pdf, 27. Januar 2009.
12. Riehener Zeitung, 1. Juli 1983.
13. Naturinventar Riehen 2008, CD-Rom, hg. von der Gemeinde Riehen, 2008.
14. Gespräch mit Heinz Durrer, Oberwil, 16. Februar 2009.
15. Riehener Zeitung, 4. Juli 2003.
16. Riehener Zeitung, 12. Juni 1964.

Auf Riehens Hauptverkehrsachse herrscht Hochbetrieb. Das Foto widerspiegelt die Verhältnisse im Dorfkern 2009.

Herausforderung Verkehr

Daniel Hagmann

Zu wenig Parkplätze? Zu viele Gefahren für Fussgänger und Velofahrerinnen? Zu lange Wartezeiten vor der Bahnschranke? Zu hohes Tempo im Wohnquartier? Umfragen in Riehen zeigen ein eindeutiges Bild: Am meisten Verbesserungswünsche gibt es beim Thema Verkehr. Hauptstrasse und Bahntrassee zerschneiden die Siedlung. Umfahrungspläne und Massnahmen zur Verkehrsberuhigung stossen auf vielfältigen Widerstand. Dass der Verkehr in Riehen ein Dauerthema ist, hat mit dem Durchgangsverkehr zwischen der Stadt Basel und ihrem Umland zu tun. Die Belastung ist aber auch hausgemacht. Immer mehr Menschen sind unterwegs, immer öfter in der Freizeit und immer öfter mit dem Auto. Ein Umdenken in der Verkehrspolitik begann im ausgehenden 20. Jahrhundert. Gefördert werden seither Fuss- und Veloverkehr sowie der öffentliche Verkehr.

Verkehrswege

Vor dem Aufkommen von Bahn und Tram spielte sich der Verkehr in Riehen hauptsächlich kleinräumig ab. Wer es sich leisten konnte, ritt zu Pferd oder fuhr mit der Kutsche in die Stadt. Der Grossteil der Bevölkerung hingegen ging zu Fuss oder benutzte Fuhrwerke. Die Strassen waren oft in schlechtem Zustand. Der Verkehr diente vor allem der lokalen Wirtschaft; einzig auf der Landstrasse von Basel her in Richtung Wiesental blühte ein reger Transport von Handelsgütern. Mit der Industrialisierung wuchs im 19. Jahrhundert dieser Verkehr. Immer mehr Arbeitende pendelten nun zwischen Stadt und Dorf, und die Nachfrage nach schnelleren Verkehrsmitteln und besserer Erschliessung des Siedlungsgebiets wurde grösser. Die Riehener Verkehrsgeschichte ist bis in die 1960er Jahre hinein eine Geschichte des Ausbaus der Verkehrswege: zuerst für Bahn und Tram, dann für den motorisierten Bus- und Individualverkehr.

Riehen erhält eine Bahnverbindung

Viel Ärger und immer weniger Nutzen: So liesse sich die Geschichte der Eisenbahn auf Riehener Gebiet bis ins ausgehende 20. Jahrhundert zusammenfassen. Am 5. Juni 1862 nahm die sogenannte Wiesentalbahn von Basel nach Schopfheim ihren Betrieb auf. Sie war ein Privatunternehmen von deutschen und baslerischen Fabrikanten und diente deren Interessen. Die Riehener waren anfänglich nicht begeistert; viele der für den Geleisebau benötigten Grundstücke mussten unter Zwang enteignet werden. Da die Eisenbahnstrecke und der Badische Bahnhof in Basel zolltechnisch als deutsches Gebiet galten, mussten Reisende nach Riehen in einen separaten ‹Riehen-Wagen› steigen. Zwar war die Verbindung für Riehen wichtig und wurde bis ins frühe 20. Jahrhundert stark genutzt. Doch die Bahnübergänge störten. 1913 wurden zwei davon, jene bei Rauracherwegli und -strasse, durch Unterführungen ersetzt. Im selben Jahr entstand der neue Badische Bahnhof im Norden Basels, die direkte Anbindung der Bahn an die Stadt ging verloren. Inzwischen war auch die Tramlinie Basel–Riehen in Betrieb genommen worden, die Passagier- und Güterzahlen der Bahn gingen stark zurück. Der Ausbruch des Ersten Weltkriegs 1914 führte zur Schliessung des Bahnhofs Riehen. 1921 wurde der Bahnhofsbetrieb wieder aufgenommen, 1939 aber erneut eingestellt, bis 1951. Spöttisch vermerkte die ‹Riehener Zeitung› 1934: «Wenn die Wiesentalbahn den tiefen Frieden unseres Bahnhofs nicht zu stören vermag, so erschüttert sie wenigstens in den den Geleisen anliegenden Kellern den dort ruhenden Schlipferwein».[1]

Die Massenmotorisierung machte in der Nachkriegszeit den Personenverkehr auf der Schiene zunehmend bedeutungslos. Schon in den 1960er Jahren war von der Aufhebung der Bahn die Rede. Die Eigentümerin, die Deutsche Bahn, sprach sich 1969 aber dagegen aus. In der Folge wurde auch die Tieferlegung des Bahntrassees im Ortskern geprüft. So wären zumindest die Niveauübergänge verschwunden, wo regelmässig die Bahnschranken den Strassenverkehr blockierten. Ebenfalls aus den 1960er Jahren stammt die Idee, die 6er-Tramlinie auf das frei gewordene Bahntrassee und damit vom Siedlungsrand näher zur Siedlungsmitte hin zu verlegen.

1962, als diese Aufnahme gemacht wurde, war der Bahnhof Riehen schon fast ein Nostalgieobjekt.

Diese Projekte wurden jedoch, auch aus Kostengründen, nie realisiert. Die Gemeinde liess den alten Bahnhof 1972 abreissen und an seiner Stelle ein Postgebäude mit Unterstand für Bahnreisende errichten. Als 1978 der Personenverkehr zwischen Riehen und Basel versuchsweise wieder eingeführt wurde, war das Interesse gering, und der Versuch wurde nach kaum einem Jahr abgebrochen. Die Eisenbahn blieb unbeliebt und schlecht genutzt – bis in den 1990er Jahren die Idee einer Regio-S-Bahn aufkam.

Das Tram kommt

Bahn und Tram gelten heute als ergänzende Verkehrsmittel. In ihren Anfangszeiten waren sie aber Konkurrenten.[2] In Riehen erhoffte man sich von einer Tramverbindung mit der Stadt, wie 1899 eine Petition forderte, die Erschliessung von neuem Siedlungsgebiet im Süden der Gemeinde. Die Kantonsregierung jedoch argumentierte 1902, das Tram könne warten, die Wiesentalbahn biete gute Verbindungen. Nachdem zwei Versuche mit einer Privatgesellschaft gescheitert waren, wurde 1908 die damalige

Postkutsche und Postamt

Für die Verbindung zwischen Riehen und der Welt sorgte anfänglich vor allem die Post. Die erste Postkutschenverbindung zwischen Basel und Lörrach ging 1827 in Betrieb. Eine Ablage für die Briefbeförderung erhielt Riehen 1845. Nach der Gründung des Bundesstaates 1848 entstand das Postbureau Riehen (1849). Lange war es in wechselnden Liegenschaften untergebracht, ab 1946 befand es sich an der Bettingerstrasse. 1957 wurde das Postamt Riehen 2 an der Rauracherstrasse in Betrieb genommen. Und 1975 öffnete an der Bahnhofstrasse das neue Postamt Riehen 1. Den ersten Briefträger und -kasten erhielt Riehen 1894. Spediert wurde die Post zuerst mit der Wiesentalbahn, ab 1914 dann mit dem Tram und erst später mit posteigenen Motorfahrzeugen.

Tramlinie 7 mit Kantonsmitteln gebaut. Vor der Dorfkirche befand sich die Endstation, wo drei Geleise Rangiermanöver ermöglichten. Wer in die Stadt fuhr, musste beim Badischen Bahnhof über die Bahngeleise steigen, um den Weg bis zur Endstation Isteinerstrasse fortsetzen zu können.

Die Linienführung veränderte sich in den Folgejahren mehrmals. 1911 entstand eine Unterführung unter dem neuen Badischen Bahnhof. Seit dessen Eröffnung 1913 verkehrt das Tram dort auf seiner heutigen Strecke. Im Folgejahr wurde die Verbindung Riehen Dorf–Landesgrenze in Betrieb genommen; aus dem 7er- wurde das 6er-Tram, das in der anderen Richtung neu bis Allschwil fuhr. Nach dem Ersten Weltkrieg konnte 1919 die Tramverbindung Lörrach–Landesgrenze eingeweiht werden. Es handelte sich, ausgenommen in den Jahren 1926–1938, um einen Pendeldienst mit Umsteigen an der Grenze. Beim Kriegsausbruch 1939 kam es zur Stilllegung dieser defizitären Linie. Nach der Wiedereröffnung 1947 führte Lörrach den Betrieb bis 1967 fort. Von einer direkten Anbindung an den Basler Bahnhof SBB profitieren die Tramfahrenden seit 1979, als die 2er-Tramlinie in Stosszeiten bis Riehen Dorf hinein verlängert wurde.

Der Bau und Ausbau der Tramlinie brachte auch Veränderungen im Strassennetz. Bereits 1908 entstand westlich der Tramlinie, ab Höhe Bettingerstrasse, der heutige Fussgänger- und Veloweg. Er wurde als Fahrweg neu angelegt, damit Landbesitzer leichter zu ihren Grundstücken gelangen konnten – und künftige Hauseigentümer zu ihren Bauten. Für die Geleise auf dem Kirchplatz mussten einzelne Linden vor der Kirche wei-

Die Äussere Baselstrasse mit den Tramgeleisen um ca. 1938. Gut sichtbar ist der breite Fussgänger- und Veloweg. Rechts im Bild ist die Allee aus amerikanischen Eichen zu sehen, die das Trottoir säumte.

chen. Nach dem Abbruch der Eckliegenschaft ‹Gasthaus zum Ochsen› wurde 1959 das letzte einspurige Teilstück zwischen Erlensträsschen und Rössligasse auf Doppelspur ausgebaut.

Strassen für Autos

Mit der Teerung einzelner Strassen hatte man in Riehen 1915 begonnen. Nach 1920 nahm der Häuserbau rasant zu und verdreifachte sich bis zum Zweiten Weltkrieg. Vermehrt wurden nun Gebiete fernab von Tram- und Bahnlinie bebaut. Viele Strassen wurden dort neu angelegt, oft als Ausbau bestehender Feldwege. Das bisherige Strassennetz war mehrheitlich noch auf vorindustrielle Verhältnisse ausgerichtet gewesen: auf einen Verkehrsfluss Richtung Ortszentrum und auf wenige, vor allem landwirtschaftliche Benutzer. Auch die neuen Quartierstrassen waren nicht für den motorisierten Verkehr konzipiert. Es dürfe nicht sein, mahnte Gemeindepräsident Otto Wenk 1934, dass «wegen Strassenmangel die Leute in Binningen, Muttenz und anderen Orten ihre Häuser bauen, statt in Riehen».[3] Weil sich der Motorisierungsgrad der Bevölkerung in der Zwischenkriegszeit vervielfachte, wurde Autofahren langsam zur Selbstverständlichkeit, und die schmalen Strässchen Riehens erwiesen sich als Problem.

Entsprechend wurden neue Strassen gebaut und bestehende korrigiert, das heisst begradigt und verbreitert. Wie man korrigieren wollte, beschrieb 1958 die ‹Riehener Zeitung›: «Die Schützengasse soll von ca. 5 oder 6 m auf 12 m verbreitert und die

östlichen Vorgärten sollen restlos wegrasiert werden. Die gleiche Breite soll die Verlängerung von der Oberdorf- bis zur Inzlingerstrasse erhalten. Infolgedessen müssen nicht nur der Schopf des Hauses Nr. 31 (Frau Schär) und das Haus Nr. 27 (Herr Schmid) fallen, sondern auch das sogenannte Dorfwächterhaus Nr. 31 selber.»[4] In den Folgejahren verstärkte sich die Kritik am Strassenbau. Die Forderungen hiessen: weniger sogenannte Boulevards in den Quartieren, klare Trennung von Wohn- und Verbindungsstrassen, Schutz von Hohlwegen und Bäumen am Strassenrand. Und immer lauter wurde der Ruf nach einer Umfahrungsstrasse, um Riehen vom Durchgangsverkehr zu entlasten.

Genutzt wurden die Strassen natürlich auch von öffentlichen Verkehrsmitteln, sprich vom Autobus. 1930 fuhren auf zwei Linien Busse: vom Claraplatz über die Burgstrasse nach Bettingen und von Kleinhüningen über den Claragraben zum Friedhof Hörnli. Damit erhielt Riehen eine zusätzliche Erschliessung und Anbindung an die Stadt.

Beim Teeren des Mühlestiegs 1973: die Gemeindeangestellten Leo Hänggi und Simon Eger.

Transitverkehr

Die zunehmenden Verkehrsprobleme Riehens suchte man seit dem frühen 20. Jahrhundert mit dem Bau von mehr Strassen und anderen Strassenführungen zu lösen. So konzentrierte sich die Verkehrspolitik lange darauf, den täglichen Durchgangsverkehr auf andere Wege zu bringen. Der in Riehen wohnhafte Regierungsrat und Baudirektor Max Wullschleger formulierte seine Schreckensvision 1963 so: «Besteht nicht die Gefahr, doch zu einem Vorort abzusinken, wenn man im Dorfkern zu gewissen Zeiten kaum mehr die Strasse überqueren oder mit einem Bekannten einige Worte wechseln kann?»[5] Die von vielen gewünschte Umfahrung Riehens liess sich aber nicht einfach realisieren. Ihr standen politische, finanzielle und zunehmend auch landschaftsschützerische Bedenken entgegen. Auch eine grenzüberschreitende Zollfreistrasse zwischen Lörrach und Weil, die den nordwestlichen Zipfel Riehens queren würde, stiess je länger, je stärker auf Widerstand.

Eine Umfahrungsstrasse soll her

Über ein halbes Jahrhundert lang dauerte die Debatte. 1928 versprach der basel-städtische Regierungsrat aufgrund einer Unfallserie, man prüfe die Umfahrung des Dorfes. Ein erstes Projekt wurde vom Gemeinderat 1933 nach der Abgleichung mit Lörrach akzeptiert.[6] Die sogenannte Wiesentalstrasse sollte von der Landesgrenze her linksufrig der Wiese entlang durch Landwirtschaftsgebiet führen und bei den Habermatten in die Äussere Baselstrasse einmünden. Im Zusammenhang mit der definitiven Begrenzung der Grundwasserschutzzone von 1945 mussten die Pläne überarbeitet werden. Das neue Projekt sah 1955 die Verlegung der Strasse an den Rand der Schutzzone vor. In der Zwischenzeit hatte sich die Ausgangslage aber verändert. Die Autobahn Karlsruhe–Basel sollte mit der sogenannten Tangentialstrasse von Otterbach her südöstlich durch die Langen Erlen über den Bäumlihof und den Landauer bis zu einer neuen Rheinbrücke geführt werden. Gleichzeitig war ein Anschluss an die geplante Zollfreistrasse zu berücksichtigen, die von Lörrach kommend bei der Weilstrasse auf das rechte Wieseufer Richtung Weil wechseln sollte. Zweifel wurden laut, ob die Wiesentalstrasse tatsächlich gleichzeitig die Baselstrasse entlasten, als Autobahnzubringer sowie als Erschliessungsstrasse für das Brühl-Gebiet dienen könne.

In Riehen bildete sich 1955 ein Aktionskomitee Wiesentalstrasse. Es schlug vor, die Strasse rechtsufrig der Wiese verlaufen zu lassen. Damit werde die lebenswichtige Grundwasserschutzzone nicht gefährdet. Eine rechtsufrige Strassenführung widersprach aber den Interessen der deutschen Nachbarn, die ihr bestehendes Projekt einer zollfreien Verbindung Lörrach–Weil vorantreiben wollten. In der Folge kam es zu wiederholten Aussprachen und Alternativvorschlägen ohne greifbares Resultat. 1964 legte die Regierung ein überarbeitetes Projekt mit linksufriger Linienführung vor.[7] Die Vorlage kam 1969 zur Abstimmung. Gleichzeitig waren die Stimmberechtigten des Kantons dazu aufgerufen, über eine Initiative zur Erhaltung der Grundwasserschutzzone in den Langen Erlen zu befinden. Diese war 1960 aus Kreisen des Basler

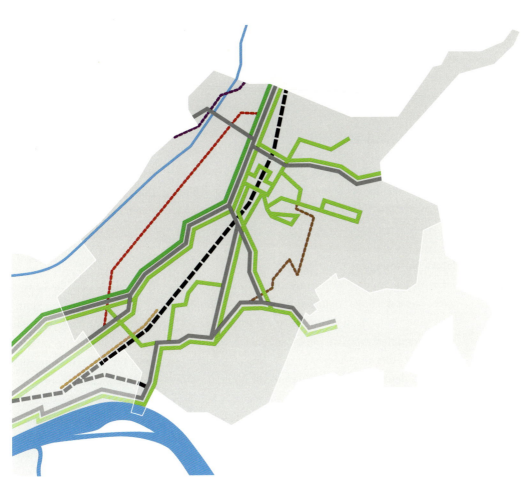

Die Karte zeigt die wichtigsten Verkehrsverbindungen und einige nicht realisierte Projekte.

- ▬▬▬ Verbindungsstrassen
- ▬▬▬ Buslinien
- ▬▬▬ Tramlinie
- ▬ ▬ ▬ S-Bahn
- ·········· Wiesentalstrasse (nicht realisiert)
- ·········· Umfahrungsstrasse (nicht realisiert)
- ·········· Hellring-Moosring (nicht realisiert)
- ·········· Zollfreistrasse (im Bau)

Naturschutzes eingereicht worden und richtete sich ausdrücklich gegen jegliche Strassenführung im Gebiet der Trinkwassergewinnung. Der Entscheid fiel klar aus: Mit jeweils über 60 Prozent wurden die Initiative angenommen und das Umfahrungsstrassen-Projekt verworfen.

Geplatzte Hoffnungen

Nach der Absage an die Umfahrungsstrasse 1969 gab es bittere Worte bei den Befürwortern, hatte doch die Mehrheit der Riehener Stimmberechtigten anders als die Stadtbewohner entschieden. Der Vorwurf wurde laut, Riehen sei einmal mehr von der Stadt dominiert worden, müsse zugunsten von Spaziergängern weiterhin im Verkehr ersticken. Allerdings gab es auch in Riehen kritische Stimmen. Im Niederholzquartier standen deutlich weniger Stimmende hinter Kantons- und Gemeindebehörden als in Riehen Dorf. Der in Riehen wohnhafte Kantonsarchäologe Rudolf Moosbrugger formulierte es in einem Leserbrief so: «Aufs ganze gesehen – ich rede jetzt von der Perspektive der Riehener Vororte aus – war die Umfahrungsstrasse im Grunde nichts anderes als ein Monumentalwerk verkehrstechnischer Ratlosigkeit, indem die entscheidenden Abschnitte Lörracherstrasse und Zollabfertigung nicht, der Anschluss stadtwärts nur halb gelöst waren.»[8]

Die Ratlosigkeit war gross, eine Ersatzlösung auf deutschem Gebiet schien nicht greifbar. 1975 präsentierte das Stadtbaubüro deshalb den Vorschlag einer Ortskernumfahrung zwischen Bettinger- und Inzlingerstrasse. Zu einem baureifen Projekt kam es nicht. 1978 schlug das Baudepartement zwar eine Ortskernumfahrungsvariante vor. Doch der Gemeinderat wollte sich nicht in Projektplanungen stürzen, solange die Fragen zur Zollfreistrasse und Wiesentalbahn nicht geklärt waren.

Zum unfreiwilligen Abgesang geriet 1982 die Ausstellung ‹Verkehrsentlastung Riehen›, an der sämtliche 25 bisherigen Varianten einer Umfahrungsstrasse präsentiert wurden. Die Ausstellung wollte die Diskussion über machbare Lösungen anregen. Ein ergänzendes Podiumsgespräch zeigte jedoch eine gewisse Resignation in der Bevölkerung. Das Ausmass des Verkehrs, so fasste es auch der Gemeinderat zusammen, liesse sich kaum beeinflussen. In der Zonenplanrevision wurden 1982 anfänglich zwar noch mögliche Strassenlinien einer Umfahrung zwecks Trasseesicherung vorgeschlagen. Dagegen häuften sich jedoch Einsprachen. Die Vereinigung Evangelischer Wählerinnen und Wähler plädierte für einen Verzicht auf eine Umfahrung; es seien vielmehr die öffentlichen Verkehrsmittel, der Fussgängerschutz und die Velowege zu fördern. Und so entfiel die Umfahrungsstrasse im neuen Zonenplan von 1987.

Die Zollfreistrasse wird geplant

Eine noch längere und konfliktreichere Planungsgeschichte steckt hinter der sogenannten Zollfreistrasse zwischen Lörrach und Weil, die teilweise auf Riehener Boden verlaufen wird.[9] 1852 hatten die Eidgenossenschaft und das damalige Grossherzogtum Baden einen Vertrag über die Weiterführung der badischen Eisenbahnlinien über schweizerisches Gebiet abgeschlossen. Diese Vereinbarung sicherte Riehen einen Bahnhof; und sie enthielt die Bestimmung, es dürfe eine zollfreie Strassenverbindung zwischen Weil und Lörrach über Schweizer Gebiet gebaut werden. 1861 entstand eine Verbindungsstrasse nach Weil, die heutige Weilstrasse, mitsamt der Brücke. In den Folgejahrzehnten diente diese Strasse als eigentliche Zollfreistrasse, da sich das Riehener Zollamt bis 1881 im Ortskern befand. Rechtlich gesehen blieb der Anspruch auf eine gesonderte zollfreie Verbindung jedoch bestehen.

Erst nach dem Zweiten Weltkrieg wurde das Vorhaben wieder aus der Schublade geholt, infolge der wachsenden Besiedlung beidseits der Landesgrenze und der rasanten Massenmotorisierung. 1958 schlug das Regierungspräsidium Südbaden eine Hochstrasse auf Stelzen vor; 1960 lag ein Projekt für eine linksufrige Zollfreistrasse auf dem Tisch. In Riehen betrachtete man das Vorhaben skeptisch, der Gemeinderat sprach sich 1964 dagegen aus. Dennoch stimmte er im Januar 1969 einem Entwurf zu. Als im Sommer 1969 eine Mehrheit der Stimmberechtigten die Vorlage zur Umfahrungsstrasse Riehen verwarf, wurde die Zollfreistrasse neu zur Hoffnungsträgerin für die Gemeindebehörden. Nach längerem Hin und Her über die Linienführung unterzeichneten Deutschland und die Schweiz 1977 einen neuen Staatsvertrag. Die Riehener Behörden hatten sich mit ihrem Wunsch nach einer linksufrigen Strasse nicht durchsetzen können. Zumindest erreichten sie, dass die Strecke beim Schwimmbad untertunnelt werden sollte.

Widerstand regt sich

Der Bau der Zollfreistrasse lag seit Planungsbeginn vor allem im Interesse der deutschen Nachbarn Riehens. In den 1970er Jahren begann sich dort aber Widerstand zu regen. Man wollte keine Durchgangsstrasse mitten durch Wohngebiete, die auch noch den Riehener Verkehr schlucken musste. Eine ‹Bürgerinitiative Tunnellösung› schlug vor, die Zollfreistrasse unter dem Tüllinger Hügel durchzuführen. Bedenken wurden laut, ob beim Strassenbau im Rutschgebiet des Schlipfs nicht erneut der Hügel in Bewegung geraten werde. Gutachten folgte auf Gutachten. 1988 legte der Riehener Gemeinderat eine eigene Variante zur vollständigen Untertunnelung zwischen

Lörrach und Weil vor. Rechtlich liess sich der Bau aber nicht mehr verhindern, trotz zahlreicher Vorstösse auf Gemeinde-, Kantons- und Bundesebene in den 1980er und 1990er Jahren.[10] Die Gemeindebehörden versprachen sich je länger, je weniger nachhaltigen Entlastungseffekt von der Zollfreistrasse.

Anfänglich war die Strassenbau-Opposition stark von lokalpolitischen Motiven bestimmt gewesen. «O heiliger Sankt Florian, / Verschon uns vor der Autobahn / Bring lieber d'Weiler Nachbarn dran», lautete 1966 ein Spottvers.[11] Natur- und Heimatschutz protestierten damals nicht grundsätzlich gegen den Strassenbau, sondern gegen die Gefährdung des Grundwassers und der Erholungslandschaft bei einer linksufrigen Lösung. Umgekehrt argumentierte der Riehener Gemeinderat in den 1970er Jahren mit dem schönen Landschaftsbild zwischen Wiese und Schlipf. Forderungen nach Mobilitätsverzicht und Naturschutz kamen erst in den 1990er Jahren auf, durch eine ökologisch motivierte Oppositionsbewegung. Die Vereinigung ‹Regio ohne Zollfreistrasse› führte 1997 eine Probebesetzung des künftigen Baugeländes an der Wiese durch und bezeichnete das rechtsufrige Areal oberhalb der Weilbrücke als ‹Auenwald am Schlipf›. Kurz vor dem geplanten Baubeginn 2004 besetzten Aktivistinnen und Aktivisten das Wieseufer erneut vorübergehend mit einem Zeltdorf. Neue Rechtsgutachten wurden eingeholt, es kam zu Demonstrationen und Aktionen. Im Februar 2006 räumte die Polizei das Baugelände. Auch ein anschliessend lanciertes Projekt zur Untertunnelung blieb chancenlos. Die Bauarbeiten begannen 2006 und sollen 2012 abgeschlossen werden.

Zumindest hatten die Gegner der Zollfreistrasse ökologische Begleitmassnahmen und Aufwertungen durchsetzen können. In der Bevölkerung waren die Meinungen gespalten: Befürworter betonten die notwendige Entlastung der Riehener Hauptverkehrsachse, Gegner warnten vor Mehrverkehr und Naturzerstörung. Um die Verlagerung des Durchgangverkehrs zwischen Lörrach und Basel auf die Zollfreistrasse zu fördern, verlangte der Gemeinderat vom Kanton flankierende Massnahmen wie die Umgestaltung der Lörracherstrasse zugunsten von Velofahrenden und Fussgängern.

Beim besetzten Baugelände der Zollfreistrasse 2004. An den Widerstand erinnert ein Brunnen, den die Künstlerin Bettina Eichin 1993/1994 im Auftrag zweier Landbesitzer am Lampiweg im Schlipf gestaltete.

Öffentlicher Verkehr

1996 hielt der Gemeinderat fest: «Es bewahrheitet sich die Tatsache, dass es nie gelingen wird, Strassenverkehrsprobleme durch den Bau neuer Strassen grundsätzlich zu lösen. Der Bau neuer Strassen, mit dem Ziel, Überlastungen und Staus zu vermeiden, führt zwangsläufig zu mehr Verkehr und damit zu Staus und Überlastungen an anderer Stelle.»[12] Zu dieser Erkenntnis trugen auch die jahrelangen Mühen um Zollfrei- und Umfahrungsstrasse bei. Begonnen hatte das Umdenken in der Verkehrspolitik in den 1980er Jahren. Neu stand nicht mehr der motorisierte Individualverkehr im Zentrum der Planungen, sondern zunehmend das Umsteigen auf öffentliche Verkehrsmittel und das Velo.

Die Verkehrsplanung beginnt

Verkehrspolitik war in Riehen lange Sache des Verkehrsvereins Riehen (VVR). Er war 1899 aufgrund aktueller Verkehrsfragen gegründet worden: Zur Debatte stand damals die Einführung des Trams. Weniger Aufmerksamkeit widmete der VVR später dem aufkommenden motorisierten Verkehr. Das änderte sich mit der Diskussion über die Umfahrungsstrasse. Nach deren Ablehnung an der Urne 1969 wurde gar eine eigene Verkehrskommission des VVR ins Leben gerufen. Bald war zwar nichts mehr zu hören aus ihren Reihen. Als aber 1974 mit der Abstimmung über eine Tiefgarage im Ortskern erneut eine heisse Debatte anstand, stellte der VVR eine zweite Verkehrskommission auf die Beine. Sämtliche Parteien waren darin mit Sachverständigen vertreten, um Verkehrsprobleme zu diskutieren und zwischen Bevölkerung und Behörden zu vermitteln. Die Kommission wurde vom Gemeinderat wiederholt zu Stellungnahmen eingeladen.

1963 rief der Gemeinderat eine Planungskommission ins Leben. Diese legte 1975 die ‹Richtplanung Riehen Bettingen› vor, eine Gesamtschau zur möglichen Entwicklung der Gemeinde.[13] Präsentiert wurden verschiedene Modelle, für eine künftige Einwohnerzahl von 28 000 bis 50 000. Als optimal erachteten die Planer maximal 33 000 Einwohnerinnen und Einwohner – 12 000 Personen mehr als damals in Riehen lebten. Zur Entlastung vom Durchgangsverkehr sah der Richtplan grundsätzlich noch immer eine Umfahrungsstrasse vor. Und um den Ortskern einladender zu gestalten, setzte man auf Tief- und Sammelgaragen. Fussgänger und Autos sollten grundsätzlich getrennt werden. Das hiess: Vollendung eines zusammenhängenden Fusswegnetzes und Erstellung einer separaten Velowegachse entlang der Wiesentalbahn. «Ein gutes öffentliches Verkehrsnetz dürfte viel zur Verminderung der Verkehrsprobleme beitragen», hiess es im Bericht abschliessend.[14] Gefordert wurden eine ergänzende Verbindung durch das 2er-Tram, zusätzliche Buslinien für die Feinerschliessung der Randgebiete und eine bessere Nutzung des Bahntrassees – sei es durch das Tram oder durch Pendelzüge.

In den 1980er Jahren häuften sich die politischen Vorstösse und die Petitionen aus der Einwohnerschaft zu Verkehrsfragen. Der Gemeinderat schlug 1990 deshalb die Erstellung eines gesamtheitlichen Verkehrskonzeptes vor. Nach einer Überarbeitung

Meilensteine der Riehener Verkehrsgeschichte

1852	Staatsvertrag über eine Zollfreistrasse
1862	Eröffnung der Wiesentalbahn
1908	Inbetriebnahme der Tramlinie nach Basel
1915	Erste Strassenteerung
1969	Nein zur Umfahrungsstrasse
1975	Richtplanung Riehen Bettingen
1977	Fussgängerzone Webergässchen
1984	Tarifverbund Nordwestschweiz
1989	Pilotversuch Tempo 30
1994	Verkehrskonzept
2002	Flächendeckende Einführung Tempo 30
2003	Regio-S-Bahn

der Vorlage entstand 1994 das ‹Verkehrskonzept Riehen›. Neue Zielsetzungen waren die Bewirtschaftung der Parkplätze und die Verkehrsberuhigung durch Einführung von Tempo-30-Zonen. Über die Umsetzung des Konzepts informierte ab 1998 die Aktion ‹Mobiles Riehen› mit Prospekten, Info-Hotline usw. Im Richtplan von 2003 wurden diese Ziele nochmals bekräftigt.

Der öffentliche Verkehr wird ausgebaut

«Fast alle Leute wollen ein Auto, aber fast alle wollen keinen Autoverkehr.»[15] Mit diesen Worten brachte es 1974 ein Leserbriefschreiber auf den Punkt: Längst verstopfte nicht mehr bloss der Durchgangsverkehr der Pendler aus dem Umland die Strassen. Ebenso sehr trugen der hausgemachte Binnenverkehr und die Pendler aus Riehen dazu bei. Mit wachsender Distanz zu den Tram- und Bahnachsen stieg der Motorisierungsgrad der Bevölkerung.[16] Deshalb wurde im ausgehenden 20. Jahrhundert das Angebot der öffentlichen Verkehrsmittel stark ausgebaut. Zuerst erfuhr das Busnetz eine Erweiterung. Zu den bestehenden Linien kam 1979 die neue Linie 35, die parallel zur Bahn das Siedlungsgebiet versorgte. Dies geschah mit Kleinbussen, damals eine regionale Besonderheit. 1981 folgte die Linie 45 Habermatten – Lachenweg. Kurz nachdem 1984 das Umweltschutzabonnement des Tarifverbunds Nordwestschweiz eingeführt worden war, beteiligte sich Riehen an den Kosten. 1987 wurden für die eher dünnbesiedelten Gebiete in den Abendstunden Ruftaxis bereitgestellt. Seit 2003 fährt zudem die 34er-Buslinie von Bottmingen bis zum Riehener Bahnhof.

Pendlerbusse aus und nach Deutschland fahren seit den 1930er Jahren durch Riehen; 1982 wurde die Linie Lörrach–Weil bis nach Inzlingen verlängert.

Die Wiesentalbahn besass für Riehen im 20. Jahrhundert keine grosse Bedeutung mehr. Gegen Ende des Jahrhunderts verdichteten sich jedoch die Bemühungen, auf dem Schienennetz eine attraktive Verkehrsverbindung mit der Stadt zu schaffen. 1990 forderte die ‹Aktion Basel grün statt grau› mittels einer Initiative die Gemeinde auf, sich für die Schaffung einer Regio-S-Bahn-Linie bis an den Bahnhof SBB einzusetzen. Zudem verlangte 1991 die Sektion beider Basel des Verkehrsclubs der Schweiz die stufenweise Realisierung eines Regio-S-Bahn-Netzes. 2003 wurde die S-Bahn-Linie dann Realität. Die Schweizerischen Bundesbahnen übernahmen von der Deutschen Bahn den Betrieb der Linie, besseres Rollmaterial und neue Haltestellen standen in Aussicht. Die Einbindung in den nordwestschweizerischen Tarifverbund wurde 2005 möglich und seit 2006 verkehren die S-Bahn-Züge im Halbstundentakt bis zum Bahnhof SBB. Riehen liess seinen Bahnhof umbauen und weihte ihn 2007 ein. Im Folgejahr entstand die neue Haltestelle Niederholz; eine ergänzende Haltestelle bei der Landesgrenze soll dereinst die geplante Überbauung Stettenfeld erschliessen. Noch immer bildet jedoch die Linienführung mitten durch die Siedlung ein Ärgernis für die Autofahrenden, die jede Viertelstunde vor geschlossenen Bahnschranken stehen. Die alte Idee einer Tieferlegung der Geleise ist seit 2001 erneut im Gespräch.

Velowege entstehen

Einst das erste moderne Massenverkehrsmittel, wurde das Velo im Lauf des 20. Jahrhunderts zunehmend von den Autos verdrängt. Abgesehen vom parallel zu Tramlinie und Äusserer Baselstrasse verlaufenden Fahrweg standen Velofahrenden keine eigenen Verkehrswege zur Verfügung. Das begann sich Mitte der 1970er Jahre zu ändern, vor allem dank dem Einsatz der 1975 gegründeten IG Velo beider Basel (heute Pro Velo). Sie übergab 1982 dem Gemeinderat eine lange Liste mit Verbesserungsvorschlägen; im Zentrum stand der Bau eines Velowegs entlang der Wiesentalbahn. Dieser war schon im Richtplan 1975 vorgesehen gewesen und seit 1978 in Planung. Erstellt wurde er in Etappen 1985–1995. Der Bahndamm-Veloweg endet an der Gemeindegrenze beim Gymnasium Bäumlihof. Als Sofortmassnahme wurden 1985 die beiden Teilstrecken Erlensträsschen–Weilstrasse und Bachtelenweg–Erlensträsschen eröffnet. Sie boten sichere Alternativen fernab von Tram- und Autoverkehr.

Zu Beginn der Veloförderung hiess das Hauptziel, die Sicherheit von Velofahrenden durch die Entflechtung der Verkehrsmittel zu erhöhen. So entstand zum Beispiel die durch

Die S-Bahn bietet eine rasche Verbindung für Pendelnde – und ein zeitweiliges Hindernis für den motorisierten Verkehr. Die Aufnahme stammt von 2006.

Leitplanken von der Strasse getrennte Velospur auf dem bergseitigen Trottoir des Kohlistiegs.[17] Die neuen Velowege sollten möglichst alle Schulwege und die Verbindungen zu öffentlichen Gebäuden einbinden. Später setzte man zusätzlich auf Öffentlichkeitsarbeit. Den ersten Anlauf stellte bereits 1985 die Riehener Velo-Woche dar, eine Aktionsveranstaltung von Verkehrsverein und IG Velo. 2003 sammelte die IG Velo im Auftrag der Gemeinde Riehen Vorschläge zur Veloförderung. «Jede dritte Autofahrt ist kürzer als 3 Kilometer und könnte in den meisten Fällen ebenso gut und schnell mit dem Velo gemacht werden»[18], hiess es. Das daraus entstandene ‹Velokonzept Riehen 2009–2012› setzt sich zum Ziel, dass der Velo- und Fussverkehr innert vier Jahren um sechs Prozent zunimmt. Dazu dienen: Verbesserung der Hauptstrassen- und Tramkreuzungen; Ausbau der Velowege in die Nachbargemeinden, Verbesserung der Abstellsituation, namentlich bei Tram-, Bus- und Bahnstationen, um das sogenannte ‹bike and ride› zu fördern.[19] Zur Veloförderung gehören auch Motivierungskampagnen, welche die Gemeinde durchführt.

Mit der Bahn auf die Chrischona

Eher anekdotische Bedeutung hat die Geschichte von der 1894–1914 geplanten Chrischona-Schmalspurbahn. Das Vorhaben von Ingenieur Wilhelm Hetzel folgte klaren Absichten: Ausbau des Fremdenverkehrs, Mitnutzung der elektrischen Antriebskraft für die Dorfbeleuchtung, Steigerung des Bodenwerts. Unterstützt von einem Initiativkomitee plante Hetzel gleich noch einen Aussichtsturm auf der Chrischona und eine elektrische Strassenbahn Basel–Hörnli–Riehen. Die Kapitalbeschaffung brachte jedoch nicht den gewünschten Erfolg, und wie Hetzel gingen auch seine Nachfolger Konkurs. Die Gemeinde Riehen hatte sich in der ganzen Angelegenheit wiederholt zurückhaltend gegeben. Endgültig begraben wurde der Traum von der Chrischonabahn, als 1930 die Autobuslinie Riehen–Bettingen ihren Betrieb aufnahm.

Ein dichtes Wegnetz für den Langsam- und Freizeitverkehr überzieht das Gemeindegebiet und verbindet Riehen mit den umliegenden Siedlungen. Die Aufnahme stammt von 2009.

Verkehrsberuhigung

Von ‹Langsamverkehr› zu sprechen oder eine Verlangsamung des Verkehrs zu fordern, wäre Mitte des 20. Jahrhunderts noch niemandem eingefallen, es sei denn im spöttischen Sinn. Je mehr motorisierter Verkehr aber auf den Strassen zirkulierte, desto spürbarer wurden die Folgen der Massenmotorisierung: Stau, Lärm, Luftverschmutzung, Unfallgefahr. Und sie betrafen je länger, je stärker nicht mehr bloss die Benutzer und Anwohnerinnen der Hauptverkehrsachsen, sondern breite Teile der Riehener Bevölkerung. Um die Wohnqualität zu sichern, setzte die Gemeinde auf verkehrsberuhigende Massnahmen: Fussgängerzonen und Temporeduktion. Die Interessen von Verkehrsplanern, Anwohnern und Gewerbetreibenden gingen dabei aber oft weit auseinander.

Der Ortskern wird verkehrsarm

Als Riehen noch einem Dorf glich, war alles einfacher, scheint es zuweilen. Die sogenannte Dorfkerngestaltung zwischen 1942 und 1954 betraf vor allem die historischen Gebäude zwischen Kirche und Bahnhof. Der Durchgangsverkehr auf der Hauptachse Baselstrasse würde, so nahm man damals an, mit dem Bau der geplanten Umfahrungsstrasse verschwinden.[20] Auf dem Areal der alten Taubstummenanstalt (dem heutigen Wettsteinpark) sollte ein Dorfplatz entstehen, dessen innerer parkartiger Teil ganz den Fussgängerinnen und -gängern vorbehalten war. Ursprünglich war eine ‹Wettsteinstrasse› durch dieses Areal geplant, die in der Volksabstimmung aber verworfen wurde. Bald zeichnete sich ab, dass Planungsideen und Siedlungsentwicklung miteinander kollidierten. 1967 hielt die Bauverwaltung fest: «Wenn die Entwicklung des engeren Dorfkernes zu einem Ladenzentrum grösseren Stils weitergeht, wird sich früher oder später der Bau einer ober- oder unterirdischen Parkgarage für mindestens 300 Wagen aufdrängen.»[21] Der hohen Kosten wegen verzichtete die Gemeinde vorerst auf eine Tiefgarage und führte 1969 im Ortskern die sogenannte Blaue Zone mit Parkzeitbeschränkung ein. Fernziel war die «Fussgänger-City»[22] ohne Fahrverkehr; als Sofortmassnahme sah man eine Einbahnregelung im Ortskern vor. Mit der Planung einer Tiefgarage wurde 1971 begonnen. Sie sollte unter dem Wettsteinpark entstehen, mit Einfahrt von der Bahnhofstrasse her. Nach einem Referendum wurde das Projekt 1974 in einer Volksabstimmung knapp abgelehnt.

Statt auf einen verkehrsfreien setzte die Gemeindebehörde nun auf einen verkehrsarmen Ortskern. Etappenweise wurde der Verkehr reduziert und wurden Parkplätze aufgehoben. Die Fussgängerzone Webergässchen konnte 1977 eröffnet werden. Erst nach dem Verzicht auf das Parkhaus Bahnhofstrasse 1985 kam die Gesamtplanung Gartengasse mit der dortigen Tiefgarage in Gang. Kaum war diese 1999 gebaut, tauchte wieder die Forderung nach einem unterirdischen Parkhaus an der Bahnhofstrasse auf. Um aus diesem Planungskreislauf auszubrechen, lancierte der Gemeinderat einen Ideenwettbewerb ‹Lebendiges Dorfzentrum Riehen›. Das Gewinnerprojekt ‹Julia›, das unter anderem den Neubau einer Tiefgarage unter dem Wettsteinpark vorsah, wurde jedoch 2002 an der Urne abgelehnt. Statt auf eine

Bereit für die Zukunft präsentierte sich 1961 der Parkplatz vor der neuen Gemeindeverwaltung. Damals ahnte niemand, wie umstritten dieser Lösungsversuch der Parkplatzprobleme in den folgenden Jahrzehnten sein würde.

Gesamtlösung setzte die Gemeinde nun auf schrittweise Anpassungen. Erneut tauchte 2006 der Ruf nach einer Tiefgarage auf, diesmal aus Wirtschaftskreisen. Im Entwurf zum ‹Entwicklungsrichtplan Dorfkern› schlug die Gemeinde 2009 vor, die Fussgängerzone auf die bestehenden Parkplätze beim Gemeindehaus auszudehnen – und als Ersatz für die aufzuhebenden Parkplätze unter dem Wettsteinpark eine Tiefgarage zu bauen. Ein entsprechendes Tiefgaragenprojekt lehnten die Stimmenden im Sommer 2009 jedoch an der Urne ab.

Die Parkplatzfrage war und ist eines der heissen Themen der Ortskerngestaltung. Vor allem vonseiten des lokalen Gewerbes gab es wiederholt Widerstand gegen die Aufhebung bestehender Parkplätze. Eine Parkraumbewirtschaftung, also gebührenpflichtige Parkfelder, hatte das Verkehrskonzept der Gemeinde von 1994 vorgeschlagen. Allerdings war genau das einer der Gründe, warum das Projekt ‹Julia› 2002 auf Widerstand stiess. 2004 setzte die Gemeinde deshalb eine Arbeitsgruppe zur Parkraumbewirtschaftung ein.[24] Unter dem Druck der städtischen Politik, alle zeitlich unbegrenzten Parkplätze in Basel aufzuheben, beschloss der Einwohnerrat 2008 die Abschaffung von Gratisparkplätzen in der Talebene per Januar 2011. Entlang der Baselstrasse zum Beispiel seien diese oft von auswärtigen Pendlern belegt. Für Anwohner und Gewerbe wurden Quartierparkkarten vorgesehen.[25]

Das Tempo wird verlangsamt

Der Ruf nach mehr Sicherheit im Strassenverkehr ertönte bereits in den 1920er Jahren, als noch verhältnismässig wenig Autos unterwegs waren. Und 1934 meinte der Kolumnist der ‹Riehener Zeitung› sarkastisch: «Pflicht eines jeden Fremdenführers von Riehen wäre es, harm- und ahnungslose Fussgänger vor der Autorennbahn zu warnen, die mitten durch den Ort hindurch führt.»[26] 1957 setzte das Polizeidepartement auf Veranlassung des reformierten Kirchenvorstandes Riehen-Bettingen zwischen Habermatten und Landesgrenze die Höchstgeschwindigkeit auf 50 km/h fest. Weil jedoch 1960 auf Bundesebene Tempo 60 innerorts eingeführt wurde, mussten die Tafeln in Riehen wieder ausgewechselt werden. Zwei Jahre nach der Ablehnung der Umfahrungsstrasse 1969 wurde als Sofortmassnahme im Ortskern die Tempolimite 40 km/h eingeführt. Auch erhielt die Kreuzung Baselstrasse/Schmiedgasse/Erlensträsschen 1972 eine Lichtsignalanlage; die erste Ampel war 1964 bei der Kreuzung Bäumlihofstrasse/Rauracherstrasse aufgestellt worden. Auf Veranlassung des Bundes wurden 1979 Tempo-50-Versuche in Basel und Riehen durchgeführt. Ab 1984 galt dann schweizweit Tempo 50 innerorts.

Ungefähr zur selben Zeit tauchte ein neues Problem auf. In Quartieren fernab vom Durchgangsverkehr stieg die Belastung durch Schleich- und Parkplatzsuchverkehr. Verschiedene parlamentarische Vorstösse forderten den Schutz von Wohnquartieren. 1989 verlanlasste die Gemeinde deshalb einen Pilotversuch mit Tempo 30 im Niederholzquartier. Die Reaktionen der Bevölkerung waren geteilt, umstritten waren das wechselseitige Parkieren und die Aufpflästerungen. Nachdem das kantonale Umweltschutzgesetz von 1991 die Errichtung von Tempo-30-Zonen vorgeschrieben hatte, erklärte der Gemeinderat 1994 Tempo 30 zum Herzstück des Verkehrskonzepts. Die Liberal-Demokratische Partei lancierte als Gegenvorschlag eine Initiative zur flächendeckenden Einführung von Tempo 40. Nun begann ein jahrelanges Verwirrspiel. Weil die Initiative gegen Kantons- und Bundesrecht verstiess, wurde sie als ungültig erklärt. Ein überparteiliches Komitee legte daraufhin eine Doppelinitiative vor: Tempo

Momentaufnahme aus dem jahrelangen Hin und Her um Tempolimiten. Das Foto wurde Ende der 1990er Jahre gemacht.

30 und verkehrsberuhigende Massnahmen. Nach langer und lebhafter Diskussion einigte sich das Gemeindeparlament auf einen Gegenvorschlag mit Tempo 40. Das Kantonsparlament stimmte 1998 dieser Ausnahmelösung zu. Daraufhin wurde die Doppelinitiative zurückgezogen. Wegen eingelegter Rekurse verzögerte sich die Einführung zunächst. Im Jahr 2000 mussten dann vorübergehend die neuen Tempo-40-Signaltafeln gegen die alten Tempo-50-Tafeln ausgetauscht werden. Aufgrund einer neuen Verkehrsordnung auf Bundesebene waren nämlich Tempo-40-Zonen nicht mehr zulässig. Die Lösung lautete schliesslich: Tempo 30, aber ohne bauliche Massnahmen, sondern nur mit Bodenmarkierungen. 2002 beschlossen, wurden die Tempo-30-Zonen 2003 in allen Quartieren Riehens ohne Protest eingeführt.

Der Schwerverkehr wird verbannt

Auf der Hauptverkehrsachse Lörracherstrasse – Baselstrasse – Äussere Baselstrasse nahm seit der Nachkriegszeit der Schwerverkehr immer stärker zu und sorgte für gefähr-

Die Lichtsignalanlage an der Kreuzung Baselstrasse/Schmiedgasse/Erlensträsschen wurde 1972 errichtet, fünf Jahre nach dieser Aufnahme.

liche Situationen. Zwei Interventionen von Riehener Grossräten im kantonalen Parlament wiesen Ende der 1970er Jahre deutlich auf die Belastung hin: Über 700 Lastwagen passierten täglich die drei Zollämter Riehens. Die Hoffnungen ruhten damals noch auf der Autobahnverbindung Schweiz–Deutschland und auf der Zollfreistrasse. Die Eröffnung der Autobahn brachte aber keine nachhaltige Entlastung; viele Camionneure benutzten nun die Riehener Hauptverkehrsachse als Schleichweg, um dem Lastwagenstau am Autobahnzoll zu entgehen. Besonders gefährlich war die Situation beim Nadelöhr Traminsel vor der Dorfkirche.

Gegen Beschränkungen für den Schwerverkehr, etwa die Schliessung des Grenzübergangs Lörracherstrasse, wehrten sich jedoch vorerst die deutschen Nachbarn. Dazu kam, dass der Bund die Achse zur offenen Strasse erklärt hatte; Kanton und Gemeinde mussten ihre Massnahmen jeweils vom Bundesrat absegnen lassen. 2001 gelang es dann aber, jetzt gemeinsam mit Lörrach, ein Lastwagenverbot auf dem Abschnitt der Lörracherstrasse zwischen Landesgrenze und Weilstrasse einzuführen. Verboten wurden Leer- und Transitfahrten, womit die Zahl der Lastwagen pro Tag um 40 Prozent reduziert werden sollte. Allerdings fiel die Entlastung in der Folge deutlich geringer aus als erhofft. Deshalb wurde in Zusammenarbeit mit den deutschen Behörden im Mai 2004 ein verschärftes Fahrverbot in Kraft gesetzt. «Kein Vergleich mehr mit früher», titelte die ‹Riehener Zeitung› im Folgejahr: Nun sei diese Verbindung weitgehend frei von 40- und 28-Tönnern. Zugelassen ist seither nur noch der grenznahe Schwerverkehr.[27]

Anmerkungen

1. Riehener Zeitung, 19. Januar 1934.
2. Strahm-Lavanchy, Nicole: 100 Jahre Tram nach Riehen 1908–2008, Riehen 2008.
3. Riehener Zeitung, 6. Juli 1934.
4. Riehener Zeitung, 30. Dezember 1958.
5. Wullschleger, Max: Die Umfahrungsstrasse Riehen, in: z'Rieche, Jg. 3, 1963, S. 53–56, hier S. 53.
6. Dokumentationstelle Riehen, 601.1.1, Schreiben des Bau-Departements an den Regierungsrat, 19. Mai 1930; 600.2.5a, Konferenz des Gemeinderats mit dem Stadtplanbureau, 7. August 1933.
7. Riehener Zeitung, 14. Februar 1964; Dokumentationstelle Riehen, Privatsammlung Willi Helmig, Helm 1/02, Bericht über den Diskussionsabend des Verkehrsvereins Riehen vom 7. Februar 1964.
8. Riehener Zeitung, 13. Juni 1969.
9. Seiler, Lukrezia: Die Zollfreistrasse. Ein Zwischenbericht, in: z'Rieche, Jg. 24, 1984, S. 139–149.
10. Kreis, Georg: Der Kampf um ein Stück Erde. Vorwort zur Broschüre ‹Zollfreistrasse. Entstehungsgeschichte eines Brunnens von der Idee zur Ausführung›, o.O. 1994.
11. Riehener Zeitung, 4. März 1966.
12. Riehener Zeitung, 17. Mai 1996.
13. Richtplanung Riehen Bettingen, hg. vom Baudepartement Basel-Stadt, o.O. 1975; Broschüre Richtplanung, hg. vom Gemeinderat, Riehen 1975.
14. Broschüre Richtplanung, S. 10.
15. Riehener Zeitung, 18. Oktober 1974.
16. Rudolf Keller AG: Verlegung Linie 6 ins DB-Trassee. Beurteilung der Attraktivität für die Riehener Fahrgäste, Schlussbericht, April 1989.
17. Hinweis von Luzia Meister, Pro Velo, Riehen, 7. Mai 2009.
18. Riehener Zeitung, 21. März 2003.
19. Velokonzept der Gemeinde Riehen: Massnahmen zur Förderung des Veloverkehrs für die Jahre 2009–2012, Riehen, 28. November 2008.
20. Dokumentationsstelle Riehen, 600.2.3 b Ortsplanung: Dorfkernplanung 1934–1961.
21. Dokumentationsstelle Riehen, 610.4.8, Schreiben der Bauverwaltung an den Gemeinderat, 8. September 1967.
22. Riehener Zeitung, 11. Dezember 1970.
23. Dokumentationsstelle Riehen, 610.4.9.1, Bericht über den Augenschein vom 5. Juni 1952 i.S. Festsetzung zahlenmässiger Höchstgeschwindigkeiten für Motorfahrzeuge auf der Baselstrasse in Riehen, 20. Juni 1952.
24. Dokumentationsstelle Riehen, 610.4.8, Protokolle der Arbeitsgruppe Parkraumbewirtschaftung 2004.
25. Parkraumbewirtschaftung Riehen: Erlass einer Ordnung und Bewilligung eines Investitionskredits, Bericht und Antrag des Gemeinderates zuhanden des Einwohnerrates, 11. November 2008.
26. Riehener Zeitung, 19. Januar 1934.
27. Riehener Zeitung, 14. Januar 2005.

Brunnenhäuschen in der Wieseebene. Das Foto entstand im Jahr 2004.

Wasser- und Energiekreisläufe

Sibylle Meyrat

Trinkwasser aus dem Hahnen, Strom aus der Steckdose und ein Anschluss an die Kanalisation – was heute in jedem Riehener Haushalt selbstverständlich ist, stellte die Gemeinde Riehen Ende des 19. Jahrhunderts vor Probleme, die sie nur mit auswärtiger Hilfe bewältigen konnte. Gut hundert Jahre später präsentiert sie sich als Wegbereiterin einer innovativen Energiepolitik, die im europäischen Vergleich eine führende Position einnimmt. Die Geschichte von Riehens Wasser- und Energieversorgung ist eng mit derjenigen der Nachbargemeinden verknüpft und bedeutete für die nachbarschaftlichen Beziehungen manche Belastungsprobe.

Lebensgrundlage Wasser

Riehen liegt in einer Gegend, die äusserst reich an Grund- und Oberflächenwasser ist. Die Nutzung dieses natürlichen Reichtums führte im Lauf der Jahrhunderte immer wieder zu Konflikten. Wasserkreisläufe halten sich nicht an Landes- und Gemeindegrenzen, Eingriffe des Menschen haben oft ungeahnte und weitreichende Folgen. Wird ein Fluss an seinem Oberlauf verschmutzt, sind davon – neben den Lebewesen des Flusses selbst – vor allem die Gebiete an seinem Unterlauf betroffen. Zudem ist die Bedrohung durch Hochwasser für alle, die sich in der Reichweite eines Gewässers befinden, eine gleichermassen prägende Erfahrung. Entsprechend suchte man in der Wieseebene nach koordinierten Schutzmassnahmen.

Nach der Begradigung und Befestigung des Wieseflussbetts im 19. Jahrhundert trat dieses Gewässer nur noch selten über die Ufer. Mit Blick auf das gesamte Ökosystem brachten die Massnahmen neben den erhofften Vorteilen aber auch Nachteile. Diesen versucht man seit dem ausgehenden 20. Jahrhundert mit erneuten Korrekturen, bekannt unter den Stichworten Renaturierung, Revitalisierung und ökologische Aufwertung, zu begegnen.

Vom lebendigen Fluss zum Kanal

Der Fluss Wiese folgt heute ebenso wenig seinem natürlichen Lauf wie der Aubach, der Bettingerbach und der Immenbach. Auf weiten Strecken wurden die Fliessgewässer im Riehener Gemeindebann kanalisiert oder eingedolt mit der Absicht, zusätzliches Terrain für Siedlungs- und Verkehrszwecke zu gewinnen und die Umgebung vor Hochwasser zu schützen. Ähnlich präsentiert sich die Situation in der ganzen Schweiz, wo zu Beginn des 21. Jahrhunderts rund ein Viertel des Gewässernetzes in seinem Verlauf stark beeinträchtigt oder eingedolt ist.[1] Seit den 1980er Jahren wird versucht, den Fliessgewässern wieder mehr Raum zu geben. So soll die Grundlage geschaffen werden für eine bessere Qualität des Oberflächen- und Grundwassers sowie für die Wiederansiedlung einst ansässiger Tier- und Pflanzenarten. Gleichzeitig soll damit der Hochwasserschutz verbessert werden.

Im Riehener Gemeindebann zeigen sich menschliche Eingriffe am einschneidensten beim Fluss Wiese, der am Feldberg im Südschwarzwald entspringt. Bevor er kanalisiert wurde, floss er in weit ausgreifenden Armen durch die Ebene zwischen dem Tüllinger Hügel und dem Dinkelberg. Bei den periodisch auftretenden Hochwassern drängte die Wiese aus ihrem Bett, überflutete den Auenwald und das angrenzende Weideland. ‹Des Feldbergs liebliche Tochter›, wie Johann Peter Hebel sie nannte, hatte auch wilde und zerstörerische Seiten. Bereits im Mittelalter gab es Schutzvorrichtungen gegen Hochwasser, wie einer Vereinbarung zwischen der Stadt Basel und dem Landvogt von Rötteln von 1562 zu entnehmen ist.[2] Im 18. Jahrhundert wurde das Ufer der Wiese mit Flechtwerk, sogenannten Faschinen, befestigt. Auch die Bepflanzung des Ufers mit Bäumen und Sträuchern diente dem Hochwasserschutz.

Die Koordination des Hochwasserschutzes führte zu immer neuen Verträgen und Streitigkeiten der Anrainer. Gegenüber den Nachbarn verpflichtete sich die Gemeinde Riehen

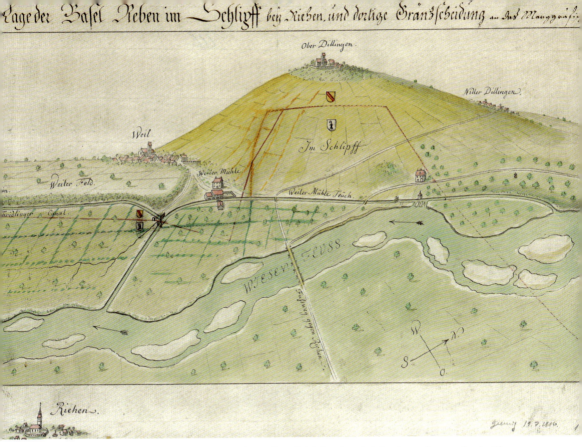

In dieser Ansicht des Tüllinger Hügels aus dem 18. Jahrhundert sind die einst weit ausgreifenden Flussarme der Wiese gut zu erkennen.

zum Unterhalt des Wieseufers und übernahm damit eine sogenannte Wuhrpflicht. Nachdem die Wiese ab 1838 in Basel, Weil und Stetten fortlaufend begradigt und in ein ausgemauertes Bett gelegt worden war, wuchs der Druck auf Riehen, dasselbe zu tun. Ein Kleinkrieg zwischen kantonalen und kommunalen Behörden über Verantwortlichkeiten und Kostenübernahmen zögerte die Durchführung dringender Arbeiten immer wieder hinaus. Beim dramatischen Hochwasser an der Jahreswende 1882/1883 spitzte sich die Lage zu. Trotz mehrfacher Ermahnung war Riehen seiner Wuhrpflicht nicht nachgekommen, was auch unterhalb des Riehener Banns zu grossen Schäden führte. Der Kantonsingenieur warf dem Riehener Gemeinderat unterlassene Hilfestellung vor.[3]

Da sich Riehen nicht in dem Mass an der Flusskorrektion beteiligte, wie es die kantonalen Behörden wünschten, wurde die Gemeinde von ihrer Pflicht zur Wiesekorrektion entbunden.[4] Mit finanzieller Unterstützung des Bundes wurde die Wiese bis 1906 auch im Riehenbann begradigt und in das heute noch vorhandene Doppeltrapezprofil

Korrekturarbeiten an der Wiese im Jahr 1906 bei der Einmündung des Weiler Teichs (oben) und unterhalb der Weiler Brücke.

Fische und Badefreuden

Als sich die Wiese nach der Korrektion Anfang des 20. Jahrhunderts zum beliebten Badeplatz entwickelte, beklagte sich der Riehener Gemeinderat beim Basler Polizeidepartement, es würden während des Badens verbotenerweise Fische gefangen, und verlangte ein Badeverbot. Der Fischfrevel werde in solchem Umfang betrieben, dass «in Bälde mit einer Entvölkerung der Fischweide zu rechnen sei».[5] Das Polizeidepartement stellte sich auf die Seite der Badenden: Die Gefahr des Fischfrevels stehe in keinem Verhältnis zum gesundheitlichen Wert der Badestellen. Ein Verbot könne nur dort erlassen werden, wo das Ufer durch Betreten Schaden nehme. Viel gefährlicher als die Badenden waren für die Fische indessen die Haushalts- und Industrieabwässer sowie die Veränderung des Lebensraums durch die Befestigung des Flussbetts.

gelegt, mit je einer Rinne für niedrigen und für hohen Wasserstand. Seit den 1990er Jahren wurden vor allem von badischer Seite mehrere Abschnitte des begradigten Flusses revitalisiert. Auf Basler Seite gab man sich – nach zwei Revitalisierungsprojekten im Mündungsbereich der Wiese in Kleinhüningen – zurückhaltend. Dahinter steht die Befürchtung, dass in revitalisierten Abschnitten das Wiesewasser, das insbesondere nach lang anhaltenden Regenfällen stark verkeimt ist, zu schnell ins Grundwasser gelangen und damit die Qualität des Trinkwassers gefährden würde.

Bei den meisten anderen Fliessgewässern wurden ab 1982 einzelne Abschnitte ökologisch aufgewertet. Grössere Projekte sind die Renaturierung des Aubachs bei der Einmündung in den Mühleteich am Bachtelenweg 2007 und diejenige des Alten Teichs bis zur Grendelgasse von 2000 bis 2004. Parallel dazu wurde ein unterirdischer Überlaufkanal gebaut, der die Hochwasser des Aubachs direkt in die Wiese leitet.[6]

Bauern und Müller

Um die Wasserkraft der Wiese zu nutzen, wurden mehrere ihrer Nebenarme bereits im Mittelalter in Gewerbekanäle oder Teiche gefasst. Die Bezeichnung Teich entspricht dem Mundartausdruck ‹Dych› und steht für ein künstlich angelegtes Gewässer. Bis Ende des 19. Jahrhunderts speiste die Wasserkraft des 1251 erstmals erwähnten Riehener Teichs in Kleinbasel zahlreiche Mühlen. Die Anlieger hatten sich in der Kleinbasler Teichkorporation zusammengeschlossen, deren Eigentum und Rechte 1906 vom städtischen Gas- und Wasserwerk (GWW) gekauft wurden. 1907 begannen

Der Aubach floss einst offen durchs Dorf (Bild oben) und wurde ab 1930 etappenweise überdeckt. 2007 wurde ein Abschnitt renaturiert, wie die Bilder links und rechts zeigen.

Nicht nur die Riehener Mühle an der Weilstrasse (Bild oben, nach 1893), sondern vor allem zahlreiche Mühlen in Kleinbasel (Bild links, 1905) wurden mit Wasserkraft aus dem Riehener Teich gespeist.

die Bauarbeiten zur Verlegung des Riehenteichs, seit 1923 wird er ab dem Erlenpumpwerk unterirdisch zurück in die Wiese geleitet. Unterhalb der Mittleren Rheinbrücke in Basel ist heute noch eine seiner ehemaligen Einmündungen zu sehen. Ebenfalls noch sichtbar sind die sogenannten Stellfallen in der Wieseebene, quer zum Kanal angelegte Einrichtungen, mit denen die Wassermenge der Kanäle reguliert werden konnte. Von diesen leitet sich der Flurname ‹Stellimatten› ab.

Nicht nur Müller und andere Gewerbetreibende brauchten das Wiesewasser für ihre Zwecke, auch die Bauern benötigten es zum Bewässern ihrer Felder. Die seit dem frühen 12. Jahrhundert belegte Methode diente der Düngung der Felder mit feinem mineralhaltigem Sand und organischen Schwebestoffen.

Besonders in Trockenzeiten kam es zu Nutzungskonflikten rund um das Wiesewasser. Während der Riehener Mühleteich ein steter Zankapfel zwischen Riehen und Stetten war, trübten Streitigkeiten rund um den Weiler Mühleteich das Verhältnis zwischen Riehen und Weil.[7] Die Interessen der Mühlebetreiber in Kleinbasel machten die Situation zusätzlich kompliziert. Ein Vertrag, der 1756 zwischen der Stadt Basel und dem Markgrafen von Baden-Durlach geschlossen wurde, regelte die Nutzungsrechte an der Wiese und ihren Gewerbekanälen bis ins Detail. Im Zentrum standen die Interessen des Kleinbasler Gewerbes; bei Niedrigwasser durften die Bauern der Wieseebene kaum mehr wässern. Die Stellfallen mussten mit Schlössern versehen werden, die Einhaltung der Wässerungsordnung wurde von eigens dazu ernannten Beamten kontrolliert.

Brunnen und Quellen

1886 floss in einzelnen Riehener Haushalten erstmals Trink- und Gebrauchswasser aus dem Hahnen. Zuvor musste das Wasser am Brunnen geholt werden. 1493 liess die Stadt Basel im Moostal mehrere Quellen fassen. Das Wasser wurde im Reservoir ‹Riehenbrunnwerk› gespeichert und durch eine Holzleitung entlang des Mooswegs via Grendel- und Spittelmatte nach Basel geführt. Ein Teil wurde zur Versorgung des Wettsteinhauses abgezweigt. Eine Brunnleitung vom vorderen Autal ins Dorf wurde 1594 erstmals erwähnt.[8] Die Gemeindequellen im Autal speisten 1795 zehn öffentliche und elf private Brunnen mit Wasser. Im 19. Jahrhundert wurde das Einzugsgebiet des Riehenbrunnwerks auf die Nollenquelle und die Auquellen erweitert.[9]

Als die Gemeinde Riehen 1886 eine eigene Wasserversorgungsanlage erstellte, konnte sie dazu die beiden Quellen im hinteren Autal, die sich im Besitz der Einwohnergemeinde Basel befanden, unentgeltlich nutzen. 1954 verzichtete das städtische Wasserwerk

An die einst rege Nutzung des Wiesewassers für Gewerbe und Landwirtschaft erinnern die mit Stellfallen versehenen Deiche in der Wieseebene. Die Bilder entstanden in den Jahren 2009 und 1978.

Wässern und Bewässern

Bereits in den Anfangszeiten des Erlenpumpwerks zeigte sich, dass der Grundwasserspiegel stieg, wenn Bauern ihre Felder mit Wasser aus der Wiese wässerten. Aufgrund dieser Beobachtung schlug 1901 der damalige Direktor des Gas- und Wasserwerks Paul Miescher vor, das Grundwasser künstlich anzureichern.[10] Denn durch die Kanalisierung der Wiese und die landwirtschaftliche Nutzung war der Grundwasserspiegel rapide abgesunken. 1910 begann man mit der künstlichen Anreicherung des Grundwassers. Zunächst wurde dazu Wasser aus der Wiese zur Versickerung gebracht, seit 1964 wird es dem Rhein entnommen und – nach einer ersten Reinigung in einer Schnellfilteranlage – auf die Wässerstellen in den Langen Erlen gepumpt. Diese bewaldeten Stellen umfassen eine Gesamtfläche von 22 Hektaren und sind von kleinen Dämmen umgeben. Während das Wasser durch die Humusschicht des Waldbodens versickert, findet ein wirkungsvoller mechanischer und biochemischer Reinigungsprozess statt, der 1997 erstmals wissenschaftlich untersucht wurde. Damit der Boden seine natürliche Reinigungskraft behält, werden die Wässerstellen nach einer zehntägigen Bewässerungsphase während 20 Tagen trockengelegt.

aus hygienischen Gründen auf die weitere Nutzung des Riehener Quellwassers, und Riehen bekam die Quellen von der Stadt Basel geschenkt. Seit einer umfassenden Sanierung in den 1970er und 1980er Jahren hat das Quellwasser wieder Trinkwasserqualität. Um auch geringste bakteriologische Verunreinigungen zu verhindern, muss es allerdings gechlort werden. Das gemeindeeigene Quellwassersystem versorgt 31 Brunnen im Dorfkern und 12 private Brunnen, ferner ein Planschbecken und zwei Weiher in öffentlichen Pärken. Gleichzeitig dient es der Notwasserversorgung. Weitere 22 Brunnen werden von der Gemeinde Riehen bloss unterhalten. Einer davon wird von Lörrach mit Wasser versorgt, die restlichen durch die Industriellen Werke Basel (IWB).[11] Die IWB sind seit 1903 für Riehens gesamte Wasserversorgung zuständig, mit Ausnahme der erwähnten Brunnen und Weiher.

Bau des Wasserreservoirs Wenkenhof 1921.

Grundwasser aus der Wieseebene für die Region

Mitte des 19. Jahrhunderts stiess die Versorgung der Stadt Basel mit Quellwasser aus der näheren und ferneren Umgebung – die Quellfassungen reichten bis ins Kaltbrunnental – an ihre Grenzen. Nach intensiven Diskussionen über verschiedene Varianten setzte sich der Vorschlag des Architekten Ludwig Maring durch, das Grundwasser der Wieseebene für die Wasserversorgung von Stadt und Umgebung zu nutzen. Bei Probebohrungen 1878 im Gebiet Eglisee erwies sich die Qualität des Wassers als ausgezeichnet. Nachdem der Grosse Rat das Projekt für den Bau eines Pumpwerks in den Langen Erlen bewilligt hatte, nahm dieses 1880 nach zweijähriger Bauzeit seinen Betrieb auf.[12] Die anhaltende Zunahme der Bevölkerung und der industriellen Betriebe, die Erstellung einer Kanalisation in Basel ab den 1880er Jahren sowie der Anschluss von Binningen (1896), Riehen (1903) und Bettingen (1910) ans Netz der städtischen Wasserversorgung liessen den Verbrauch weiter anwachsen. Das Erlenpumpwerk

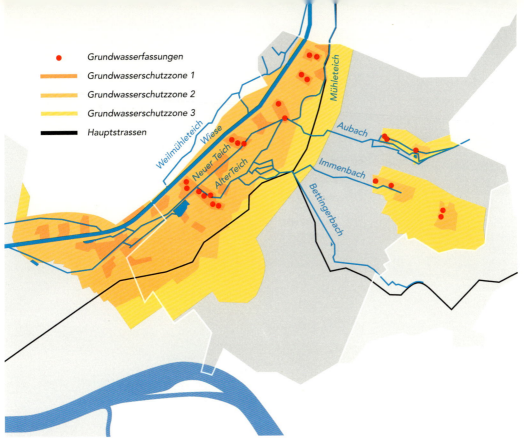

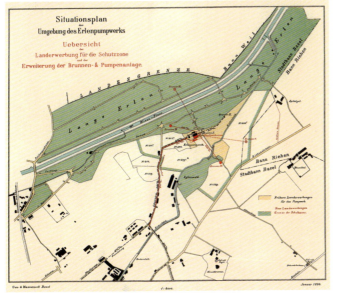

Grundwasserschutzzone in der Wiese-ebene.

Bereits Ende des 19. Jahrhunderts wurde rund um das Pumpwerk Lange Erlen eine erste Schutzzone errichtet. Die Karte stammt aus dem Ratschlag betreffend Erweiterung der Schutzzone vom 25. Januar 1894.

Die Trinkwassergewinnung in den Langen Erlen ermöglichte die Schaffung einer Landschaft mit grossem Erholungswert. Rund um die bewaldeten Wässerstellen entstanden auenwaldähnliche Flecken von bedeutendem Naturwert. Die Bilder entstanden im Jahr 2009.

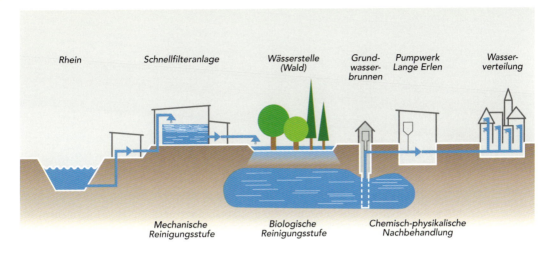

System der Trinkwassergewinnung in den Langen Erlen.

und die ihm angeschlossenen Brunnen wurden nach Inbetriebnahme laufend erweitert, ebenso die Grundwasserschutzzone. Ein Grossratsbeschluss von 1911 ermächtigte das Gas- und Wasserwerk, für die Trinkwassergewinnung benötigtes Land aufzukaufen und in eine Schutzzone umzuwandeln. Die Parzellen durften danach nicht mehr bebaut und nur noch sehr beschränkt landwirtschaftlich genutzt werden. Mehrere Landbesitzer wurden enteignet, weil sie das Land nicht verkaufen wollten oder mit dem Richtpreis von rund einem Franken pro Quadratmeter nicht einverstanden waren.

1947 wurden die beiden in der Schutzzone liegenden Bauernhöfe von kantonalen Behörden kritisch überprüft. Dabei wurden insbesondere die hygienischen Verhältnisse des Mattenhofs an der Grendelgasse bemängelt. Trotz des Widerstands aus Riehen musste der dortige Landwirtschaftsbetrieb im Jahr 1952/1953 definitiv aufgegeben werden. Der Spittelmatthof konnte nach einer Sanierung den Betrieb unter strengen Schutzvorschriften weiterführen.

Nach dem Zweiten Weltkrieg drängte sich die Erschliessung neuer Wasserquellen auf, weil der Verbrauch der Privathaushalte und der Industrie rasant angewachsen war. Gemeinsam beschlossen die beiden Basler Halbkantone die Nutzung des Grundwassers im Muttenzer Hardwald. 1986 trat in den Langen Erlen ein neuer Schutzzonenplan in Kraft, der den kantonalen und nationalen Vorschriften zum Schutz des Grundwassers Rechnung trägt. Seither wurde zu diesem Zweck eine Reihe von Massnahmen ergriffen wie das Abdichten von Autoabstellplätzen, das Aussiedeln von Betrieben mit wassergefährdenden Stoffen und das Umstellen von Heizöl auf alternative Energieträger. Die drei in der Grundwasserschutzzone gelegenen Riehener Tankstellen sollten per Ende 2012 geschlossen werden, können aber nach einem erfolgreichen Rekurs gegen die Schliessungsverfügung weiter betrieben werden.

Fischer und Industrielle

Wie anfällig das Leben in den Flüssen auf Verunreinigungen ist, führte die ‹Riehener Zeitung› ihrer Leserschaft vor Augen, lange bevor Umweltschutz zum allseits bekannten Schlagwort wurde. So findet sich am 8. März 1929 eine Notiz zu einer damals bestehenden Fischzucht in der Au: «Plötzlich, es war Ende letzter Woche, bemerkte Herr Wenk tote Fische in einem seiner Bassins, er begab sich sofort nach Inzlingen und erfuhr dort, dass ein Arbeiter des Gaswerkes in Lörrach in Inzlingen beschäftigt gewesen sei und nach Beendigung seiner Arbeiten an der Gasleitung das Werkzeug im Bache abgespült habe. Da es sich dabei offenbar um Giftstoffe handelt, die ins Wasser gekommen sind, sind die Fische im Weiher zu Grunde gegangen. [...] es zeigt dieser Vorfall wie verwerflich es ist, wenn öffentliche Gewässer verunreinigt werden, man gibt sich gewöhnlich zu wenig Rechenschaft von seinen Handlungen und ihrer Tragweite.»

Noch bis Ende der 1950er Jahre wurden die Abwässer aus Inzlinger Haushalten und der dortigen Kartonagenfabrik ungeklärt in den Aubach geleitet. In dieser Zeit häuften sich in der ‹Riehener Zeitung› die Meldungen von grossen Fischsterben in der Wiese und im Mühleteich. Grund waren die oft stark verschmutzten Industrieabwässer aus dem Wiesental, Schadstoffe wie Ammoniak und Zyankali wurden in grossen Mengen nachgewiesen. «Die Fischvergiftungen, die in den letzten 18 Jahren in der Wiese erfolgt sind, lassen sich kaum zählen!», war in der ‹Riehener Zeitung› vom 16. August 1968 zu lesen. Der im Vorjahr erstellte neue Abwasserkanal, die ‹Lörracher Dole›, sei sinnlos, wenn die Fabriken nicht daran angeschlossen würden.

Die Zustände am Rhein sahen nicht besser aus. Der Fluss, in dessen Mitte die 119 Meter lange Grenze zwischen Riehen und Birsfelden verläuft, bildete einst die Existenzgrundlage für die dort tätigen Berufsfischer. Deren Interesse an einem sauberen Fluss stand im Gegensatz zum Interesse der chemischen Industrie, die den Rhein zur effizienten und kostenlosen Entsorgung ihrer Abfälle benutzte. 1924 verzeichnete der Fischerverein Bann Riehen einen markanten Rückgang der Fische. Ein Gutachten des eidgenössischen Fischereiinspektors bestätigte, dass der Grund dafür die giftigen

Abwässer waren, welche die Produktionsstätte der Firma Geigy in Grenzach in den Rhein leitete. Die Fischer wandten sich mit ihrem Anliegen an den Riehener Gemeinderat. Als dieser die Verantwortlichen der Chemiefirma bat, die Riehener Fischweiden nicht weiter zu schädigen, hatten sich diese bereits mit den Fischern geeinigt: Die Chemiefirma übernahm einen Teil der Pachtzinsen für die Fischereirechte im Bann Riehen, die Fischer verpflichteten sich im Gegenzug, auf weitere Klagen zu verzichten. Ein Vorgehen, das sich bereits 18 Jahre zuvor bei der Klage einer Kleinhüninger Fischerfamilie bewährt hatte.[13]

Der lange Weg zum sauberen Wasser
Nach dem Zweiten Weltkrieg, insbesondere nach der Trinkwassernot im Trockenjahr 1947, setzte sich auch bei der breiten Bevölkerung die Erkenntnis durch, dass zwischen der Qualität des Fluss- und Trinkwassers ein Zusammenhang besteht und dass verschmutztes Trinkwasser die Gesundheit gefährden kann. Es waren nicht mehr bloss kleine Gruppen wie die Berufsfischer oder die Rheinschwimmer, die sich am verschmutzten Wasser störten. Der Druck auf Behörden und Industrie wuchs, den Gewässerschutz ernster zu nehmen. In Basel reagierte die chemische Industrie mit einer räumlichen Verlagerung: Die festen Abfälle wurden in stillgelegten Kiesgruben rund um Basel deponiert, die flüssigen weiterhin dem Rhein übergeben. Erst auf enormen politischen Druck von ausserhalb der Kantons- und Landesgrenzen begann der Kanton Basel-Stadt in den 1960er Jahren mit der Planung von Kläranlagen. Es dauerte bis Anfang der 1980er Jahre, bis vier Kläranlagen für den Grossraum Basel in Betrieb genommen wurden. Dort wird seither auch Riehens Abwasser gereinigt, zusammen mit jenem aus Basel, Bettingen, Inzlingen, Weil-Ost sowie Birsfelden, Binningen, Bottmingen, Oberwil und Allschwil.[14]
Bevor ab 1964 Wasser aus dem Rhein für die Anreicherung des Grundwassers benutzt wurde, interessierte man sich im Hinblick auf die basel-städtische Wasserversorgung vor allem für die Wasserqualität der Wiese. Bereits 1911 hatte sich der Kanton Basel-Stadt verpflichtet, das Abwasser aus Lörrach in die Basler Kanalisation aufzunehmen und in den Rhein zu leiten. Nachdem sich in den 1950er Jahren gezeigt hatte, dass die 1913 angelegte Lörracher Dole undicht war und Verunreinigungen ins Grundwasser gelangten, wurde 1967 mit Basler Unterstützung rechts der Wiese ein neuer Abwasserkanal gebaut, der die Abwässer Lörrachs und des vorderen Wiesentals in eine neue Kläranlage in Weil am Rhein führte. Seit 1964 wird für die Anreicherung des Grundwassers kein Wasser aus der Wiese mehr benutzt.

Kanalisation als Politikum

Eine Kanalisation bekam Riehen erst auf enormen Druck vonseiten der kantonalen Behörden. Zwischen 1898 und 1910 lehnte die Gemeindeversammlung vier kantonale Kanalisationsprojekte ab. Das Spital des Diakonissenhauses wurde bereits 1907 an die Basler Kanalisation angeschlossen, die Kosten übernahmen das Diakonissenhaus und der Kanton. Die Gemeinde Riehen begrüsste diese Massnahme, hatten doch Abwässer des alten Spitals und der Klinik Sonnenhalde, die zuvor in den Aubach geleitet worden waren, zu unhaltbaren Zuständen geführt.

Obwohl die hygienischen Missstände offenkundig waren – im Sommer entstanden an der Hauptstrasse schmutzige stinkende Wasserlachen, im Winter gefährliche Eisflächen – stiess die Einführung einer Kanalisation in der Gemeindeversammlung auf harten Widerstand. Viele Bürger scheuten die Kosten und wollten ihre Fäkalien nicht an die kommunale Verwaltung abtreten, weil sie sie selber als Dünger brauchen oder verkaufen konnten. Hinzu kam der Vorbehalt, dass die Kanalisationspläne eng mit der städtischen Wasserversorgung verknüpft waren. Eine mit Vorabklärungen beauftragte gemeinderätliche Kommission argumentierte im Jahr 1906, es gehe der Stadt nicht um die sanitarischen Verhältnisse in Riehen, sondern primär um die eigene Wasserversorgung.[15]

Im Gemeindereglement von 1912 wurde die Anschlusspflicht sehr locker gehandhabt. Noch in den 1980er Jahren war ein gutes Dutzend ständig bewohnter Liegenschaften nicht an die Kanalisation angeschlossen. Erst 1986 wurde der Anschluss aller Haushalte aufgrund des Bundesgesetzes über den Gewässerschutz von 1972 zur Pflicht.

Seit 1976 trägt die Gemeinde Riehen die Verantwortung für Bau und Unterhalt des Kanalisationsnetzes, seit 1983 auch für die Haus- und Liegenschaftsentwässerung. In den 1980er Jahren wurden mehrere Entlastungsbecken und -kanäle gebaut, so etwa der Hauptsammelkanal von der Weilstrasse bis zur Fasanenstrasse und eine Sammelleitung vom Eisenbahnweg bis zur Weilstrasse. Damit konnten Rückstaus im Kanalisationsnetz verhindert werden, die zuvor zu häufigen Überschwemmungen in den Kellern angeschlossener Liegenschaften geführt hatten. Bei ausserordentlichen Regenfällen traten diese weiterhin vereinzelt auf. Mit einem generellen Entwässerungsplan sollen zu Beginn des 21. Jahrhunderts noch bestehende Schwachstellen ausgebessert werden. Ziel dabei ist es, der Kanalisation so wenig Regenwasser wie möglich zuzuführen und dieses stattdessen möglichst an Ort und Stelle versickern zu lassen.

Durch dieses Rohr mit rund zwei Metern Durchmesser werden Riehens Abwässer in die Kläranlage in Basel geleitet. Das Bild entstand anlässlich der Abdichtung des Hauptsammlers im Jahr 2006.

Vom Abfall zum Wertstoff

Die veränderte Einstellung zum Abfall seit den 1970er Jahren zeigt sich nicht zuletzt im Sprachgebrauch. Anstelle von ‹Abfällen› ist zunehmend von ‹Wertstoffen› die Rede, das Wort ‹Entsorgung› weicht allmählich dem Wort ‹Bewirtschaftung›. Dahinter steht das Bewusstsein, dass die Rohstoffe auf diesem Planeten endlich sind und dass sich – auch im Hinblick auf das Leben kommender Generationen – ein haushälterischer Umgang mit den Ressourcen aufdrängt. Rund um die Entsorgung und Wiederverwertung von Abfall hat sich eine eigene Industrie entwickelt. Ebenso wie die Produktion der Waren funktioniert diese global. Das Prinzip der Entsorgungsnähe, das im baselstädtischen Abfallbericht betont wird, will hier Gegensteuer geben.[16] Abfälle sollen möglichst dort entsorgt werden, wo sie entstehen.

Bis zu Beginn des 20. Jahrhunderts war dies in Riehen wie in jeder anderen ländlichen Gemeinde bereits der Fall: Überflüssiges wurde verkauft, verschenkt, im Herd verbrannt oder auf dem Miststock entsorgt. Ab 1899 fuhr einmal pro Monat der von einem Pferd gezogene ‹Glöggliwagen› durchs Dorf und sammelte Abfälle ein. Noch 1933 wehrte sich ein Riehener Vertreter im Grossen Rat gegen eine motorisierte Kehrichtabfuhr. Sie sei unwirtschaftlich und nehme den Bauern und Karrern den Verdienst weg. Die drei Ochsner-Kehrichtwagen, welche die Gemeinde 1946 kaufte, waren noch für Traktor- oder Pferdezug ausgerüstet. Die gesammelten Abfälle wurden in ehemaligen Steinbrüchen und Kiesgruben abgeladen und teilweise verbrannt.[17]

Von 1954 bis 1969 besorgte der Kanton im Auftrag der Gemeinde die Kehrichtabfuhr. Als die Gemeinde 1969 diese Aufgabe wieder selbst übernahm, feierte sie dies mit einem grossen Fest. Sie schaffte zwei moderne Kehrichtlastwagen an und taufte sie ‹Wolf› und ‹Wulli›, nach dem damaligen Gemeindepräsidenten Wolfgang Wenk und dem in Riehen wohnhaften ehemaligen Vorsteher des Baudepartements Max Wullschleger. Lokaldichter Eduard Wirz steuerte eine ‹Glöggliwagen-Ballade› bei. Als Neuerung wurden genormte Plastiksäcke eingeführt.

In den 1970er Jahren begann auch in Riehen die Recycling-Ära. Die ersten Sammelstellen für Aluminium waren der Dritte-Welt-Laden und das Andreashaus, ab 1983 entstanden weitere im Werkhof und im Bezirksmagazin am Bluttrainweg. Seit 1978 kann das Altglas in öffentlich zugänglichen Containern entsorgt werden. 1983 wurden Sammelmulden für Gartenabfälle eingerichtet. Ein 1984 beim Ökozentrum Langenbruck in Auftrag gegebenes Abfallkonzept empfahl als obersten Grundsatz die Vermeidung oder Verminderung von Abfällen. Sofern dies nicht möglich sei, sollten Abfälle wiederverwertet werden. Die nicht vermeidbaren Abfälle seien mit möglichst geringer Umweltbelastung zu entsorgen.[18] 1989 wurde in der Gemeinde die vollamtliche Stelle eines Abfallbewirtschafters geschaffen. Alle Zweige der Gemeindeverwaltung von Gärtnerei bis zum Werkhof wurden auf Möglichkeiten zur Abfallverminderung durchleuchtet. Bereits 1985 begannen Kehrichtequipen, Gartenabfälle einzusammeln, und am Standort der ehemaligen Abfalldeponie Maienbühl wurde eine Kompostierungsanlage in Betrieb genommen.

Grund zum Feiern: Riehen ist wieder selbst für seine Kehrichtabfuhr verantwortlich. Das Fest mit Kehrichtwagenumzug fand 1969 statt.

Seit 2009 ist ein neues Abfallkonzept in Kraft. Es verfolgt das Ziel, die Menge an Abfall, die der Kehrichtverbrennungsanlage in Basel zugeführt werden muss, zu reduzieren. Die gebührenpflichtigen Abfallsäcke werden seither nur noch einmal pro Woche eingesammelt. Daneben gibt es eine gebührenfreie wöchentliche Abfuhr für Küchen- und Gartenabfälle, die in die Biovergärungsanlage in Pratteln gebracht werden.[19] In dieser seit 2005 betriebenen Anlage werden durch natürliche Vergärungsprozesse Biogas und Dünger gewonnen. Riehen war die erste Gemeinde der Region, die ihre Grün- und Küchenabfälle nach Pratteln lieferte. Mit diesen Massnahmen wurde in den ersten Monaten eine Abfallreduktion von 20 Prozent erreicht.

Gestörte Ruhe im Maienbühl

Das Umweltbewusstsein bei der Entsorgung von Abfällen ist indessen eine relativ junge Erscheinung. Auch in Riehen wurden bis in die 1970er Jahre Abfälle bedenkenlos deponiert und verbrannt. Da die Basler Kehrichtverbrennungsanlage (KVA) nicht alle Abfälle ihres Einzugsgebiets aufnehmen konnte, wurde der Riehener Kehricht öfters in der Maienbühlgrube entsorgt. Auch der KVA wurde gestattet, dort grössere Mengen von Sperrgut zu verbrennen. Bevor 1969 in Basel eine leistungsfähigere Anlage in Betrieb genommen werden konnte, wurde auch Sperrgut aus Riehener Haushalten und Gewerbebetrieben in die Maienbühlgrube geführt. Im deutschen Teil dieses ehemaligen Steinbruchs, in der Deponie Mönden, wurden seit 1958 ebenfalls Abfälle abgelagert. Die Rauchbelästigungen rund um die Maienbühlgrube wurden wegen

Beschwerden der Anwohner und aufgrund von Vorstössen im Einwohnerrat in den 1960er Jahren ein öffentliches Thema.

Spätestens seit Ende der 1950er Jahre war den Behörden in Lörrach, Riehen und Inzlingen bekannt, dass in der Maienbühlgrube neben Hauskehricht und Bauschutt auch Fässer mit stark riechenden Abfällen von Basler Chemiefirmen abgelagert wurden. Bereits 1960 liess die Lörracher Polizei Proben aus den Fässern entnehmen, die von Experten als gefährlich für das Trinkwasser eingestuft wurden. Zudem kam es zu Bränden des teilweise hochexplosiven Materials, was ein vollständiges Verbot zur Ablagerung von Chemiemüll nahelegte.[20] Ein solches liess sich allerdings nur schwer durchsetzen.

Die Deponie Maienbühl ist Eigentum der Bürgergemeinde Riehen, Betreiberin war die Einwohnergemeinde. Seit 1970 erteilte diese keine Bewilligungen zur Schuttablagerung mehr und lagerte nur noch selbst ihre Abfälle ab. Nach einem langen Rekursverfahren infolge strengerer Auflagen, die das kantonale Gewässerschutzamt 1993 erlassen hatte, verzichtete sie ab 1996 auf den Weiterbetrieb der Deponie. Die gemeindeeigene Kompostierungsanlage wurde mit einem Hartplatz abgedichtet, die noch verbleibenden offenen Teile wurden mit sauberem Aushubmaterial von verringerter Durchlässigkeit überdeckt.

Die Parzellen der Altablagerung in Mönden hatten die Riehener Brüder Emil, Karl und Max Baier in den 1950er Jahren von Privatpersonen gekauft und mit Abfällen aufgefüllt. Ein grosser Teil des in Inzlingen abgelagerten Abfalls kullerte dabei über die Landesgrenze in den Grubenteil, der sich im Eigentum der Riehener Bürgergemeinde befindet. Seit Ende der 1970er Jahre bilden die beiden Standorte eine zusammenhängende Deponie. In den 1980er Jahren verkauften die Gebrüder Baier die Deponie Mönden an die Einwohnergemeinde Riehen.

Infolge der Altlastenverordnung des Bundes von 1998 wurde der Inhalt der Deponie in Kooperation kommunaler und kantonaler Behörden beidseits der Landesgrenze sowie von Vertretern der chemischen Industrie genauer untersucht. Seit 1996 wurden in der hinteren Auquelle, die etwa 650 Meter von der Deponie entfernt liegt, Spuren von Pharmawirkstoffen nachgewiesen, die sich auch im Sickerwasser der Deponie finden. Obwohl die Konzentration sehr gering war, erachtete man eine regelmässige Überwachung des von der Deponie Maienbühl abströmenden Grundwassers als notwendig.[21]

Am Standort der ehemaligen Deponie Maienbühl (Bilder von 1972) befindet sich heute die Kompostanlage der Gemeinde.

Energie

Seit rund hundert Jahren stehen in Riehener Haushalten Elektrizität und Gas zur Verfügung. Zuvor wurde ausschliesslich mit Holz geheizt und gekocht. Im Winter war die Küche oft der einzige geheizte Raum des Hauses. Als Lichtquellen dienten Kerzen und Petroleumlampen. Ab 1901 lieferte das badische Kraftwerk Rheinfelden Elektrizität nach Riehen, später trat das städtische Gas- und Wasserwerk in Basel an seine Stelle. Dieses versorgte ab 1907 auch die Riehener Abonnenten mit Gas. In den 1950er Jahren kam Erdöl als wichtiger Wärmelieferant hinzu, die Zahl der mit Benzin betriebenen Fahrzeuge nahm in den Nachkriegsjahren sprunghaft zu.

So unverzichtbar diese Energiequellen im Lauf des 20. Jahrhunderts geworden sind, so kurz ist die Zeit, seit der sie zur Verfügung stehen. In den 1970er Jahren begann sich, verstärkt durch die Erdölkrise, auch in der Region Basel die Erkenntnis zu verbreiten, dass die Vorräte fossiler Brennstoffe begrenzt sind. Die Suche nach erneuerbaren Energien führte 1977 zum Basler Energieleitbild. Dieses sah verschiedene Massnahmen zum Energiesparen vor und empfahl für die Sicherung der Wärmeversorgung den Ausbau der Fernheizung. Diese beruht auf dem Prinzip, von einer Heizzentrale aus mehrere Gebäude mit heissem Wasser zu versorgen. In der Folge wurde das Fernwärmenetz in Basel entscheidend ausgebaut.[22]

Weil der Anschluss Riehens an die städtische Fernheizung im Basler Energieleitbild von 1977 als unwirtschaftlich bezeichnet wurde, beschritt Riehen in der Folge eine eigene Energiepolitik und setzte dabei insbesondere auf die Nutzung von Erdwärme. Der ab 1994 mit Erdwärme gespeiste und seither laufend ausgebaute Wärmeverbund brachte Riehen zwei begehrte Auszeichnungen: Im Jahr 1999 wurde der Gemeinde vom Bundesamt für Energie das Label ‹Energiestadt› verliehen. 2004 erhielten Riehen und Lausanne als erste Gemeinden in Europa den ‹European Energy Award in Gold›, die höchste Auszeichnung für eine nachhaltige kommunale Energiepolitik.[23]

Pionierin der Erdwärmenutzung

Im Vergleich mit fossilen Brennstoffen hat Erdwärme als Energielieferantin erhebliche Vorteile: Sie ist erneuerbar und lässt sich ohne Verbrennung nutzen, der Ausstoss von Kohlendioxid (CO_2) entfällt. Ausserdem hat sie kurze Transportwege und muss nicht gespeichert werden. Eine 1980 vom Riehener Gemeinderat in Auftrag gegebene Studie zur Nutzung alternativer Energiequellen schlug unter anderem vor, das zur Grundwasseranreicherung in den Langen Erlen vorfiltrierte Rheinwasser als Wärmequelle zu nutzen.[24] Ein weiteres Projekt sah zur Beheizung der Verwaltungsgebäude im Dorfkern eine elektrisch betriebene Wärmepumpe vor, die die Temperatur des Grund- oder Rheinwassers nutzen sollte. Die Industriellen Werke Basel (IWB) zweifelten an der Wirtschaftlichkeit und technischen Umsetzbarkeit der Pläne und erlaubten die Nutzung von Grundwasser in der Schutzzone zunächst nicht. Als Gegenargument wurde angesichts der damals drohenden Energieknappheit auch der geplante elektrische Betrieb der Wärmepumpe angeführt.[25]

Autofahren mit Solarstrom, Heizen mit Holzschnitzel

Neben Erdwärme werden in Riehen seit den 1980er Jahren auch andere alternative Energienutzungen erprobt und laufend ausgebaut. So wurden 1988 im Freizeitzentrum Landauer und 1991 auf dem Sportplatz Grendelmatte je eine Holzschnitzelheizung in Betrieb genommen. Der Kanton Basel-Stadt folgte mit Holzschnitzelheizungen im Niederholz- und im Hebelschulhaus. Das Energiekonzept aus dem Jahr 2000 sieht vor, sämtliches Abfallholz aus den Riehener Wäldern als Wärmequelle zu nutzen. Sonnenenergie wird sowohl zur Wärme- als auch zur Stromproduktion genutzt. Auf den Dächern mehrerer gemeindeeigener Gebäude wurden Fotovoltaikanlagen installiert, inzwischen sind auch zahlreiche private Liegenschaften damit ausgestattet. Mit dem so gewonnenen Solarstrom werden die gemeindeeigenen Elektrofahrzeuge betrieben und die öffentlichen Stromtankstellen vor dem Gemeindehaus und am Otto Wenk-Platz gespeist. Ein Beitrag zur Senkung des Energieverbrauchs besteht in der laufenden wärmetechnischen Sanierung gemeindeeigener Liegenschaften.

Als 1983 die Resultate einer Studie zu Möglichkeiten der Erdwärmenutzung vorlagen, welche die beiden Basler Halbkantone in Auftrag gegeben hatten, wendete sich das Blatt. Die Studie schlug den Dorfkern Riehen als interessanten Standort für die Erdwärmenutzung vor. An den Probebohrungen 1988 beteiligten sich die Gemeinde Riehen und der Kanton Basel-Stadt je zur Hälfte, der Bund leistete eine Defizitgarantie von 50 Prozent im Falle eines Misserfolgs. Letztere erwies sich als unnötig. Die Probebohrungen führten zum Erfolg – anders als etwa in Reinach, wo Ende der 1980er Jahre ebenfalls gebohrt wurde.

1994 wurde die Geothermieanlage eingeweiht. Das Wasser wird in 1500 Metern Tiefe am Bachtelenweg dem Untergrund entnommen und fliesst mit einer Temperatur von 64 Grad Celsius in die Grundlastzentrale, die auf dem Gelände des Werkhofs am Haselrain untergebracht ist. Mittels Wärmepumpen und -tauschern wird dem Wasser Wärme entnommen und an den Kreislauf des Wärmeverteilnetzes abgegeben. Nach der Abkühlung des Geothermiewassers auf 25 Grad wird dieses an die zweite Bohrstelle im Stettenfeld gepumpt, wo es in einer Tiefe von 1200 Metern dem Boden zurückgegeben wird. Mit dem Betrieb von zwei Bohrstellen kann vermieden werden, dass das stark mineralisierte Geothermiewasser ins Oberflächenwasser oder in die Kanalisation gelangt. Der Strom für die elektrisch betriebenen Wärmepumpen wird in zwei Blockheizkraftwerken erzeugt. Bei grossem Wärmebedarf können Spitzenlastzentralen zugeschaltet werden.

Das an die Geothermiezentrale angeschlossene Wärmeverteilnetz hatte bei der Inbetriebnahme 1994 eine Gesamtlänge von knapp sechs Kilometern und reichte von der Grenze Lörrach-Stetten bis zur Bettingerstrasse. Seit 2000 exportiert Riehen einen Teil der geothermischen Energie nach Lörrach. Dazu mussten zahlreiche bürokratische Hürden überwunden werden, handelte es sich doch um den ersten Wärmeexport von der Schweiz nach Deutschland. Eine 600 Meter lange Leitung verbindet nun die Geothermieanlage Riehen mit der Heizzentrale in Lörrachs Neubaugebiet Stetten-Süd, das rund 500 Wohnungen umfasst. Die Wärme aus Riehen deckt in Stetten-Süd nur den Grundlastbedarf ab. Bei Aussentemperaturen von weniger als 5 Grad Celsius wird keine Wärme exportiert, weil die Anlage mit der Versorgung der Liegenschaften in Riehen bereits an ihre Grenzen stösst. Die in Stetten-Süd benötigte Wärme wird dann im dortigen Heizkraftwerk mit Gas produziert. Der Wärmeexport nach Lörrach ermöglicht eine bessere Ausnutzung der Riehener Grundlastzentrale und einen wirtschaftlicheren Betrieb der Wärmepumpen. Auch Stetten profitiert von der Kooperation. Für die Wärmeproduktion wird dadurch 30 Prozent weniger Gas benötigt, der Wärmetarif sinkt und die Heizzentrale braucht kein eigenes Blockheizkraftwerk.[26]
Weiter optimiert wurde der Betrieb der Geothermieanlage mit dem Zusammenschluss der Wärmeverbünde Dorf, Wasserstelzen und Niederholz im Jahr 2009. Der Einsatz von Erdwärme konnte so verdoppelt und der Wärmeverbund wirtschaftlicher betrieben werden. Die Wärmeverbund Riehen AG betrieb im Jahr 2009 16 Kilometer Fernwärmeleitungen und belieferte 360 angeschlossene Liegenschaften.

Anmerkungen

1 Notter, Benedikt et al.: Ökomorphologischer Zustand der Schweizer Fliessgewässer: Zwischenauswertung aufgrund der Erhebungen aus 18 Kantonen, Bundesamt für Umwelt, Bern 2005.
2 Golder, Eduard: Die Wiese. Ein Fluss und seine Geschichte, Basel 1991, S. 14.
3 Golder, Wiese, S. 41.
4 Staatsarchiv Basel-Stadt, Ratschlag Nr. 866 betreffend die Verhältnisse der Gemeinden Riehen und Bettingen vom 13. April 1891.
5 Staatsarchiv Basel-Stadt, Gemeindearchiv Riehen, M 7.1, Straf und Polizei, Allgemeines und Einzelnes 1892–1931, Gemeinderat an Polizeidepartement, 1. Juli 1920.
6 Schmid, Jürg: Der Aubach, der Mühleteich und die Sache mit dem Grundwasser, in: z'Rieche, Jg. 47, 2007, S. 62–69.
7 Lehmann, Fritz: Unter der Herrschaft der «Gnädigen Herren» von Basel (1522–1798), in: Riehen. Geschichte eines Dorfes, Riehen 1972, S. 267–318, hier S. 287.
8 Bolliger, Peter: Das Riehener Quellwassersystem, in: z'Rieche, Jg. 24, 1984, S. 151–161, hier S. 154.
9 Manasse, Christoph/Tréfás, David: Vernetzt, versorgt, verbunden. Die Geschichte der Basler Energie- und Wasserversorgung, Basel 2006, S. 106.
10 Rüetschi, Daniel: Basler Trinkwassergewinnung in den Langen Erlen: biologische Reinigungsleistungen in den bewaldeten Wässerstellen, Diss. Basel 2000, S. 409.
11 Bolliger, Quellwassersystem, S. 151.
12 Manasse/Tréfás, Vernetzt, S. 110.
13 Forter, Martin: Farbenspiel. Ein Jahrhundert Umweltnutzung durch die Basler chemische Industrie, Zürich 2000, S. 40–45.
14 Manasse/Tréfás, Vernetzt, S. 215.
15 Kaufmann, Gerhard: Die lange Leitung, in: z'Rieche, Jg. 22, 1982, S. 124–141, hier S. 132.
16 Baudepartement des Kantons Basel-Stadt (Hg.): Bericht über die Abfallbewirtschaftung im Kanton Basel-Stadt, Basel 2002, S. 7.
17 Minikus, Marlene: Vom Glöggliwagen zur modernen Kehrichtverwertung, in: z'Rieche, Jg. 26, 1986, S. 178–190.
18 Schmid, Jürg: Abfälle vermeiden, vermindern, verwerten, in: z'Rieche, Jg. 31, 1991, S. 167–176, hier S. 169.
19 Jann, Christian: Neues Abfallkonzept: «Ihr Mist gibt einen Haufen Energie», in: z'Rieche, Jg. 48, 2008, S. 16–22.
20 Dokumentationsstelle Riehen, 452.3.6 a.1–3, Abfallbewirtschaftung, Deponien, Korrespondenz 1919–1974, Brief des Gemeinderats Riehen an das Bürgermeisteramt Inzlingen, 2. September 1959.
21 Dokumentationsstelle Riehen, 452.3.6 a.1–4, Abfallbewirtschaftung, Deponien, Korrespondenz 1919–1974; Geotechnisches Institut: Deponie Maienbühl, Riehen (BS) Altablagerung Mönden, Inzlingen (D). Ergänzende historische Untersuchung, 25. Juli 2006.
22 Manasse/Tréfás, S. 89–103.
23 http://www.european-energy-award.org, 24. Juni 2009.
24 Grass, Richard: Wärme aus der Erde. Die Erfolgsgeschichte des Wärmeverbundes Riehen, in: z'Rieche, Jg. 36, 1996, S. 120–131, hier S. 122.
25 Manasse/Tréfás, Vernetzt, S. 102.
26 Grass, Richard: Grenzüberschreitende Geothermie, in: z'Rieche, Jg. 41, 2001, S. 54–59.

Während die meisten Menschen noch schlafen, wird in der Backstube an der Lörracherstrasse 70 bereits gearbeitet. Wenn der Laden der Bäckerei Gerber seine Türen um 6.30 Uhr öffnet, steht das frischgebackene Brot zum Verkauf bereit. Die Aufnahme stammt aus dem Jahr 2009.

Arbeiten in der Wohngemeinde

Isabel Koellreuter

Riehen war bis Ende des 19. Jahrhunderts ein Bauerndorf. Im Lauf des 20. Jahrhunderts siedelten sich einige Gewerbebetriebe an, Riehen wurde jedoch nie zu einem Industriestandort. Heute dominiert der Dienstleistungssektor. Im Verhältnis zur Bevölkerung ist der Anteil Erwerbstätiger tief, die Zahl der Arbeitsplätze niedrig. Riehen ist in erster Linie eine attraktive Wohngemeinde. Zwar gehört dazu ein breites Angebot an Dienstleistungen, Handel und Gewerbe. Die Durchmischung von Wohnen und Arbeit führt aber immer wieder zu Konflikten: In Riehen ordnet sich Arbeit dem Wohnen unter. Ein Streifzug durch die Geschichte erzählt von Strukturwandel, unterschiedlichen Betrieben und Arbeitsmodellen.

Leben von der Landwirtschaft

Die meisten Riehenerinnen und Riehener lebten bis ins 19. Jahrhundert ganz oder teilweise von der Landwirtschaft, im Allgemeinen vom Getreideanbau. Auch der Weinbau spielte bereits seit dem Mittelalter eine wichtige Rolle. Über den ganzen Riehener Bann verteilten sich kleine Rebäcker. Intensiv wurde der Rebbau auf dem Hackberg, dem Schlipf und dem Kilchgrund betrieben, wobei als eigentliche Blütezeit des Riehener Rebbaus vor allem die Zeit zwischen dem Dreissigjährigen Krieg (1618–1648) und der Mitte des 19. Jahrhunderts gilt.[1] Am Ende des 19. Jahrhunderts vollzog sich in Riehen – wie in der restlichen Schweiz – ein Strukturwandel vom Ackerbau zur Vieh- und Milchwirtschaft.

Vielfalt im Familienbetrieb

Die sogenannte ‹Aufnahme der Einwohner, der Liegenschaften und des Viehbestandes› von 1774 führte insgesamt 270 Haushaltungen an, von denen allerdings nur rund fünfzehn Prozent ausschliesslich von der Landwirtschaft leben konnten. Rund ein Viertel der Bewohnerschaft lebte vorwiegend von einem Handwerk, und einige arbeiteten in einer Manufaktur.[2] Die meisten Riehener waren Kleinbauern. Sie besassen zwar einige Felder, ein eigenes Logis und etwas Kleinvieh, doch war ihr Grundbesitz nicht gross genug, um sich und ihre Familien durchbringen zu können. Deshalb arbeiteten die meisten im Taglohn auf grösseren Bauernhöfen. In den Quellen aus dem 18. Jahrhundert werden sie unter der Bezeichnung ‹Tauner› aufgeführt. Der Begriff weist auf den Mangel an Grundbesitz hin und bezieht sich auf das sogenannte Tagwerk, eine Fläche, die man innerhalb eines Tages bestellen kann. Bis ins 19. Jahrhundert betreiben viele Bauern neben ihrer Arbeit auf dem Feld auch ein Handwerk, wie zum Beispiel Küferei, Wagnerei oder Sattlerei.

Die Arbeit in den Fabriken in Basel und Lörrach stellte vor allem ab 1800 für viele Riehener eine Alternative zur Landwirtschaft dar. Als Folge von Erbteilungen und Notverkäufen wurde der Betrieb eines eigenen Hofs immer öfter unrentabel: Die Nutzfläche pro Familie reduzierte sich. Durch die Abwanderung von Bauern in andere Arbeitsbereiche sank die Bedeutung der Landwirtschaft in und um Riehen. In vielen Fällen fanden sich keine Nachfolger, die wirtschaftliche Lage vieler Landwirte wurde prekär, einige wanderten aus. Vor allem nach dem Zweiten Weltkrieg stiegen die Bodenpreise derart an, dass viele Bauern ihr Land verkauften. Die verbliebenen Landwirte erschlossen sich teilweise Nebenverdienste, zum Beispiel als Transportunternehmer oder mit Gemüse- und Landschaftsgärtnereien.[3]

Hohe Lebensqualität durch Landwirtschaft

Die Diskussionen um den Maienbühlhof in Riehen in den 1960er Jahren zeugen davon, dass man sich auf gemeindepolitischer Ebene zunehmend um den Erhalt der Landwirtschaft sorgte. Der Hof wurde von der Einwohnergemeinde gekauft, «als Anschauungsobjekt sozusagen, denn auch beim unaufhaltsamen Rückgang der Landwirtschaft sollen kommende Generationen im Bann Riehen noch mindestens einen

Traubenlese im Schlipf mit Familie Stickelberger 1929.

Für das Bild von 1927 posierte die gesamte Belegschaft der Wagnerei Grosshardt vor dem Eingang an der Rössligasse.

Arbeiten in der Wohngemeinde

Arbeiten im Kleinbauernhaushalt

Die Familie Eger zählte zu den Kleinbauern. Sie bewohnte um 1900 das Haus an der Rössligasse 40. Zu ihrem Besitz gehörten eine Kuh, ein Schwein und ein Dutzend Hühner im Höfli. Ihre Äcker waren über den ganzen Riehener Bann verteilt. Die Familienmitglieder pflanzten Kartoffeln, Rhabarber, Weizen, Roggen, Gemüse, Salat und Beeren an, ferner hatten sie einen kleinen Rebberg im Schlipf. Gemüse und Beeren wurden in Körben auf den Basler Markt gebracht, vom Verkaufserlös konnten Vorräte für den Winter und Kolonialwaren wie Zucker und Tee gekauft werden. Der Grossvater Eger war, wie seine Vorfahren, auch als Gemeindebannwart tätig. Da der Ertrag aus der Feldarbeit nach des Grossvaters Tod nicht mehr für den Lebensunterhalt der Familie ausreichte, begann der Sohn in der Stadt zu arbeiten, bei der Ciba, und die Tochter fand eine Stelle als Verkäuferin in der Riehener Filiale des Allgemeinen Consum Vereins (ACV). Nach Feierabend und in der Freizeit unterstützten die erwachsenen Kinder ihre Mutter bei der Feldarbeit.[4]

richtiggehenden Bauernhof mit Kühen und Kleintieren finden».[5] Auch im ‹Leitbild 2000–2015› wird der Landwirtschaft ein wichtiger Stellenwert für die Riehener Lebensqualität beigemessen. Es wird betont, dass es wichtig sei, den sechs verbliebenen Bauernbetrieben Rahmenbedingungen für ein gutes Auskommen zu bieten. In volkswirtschaftlicher Hinsicht hat die Riehener Landwirtschaft im 21. Jahrhundert keine Bedeutung mehr. Anstatt auf eine möglichst ertragreiche Produktionsweise zu setzen, stehen heute ökologische Kriterien im Vordergrund.[6]

Gewerbe, Industrie und Dienstleistung

Parallel zum Rückgang der landwirtschaftlichen Betriebe gewannen sowohl Gewerbe als auch Handel an Bedeutung. Bis 1929 hatten sich in Riehen insgesamt über 400 Betriebe angesiedelt, die rund 1600 Arbeitsplätze anboten. Es handelte sich zum grössten Teil um kleine Betriebe mit einem bis vier Beschäftigten. 1991 erreichte die Zahl der Arbeitsstellen in Riehen mit über 4500 einen Höhepunkt; danach ging sie bis 2005 auf knapp 4000 zurück. 2005 zählte man in Riehen 585 Betriebe.[7]

In den letzten zwanzig Jahren fand eine starke Verlagerung statt. Der Dienstleistungssektor nahm auf Kosten von Industrie und Gewerbe zu. Während noch um 1985 über 30 Prozent aller Arbeitsplätze vom verarbeitenden Gewerbe und der Industrie bereitgestellt wurden, waren es 2005 nur noch knapp 15 Prozent. Das Dienstleistungsgewerbe beschäftigt inzwischen 85 Prozent aller Erwerbstätigen in Riehen.

Die grösste Arbeitgeberin in Riehen ist seit 2009 die Einwohnergemeinde. Zu den 244 Gemeindeangestellten gehört auch das Personal in den Kindergärten und Primarschulen. Eine weitere wichtige Arbeitgeberin ist die Fondation Beyeler, die 2009 insgesamt 137 Personen beschäftigte. In den letzten Jahren hat die Zahl von Betrieben im Gesundheitswesen stark zugenommen. Ebenfalls zugenommen haben Firmen im Bereich der Unternehmensberatung. Sowohl bei den Betrieben im Gesundheitsbereich als auch bei den Unternehmensberatungen handelt es sich um kleine Betriebe mit wenigen Mitarbeitenden. Dies erklärt auch, weshalb sich die Zahl der Beschäftigten trotz Zunahme der Anzahl Betriebe reduziert hat.

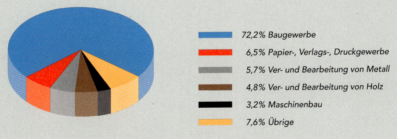

Beschäftigte des Wirtschaftssektors II (Industrie und Gewerbe) nach Branche, 2005

- 72,2% Baugewerbe
- 6,5% Papier-, Verlags-, Druckgewerbe
- 5,7% Ver- und Bearbeitung von Metall
- 4,8% Ver- und Bearbeitung von Holz
- 3,2% Maschinenbau
- 7,6% Übrige

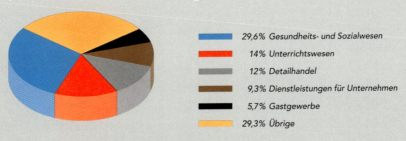

Beschäftigte des Wirtschaftssektors III (Handel und Dienstleistung) nach Branche, 2005

- 29,6% Gesundheits- und Sozialwesen
- 14% Unterrichtswesen
- 12% Detailhandel
- 9,3% Dienstleistungen für Unternehmen
- 5,7% Gastgewerbe
- 29,3% Übrige

Keine Zichorien über Riehen

Die Firma Trampler & Co. hatte um 1888 in der Nähe der Riehener Eisenbahnstation ein Stück Land erworben, auf dem sie plante, eine Zichorienfabrik zu errichten. Aus den Wurzeln von Zichorien wurde bis ins 20. Jahrhundert ein billiger Ersatz für Bohnenkaffee produziert. Einige benachbarte Gutsbesitzer, darunter auch das Diakonissenhaus, erhoben Einsprache, fürchteten sie doch, von unangenehmen Gerüchen belästigt zu werden. Trotz des Widerstands setzte sich der Gemeinderat für die Errichtung der Zichorienfabrik ein. Der Einzug der Industrie versprach – wie der Gemeinderat verlauten liess –, neben Arbeitsplätzen auch «endlich neue Steuerkräfte» ins Dorf zu bringen. Der Widerstand der Diakonissen liess nicht nach, umso verzweifelter fiel der zweite Bericht des Gemeinderates aus. Nicht nur müssten die ehemaligen Besitzer des Terrains beim Bahnhof ihr Land zu einem höheren Preis zurückkaufen, nein, den Herren Trampler seien bereits von anderen Orten vorteilhafte Angebote unterbreitet worden. Eine Abweisung würde für Riehen «unstreitig für die Zukunft um so fataler ausfallen, als sich kaum wieder ein Industrieller um die Gestaltung eines Betriebes auf hiesigem Boden bewerben würde». Am 4. Juli 1888 sprach das Sanitätsdepartement Basel-Stadt das letzte Wort in dieser Sache und unterband den Bau der Fabrik definitiv.[8]

Kaum Fabriken

Bis zum Ende des 19. Jahrhunderts gab es in Riehen keine Fabriken als sichtbare Zeichen der Industrialisierung. Erst um die Wende zum 20. Jahrhundert liessen sich die ersten Produktionsbetriebe nieder: So entstand 1898 am Bachtelenweg die Fabrik Ernst Weber, in der Schirme hergestellt wurden. Später erweiterte Ernst Weber die Produktepalette um die sogenannte Weber-Bahre, die im Sanitätsdienst der Armee eingesetzt wurde. Als zweiter Industriebetrieb etablierte sich 1911 in den Gebäuden der alten Mühle an der Weilstrasse die ‹Spezialfabrik für Watte und pharmazeutische Produkte›, die bis 1929 bestand.[9]

Dass sich nur wenige Industriebetriebe in Riehen ansiedelten, liegt unter anderem an der geografischen Randlage. Verkehrstechnisch gestaltete sich die Belieferung des schweizerischen Binnenmarktes von Riehen aus als schwierig, und bereits vor dem Ersten Weltkrieg erschwerten Zollschranken den Güterverkehr von der Schweiz nach Deutschland.

Werbeprospekt für den Stockschirm ‹Protector› aus dem Jahr 1900.

Entwicklungen im Gewerbe

Einige Gewerbeberufe organisierten sich in Riehen ab dem 18. Jahrhundert nach städtischem Vorbild in Zünften. So ist die Existenz einer Küfer-, einer Schuhmacher- und einer Metzgerzunft belegt. Sie standen in Verbindung mit den jeweiligen Stadtzünften und organisierten die Berufsbildung und den Zugang zum Markt.[10] Die Dorfbäcker hingegen traten im 18. Jahrhundert der städtischen Zunft bei. Sie verpflichteten sich, die Zunftordnung einzuhalten, und erhielten das Recht, ihre Erzeugnisse auch auf dem städtischen Markt zu verkaufen. Vor allem um die Wende zum 20. Jahrhundert, als Folge des Bevölkerungswachstums, nahmen in Riehen die Betriebe des selbständigen Gewerbes zu. Dies lässt sich am Bäckereigewerbe gut aufzeigen. In schneller Folge entstanden für die grösser gewordene Kundschaft gleich sieben neue Bäckereien.

Die Durchsetzung der Handels- und Gewerbefreiheit im Kanton Basel-Stadt ermöglichte gegen Ende des 19. Jahrhunderts die Einrichtung von grossen Produktionsbetrieben wie die Grossbäckerei des Allgemeinen Consum Vereins (ACV, heute Coop) in Basel. Durch Massenherstellung und Engroseinkauf konnte der ACV die Waren seinen Genossenschafterinnen und Genossenschaftlern zu billigeren Preisen abgeben. In Riehen eröffnete der ACV 1891 seine erste Filiale, weitere Filialeröffnungen folgten. Kleinere Betriebe gerieten durch die mächtige Konkurrenz von ACV und – ab den 1940er Jahren – auch der Migros in Bedrängnis. Sie konnten mit den tiefen Preisen der beiden Grossverteiler nicht mithalten. In Riehen führte dies im Lauf des 20. Jahrhunderts zu einer massiven Reduktion der Bäckereien. Bis in die Gegenwart überlebten nur zwei selbständige Bäckereien. Daneben betreibt die Grossbäckerei Sutter am Webergässchen ein Filialgeschäft.[11]

Anders gestaltete sich die Entwicklung im Baugewerbe. Die ausserordentlich starke Wohnbautätigkeit nach dem Zweiten Weltkrieg schuf für immer mehr in Riehen ansässige Gewerbebetriebe eine Existenzgrundlage: Bestehende Betriebe expandierten, und es etablierten sich einige neue Baufirmen.

Wenig Platz für das Gewerbe

Seit 1990 hat sich die Zal der Arbeitsplätze in Riehen von 4500 auf 4000 verringert. Einige grössere Betriebe sind aus der Gemeinde weggezogen, andere wiederum stellten ihre Tätigkeit ein. Bei der Schliessung der Gärtnerei Schönholzer 1993 gaben der hohe Landpreis und Schwierigkeiten mit der Nachfolgeregelung den Ausschlag: Auf dem Gebiet der ehemaligen Gärtnerei entstand familienfreundlicher Wohnraum.[12] Die

Ein Schwesternbetrieb

52 Jahre lang betrieben die vier Schwestern Schmid an der Baselstrasse 60 eine Wäscherei samt Glätterei. In ihrem Betrieb, der von 1906 bis 1958 existierte, standen weder Waschautomaten noch Bügelmaschinen, vielmehr packten sie die Wäsche in einen Handwagen und fuhren damit zum Mühle- oder Weilteich. Unter fliessendem Wasser wurde die Wäsche gefegt und gespült, auf den Brettern im Waschhaus wurde geseift und geklopft. Die saubere Wäsche wurde schliesslich an der Baselstrasse getrocknet und gebügelt. Bevor die elektrischen Bügeleisen im Betrieb Einzug hielten, wurden die Glätteisen auf Öfen erhitzt. Erst im Alter von 84 Jahren setzte sich die älteste Schwester Rosina zur Ruhe.[13]

Visitenkarte der Gärtnerei Bruno Weber & Sohn, einer der grösseren Firmen Riehens. Der Bau von Tennisplätzen entwickelte sich zur profitablen Nische, welche die Firma mit Erfolg ausbaute. Die Gärtnerei Bruno Weber & Sohn legte bis in die 1980er Jahre über 1500 Tennisplätze im In- und Ausland an, unter anderem für das Palace-Hotel in St. Moritz und für den Tennis Club de Paris. Vater Bruno und Sohn Omar Weber entwickelten eigene Methoden für den Tennisplatzbau, wie ein Verfahren zur Herstellung von harten Belägen oder zum Färben von Tennisplätzen. Sie meldeten mehrere Patente in der Schweiz, in Deutschland und in Frankreich an.

Das im Juni 1992 eröffnete Gewerbehaus an der Lörracherstrasse sollte die Raumnot für kleine und mittlere Gewerbebetriebe entschärfen. Rund sechzehn Firmen sind daselbst untergebracht, von der Treuhandgesellschaft bis zum Malergeschäft. Auf dem Flachdach wird gar ein kleiner Rebberg nach ökologischen Kriterien kultiviert. Das Bild stammt aus dem Jahr 1993.

Die Interessengemeinschaft Riehen (IGR) machte mit einem von Rose-Marie Joray-Muchenberger entworfenen Plakat auf die Gewerbeausstellung von 1955 aufmerksam. Ziel der Gewerbeausstellung war es, dem Publikum die lokalen Betriebe zu präsentieren.

Gärtnerei Schönholzer war nur eine von insgesamt vier grossen Gärtnereien, die innerhalb von fünf Jahren der Nachfrage nach zusätzlichem Bauland wich. Weitere Schwierigkeiten ergaben sich mit der Verschärfung der Vorschriften zur Grundwasserschutzzone. In einigen vorher durch Gewerbe- und Bauernbetriebe genutzten Zonen wurden keine Neuansiedlungen von Betrieben mehr zugelassen, und einige bestehende Betriebe mussten sich gar nach einem neuen Standort umsehen.[14]

In Riehen gibt es bis heute keine dem Gewerbe vorbehaltene Zone, wodurch sich Nutzungskonflikte zwischen Wohnen und Arbeiten immer wieder von neuem ergeben. Für Aufsehen sorgte der Wegzug der Firma Vohland + Bär AG nach Muttenz im Jahr 1991. Diese war 1947 von Basel nach Riehen, an die Lörracherstrasse 110, gezogen. Damals plante sie eine künftige Vergrösserung des Betriebs. In Riehen schien dafür genug Platz vorhanden zu sein. Ende der 1980er Jahre hatte die Firma über hundert Mitarbeiter. Die örtlichen Verhältnisse erwiesen sich nun als zu eng. Zudem befand sich das ehemals frei stehende Firmendomizil inzwischen mitten in einer Wohnzone, was zu zahlreichen Auseinandersetzungen um Lärm und Verkehr führte.[15]

Für die Erhaltung eines aktiven Gewerbes setzt sich seit seiner Gründung der Handels- und Gewerbeverein ein. Dessen Präsident, Peter Zinkernagel, hält fest: Verschwinde das Gewerbe, so drohe Riehen zu einer reinen Wohnstadt zu werden. Ohne lokales Gewerbe könnten die Grundbedürfnisse der Bewohnerinnen und Bewohner nicht mehr vor Ort gedeckt werden, was in den Augen Zinkernagels Riehen zum Nachteil gereiche. Nicht nur sei es preisgünstiger und umweltschonender, wenn man bei Bedarf einen Spenglereibetrieb vor Ort aufbieten könne, es gehe auch um die Erhaltung von Arbeitsplätzen und die Sicherstellung von Steuereinnahmen für die Gemeinde.

Im ‹Leitbild 2000–2015› formulierte der Gemeinderat die Absicht, neue Arbeitsplätze zu schaffen. Ein geeignetes Gebiet für Gewerbetreibende konnte bisher jedoch nicht gefunden werden. Seit den 1970er Jahren steht das Stettenfeld zur Diskussion. Doch bereits zweimal (1986 und 2009) wurde die Planung und Erschliessung des Gebietes durch das Stimmvolk abgelehnt. Ob das Stettenfeld in Zukunft für das lokale Gewerbe Platz bieten wird, bleibt unklar.

Detailhandel

Als die meisten Riehenerinnen und Riehener noch in der Landwirtschaft tätig waren, produzierten sie die Güter des täglichen Bedarfes selber. Im Laden der Familie Unholz – dem heutigen ‹Haushalt-Center Wenk› – wurde verkauft, was nicht selbst hergestellt werden konnte: Neben Haushaltsgegenständen waren dies Kolonialwaren und Tabak.

> «Wo wohnsch?/De wohnsch doch z'Rieche.
> Wo kaufsch?/Natürlig z'Rieche».[16]
>
> 1951 wurde die Interessengemeinschaft Riehen (IGR) mit dem Ziel gegründet, «die Wahrung der Interessen und die Förderung des wirtschaftlichen Wohlergehens der Mitglieder und des selbständig erwerbenden Mittelstandes im allgemeinen» zu fördern. Die IGR vertrat die Anliegen sowohl des Detailhandels als auch des Gewerbes. Sie war vor allem in den 1950er und 1960er Jahren aktiv. Mit Werbeaktionen, an Hausfrauen-Abenden und Ausstellungen wurden der lokale Handel und das Gewerbe vorgestellt und propagiert. 1976 löste der Handels- und Gewerbeverein Riehen (HGR) die IGR ab. Er vertritt seither die gemeinsamen Interessen des Gewerbes und des Handels und informiert die Bevölkerung über das lokale Angebot an Produkten und Dienstleistungen. Für die spezifischen Anliegen der Dorfläden tritt seit 1979 die Vereinigung Riehener Dorfgeschäfte (VRD) ein. Sie leitet immer wieder mit Märkten, Einkaufsgutscheinen und Bündner Wochen gemeinsame Aktivitäten in die Wege.

Bis Ende des 19. Jahrhunderts erweiterte sich das Sortiment um Brennmaterial, Futtermittel und Eisenwaren. Je weniger Bewohnerinnen und Bewohner Riehens sich mit landwirtschaftlichen Produkten selbst versorgten, desto mehr Lebensmittel wurden an der Baselstrasse 46 umgesetzt. Neben Kleidern, Schuhen, Brillen und Schindeln wurde sogar Schiess- und Sprengpulver verkauft. Die Traditionsfirma, die mit Johann Jakob Unholz-Müry im Jahr 1805 ihren Anfang nahm, wird inzwischen von der siebten Generation derselben Familie betrieben. In ihrer Geschichte widerspiegeln sich die Entwicklung des Riehener Detailhandels und die Veränderungen der Einkaufsgewohnheiten bis in die Gegenwart. Der Familienbetrieb passte sich immer wieder den sich verändernden Bedingungen an. Als beispielsweise 1911 in Riehen die erste Apotheke eröffnet wurde, verschwanden Kräutertees, Salben und Tinkturen aus dem Angebot des ‹Haushalt-Centers›. Um nach dem Ersten Weltkrieg mit ACV und Migros konkurrieren zu können, schloss sich die Firma Wenk zuerst mit befreundeten Ladenbesitzern zu einer privaten Einkaufsgemeinschaft zusammen. Später trat sie der Einkaufs- und Rabattvereinigung Liga und der Einkaufsgenossenschaft der schweizerischen Detaillisten, der Usego, bei.[17] Das Geschäft wurde vergrössert, neue Verkaufsmethoden wie die Selbstbedienung wurden auch hier eingeführt. Die Konsumlust und der Wohlstand, die in der Nachkriegszeit zunahmen, widerspiegelten sich in der Erweiterung des Warenangebots und der Vergrösserung des Geschäfts. Von der gesteigerten Kaufkraft profitierte der gesamte Detailhandel im Zentrum Riehens.

Der Innenraum des heutigen ‹Haushalt-Centers Wenk› um 1935, 1955 kurz vor dem Umbau und 1955 nach der Umstellung auf Selbstbedienung.

Arbeiten in der Wohngemeinde

Das Gesicht des ehemals ländlich anmutenden Webergässchens erfuhr in der zweiten Hälfte der 1960er Jahre eine tiefgreifende Umwandlung. 1965–1966 wurden Abbrucharbeiten ausgeführt und mehrere Geschäftshäuser mit Ladenlokalen gebaut. 1977 schliesslich entstand die Fussgängerzone, das Webergässchen wurde für den motorisierten Verkehr gesperrt. Das erste Bild wurde 1935, das zweite um 1979 aufgenommen.

Mit der Massenmotorisierung in der Nachkriegszeit verbreiteten sich neue Einkaufsgewohnheiten. Der Grosseinkauf am Wochenende kam auf, der Bewegungsradius der Konsumentinnen und Konsumenten vergrösserte sich stetig. Zwar verschwanden in den 1980er und 1990er Jahren einige Läden aus dem Dorfzentrum. Dennoch fand in Riehen kein grosses ‹Lädelisterben› statt. Der Anteil Einwohnerinnen und Einwohner, die ihren Tagesbedarf und einen «ansehnlichen Teil des längerfristigen Bedarfs» in Riehen decken, sei stabil oder gar leicht steigend, wurde 1996 in einer Marktanalyse festgehalten. Für die Läden im Dorfkern wurde die Situation gerade aufgrund eines Wohnumfeldes mit Einfamilienhäusern und alten Villengebieten, das eine grosse Kaufkraft garantiere, als sehr gut bezeichnet. Zwar kaufen die Bewohnerinnen und Bewohner Riehens spezielle Waren wie Elektronik, Bekleidung und Reiseartikel lieber in der Stadt ein, doch könne der lokale Detailhandel von der Grenzlage profitieren. Die Landesgrenze sorgt für unterschiedliche Preise, was ausländische Konsumentinnen und Konsumenten nach Riehen lockt. In den letzten Jahren allerdings versetzten lange leerstehende Ladenlokale und fehlende Parkplätze die Riehener Detaillisten in Besorgnis, weil dies aus ihrer Sicht ein attraktives Einkaufserlebnis beeinträchtige.[18]

Ein zweites Dorfzentrum entsteht

Durch die grosse Bautätigkeit nach dem Zweiten Weltkrieg entstand im Süden Riehens ein neuer Dorfteil. Innert dreier Jahrzehnte wuchs die Wohnbevölkerung im Niederholzquartier auf rund 7000 Personen an. Ein Einkaufszentrum bestand anfänglich nicht, die Versorgung der Quartierbevölkerung erfolgte über eine Coop-Filiale und einige wenige Kleinläden. Der Architekt Paul Berger begann deshalb Anfang der 1970er Jahre mit der Planung eines Einkaufs- und Dienstleistungszentrums, das auch Treffpunkt und Anlaufstelle für soziale Aktivitäten sein sollte. Die unbebaute Parzelle an der Rauracherstrasse, die sich im Besitz seiner Familie befand, bot sich dafür geradezu an. Am 18. November 1978 fand die Eröffnung des Rauracherzentrums statt: Ein Coop-Supermarkt auf 1100 Quadratmetern bot ein umfassendes Sortiment an, die benachbarten Detaillisten konzentrierten sich auf Spezialitäten. Das Obergeschoss war reserviert für Gastlichkeit, Fitness, Freizeitgestaltung, ärztliche Versorgung und Fürsorge. Für das Niederholzquartier hat sich das Rauracherzentrum nicht nur als Einkaufszentrum und Begegnungsort etabliert: Es ist auch ein wichtiger Arbeitgeber.[19]

Grenzgänger und Pendler

Wer am frühen Morgen bei der Tramstation Riehen Dorf steht, staunt über die vielen Menschen. Das Tram in Richtung Stadt ist überfüllt, und auch jenes aus der Stadt bringt eine beachtliche Zahl von Passagieren nach Riehen. Die vielen Automobilisten aus Deutschland sorgen für zähen Verkehrsfluss auf der Strasse. Grenzgänger und Pendlerinnen prägen das Bild des Riehener Arbeitsalltags.

Wegpendler

Während im 18. Jahrhundert in Lörrach und in Basel erste Fabriken entstanden, fand die Industrialisierung in Riehen nicht statt. Indirekt hatte die frühe Industrialisierung aber auch in Riehen ihre Auswirkungen: Die Fabriken in der Umgebung boten Erwerbsmöglichkeiten ausserhalb der Landwirtschaft an. Zu den ersten Fabrikarbeitern gehörten im 18. Jahrhundert die Bewohner des Hauses an der Gartenstrasse 21, die täglich zu Fuss nach Basel gingen. Einer der ersten Riehener Fabrikarbeiter, der nach Lörrach pendelte, war der 1812 geborene Simon Link. Er arbeitete in der Manufaktur Koechlin, wie vermutlich auch etliche seiner Nachbarn und Nachbarinnen.[20] Um 1910 wurden 256 Riehener, rund 17 Prozent der erwerbstätigen Bevölkerung, vom Industriezentrum Lörrach-Stetten angezogen. Etwa gleich viel Arbeitskräfte pendelten von Riehen nach Basel. Von den 260 Pendlern, die damals täglich in die Stadt Basel zur Arbeit gingen, waren nur 42 in Industriebetrieben tätig. Obwohl sich der Anteil in Riehen wohnhafter Arbeiterinnen und Arbeiter im Lauf des 19. und des 20. Jahrhunderts stetig erhöhte, entstanden in Riehen keine reinen Arbeiterquartiere. Die geringe Zahl an städtischen Industriearbeitern habe mit dem Charakter des Villenvororts zu tun, behauptete der Autor einer Studie über die Basler Agglomeration 1928.[21]

Vor allem während des Ersten Weltkriegs und in der unmittelbaren Folgezeit fanden viele Schweizer in badischen Industriebetrieben eine Arbeit, da die meisten deutschen Arbeiter in den Krieg eingezogen worden waren. In den 1920er Jahren jedoch nahm die Anzahl Schweizer Grenzgänger aufgrund der Inflation und der hohen Arbeitslosigkeit in Deutschland wieder ab.[22]

Ebenfalls als Folge der Industrialisierung liess sich eine ganz andere Klasse von Pendlern in Riehen nieder: begüterte Fabrikherren, die in bester Wohnlage ihre Landhäuser erstellen liessen. Im Lauf des 20. Jahrhunderts entschieden sich auch etliche Angestellte aus den Industriebetrieben der Nachbarschaft für den Wohnort Riehen. Die Industrialisierung blieb zwar in Form von Fabriken und Kaminen in Riehen kaum sichtbar, wirkte sich aber auf die Zusammensetzung der Wohnbevölkerung aus.

Stets zu Diensten

Besitzer und Besitzerinnen der grossen Herrschaftshäuser und Landsitze waren wichtige Arbeitgeber. So bot ein grosses Anwesen wie der Wenkenhof von Alexander und Fanny Clavel-Respinger, ein begütertes Basler Industriellenpaar, viele Arbeitsstellen. Allein schon in der Parkanlage arbeiteten in den 1950er Jahren ein Gärtnermeister und seine zwei Gesellen. Das Küchenpersonal bestand aus mindestens einer Köchin, eine weitere Frau war für die Wäsche zuständig. Für die Dame des Hauses war das Zimmermädchen verantwortlich. Ein Bediensteter amtete als Chauffeur und Herrschaftsdiener; er stand seinen Arbeitgebern Tag und Nacht zur Verfügung. Jeden Abend erhielt er eine Liste von Frau Clavel mit Anweisungen für den kommenden Tag.[23]

«Nos domestiques en gala, à ma fête du 80ième anniversaire», so betitelte Fanny Clavel-Respinger diese Fotografie von 1963 in ihrem Fotoalbum.

Keine Dienstmädchen aus dem Badischen mehr

«Also doch! Schon einige Zeit hörte man, dass Deutschland beabsichtige, alle deutschen Hausangestellten, die im Ausland tätig sind, zurückzuziehen!», stand am 30. Dezember 1938 in der ‹Riehener Zeitung›. Ein einschneidendes Vorhaben, arbeiteten doch viele junge deutsche Frauen in Riehener Haushaltungen. Auch wenn die Massnahme im ersten Moment als Nachteil erscheine, sei es eigentlich ein grosses Glück für die Schweizer Mädchen, fuhr die Zeitung fort. So würden sie wieder gezwungen, ihren eigentlichen Beruf, den Hausdienst, aufzunehmen. In der Gegenwart zögen sie nämlich lieber in die Stadt und nähmen den jungen Männern die Arbeit weg. Die auswärtigen Mädchen schliesslich schnappten sich einen «biederen Schweizer» und die Schweizerinnen blieben ihr Leben lang ledig; «… fast wie in einem Roman (!) – wird die einschneidende Massnahme der deutschen Regierung also noch gut herauskommen und hoffentlich recht viele Schweizermädchen glücklich werden. Schweizermädchen, dein Ehrenposten sei die Haushaltung!»

Die deutschen Dienstmädchen mussten auch nach Kriegsende 1945 noch eine Weile warten, bis sie wieder in der Schweiz eine Arbeit suchen konnten. Die französische Besatzungsmacht erlaubte ihre Einreise in die Schweiz nicht, weil in Deutschland für die noch intakten Textilfabriken weibliche Arbeitskräfte gebraucht wurden. Da diese Stellen aber nur schlecht entlöhnt waren, zogen die badischen Frauen eine Stelle in der Schweiz vor.[24]

Zupendler

Die Anzahl deutscher Grenzgänger, die vor dem Ersten Weltkrieg in der Schweiz arbeiteten, ist nur vage überliefert. Beim Ausbruch des Krieges mussten die meisten Männer ihre Anstellung in der Schweiz aufgeben, weil sie in die Armee eingezogen wurden. Nach dem Krieg wurde das Arbeiten in der Schweiz für Deutsche durch Hürden wie Bedürfnisklausel und Arbeitsvisa erschwert. Viele deutsche Angestellte verloren ihre Stellen in der Schweiz, bis Ende der 1920er Jahre gab es nur wenige Grenzgänger. Nach der Machtergreifung durch die Nationalsozialisten 1933 veränderte sich auch die behördliche Sicht Deutschlands auf das Grenzgängertum. Die Arbeitskraft sollte vor allem dem eigenen Reich zugute kommen und nicht ins benachbarte Ausland abwandern. In Riehen betrafen die neuen Regelungen hauptsächlich Dienstmädchen. Nahezu die Hälfte aller Arbeitskräfte, die in Richtung Riehen und Basel pendelten, war bis 1950 in Haushaltungen tätig. Es handelte sich dabei fast ausschliesslich um Frauen.[25]

Erwerbstätige

Jahr	Erwerbstätige in Riehen	Zupendler	Wegpendler aus Riehen/Bettingen
1980	8781	1094	6390
1990	8897	1445	6642
2000	8930	1737	6117

Heute hat eine Mehrheit aller erwerbstätigen Einwohnerinnen und Einwohner Riehens ihren Arbeitsplatz ausserhalb der Wohngemeinde. Die Mehrheit dieser Wegpendlerinnen arbeitet in Basel. Gering sind die Zahlen von Pendlern aus Riehen und Bettingen ins benachbarte Ausland: 1990 waren es insgesamt 76, im Jahr 2000 noch 69. Die Zupendlerinnen und -pendler aus der Schweiz in Richtung Riehen haben im Zeitraum von 1980 bis 2000 zugenommen, die meisten kommen aus Basel.

Stossverkehr im Dorfkern von Riehen. Die Abbildung stammt aus dem Jahr 1979.

Stellenwert der Arbeit in der Gegenwart

Der Anteil erwerbstätiger Frauen und Männer an der Gesamtbevölkerung bewegt sich heute um die 45 Prozent und ist im Vergleich mit anderen Agglomerationsgemeinden wie Reinach und Allschwil um rund 10 Prozent tiefer.

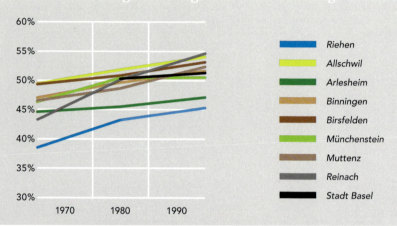

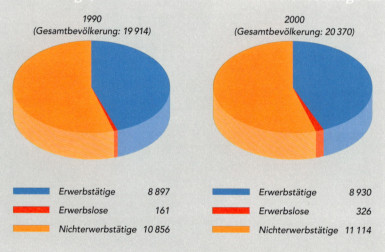

Nichterwerbstätige Bevölkerung

Wer weshalb als erwerbstätig respektive nichterwerbstätig gilt, wird immer wieder neu definiert. Im 21. Jahrhundert gilt als erwerbstätig, wer während einer Woche mindestens eine Stunde gegen Entlöhnung gearbeitet hat. Zur aktiven Bevölkerung zählen auch diejenigen, die zum Zeitpunkt der Datenerhebung erwerbslos waren. Zu den Nichterwerbspersonen zählen demnach diejenigen, die weder erwerbstätig noch erwerbslos sind.

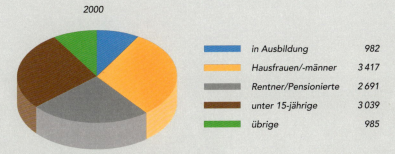

«Hausfrauen und Haustöchter, die nur in ihrem eigenen oder im Haushalt ihrer Eltern tätig sind, fallen unter die nichtaktive Bevölkerung», lautete 1976 die Definition des Statistischen Amtes. Zwar wird dieser Umstand heute geschlechtsneutral formuliert, es gilt jedoch der gleiche Sachverhalt: Wer unbezahlte Hausarbeit erledigt, wird nicht zur erwerbstätigen Bevölkerung gezählt. In Riehen sind das immerhin beinahe 17 Prozent der Bevölkerung. Der Wert der Arbeit im Haushalt, in der Kindererziehung und in vielen ehrenamtlich organisierten Institutionen bleibt so weiterhin unerfasst

In den 1970er Jahren war die Kinderbetreuung und -erziehung offensichtlich Sache der Mütter: Auf diesem Foto vom Wettsteinpark aus dem Jahr 1975 ist kein einziger Mann zu sehen.

und erfährt damit nach wie vor eine geringe Wertschätzung. Grossmehrheitlich handelt es sich dabei um die Arbeit von Frauen.

Arbeitslosigkeit und Integration

Die Arbeitslosigkeit bewegte sich in Riehen immer parallel zu jener in Basel, allerdings auf etwas tieferem Niveau. Damit reflektierte und reflektiert sie bis heute die jeweiligen konjunkturellen Bewegungen. Im Umgang mit Arbeitslosigkeit fand in den 1930er Jahren eine tiefgreifende Veränderung statt. Anstatt auf Ausgabenverminderung zu setzen, bis die Wirtschaft wieder ins Laufen kam, begann der Staat Anleihen aufzunehmen, um die Wirtschaft aktiv anzukurbeln. Zu diesen Ankurbelungsmassnahmen gehörte auch die Finanzierung von Arbeitsbeschaffungsmassnahmen. Im Kanton Basel-Stadt entstand in dieser Zeit der Arbeitsrappen. Dieser finanzierte auch in Riehen verschiedene Bauprojekte, wie den Bau eines neuen Traktes des Diakonissenspitals 1939 oder neue Waldwege.

Zwar existierten vor dem Zweiten Weltkrieg mehrere gewerkschaftliche und auch einige öffentliche Arbeitslosenversicherungen, doch wurden sie erst während des Kriegs vereinheitlicht und 1951 auf nationaler Ebene eingeführt. Als Ende der 1970er Jahre die Wirtschaft einbrach, wurden in Riehen während mehrerer Jahre grössere Kredite für Arbeitsbeschaffungsmassnahmen bewilligt. Um zu verhindern, dass ausgesteuert wurde, wer während mehr als 150 Tagen Arbeitslosengeld bezog, begann die Gemeindeverwaltung, davon betroffene Männer und Frauen während 100 Tagen einzustellen.[26] 1998 bewilligte der Gemeinderat ein Pilotprojekt, an dem sechs Arbeitslose während dreier Monate teilnehmen konnten. Es sollte der Langzeitarbeitslosigkeit vorbeugen und das Angebot des Sozialstellenplans, wie die Arbeitsbeschaffungsmassnahmen seit 1982 hiessen, verbessern. Aufgrund seines Erfolgs wurde dieses Reintegrationsprogramm bereits im ersten Jahr aufgestockt: Die Gemeinde bot zwölf Langzeitarbeitslosen während eines Jahres die Möglichkeit, Arbeiten in gemeindeeigenen Betrieben auszuführen. Im Lauf von zehn Jahren hat sich das Programm stetig verändert. 2009 wurden insgesamt 16 Stellen angeboten, und es besteht inzwischen auch die Möglichkeit, eine Arbeit bei einem lokalen Unternehmen der Privatwirtschaft zu erhalten. Die Teilnehmerinnen und Teilnehmer werden von zwei Gruppenleitern an ihrer Arbeitsstelle angeleitet und begleitet. Sie erhalten Unterstützung bei der Zusammenstellung von Bewerbungsunterlagen, in der Vorbereitung auf Bewerbungsverfahren, und sie können bei Bedarf die Deutschkurse der Gemeinde besuchen.[27]

Wirtschaftsförderung

Die Gründung der Wirtschaftsförderung im November 2005 galt als wichtiger Schritt zur Stärkung des Wirtschaftsstandorts Riehen. Nach Ablauf einer zweijährigen Pilotphase zog man eine durchmischte Zwischenbilanz. Niederschwellige Projekte wie das ‹Uusestuehle› hatten zwar Anklang gefunden, das Parkplatzproblem blieb jedoch weiterhin ungelöst. Die Idee, in Riehen eine Filiale des erfolgreichen Reinacher Business-Parcs zu etablieren, um damit junge Firmen nach Riehen zu bringen und während der Anfangszeit zu fördern, war gescheitert. In einem Interview stellte 2007 der Leiter der Wirtschaftsförderung, Felix Werner, etwas ernüchtert fest, dass in Riehen letztlich kein Konsens darüber bestehe, in welche Richtung sich die Gemeinde entwickeln sollte. Soll Riehen endgültig zur Schlafstadt ohne Gewerbetreibende werden, oder soll man sich doch weiterhin darum bemühen, Riehen auch als attraktiven Arbeitsort zu gestalten? Die Wirtschaftsförderung Riehen wurde Anfang 2009 eingestellt. Einzelne Projekte werden seither von Privaten weitergeführt, wie die Gewerbezeitung ‹Riehen für Sie› oder die Teilnahme Riehener Geschäfte an der Lörracher Regio-Messe. Durch die Aktivitäten der Wirtschaftsförderung erhielten Gewerbe und Handel einen höheren Stellenwert in der politischen Wahrnehmung. Ab 2010 soll die Förderung des lokalen Handels und Gewerbes in einem Leistungsauftrag des Einwohnerrats verankert werden.[28]

Einmal im Jahr laden Firmen, Institutionen und Vereine zu Begegnungen ins Dorfzentrum von Riehen ein. 2009 fand das ‹Uusestuehle› am 16. Juni statt.

Anmerkungen

1 Wunderlin, Dominik: Wein in Riehen, Wein um Basel. Kulturhistorischer Streifzug durch die Weinlandschaft im Dreiländereck, Riehen 1986, S. 15f.
2 Lehmann, Fritz: Unter der Herrschaft der «Gnädigen Herren» von Basel (1522–1798), in: Riehen. Geschichte eines Dorfes, Riehen 1972, S. 267–318, hier S. 292f.
3 Fischer, Willi: Riehener Landwirtschaft im 20. Jahrhundert, in: z'Rieche, Jg. 35, 1995, S. 30–43, hier S. 43.
4 Eicher-Huber, Paula: Die Bewohner des Hauses Rössligasse 40 seit 1894. Aus der Geschichte meiner Familie, in: z'Rieche, Jg. 21, 1981, S. 35–46.
5 Basler Woche, 12. November 1965.
6 Ziele des Gemeinderates für die Legislaturperiode 1994–1998 und über das Leitbild 2000–2015, in: Basellandschaftliche Zeitung, 9. August 2000.
7 Zahlen aus den eidgenössischen Betriebszählungen von 1905 und 1929 sowie aus den statistischen Jahrbüchern des Kantons Basel-Stadt.
8 Staatsarchiv Basel-Stadt, Gemeindearchiv Riehen A 1.7, Gemeinderatsprotokolle der Sitzungen vom 24. Mai, 28. Juni und 12. Juli 1888.
9 Zinkernagel, Peter / Jaquet, Nicolas: Riehener Gewerbe einst und jetzt, in: z'Rieche, Jg. 31, 1991, S. 158–166, hier S. 159.
10 Raith, Michael: Gemeindekunde Riehen, 2. Aufl., Riehen 1988, S. 111.
11 Kaspar, Albin: «… und schön weiss brodt bachen müssen.» Die Geschichte des Bäckerhandwerks in Riehen, in: z'Rieche, Jg. 33, 1993, S. 87–97.
12 Riehener Zeitung, 30. April 1993.
13 Riehener Zeitung, 31. Dezember 1964 und 31. Dezember 1974.
14 Zinkernagel / Jaquet, Riehener Gewerbe, S. 162.
15 Riehener Zeitung, 22. Oktober 1986 und 11. Januar 1991.
16 Gedichtzeile von Eduard Wirz im Rahmen der IGR-Ausstellung ‹Mir z'Rieche› 1958.
17 Meyrat, Sibylle: Von der Spezereihandlung zum Haushaltcenter, in: z'Rieche, Jg. 45, 2005, S. 147–153.
18 Dokumentationsstelle Riehen, Privatarchiv Raith 4-14/01, E. von Navarini / H. Weiss / R. Weill: Standort- und Marktanalyse Riehen, 1996, S. 3ff.; Riehener Zeitung, 10. Juni 2005.
19 Der Rauracher. Zeitung für die Umgebung des Rauracher-Zentrums und seine Freunde in Riehen, Jg. 31, Mai 2008.
20 Kaspar, Albin: «Geht auf die Indfabrik – ist zu haus in Jakob Meyers häuslein», in: z'Rieche, Jg. 43, 2003, S. 15–25; Suter, Stefan: Von der Landwirtschaft in die Fabrik, in: z'Rieche, Jg. 42, 2002, S. 63–71.
21 Stöcklin, Walter: Die Stellung der Basler Vorortsgemeinden in der grossstädtischen Agglomeration, Diss. Basel, Laufen 1928, S. 37 und 85.
22 Bloch, Urs: Grenzgänger aus Südbaden in Basel-Stadt in den ersten Jahren nach dem Zweiten Weltkrieg, in: Basler Zeitschrift für Geschichte und Altertumskunde, Jg. 95, 1995, S. 207–235, hier S. 207–209.
23 Dokumentationsstelle Riehen, 351.2.4.1.01, Brief von Willy Klör (*1923), Erläuterungen zu meinem Dienst bei den Herrschaften Clavel-Respinger in der Zeit von 1950–1952.

24	Riehener Zeitung, 13. September 1946.
25	Bloch, Grenzgänger, S. 209.
26	Riehener Zeitung, 14. Januar 1977 und 23. Februar 1979.
27	Kaufmann, Brigitta: Menschen eine Zukunft geben, in: z'Rieche, Jg. 42, 2002, S. 17–21, hier S. 17f.; Gespräch mit Urs Zengaffinen, Leiter des Reintegrationsprogramms, Riehen 11. November 2009.
28	Riehener Zeitung, 9. November 2007 und 13. Februar 2009.

Skaterin in der Trendsportanlage Pumpwerk im Jahr 2006.

Freizeit und Begegnung

Sibylle Meyrat

Kaninchen züchten, Jodeln, Fussballspielen, Mountainbiken und Töpfern – wer seine Freizeit aktiv gestalten möchte, hat in Riehen viele Möglichkeiten dazu. Dieses Freizeitangebot wurde zum grössten Teil im 20. Jahrhundert geschaffen, um den gefürchteten Folgen der Industrialisierung – Bewegungsarmut, Isolation, Entfremdung – etwas entgegenzusetzen. Eine wichtige Rolle spielten dabei die Vereine. Die ältesten entstanden in Riehen Mitte des 19. Jahrhunderts. Auch religiöse, soziale und ökonomische Anliegen führten zur Gründung von Vereinen. Anstelle des weitgehend verschwundenen älteren Brauchtums entstanden im 20. Jahrhundert neue regelmässig wiederkehrende Anlässe.

Von der Arbeits- zur Freizeitgesellschaft

Bereits im 13. Jahrhundert gab es für manche Berufe Verbote von Nacht- und Sonntagsarbeit, und die Bauern kannten Monate mit mehr oder weniger Arbeit. Doch Freizeit, wie wir sie heute kennen, entstand erst im Zug der Industrialisierung und war auch in Riehen dem grössten Teil der Bevölkerung unbekannt. 1890 hatte die organisierte Arbeiterschaft in der Schweiz erstmals die Einführung des 8-Stunden-Tags gefordert. Die tatsächliche Arbeitszeit in den Fabriken und Handwerksbetrieben lag aber bis weit ins 20. Jahrhundert deutlich darüber. Mit der Industrialisierung setzte auch die allmähliche Trennung von Wohn- und Arbeitsort ein. Noch zu Beginn des 19. Jahrhunderts arbeitete der grösste Teil der Bevölkerung zu Hause, sei es in der Landwirtschaft, in einem Laden oder in einer im Wohnhaus eingerichteten Werkstatt. Heute verlässt auch in Riehen der Grossteil der Erwerbstätigen die Wohngemeinde am Morgen und kehrt am Abend zurück.

Will Riehen keine Schlafstadt sein, ist es entscheidend, dass nicht nur in den eigenen vier Wänden gewohnt wird, sondern dass sich Menschen an öffentlichen Orten begegnen, Kontakte knüpfen und gemeinsam ihre Interessen pflegen können. Dank der Initiative von Privaten, Kirchen, Einwohnergemeinde und Kanton entstanden zahlreiche solcher Treffpunkte.

Treffpunkt Wirtshaus

Bevor es in Riehen Vereinslokale, Sportplätze und ein Freizeitzentrum gab, dienten neben der Kirche vor allem die Wirtshäuser als öffentliche Treffpunkte. Hier wurden Neuigkeiten ausgetauscht, in Männerrunden politische Meinungen gebildet und Konflikte ausgetragen. Manche später geschlossene Ehe nahm hier ihren Anfang. Schon früh bemühten sich kirchliche Kreise um Alternativen, wo man unter Gleichgesinnten blieb und nicht in Versuchung kam, Alkohol zu konsumieren.

Die drei ältesten Wirtshäuser in Riehen, das Gasthaus zum Ochsen, das Wirtshaus zum Rössli und das Wirtshaus zu Drei König, lagen alle an der Baselstrasse. Händler und Fuhrleute legten hier einen Halt ein, wenn sie vom Wiesental nach Basel oder zurück reisten. Die Übernachtungskosten trugen wesentlich zur Existenz der Gasthäuser bei. Im Lauf des 20. Jahrhunderts wurden die Betriebe Ochsen, Drei König und Rössli aufgegeben. Die Häuser wurden abgerissen oder umgebaut.

Neue Versammlungsräume im Dorfzentrum

Als die alten Wirtshäuser im Dorfzentrum verschwanden, verloren die Vereine ihre bewährten Versammlungslokale. Mit dem Bau von Landgasthof und Dorfsaal versuchte die Einwohnergemeinde, Ersatz zu schaffen. Im Jahr 1932 erwarb sie das Areal der alten Taubstummenanstalt an der Schmiedgasse, um dort einen «passenden Dorfplatz mit den dazu gehörigen Anlagen zu schaffen».[1] Mit dem Kauf der Wirtshäuser Tramstübli und Ochsen in den 1940er Jahren wurden die notwendigen Wirtschaftspatente erworben. Am 30. Juni 1951 wurde der Landgasthof mit einem ‹Abend der Dorfvereine› eröffnet. Für den dazu gehörenden Dorfsaal, der je nach Veranstaltung

Bis Mitte des 17. Jahrhunderts war der Ochsen das einzige Wirtshaus in Riehen. Hier ist er auf einer Fotografie zu sehen, die Anfang des 20. Jahrhunderts entstand. Er stand an der Stelle des heutigen Polizeipostens am Erlensträsschen. In seinen Räumen fanden Tauf- und Hochzeitsfeiern, Vereinsabende und Tanzanlässe statt. Um die üppigen bäuerlichen Hochzeitsgelage einzudämmen, reduzierte die Basler Obrigkeit 1628 die zulässige Anzahl der Gäste auf vier Tische zu 12 Personen. Für jeden überzähligen Tisch erhob sie eine Busse von zwei Gulden. Mehrmals bestrafte sie den Ochsenwirt wegen dieser ‹Übertische›. Bis zum Bau des ersten Gemeindehauses 1609 fanden hier auch die Sitzungen der politischen Behörden und des Dorfgerichts statt.

Freizeit für Dienstmädchen

Marie Dennler-Brack arbeitete von 1916 bis 1918 als Dienstmädchen, Kinderbetreuerin und Haushalthilfe bei Familie Frey-Burckhardt in Riehen. Ihr Arbeitstag begann morgens um sechs Uhr und dauerte oft bis nach Mitternacht. Ihre Freizeit beschränkte sich auf einen Sonntagnachmittag alle zwei Wochen. Geld für die Freizeitgestaltung blieb beim monatlichen Lohn von zwanzig Franken kaum übrig. Marie Dennler-Brack besuchte deshalb an ihrem freien Sonntagnachmittag meist das Lokal der ‹Freundinnen junger Mädchen› in Basel. «Es gab eine kurze Predigt, eine der Damen las etwas vor, wir sangen Lieder und bekamen zum Zvieri etwa ein Stück Brot und ein Täfelchen Schokolade oder einen Apfel. Ich lernte dort ein paar nette Mädchen kennen, aber um fünf Uhr musste ich mich schon wieder auf den Heimweg machen, denn ein Trambillett – es kostete damals zwanzig Rappen – konnte ich mir nicht leisten.» In Kontakt mit der männlichen Bevölkerung zu kommen, war für Dienstmädchen praktisch unmöglich. Streng verboten waren Gespräche mit dem Briefträger, dem Metzgerburschen oder anderen «fremden Schangli». Einzig beim Schlittschuhlaufen mit den ihr anvertrauten Kindern lernte Marie Dennler-Brack einmal zwei junge Männer kennen, die sie und die Köchin zum Unterhaltungsabend des Turnvereins einluden. Ihre Vorgesetzte, Jenny Frey-Burckhardt, bezahlte ihnen das Billett unter der strengen Auflage, dass sie sofort nach dem Programm und vor dem Tanz nach Hause kamen – «sehr zum Ärger der beiden Turner».[2]

auch Konzertsaal genannt wird, gilt das Gleiche wie für die Dorffeste und das Dorfmuseum: Sie tauchten zu einem Zeitpunkt auf, als Riehen bereits kein Dorf mehr war – im Sinn einer überschaubaren Gemeinschaft, in der jeder jeden kennt – und gezwungen war, nach einer neuen Identität zu suchen.

Weitere Räumlichkeiten erhielten die Vereine 1983 mit der Alten Kanzlei an der Ecke Baselstrasse/Erlensträsschen. Der Bau des Architekten Melchior Berri aus dem Jahr 1836 verlor seine ursprüngliche Bestimmung, nachdem 1961 das neue Gemeindehaus bezogen worden war. Neben Versammlungs- und Übungslokalen stehen den Riehener Vereinen hier eigene Archivräume zur Verfügung. Für den Betrieb des Hauses ist eine Interessengemeinschaft zuständig. Ebenfalls im Haus der Vereine befindet sich die Infothek, eine Informationsstelle der Gemeindeverwaltung mit Ticketverkauf.

Vereinsleben

Nicht nur zur gemeinsamen Freizeitgestaltung, auch zu sozialen, religiösen, ökonomischen und kulturellen Zwecken wurden in Riehen in den vergangenen 150 Jahren zahlreiche Vereine gegründet. Manche wurden inzwischen aufgelöst, neue kommen laufend hinzu. Von einem Vereinssterben kann, trotz Nachwuchsproblemen einzelner Vereine, nicht die Rede sein. Weihnachtsbasare, ornithologische Exkursionen, Fussballturniere, Brockenstuben, familienexterne Kinderbetreuung, Musikstunden, Stillkurse und vieles mehr gibt es in der heutigen Breite nur, weil sich Vereine dafür einsetzen oder einst dafür eingesetzt haben. Würden von heute auf morgen sämtliche Vereine aufgelöst, erlitte die Gesellschaft einen Kollaps – so das Fazit einer Studie aus dem Jahr 2003, die das Verhältnis der Schweizer Bevölkerung zu ihren Vereinen unter die Lupe nahm.[3]

Ob es auch in Riehen so weit kommen würde? Sicher ist, dass wichtige soziale Netze verschwinden würden und einiges weniger los wäre. Vereine gehören zu den wichtigsten Veranstaltern von öffentlichen Anlässen. Sie schaffen Zugänge zum gesellschaftlichen Leben und leisten einen wichtigen Beitrag zur Integration von Zugezogenen. Viele Institutionen, die heute von der Einwohnergemeinde getragen werden, gehen auf die Initiative von Vereinen zurück.

Vom Fortschritt zur Bewahrung

Nach der Gründung des Bundesstaates 1848 schossen in der ganzen Schweiz Vereine wie Pilze aus dem Boden. Die Wurzeln dieser Bewegung reichen ins 18. Jahrhundert zurück, als liberale Bürger begannen, mittels Vereinen eine von der konservativen Obrigkeit unabhängige Öffentlichkeit zu schaffen. Hier wurden – meist unter Ausschluss der Frauen – Informationen ausgetauscht, Kontakte gepflegt und Meinungen gebildet. Trugen diese Gruppierungen zunächst eine fortschrittliche Dynamik in sich, nahmen sie schon bald eine bewahrende Haltung ein. So gehörten die Turnvereine des Eidgenössischen Turnverbands im 19. Jahrhundert zu den fortschrittlichen Kräften, die sich «frisch, frank, fröhlich, frei» für die Überwindung feudaler Strukturen und die Gründung des Bundesstaates einsetzten. Im 20. Jahrhundert wurden sie zu einem seiner tragenden Pfeiler. Sie trainierten ihre Mitglieder zu Disziplin und Wehrhaftigkeit und wollten den Staat vor allen Neuerungen – insbesondere aus dem politisch linken Lager – schützen.[4]

Am ehesten entsprechen die nach 1968 gegründeten Vereine im Umfeld der Anti-AKW-, der Friedens- oder der Frauenbewegung dem Typus des liberalen Vereins zu Beginn des 19. Jahrhunderts. Diese alternativen Gruppierungen fehlen in Riehen weitgehend. Auch die Jugendbewegung der 1980er Jahre, die in Basel mit der Forderung eines autonomen Jugendzentrums und dem alternativen Kulturbetrieb auf dem Gelände der alten Stadtgärtnerei hohe Wellen schlug, zeigte in Riehen kaum Auswirkungen.

Eine relativ junge Erscheinung sind die Quartiervereine. Der älteste und mitgliederstärkste, der Quartierverein Niederholz, wurde 1978 gegründet. Er gab wesentliche Impulse zur Steigerung der Lebensqualität im Niederholzquartier. Weitere Vereine, die sich den Interessen eines bestimmten Quartiers verschrieben haben, sind der Quartierverein Kornfeld (seit 2001) und der Quartierverein Riehen Nord (seit 2004).

Anfänge und Widerstände

Die ersten bürgerlichen Vereine entstanden in Riehen Mitte des 19. Jahrhunderts, rund dreissig Jahre später als in Basel. Den Anfang machte 1856 der Liederkranz, gefolgt vom Musikverein (1861), den Feldschützen (1867), dem Christlichen Männer- und Jünglingsverein CVJM (1875), dem Landwirtschaftlichen Verein (1877), dem Reformierten Frauenverein (1878), dem Turnverein (1882), dem Männerchor (1895) und dem Verkehrsverein (1899). Alle anderen Vereine sind nach 1900 gegründet worden. Initiiert wurden sie meistens von Männern, die aus Basel oder anderen Regionen der Schweiz zugezogen waren oder durch ihren Beruf eng mit der Stadt verbunden waren.

In den ersten Jahrzehnten war Riehen für die Vereine ein hartes Pflaster. Aus heutiger Sicht kaum mehr nachvollziehbar sind die Widerstände gegen den Chorgesang, wie sie der ‹Liederkranz› zu spüren bekam. Er fördere die Weltlust, den Leichtsinn, die Sittenverderbnis und das Wirtshausleben – so das Vorurteil, das nicht nur der damalige Ortspfarrer Lucas Wenk hegte.[5] Auch der Turnverein stiess auf Skepsis: Anstatt ihre Kräfte auf dem Sportplatz zu verbrauchen, sollten die jungen Männer lieber auf dem Feld mit anpacken, so die Meinung der Bauern.

Trotz der Anfangsschwierigkeiten etablierten sich die Vereine rasch. In einer Zeit, in der es weder Fernsehen noch Unterhaltungselektronik gab und Kinobesuche als anrüchig galten, boten ihre Vorträge und Unterhaltungsabende eine willkommene Abwechslung im Alltag.

Kirchliche und weltliche Vereine

Der zähe Widerstand der kirchlichen Autoritäten in den Anfangszeiten der Vereine wird nur mit Blick auf das geistige Klima jener Zeit verständlich. Religiös-weltanschauliche und politische Positionen waren so eng verknüpft, wie es heute kaum mehr vorstellbar ist.

Mit der Verfassungsänderung vom Mai 1875 hatten die Konservativen im Kanton Basel-Stadt ihre Führungsrolle verloren. In den folgenden dreissig Jahren regierte der Freisinn, in dessen Umfeld viele liberale Vereine gegründet wurden. Die konservativen Protestanten fühlten sich in die Abwehr gedrängt, rückten näher zusammen und reagierten ihrerseits mit der Gründung von Vereinen.[6]

Ähnlich entwickelten sich die Verhältnisse in Riehen. Als 1875 zum Entsetzen der konservativen Kreise ein liberaler Pfarrer gewählt wurde, kam es zu einer Welle von religiös motivierten Vereinsgründungen. Am 3. Dezember 1875 gründete der Lehramtsvikar Jakob Baumann den Männerverein Riehen, der sich seit 1904 Christlicher Verein Junger Männer (CVJM) nennt. Drei Jahre später kamen der Reformierte Frauenverein und 1913 der Verein für kirchliche Evangelisation und Gemeinschaftspflege beziehungsweise die Freie Evangelische Gemeinde (FEG) hinzu. Mit vereinten Kräften errichteten evangelische und evangelikale Gruppierungen, darunter die FEG und der CVJM, im Jahr 1913 am Erlensträsschen 47 als eigenen Treffpunkt das sogenannte Vereinshaus. Im Jahr 2008 wurde es abgebrochen, um einem neuen Begegnungszentrum der FEG Platz zu machen.

Die Konkurrenz, die den religiösen Gemeinschaften ab dem 19. Jahrhundert durch bürgerliche Vereine erwuchs, zwang sie, alte Berührungsängste gegenüber dem Sport, der weltlichen Musik und dem Theater zu überwinden, um nicht ins Abseits zu geraten. 1913 wurde als Abteilung des CVJM ein Posaunenchor gegründet, der heute neben kirchlicher Musik auch unterhaltende und konzertante Stücke spielt, 1919 eine CVJM-Turngruppe und 1950 gar eine Damenriege. Bei aller Anpassung an veränderte Ansprüche der Freizeitgestaltung wurde aber auf klare Abgrenzung gegenüber den ‹weltlichen› Vereinen Wert gelegt. So organisierte der CVJM spezielle Fasnachtsaufführungen mit dem Ziel, die Mitglieder «von dem weltlichen Fasnachtstreiben fernzuhalten und ihnen dafür mit gediegenen Darbietungen zu dienen».[7]

Auch die Katholiken in Riehen gründeten zahlreiche Vereine, die zum grössten Teil bis heute bestehen. Ähnlich wie die bürgerlichen Vereine gestaltete der 1899 gegründete katholische Kirchenchor regelmässige Familienabende mit Unterhaltungsprogramm und Tombola.[8] 1943 kam die grösste Gruppierung der Pfarrei, die Frauenvereinigung St. Franziskus, hinzu. Trotz Widerstand des Pfarrers wurde 1963 erfolgreich ein erster Basar durchgeführt und damit eine neue Tradition begründet, die auf evangelisch-reformierter Seite bereits etabliert war.[9]

Arme und Reiche, Gebildete und Einfache

Dass die Vereine zum sozialen Zusammenhalt in der Gemeinde beitrugen und beitragen, ist unbestritten. Ob und wie sehr soziale Unterschiede dabei eingeebnet wurden, ist eine andere Frage. Zwar schreibt der Historiker Michael Raith, selbst langjähriges und begeistertes CVJM-Mitglied, dass in den Anfangszeiten des damaligen Jünglingsvereins Arme und Reiche, Gebildete und Einfache, Einheimische und Zugezogene

Während den offiziellen Vereinsfotografien zuweilen etwas Steifes anhaftet, zeigt sich beim Durchblättern der vereinseigenen Fotoalben ein anderes Bild. Hier werden die Mitglieder auf ihren Reisen und bei geselligen Anlässen auch in ausgelassener und fröhlicher Stimmung gezeigt. Zu einer Zeit, als Ferien für den Grossteil der Bevölkerung noch ein Fremdwort war, ermöglichten die Vereine ihren Mitgliedern Ausflüge in die ganze Schweiz und ins nahe Ausland. Oben: Liederkranz, unten: Musikverein 1962. Rechte und folgende Seite: Fotoalbum Männerchor.

249 Freizeit und Begegnung

selbstverständlich beisammensassen. Doch die beschriebene – oder beschworene – Eintracht war von kurzer Dauer. Bereits für die 1920er Jahre konstatiert Raith, der Jünglingsverein habe starke Konkurrenz durch die Pfadfinderbewegung bekommen. Von wenigen Ausnahmen abgesehen, seien nun die Kinder der Gutsituierten, vorab der zugezogenen Hausbesitzer, zu den Pfadfindern gegangen, während die Kinder der «alteingesessenen Dörfler» die CVJM-Jungschar besuchten.[10]

Im Verkehrsverein, der sich im 20. Jahrhundert wie kein anderer Verein für die Modernisierung der Infrastruktur einsetzte, waren bis in die 1960er Jahre vor allem die oberen Gesellschaftsschichten vertreten.[11] Das Mitgliederverzeichnis von 1904 führt Lehrer, Wirte, Doktoren, Professoren, Zollbeamte und Landwirte auf. Von Anfang an zählten vereinzelt auch Frauen zu den Mitgliedern. Die Verbindungen zur Politik waren eng. Mehrere Gemeinderäte bekleideten leitende Ämter im Verkehrsverein. Umgekehrt war es ohne gute Verankerung im Verkehrsverein schwierig, in ein politisches Amt gewählt zu werden. Während das Gewerbe im Verkehrsverein durch Handwerksmeister vertreten war, fanden einfache Handwerker und Hilfsarbeiter eher im 1922 gegründeten Arbeiter-Radfahrerverein Solidarität zusammen. Diesem war in Riehen keine lange Lebensdauer beschieden, ebenso wenig wie der 1932 gegründeten Sektion des Arbeiter-, Turn- und Sportvereins SATUS. Als äusserst langlebig erwies sich hingegen eine seiner Untergruppen, der FC Amicitia, 1930 als Arbeiter-Fussballclub Amicitia gegründet. Im Jahr 2001 spielte er erstmals in einer höheren Liga als der 1916 gegründete Konkurrent FC Riehen.

Aus einfachen Verhältnissen kamen auch die Mitglieder des 1912 gegründeten Mandolinenvereins. Ebenso die sieben jungen Männer, die 1861 erstmals unter dem Namen Musikverein Riehen auftraten – als lose Tanzkapelle ohne Dirigent. Triebfeder war nicht nur die Freude am Musizieren, sondern auch die Möglichkeit eines Zusatzverdienstes: 50 Franken brachte ihnen ein Tanzanlass am 1. Januar 1887 im Rössli ein; das Geld teilten sie untereinander auf. Es dauerte dreissig Jahre, bis sich die Musiker als Verein mit Statuten organisierten, und weitere dreissig Jahre, bis der Verein die erste Fahne erhielt.[12]

Von Männer-, Frauen- und gemischten Vereinen

Bis Mitte des 20. Jahrhunderts blieben die Vereine weitgehend eine Domäne der Männer. Eine Ausnahme war der bereits erwähnte Verkehrsverein und der Arbeiterbewegung nahestehende Vereine, die vereinzelt auch Frauen als Mitglieder hatten. Reine Frauenvereine, die sich auf kirchlich-karitative Zwecke beschränkten, gab es bereits im 19. Jahrhundert. Präsidiert wurden sie in den ersten Jahrzehnten meistens von Männern. So standen dem Reformierten Frauenverein, der 1878 als Fusion von ‹Armenverein› und ‹Hülfsverein› entstand, bis 1946 die Pfarrherren Linder, Iselin und Brefin vor. Als Ausnahmeerscheinung darf der 1923 gegründete Gemeinnützige Frauenverein gelten. Hier lag nicht nur die Arbeit, sondern auch das Präsidium von Anfang an in den Händen einer Frau. Später in Krankenpflegeverein umbenannt, fusionierte er 1996 mit dem Hauspflegeverein zum Verein Spitex Riehen-Bettingen. Dieser beschäftigt zu Beginn des 21. Jahrhunderts über 70 Mitarbeiterinnen mit Teilzeitpensen, die für rund 700 Patienten beziehungsweise Kundinnen in Riehen und Bettingen spitalexterne Dienstleistungen erbringen.

Im Musikverein Riehen spielte 1974 erstmals ein Mädchen mit, aber erst seit 1982 können Frauen offiziell Mitglieder werden.[13] Pionierhaft mutet dagegen der Liederkranz an, der bereits 1873 Frauen zum Mitsingen einlud. Das geschah nicht ganz freiwillig: Die Gesangsleistung des Vorjahres liess zu wünschen übrig, und es mangelte dem Chor an Tenören.[14] 1895 spaltete sich ein Teil der Chorsänger ab und gründete den Männerchor Sängerbund. Ausschlaggebend war der Wunsch der Männer, unter sich zu sein.

Im Turnverein Riehen wurden erstmals 1968 Frauen als Mitglieder aufgenommen, und am Eidgenössischen Turnfest 1978 trat er als einer der ersten Vereine mit einer gemischten Leichtathletiksektion an.[15] Bereits 1929 wurde der Damenturnverein gegründet, der sich 1933 dem Turnverein Riehen als Sektion anschloss und sich in den frühen 60er Jahren als ‹Turnerinnen Riehen› wieder abspaltete.

Einen wesentlichen Beitrag leisteten Frauen in den Vereinen, lange bevor sie Aktivmitglieder werden konnten: Regelmässig werden sie in Berichten und Chroniken erwähnt als unentbehrliche Helferinnen beim Organisieren von Anlässen, bei Festwirtschaften und Tombolas, mit denen die Vereine ihre Kassen füllten. An wichtigen Umzügen, Fahnenweihen und Empfängen waren sie ausserdem als weiss gekleidete Ehrendamen präsent, die Ehrenwein kredenzten, Ehrengäste begrüssten und den Siegern die Medaillen überreichten.

Als Riehen 1923 seine Zugehörigkeit zu Basel feierte, durften beim Festumzug die Ehrendamen nicht fehlen. Bei der Auswahl spielte nicht nur ihr Aussehen eine Rolle, sondern auch ihre soziale Stellung. Ihre Väter gehörten alle zur lokalen Oberschicht von Riehen und Bettingen, mehrere wirkten bei der Organisation der Feier mit. Euphorisch berichtete die ‹National-Zeitung› am 25. Juni 1923: «Ganz besonders lieblich waren die Ehrenjungfrauen. [...] Weisse Krinolinchen hüllten die Mädchen ein, darüber sah man blaue Seidenmieder und über dem ovalen Ausschnitt, aus dem schlank und makellos sich der Hals erhob, hingen zarte Spitzenkragen. Da war es fast schwer, die Augen abzuwenden, um sie auf die schwarzgekleideten und zylinderbekrönten Honoratioren zu lenken.»

Turnen, Sport, Bewegung

Bezüglich seiner Sportanlagen sei Riehen ein «Entwicklungsdorf» geworden, schrieb Kurt Schaubhut 1979 in der ‹Riehener Zeitung› und forderte die Einwohnergemeinde zum wiederholten Male auf, endlich eine Mehrzweckhalle zu bauen. Riehens Jugend würde damit ihre «sportliche Heimat in der eigenen Gemeinde finden», doppelte er vier Jahre später nach.[16] Nach Schaubhuts Aufruf dauerte es fast zwanzig Jahre, bis die geforderte Halle in Form der Dreifachturnhalle Niederholz 1996 eröffnet wurde. Mehrere Projekte waren zuvor gescheitert: an der Ablehnung der Stimmbürger, den Einsprachen der Anwohner oder an den Vorgaben des Grundwasserschutzes. Seit 2006 können die Sportvereine mit der Doppelturnhalle des Schulhauses Hinter Gärten eine weitere attraktive Anlage mitbenützen.

Das Spektrum der Sportarten, die in Riehen aktiv betrieben werden, hat sich seit Schaubhuts Warnruf laufend erweitert. Über zwanzig Sportvereine, die sich mit wenigen Ausnahmen in der IG Riehener Sportvereine (IGRS) zusammengeschlossen haben, sind in Riehen aktiv. Die Dachorganisation der Riehener Turn- und Sportvereine wurde im Jahr 1927 gegründet, als der Turnverein Riehen seinen Stafettenlauf ‹Quer durch Riehen› während dreier Jahre auch für andere Vereine öffnete. Sie setzte sich für den Bau der Sportanlage Grendelmatte ein, die 1929 eröffnet und seit den 1950er Jahren etappenweise ausgebaut wurde. Zu Beginn des 21. Jahrhunderts umfasst die Anlage mehrere Rasenfelder, eine Leichtathletikanlage, einen Hartplatz, ein Beachvolleyballfeld, einen Kraftraum und eine Tribüne für 300 Zuschauer.

Mit der IGRS verfügen Sportbegeisterte in Riehen über eine politisch einflussreiche Lobby, die für das Planungsgebiet Stettenfeld bereits Anspruch auf eine zweite Sportanlage angemeldet hat.

Erfolgsgeschichte Riehener Sport

Die für den Sport erfreuliche Entwicklung ist nicht zuletzt dem Engagement von Kurt Schaubhut zu verdanken. Der begeisterte Fussballer, Schwimmer und Tischtennisspieler, dessen Herz in erster Linie für den FC Amicitia schlug, arbeitete als Maschinensetzer und Korrektor bei der Druckerei Schudel, wo ihm bei der Herstellung der ‹Riehener Zeitung› das Fehlen einer Sportspalte auffiel. Mit dem Einverständnis des damaligen Chefredaktors füllte er die Lücke gleich selbst und baute ab 1972 den Sportteil der Zeitung auf. Unermüdlich betonte er die hohe Bedeutung des Sports und nahm die verantwortlichen Gemeindebehörden in die Pflicht.

Dreissig Jahre nach Schaubhuts provokanter Feststellung, Riehen sei in sportlicher Hinsicht ein Entwicklungsdorf, muss sich die Gemeinde kaum mehr mangelnde Sportfreundlichkeit vorwerfen lassen. Sie stellt diverse Hallen und Anlagen bereit, unterstützt Vereine und Einzelpersonen, die sich sportlich betätigen und ehrt seit 1997 besondere Verdienste mit der jährlichen Verleihung eines Sportpreises.

Seit Beginn des 21. Jahrhunderts wird darüber hinaus mit einzelnen Aktionen und Projekten versucht, Menschen zu körperlicher Aktivität zu animieren, die keinen Verein besuchen wollen oder können. Mit der Flexibilisierung der Arbeitszeiten ist auch in

Sportvereine mit Erziehungsfunktion

Der erzieherische Wert eines Vereins war ein wichtiges Kriterium für die Unterstützung durch die Einwohnergemeinde. Als förderungswürdig galt relativ früh schon das Turnen. Anders verhielt es sich beim Sport. In einem Schreiben an den Gemeinderat vom 15. Dezember 1919 klagte der Kraftsportverein Riehen über die stiefmütterliche Behandlung. «Elf Jahre kämpfen wir um die Ehre unseres schönen gesunden Sportes, viele erste Preise sind errungen worden. Seit Jahren steht Riehen an der Spitze der Schweiz.» Jetzt wolle man endlich Subventionen wie andere Vereine. Auch wolle man Gewichtheber Fritz Hünenberger an die Weltmeisterschaft 1920 in Antwerpen schicken. Die Antwort des Gemeinderats kam postwendend. «Die bescheidene Subvention, welche dem hiesigen Turnverein gewährt wird, kann für Ihren Verein nicht als Massstab genommen werden, da eben der Turnverein einen körperlich erzieherischen Zweck verfolgt, währenddem es sich bei Ihrem Verein um einen spezifischen Sport handelt.»[17] Fritz Hünenberger wurde trotzdem Weltmeister im Gewichtheben. «Mit ungeheurer Zähigkeit und Willensanstrengung verfolgte er seine Siegeslaufbahn, die heute noch lange nicht beendet ist», schrieb die ‹Riehener Zeitung› am 21. August 1925. Dennoch wurde der Kraftsportverein kurze Zeit später aufgelöst.

Kraftsportverein 1922.

Am Stafettenlauf des Turnvereins Riehen nahmen mehrmals auch auswärtige Vereine teil, die Aufnahme stammt von 1945 (oben). Der Chrischonalauf wurde 1984 erstmals durchgeführt und hat sich seither zu einem beliebten Volkslauf entwickelt. Die Aufnahme entstand im Jahr 2004 (unten).

Auf der Fotografie von 1945 ist eine junge Frau in der damals üblichen Damenturnkleidung auf der Sportanlage Grendelmatte zu sehen, umringt von sonntäglich gekleidetem Publikum. Sie zieht amüsierte und neugierige Blicke auf sich. «Dass sie keine leichtathletische Ausbildung hat, sehe ich sofort», sagte Bernhard Bürgi, ein langjähriges Mitglied des Turnvereins, beim Betrachten der Fotografie im Jahr 2009. Die Frau gehörte wahrscheinlich zur 1929 gegründeten Damenriege, beim Anlass dürfte es sich um ein Schlussturnen des Turnvereins handeln. Bis die Riehenerinnen 1968 diesem Verein beitreten konnten, blieben ihre sportlichen Aktivitäten hauptsächlich auf Gymnastik beschränkt. Wettkämpfe und das damit verbundene Leistungsdenken galten bis weit ins 20. Jahrhundert hinein als unweiblich. Indem die Frau auf der Fotografie als Kugelstosserin posierte, überschritt sie eine unsichtbare Grenze, die aber allen auf dem Bild bekannt war und offenbar für Heiterkeit sorgte.

sportlicher Hinsicht das Bedürfnis nach Angeboten gestiegen, die spontan und unregelmässig besucht werden können.

Das Ringen um Autonomie und der Anspruch, mehr als ein Vorort Basels zu sein, manifestierte sich in Riehen nicht zuletzt auf der Ebene des Sports. Ähnlich wie die Eidgenössischen Turnvereine im 19. Jahrhundert mit ihren Anlässen und Auftritten dazu beitrugen, die noch leere Hülle des jungen Bundesstaates mit Inhalt zu füllen, tragen der Riehener Sport und seine Akteure bis heute zum Selbstbewusstsein der Gemeinde bei.

Skaten, Schlittschuhlaufen, Schwimmen

Neben der Sportanlage Grendelmatte und den Schulturnhallen finden Bewegungsfreudige in Riehen weitere Orte, um sich individuell oder zusammen mit Gleichgesinnten sportlich zu betätigen: eine Finnenbahn, ein gut ausgebautes Wegnetz zum Joggen, Spazieren und Velofahren, eine Inlineskating-Strecke, Mountainbiketrails, Tennisplätze und mehrere Schlittelwege. Eltern mit Kindern haben mehr als ein Dutzend öffentliche Spielplätze zur Auswahl, für Jugendliche gibt es Skateboardrampen und nahe an der Gemeindegrenze eine Trendsportanlage im Pumpwerk Lange Erlen. Am oberen Chrischonaweg befindet sich ein Schiessstand, der seit 1998 von der IG Riehener Schützen betrieben wird. Auch die Bogenschützen Juventas Basel haben ihr Übungsgelände in Riehen. Da Riehen über bedeutend mehr Freiflächen verfügt als Basel, bildet das Gemeindegebiet einen wichtigen Naherholungsraum für die Stadt.

Die ersten Bemühungen zum Betrieb einer Natureisbahn gehen auf das Jahr 1909 zurück. In den Stellimatten betrieb der Verkehrsverein eine Eisbahn, die im kalten Winter 1910/1911 Tausende von Schlittschuhläufern aus Riehen und Umgebung aufs Eis lockte.[18] Ab 1926 unterhielt die Einwohnergemeinde eine Eisbahn am Erlensträsschen. Zwar zeigte sich schon in den ersten Jahren, dass der Standort ungeeignet und eine Benutzung nur an wenigen Tagen im Jahr möglich war, in milden Wintern überhaupt nicht. Dennoch wurde 1954 ein Garderobenhaus mit WC-Anlage gebaut. Im Winter 2008/2009 wurde schliesslich Ersatz gefunden und erstmals eine Natureisbahn auf dem Hartplatz im Sarasinpark angelegt. Ausserdem unterstützt die Gemeinde Riehen die in Kleinbasel gelegene Kunsteisbahn Eglisee, die von vielen Riehener Schulklassen und Privatpersonen genutzt wird.

Bereits vor Erstellung des ersten öffentlichen Schwimmbads 1898 wurde in der Wiese und in verschiedenen Gewerbekanälen gebadet. Seit dem Mittelalter standen der Bevölkerung zur Körperpflege verschiedene von Privaten betriebene Badestuben zur Verfügung. Das von Heinrich Weissenberger errichtete Kurhaus Bad an der Bahnhofstrasse 40 wurde 1952 abgerissen. Von 1911 bis 1970 betrieb der Kanton Basel-Stadt ein Brausebad im Schulhaus Burgstrasse.

Das erste öffentliche Schwimmbad an der Weilstrasse, das 2008 dem Bau der Zollfreistrasse weichen musste, wurde 1898 eröffnet. Anlass dazu waren vor allem die Klagen der Lehrer über mangelnde Bademöglichkeiten für die Schuljugend. Den Bau und die Planung des Schwimmbads überliess die Gemeinde grösstenteils dem Kanton. Die Erstellungskosten hätten die Gemeindekasse hoffnungslos überfordert.[19] Nach mehreren Umbauten und Erneuerungen blockierte die Projektierung der Zollfreistrasse ab den 1960er Jahren den wiederholt geforderten Ersatz oder Umbau der Anlage. Die Entschädigungssumme von 2,5 Millionen Franken, die die Gemeinde nach Baubeginn der Zollfreistrasse erhalten hat, soll später in ein geplantes Naturbad fliessen.

Trotz zahlreicher politischer Vorstösse gibt es in Riehen bisher kein ganzjährig betriebenes öffentliches Hallenbad. Hingegen steht die Schwimmhalle des Schulhauses Wasserstelzen zeitweise auch der Bevölkerung offen.

Schlittschuhlaufen auf der Natureisanlage im Sarasinpark 2008.

Freizeit und Freiräume für Jugendliche

In Kindheitserinnerungen von Männern und Frauen, die um 1900 in Riehen geboren wurden, finden sich Hinweise auf Spiele und Freizeitaktivitäten. Vor allem die Männer erinnern sich, wie sie als Knaben mit langen Stecken über den Aubach hüpften, Forellen und Krebse fingen und Kirschen klauten – stets auf der Hut vor dem gefürchteten Bannwart. Auf der Strasse, wo kaum Autos fuhren, spielten Mädchen und Knaben Verstecken und Kreisspiele. Im Vordergrund stand für die meisten Kinder neben der Schule aber nicht das Spiel, sondern die Arbeit. Sie halfen im elterlichen Betrieb mit, erledigten Botengänge und trugen durch Handlangerarbeiten bei Handwerkern und Bauern zum Familieneinkommen bei.[20]

Als Kinder und Jugendliche im Lauf des 20. Jahrhunderts zunehmend in den Genuss von Freizeit kamen, entstand mit der sogenannten Jugendarbeit ein neues Betätigungsfeld für Vereine, Kirchen und den Staat. Mit unterschiedlichen Strategien versuchen diese seither, junge Menschen zu sinnvoller Freizeitgestaltung anzuleiten. In Riehen hat der grösste Teil der Jugendarbeit kirchlichen Ursprung. Bis heute sind die Kirchen und Glaubensgemeinschaften wichtige Träger, ebenso wie die Sportvereine und die Pfadfinder. Letztere sind in Riehen mit den Abteilungen ‹Meitlipfadi Riehen›, ‹Pro Patria›, ‹Rhybund› und ‹St. Ragnachar› vertreten.

In Basel war die Jugendarbeit bis Mitte des 20. Jahrhunderts ausschliesslich konfessionell und bündisch organisiert. Einen Schub erhielt sie durch die Gründung der Basler Freizeitaktion (BFA) im Jahr 1942. Die politisch breit abgestützte Organisation wollte der Jugendkriminalität vorbeugen und richtete sich mit ihren Beschäftigungsprogrammen insbesondere an schulentlassene Jugendliche der unteren sozialen Schichten. Als Koordinatorin der BFA wirkte die Stiftung Pro Juventute, die auf nationaler Ebene seit 1940 praktische Wegleitungen zur Freizeitgestaltung und Einrichtung von Freizeitwerkstätten herausgab.[21] Durch die Rationalisierung des Erwerbslebens sahen die Exponenten der Freizeitbewegung die Lebens- und Arbeitsfreude der Menschen gefährdet. Mit dem Anfertigen von formschönen Gegenständen sollten handwerkliche Tugenden wie Sorgfalt und Geschicklichkeit geübt werden.

Im Dezember 1945 eröffnete die BFA auch in Riehen eine Freizeitwerkstätte. In der alten Taubstummenanstalt konnten Jugendliche ab 15 Jahren und Erwachsene einmal pro Woche Schreiner- und Schnitzarbeiten unter Aufsicht ausführen. Die ‹Riehener Zeitung› zeigte sich begeistert: «Das, was heute die Maschine und die Arbeitsteilung im Berufsleben verdrängt hat, oder im Begriffe ist, zu verdrängen, die persönliche, natürliche Beziehung zur Berufsarbeit, dieser Kontakt wird hier wieder hergestellt.»[22] Nach dem Abbruch der alten Taubstummenanstalt 1954 bezog die Freizeitwerkstätte drei Räume im neu erbauten Tagesheim ‹In den Neumatten›. Das Angebot reichte von Schreinern und Schneidern bis zu Handweben und veränderte sich über die Jahrzehnte nur wenig. Seit 1998 ist ein eigens gegründeter Verein für die Werkstatt zuständig.

Eröffnung des Freizeitzentrums Landauer 1977.

Landifest 2007.

Ein Freizeitzentrum für alle Generationen

Am Anfang des Freizeitzentrums Landauer stand das Engagement der Evangelischen Stadtmission, die auf dem Areal der ehemaligen Kiesgrube 1948 eine hölzerne Kapelle errichtete. Unter der Leitung der Sozialarbeiterin Elisabeth Müller-Bühler bildete sich eine Bürgerinitiative mit dem Ziel, im rasch wachsenden Niederholzquartier Spielplätze und Treffpunkte für Kinder und Jugendliche zu schaffen. Verschärft wurde die Dringlichkeit der Initiative durch die Bevölkerungsstruktur im Quartier, insbesondere in den Notwohnungen am Rüchligweg. Die dort lebenden Kinder und ihre Mütter, einkommensschwach und oft ohne den Rückhalt traditioneller Familienstrukturen, sollten nach Meinung der Stadtmission und den ‹Freunden des Abbé Pierre›, denen auch Elisabeth Müller-Bühler angehörte, besonders intensive Unterstützung bei ihrer Freizeitgestaltung erhalten. 1967 wurde auf dem Landauerareal das ‹Clubhaus› eröffnet, das sich mit unzähligen ehrenamtlichen Helferinnen und Helfern zu einem rege besuchten Treffpunkt entwickelte. Es bot Raum für einen Kinderhütedienst, Bastelnachmittage, einen Seniorennachmittag und einen Disco-Club.

Nach zähen Verhandlungen erwarb die Gemeinde Riehen 1969 das Areal vom Kanton. Die Interessengruppe Clubhaus, die 1973 zum Verein Freizeitaktion Riehen Süd (FARS) wurde, trieb den Bau eines Freizeitzentrums für alle Generationen voran. Delegierte der FARS, der Stadtmission und der Anwohnerschaft wurden in die Planung einbezogen. Am 11. Juni 1977 öffnete das Freizeitzentrum seine Tore mit einem Quartierfest. Von Anfang an stiess es auf grossen Anklang, man zählte bis zu 600 Besucher pro Woche. Dass es allen Altersgruppen offenstand, führte zunächst zu Konflikten, die mit dem Einbau eines zusätzlichen Obergeschosses entschärft wurden. Im gleichen Mass, wie die Zahl der freiwilligen Helferinnen und Helfer kontinuierlich zurückging, stieg die Anzahl der Festangestellten. Finanziert und betrieben wird die Freizeitanlage durch die Einwohnergemeinde, der Verein FARS löste sich 1980 auf.

Anders als in Basel und vielen Baselbieter Gemeinden gab es in Riehen keine Jugendbewegung, die eigene Räume für ihre Aktivitäten forderte. Einerseits wurden entsprechende Energien von der Jugendszene in Basel absorbiert. Andererseits gab es mit dem Clubhaus und dem Freizeitzentrum Landauer bereits ab den 1970er Jahren Treffpunkte für Jugendliche, die allerdings relativ stark kontrolliert und reglementiert wurden. Im Lauf der 1980er Jahre wurde hier in beschränktem Rahmen dem Bedürfnis der Jugendlichen nach autonomen Aktivitäten Raum gegeben.

Während etwa Jugendliche in Reinach in ihren Forderungen nach selbstverwalteten Räumen unterstützt und in die Planung des ‹Palais Noir› eingebunden wurden, lassen sich in Riehen keine vergleichbaren Bestrebungen feststellen. Im Gegensatz zu Reinach wurden Jugendliche auch nicht in die Planung des Freizeitzentrums einbezogen. Nach der Eröffnung dominierten die Jugendlichen als Benutzergruppe, was nicht der Intention eines Zentrums für alle Generationen entsprach. Anfang des 21. Jahrhunderts wird das Freizeitzentrum Landauer zu etwa 50 Prozent von Kindern und ihren Betreuungspersonen genutzt, zu 25 Prozent von Jugendlichen und zu 25 Prozent von Erwachsenen.

Gewölbekeller und mobile Jugendarbeit
In Anlehnung an das Freizeitzentrum Landauer versuchte die Einwohnergemeinde zu Beginn der 1990er Jahre, im Dorf einen zweiten Jugendtreffpunkt zu schaffen. In Kooperation mit dem Handels- und Gewerbeverein wurde ein ungenutzter Gewölbekeller im Sarasinpark ausgebaut. Mit der Leitung wurden zwei erfahrene Jugendarbeiter des Freizeitzentrums beauftragt. Die erwünschte Mitarbeit von Jugendlichen blieb unter den Erwartungen. Kurz nach der Eröffnung 1994 musste der Treffpunkt wieder geschlossen werden. Die Jugendlichen blieben aus. Kritische Stimmen hatten bereits im Vorfeld darauf hingewiesen, dass der Raum nicht den Bedürfnissen der Jugendlichen entspreche und dass man besser mit einem Provisorium starten würde. Zwischenzeitlich wurde der Gewölbekeller für private Anlässe vermietet, ab 2002 wurde eine erneute Nutzung als Jugendtreffpunkt unter Aufsicht der mobilen Jugendarbeit erprobt.

Mobile Jugendarbeiterinnen und -arbeiter sind seit 1998 im Auftrag der Einwohnergemeinde unterwegs und gehören damit zu den ersten in der Nordwestschweiz. Sie verstehen sich als Vermittlungspersonen zwischen Jugendlichen, Anwohnern und Behörden. Jugendliche werden dort aufgesucht, wo sie sich ausserhalb organisierter und kontrollierter Strukturen treffen: auf der Strasse, in Pärken und an Tramhaltestellen. Die mobilen Jugendarbeiter versuchen, ihre Bedürfnisse zu ermitteln und sie bei der Realisierung eigener Ideen zu unterstützen. So wurde 1998 die Bahnhofunterführung mit Graffiti gestaltet und seit 2001 organisiert ein Team von Jugendlichen das Musikfestival HillChill im Sarasinpark. Seit 2003 ist für die mobile Jugendarbeit eine Vollzeitstelle budgetiert, die sich eine Frau und ein Mann teilen. Wie für das Freizeitzentrum Landauer gilt auch für den öffentlichen Raum, dass männliche Jugendliche gegenüber weiblichen stark übervertreten sind. Mit Angeboten, die sich speziell an Mädchen und junge Frauen richten, versucht die Gemeinde, deren Präsenz im öffentlichen Raum zu stärken.

Zwischenfälle

Als das Twins Pub bei der Tramhaltestelle Niederholzboden Ende der 1990er Jahre vorübergehend zu einem Treffpunkt von Skinheads und rechtsradikalen Jugendlichen wurde, zeigten sich Einwohner- und Gemeinderat besorgt. Im letzten Moment hatte die Polizei eine Abrechnung zwischen Skinheads und einer Gruppe Kurden verhindert, die – wie ein Blick auf die sichergestellten Waffen vermuten lässt – blutig geendet hätte. Die Ermittlungen der Basler Staats- und Jugendanwaltschaft ergaben, dass neben Jugendlichen aus Riehen auch Personen aus Basel, Basellland, Aargau und der badischen Nachbarschaft beteiligt waren. Entgegen einem weitverbreiteten Klischee kamen diese nicht aus unteren sozialen Schichten, sondern grösstenteils aus Mittelstandsfamilien. Die anschliessenden Hausdurchsuchungen in Riehen brachten Waffen, Nazi-Devotionalien und rassistisches Propagandamaterial in Kinder- und Jugendzimmern zum Vorschein.[23]

In der Einwohnerratssitzung vom September 1999 nahm der Gemeinderat zu den Vorfällen Stellung: Vertreibungen und Verbote seien zur Unterbindung rechtsradikaler Gewaltexzesse kontraproduktiv, die Szene drohe damit unüberschaubar zu werden.[24] Auch wehrte man sich dagegen, Gewalt und Rassismus als reine Jugendprobleme abzutun. Die in der Jugendarbeit aktiven Institutionen und Gremien würden das Problem ernst nehmen und die Jugendlichen entsprechend sensibilisieren. Die rechtsradikale Szene, die 1999 aktenkundig wurde, scheint sich anschliessend verlagert oder aufgelöst zu haben.

Die Raumknappheit, die den ganzen Kanton Basel-Stadt betrifft, bekommen auch die Jugendlichen zu spüren. Flächen, die für keine bestimmte Nutzung vorgesehen sind und sich für Experimente und alternative Kulturaktivitäten anbieten, werden immer rarer. Nach dem gescheiterten Versuch, im Dorfzentrum einen festen Jugendtreffpunkt zu schaffen, verfolgt die Einwohnergemeinde mit der mobilen Jugendarbeit eher eine Strategie niederschwelliger und flexibler Angebote, die den rasch wechselnden Bedürfnissen der Jugendlichen laufend angepasst werden können.

Feste, Brauchtum, Kalender

Die grössten offiziellen Feierlichkeiten fanden in Riehen 1923 und 1972 statt, anlässlich der Zugehörigkeit zu Basel seit 400 beziehungsweise 450 Jahren. Der erste Anlass, eigentlich bereits 1922 fällig, wurde um ein Jahr verschoben, weil für die Vorbereitung des Festspiels zu wenig Zeit einkalkuliert worden war.[25] Aus dem Jubiläumsfest von 1972 entwickelte sich das Dorffest, das seit 1977 alle vier Jahre stattfindet. Das erste Winzerfest, 1935 vom Landwirtschaftlichen Verein initiiert, war ein grosser Publikumserfolg. Im Jahr 1946, unmittelbar nach dem Zweiten Weltkrieg, griff der Musikverein die Idee wieder auf. Man wollte damit die Vereinskasse füllen und etwas Leben in das «sonst so stille Dorf» bringen.[26] Der damalige Präsident des Musikvereins erinnert sich an einen imposanten Umzug, an dem sich auch andere Vereine mit grossem Aufwand beteiligten. Mit geschmückten Obst-, Gemüse- und Blumenwagen wurden dem Publikum idyllische Bilder des Land- und Winzerlebens präsentiert. Die Mitglieder des Musikvereins traten als Bauernburschen mit roten Westen und weissen Hemden auf. Handharmonika- und Mandolinengruppen sorgten für flotte Marschmusik. Ein kleiner ‹Alpaufzug› mit Kühen, Treicheln und Fahnenschwingern durfte in der nationalistisch gefärbten Parade nicht fehlen. Obwohl das Publikum in Massen strömte, war der finanzielle Gewinn für den Musikverein im Vergleich zum betriebenen Aufwand klein. Dennoch fand das Winzerfest mit Festumzug bis 1952 jährlich statt.

Alte und neue Bräuche

Das traditionelle Brauchtum, das Ludwig Emil Iselin in der Dorfgeschichte von 1923 beschrieb, war schon damals weitgehend verschwunden. Nicht überall lässt sich das so genau datieren wie beim ‹Miesme›, einem Brauch, den Gemeindepräsident Niklaus Löliger in den 1870er Jahren mit der Begründung abschaffte, er sei zu wenig christlich.[27] Der ‹Miesme› bezeichnete einen verkleideten Mann, mit dem die Kinder drei Wochen vor Ostern von Haus zu Haus zogen, ein Sprüchlein aufsagten und um Eier bettelten. Nach ähnlichem Muster verlief das ‹Würstlisinge›. Mit dem Verschwinden der ‹Huusmetzgete› Anfang des 20. Jahrhunderts ging auch dieser Brauch verloren. Fasnachtsfeuer und Scheibenschlagen, bis heute in den umliegenden Gemeinden gebräuchlich, hielten sich in Riehen bis zum Ersten Weltkrieg. Jeweils am Sonntag nach Aschermittwoch wurde auf der Bischoffshöhe der Winter symbolisch verbrannt. Wenn das Feuer heruntergebrannt war, wurden Scheiben aus Buchenholz mit einem Loch in der Mitte auf eine Haselrute aufgespiesst, in die Glut gehalten und anschliessend über einen Holzbock geschlagen. Hans Lengweiler sprach 1964 in seinen Kindheitserinnerungen von diesem Brauch und erwähnte den «magischen Zug» von Fackelträgern, der sich als lange Feuerschlange ins Dorfzentrum bewegte, empfangen vom Musikverein und der Bevölkerung.[28] Laut Lengweiler verschwand der Brauch wegen der Überbauung der Bischoffshöhe. Bedenkt man die Abwehrhaltung pietistischer Kreise gegenüber nichtchristlichem Brauchtum, ist es erstaunlich, dass sich Fasnachtsfeuer und Scheibenschlagen in Riehen so lange halten konnten.

268 Freizeit und Begegnung

Dorffest 2009.

An die Stelle der alten Bräuche sind im 20. Jahrhundert neue jährlich wiederkehrende Veranstaltungen getreten: Neujahrsempfänge verschiedener Vereine, der Bannumgang, das koordinierte Schmücken von Adventsfenstern in Privathäusern, der Umzug mit ‹Räbeliechtli›, die Basare der Frauenvereine in der Vorweihnachtszeit und weitere populäre Anlässe. Die Nationalfeier am 1. August wurde erstmals 1891 unter der Mitwirkung zahlreicher Vereine begangen.[29]

Im Gegensatz zum Kanton Basel-Landschaft, wo in den meisten Gemeinden unter dem Einfluss der Basler Fasnacht im 20. Jahrhundert eine Dorffasnacht entstand, hält sich dies in Riehen in engen Grenzen. Einzelne Kindergarten- und Schulklassen ziehen seit den 1980er Jahren eine oder zwei Wochen vor der Basler Fasnacht verkleidet durchs Dorf. Im Jahr 2009 fand auf Initiative des Verkehrsvereins erstmals ein Umzug sämtlicher Primarschulen, Kindergärten und Spielgruppen statt. Einzelne Vereine feiern die Fasnacht mit einem internen Maskenball oder mit Schnitzelbänken zu spezifischen Riehener Themen. Mit der Chropfclique, den Räblys und der Landigugge gibt es ausserdem drei Vereine in Riehen, die sich das ganze Jahr mit der Fasnacht beschäftigen und jedes Jahr an der Basler Fasnacht teilnehmen.

Anmerkungen

1 Jaquet-Anderfuhren, Nicolas: 40 Jahre Dorfsaal-Idee, in: z'Rieche, Jg. 18, 1978, S. 54–58, hier S. 55.
2 Dennler-Brack, Marie: Lehr- und Wanderzeit. Im Dienst bei einer Riehener Herrschaft, aufgezeichnet von Lukrezia Seiler, in: z'Rieche, Jg. 34, 1994, S. 51–59, hier S. 54f.
3 Olonetzky, Nadine: Vereint sind wir stärker – Der Verein als Zukunftsmodell, in: Madörin, Tobias et al.: Gleichgesinnt. Der Verein – ein Zukunftsmodell, Zürich 2003, S. 28–33.
4 Herzog, Eva: «Frisch, frank, fröhlich, frau» – Frauenturnen im Kanton Basel-Landschaft, Liestal 1995, S. 58.
5 Wirz, Eduard: 100 Jahre Liederkranz Riehen 1856–1956, Riehen 1956, S. 9f.
6 Roth, Dorothea: Die Politik der Liberal-Konservativen in Basel 1875–1914, Basel 1988, S. 88.
7 Raith, Michael: 100 Jahre CVJM Riehen, 1875–1975, Riehen 1975, S. 18.
8 Seiler, Lukrezia/Lachenmeier, Margrit: Frauen gemeinsam auf dem Weg, 1899–1999, in: Suter, Stefan et al.: Menschen zur Gemeinschaft führen, 100 Jahre katholische Kirche in Riehen und Bettingen, Riehen 1999, S. 80f.
9 Seiler/Lachenmeier, Frauen gemeinsam, S. 80.
10 Raith, 100 Jahre CVJM, S. 23.
11 Interview mit Johannes Wenk-Madoery, Riehen, vom 22. Dezember 2008.
12 Krattiger, Hans: 125 Jahre Musikverein Riehen 1861–1986, Riehen 1986, S. 10.
13 Krattiger, Musikverein, S. 128.
14 Wirz, 100 Jahre Liederkranz, S. 26; Seiler, Lukrezia: 150 Jahre Singen und Jubeln, in: z'Rieche, Jg. 46, 2006, S. 83–95, hier S. 85.
15 Spriessler-Brander, Rolf: Sport ist gesund, der TV Riehen wird 125, in: z'Rieche, Jg. 47, 2007, S. 7–19, hier S. 14.
16 Riehener Zeitung, 9. Dezember 1983.
17 Staatsarchiv Basel-Stadt, Gemeindearchiv Riehen, E 12 (Vereine und Gesellschaften 1911–1924), Schreiben des Gemeinderates Riehen an den Kraftsportverein Riehen, 24. Dezember 1919.
18 Privatarchiv Johannes Wenk-Madoery, Riehen, Jahresbericht Verkehrsverein 1911.
19 Meyrat, Sibylle: Ausgebadet, in: z'Rieche, Jg. 48, 2008, S. 43–51.
20 Seiler, Lukrezia: Als Riehen noch ein Bauerndorf war, in: z'Rieche, Jg. 35, 1995, S. 44–53.
21 Eugster, Timm: «Im Glauben an die Jugend»: Jugend und Moderne im Blick der Basler Freizeitaktion BFA 1942–1970, unveröffentlichte Lizentiatsarbeit, Universität Basel, 2001, S. 55.
22 Riehener Zeitung, 12. Oktober 1945.
23 Riehener Zeitung, 13. August 1999.
24 Riehener Zeitung, 3. September 1999.
25 Hess, Stefan: Von der Krisenstimmung zum Festrausch: die «Vierhundertjährige Vereinigungsfeier von Riehen und Basel» im Jahre 1923, unveröffentlichte Lizentiatsarbeit, Universität Basel, 1995.
26 Schultheiss, Hans: Die Riehener Winzerfeste, in: z'Rieche, Jg. 26, 1986, S. 107–117, hier S. 109.
27 Privatarchiv Johannes Wenk-Madoery, Riehen, Aufzeichnungen von Paul Wenk-Löliger.
28 Lengweiler, Hans: «'s Fasnachtsfüür». Jugenderinnerungen um 1900, in: z'Rieche, Jg. 4, 1964, S. 77–80.
29 Raith, Michael: «Das war ein Fest, davon wird man noch reden in den späteren Zeiten», 2. August 1891, die 600-Jahr-Feier der Eidgenossenschaft in Riehen, in: z'Rieche, Jg. 31, 1991, S. 83–87.

Natur und Kultur – grasende Kühe vor der Westfassade der Fondation Beyeler. Die Aufnahme stammt aus dem Jahr 2004.

Kulturelle Vielfalt

Sibylle Meyrat

Wer ‹Kultur in Riehen› hört, denkt vielleicht zuerst an die Fondation Beyeler, die mit ihren Kunstwerken und Ausstellungen ein grosses Publikum aus der ganzen Welt anzieht. Ausserhalb Riehens weniger bekannt, dafür umso breiter ist das übrige Kulturangebot, das seit Mitte des 19. Jahrhunderts kontinuierlich gewachsen ist. Waren zunächst vor allem Private und Vereine in der Kulturförderung aktiv, stiess im 20. Jahrhundert die Einwohnergemeinde als wichtigste Trägerin hinzu. In unmittelbarer Nähe der Stadt Basel entstand so ein erstaunlich reiches kulturelles Angebot, das auch auswärtiges Publikum anzieht. Es umfasst mehrere Museen, Konzerte verschiedenster Stilrichtungen, ein Theater sowie ein jährliches Rockfestival für Jugendliche und Junggebliebene. Versuche, ein Kino zu etablieren, sind hingegen gescheitert.

Vom privaten Mäzenatentum zur öffentlichen Aufgabe

Die Fondation Beyeler, gestiftet vom Galeristen und Kunsthändler Ernst Beyeler und seiner Ehefrau Hildy, reiht sich ein in die Tradition eines Mäzenatentums, das die Region Basel bis heute stark prägt. Ernst Beyeler, Sohn eines Bahnbeamten, übernahm 1945 als 24-Jähriger das Antiquariat des verstorbenen Buchhändlers Oskar Schloss in der Bäumleingasse in Basel und baute dort in den folgenden Jahrzehnten die Galerie Beyeler auf. Als Kunsthändler gehört er zu den Mitgründern der Kunstmesse Art Basel. Indem er die Werke, die ihm und seiner Gattin besonders lieb waren, zur Seite legte, entstand über die Jahrzehnte eine Kunstsammlung von höchster Qualität. Sie umfasst heute rund 200 Bilder, Zeichnungen und Skulpturen der klassischen Moderne, darunter Hauptwerke von Monet, Cézanne, Picasso, Matisse, Kandinsky und Klee, um nur einige zu nennen. Der amerikanische Expressionismus ist mit Rothko und Newman vertreten, die zeitgenössische Kunst unter anderem mit Werken von Kiefer und Baselitz. Ausgewählte Skulpturen aus Afrika, Alaska und Ozeanien ergänzen die Sammlung.

Im Anschluss an die erste öffentliche Ausstellung 1989 in Madrid bewarben sich verschiedene Museen für die Übernahme der Sammlung. Auf Wunsch von Ernst und Hildy Beyeler sollte sie in der Region Basel bleiben. In ihrem Wohnort Riehen bot sich das Areal des Beroweruts für einen Museumsneubau an. Zwar leisten die Gemeinde Riehen und der Kanton Basel-Stadt Beiträge an das 1997 eröffnete Museum, zum grössten Teil beruht es aber auf privatem Engagement.

Dasselbe gilt für die gesamte Pflege von Kunst und Musik in Riehen bis weit ins 20. Jahrhundert. Das gehobene Basler Bürgertum, das hier seine Landsitze unterhielt, pflegte die Kultur seit dem 18. Jahrhundert. Es wusste sie zur Selbstreflexion ebenso wie zu Repräsentationszwecken zu nutzen. Bis heute berufen sich Mäzene auf diese Tradition. So ist dem 2003 auf dem Bäumlihofgut gebauten Hirzenpavillon von Johann Rudolf Geigy ein Hausensemble und ein Verein zur privaten Kulturpflege angeschlossen.

Kulturförderung ist, neben der Erhaltung des Wenkenhofs, auch Zweck der Alexander Clavel-Stiftung. Sie wurde 1954 vom ehemaligen Besitzer und Bewohner des Wenkenhofs, Alexander Clavel-Respinger, gegründet. In der Villa Wenken, die Clavel im Stil Louis XIV umbauen liess, wird seit 1983 jährlich ein Kulturförderpreis verliehen. Laut Stiftungsweck wird damit das Kulturschaffen verschiedenster Sparten in der Region Basel gefördert.

Im 19. Jahrhundert beschränkten sich kulturelle Aktivitäten nicht mehr auf private Salons, sondern fanden zunehmend auch in Vereinen statt. Hier wurde gesungen, musiziert, Theater gespielt und Vorträgen gelauscht. Eine besondere Rolle kam in Riehen dem 1899 gegründeten Verkehrsverein zu. Mit der Organisation von Vorträgen, Lesungen, Konzerten, Jubiläumsfeiern und Theateraufführungen und mit der Herausgabe eines heimatkundlichen Jahrbuchs entwickelte er sich insbesondere nach dem Zweiten Weltkrieg zum wichtigsten Kulturanbieter. Seine vielseitigen Aufgaben konnte er indessen nur dank grosszügiger Subventionen der Einwohnergemeinde erfüllen.

Auf einem ehemaligen herrschaftlichen Landgut an der Baselstrasse – rechts ist die Villa mit dem Katzenmuseum und links das Gärtnerhaus sichtbar – steht heute die Fondation Beyeler mit ihren weltbekannten Kunstschätzen. Die Aufnahme entstand 1993.

Kultur im Dienst der Lokalpolitik

Seit den 1970er Jahren nahm sich auch die Einwohnergemeinde vermehrt der Kulturförderung an. Eng damit verbunden ist bis heute das Interesse, sich als eigenständiges Gemeinwesen zu positionieren. Im Jahr 1972, als Riehen seine 450-jährige Zugehörigkeit zu Basel feierte, wurde im renovierten Wettsteinhaus das Spielzeug- und Dorfmuseum eröffnet. Auf das Jubiläumsjahr hin wurde ein Team von Wissenschaftern mit der Herausgabe einer Ortsgeschichte beauftragt. Die im gleichen Jahr gegründete Kommission für Bildende Kunst zeigte 1972 im Gemeindehaus ihre ersten beiden Ausstellungen: Werke aus Gemeindebesitz und zeitgenössisches Kunstschaffen aus Riehen.

Seit 1982 ehrt und fördert die Gemeinde kulturelles Schaffen mit einem jährlich vergebenen Preis. Die Preisträger müssen in Riehen wohnen oder einen engen Bezug zur Gemeinde haben. Für Kunstschaffende aus der Region Basel stehen mehrere Ateliers zu günstigen Bedingungen zur Verfügung. Seit 1998 beteiligt sich Riehen mit einem

Atelier im Berowergut am Internationalen Austausch- und Atelierprogramm der Region Basel (IAAB).

Die Beschäftigung Riehens mit sich selbst schlägt sich – seit den 1970er Jahren besonders intensiv – auch in zahllosen Schriften, Mundartgedichten, Bildern und Feiern und nicht zuletzt in einer wöchentlich erscheinenden Zeitung nieder. Sie ist Ausdruck eines Kulturverständnisses, wie es beispielsweise Michael Raith vertrat, der in Riehen als Pfarrer, Politiker und Historiker wirkte: «Ziel der Kulturpolitik soll es sein, dass sich die Einwohner in die Gemeinde integrieren können. Die Leute müssen sich hier wohl fühlen, denn sonst bleiben sie nicht gesund und werden psychisch leiden. Wenn der Politiker sagt, man müsse einfach in einem Verein mitmachen, dann sei man integriert, dann ist dies etwas zu einfach. Die Vereine gehören zur dörflichen Kultur, umfassen diese aber nicht ganz. […] Wenn wir für Gemeindeautonomie kämpfen, dann geht es nicht um Gemeindegesetze, Steuerschlüssel, Planungskompetenzen usw., sondern darum, dass wir unsere Gemeinde mit einem Eigenleben erfüllen, und eine solche Kultur ist für die geistige Gesundheit unserer Bevölkerung nötig.»[1]

In einer Bevölkerungsbefragung im Jahr 2005 gaben 47 Prozent der Befragten an, sie fühlten sich primär als ‹Riehener/in›, gefolgt von 41 Prozent, die sich primär der Agglomeration Basel zugehörig fühlten.[2] Die Identifikation von Riehens Bevölkerung mit ihrem Wohnort ist zwar im Vergleich zur Umfrage im Jahr 2001 leicht gesunken, doch im schweizerischen Vergleich ist sie immer noch extrem hoch.[3] Besonders stark fühlen sich die über 65-Jährigen mit Riehen verbunden. Die Gründe dafür sind komplex, eine intensiv betriebene Kulturpolitik im Dienst einer territorial begründeten Identität dürfte mitgespielt haben.

Viele kulturelle Leistungen, auf die Riehen zu Beginn des 21. Jahrhunderts stolz ist, fanden ihren Platz innerhalb dieses Rahmens nur schwer. Parallel zum Ausbau der gemeindeeigenen Kulturförderung entbrannten Kontroversen über deren Sinn und Zweck. Als der Einwohnerrat 1980 für die Skulpturenausstellung im Wenkenpark im Rahmen der ‹Grün 80› einen Zusatzkredit als Defizitgarantie bewilligte, wurde das Referendum ergriffen. Mit deutlicher Mehrheit sprach sich die Bevölkerung gegen die Defizitgarantie aus, die schliesslich von Privatpersonen übernommen wurde. Die Gemeinde beteiligte sich zu rund einem Viertel an den Ausstellungskosten. Für Aufruhr sorgte auch ein vom Einwohnerrat bewilligter Kredit von rund 300 000 Franken für den Ankauf eines Bildes des Künstlers Christo. Nachdem 300 000 Besucher im Spätherbst 1998 die von Christo und Jeanne-Claude verhüllten Bäume gesehen hatten, wollte sich die Gemeinde mit dieser Geste bei den Künstlern und bei Ernst Beyeler be-

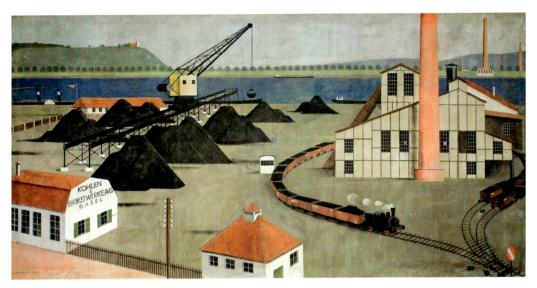

Eines von rund 400 Werken der gemeindeeigenen Kunstsammlung: Niklaus Stoecklin, Blick von der Kohlen- und Brikettwerke AG zum Tüllinger Hügel, 1927.

danken. Gegen den Entscheid des Einwohnerrats ergriff die Partei der Schweizer Demokraten das Referendum, in der Folge lehnte eine grosse Mehrheit der Bevölkerung den Ankauf des Bildes ab. Schliesslich kam dieser dank einer privaten Geldsammlung doch noch zustande. Das Bild hängt seither im Restaurant der Fondation Beyeler.

Das Kulturleben wird neu organisiert

In den 1990er Jahren, als auch in Riehen Kultur- und Imagepflege zunehmend als bedeutender Faktor im Standortwettbewerb der Gemeinden erkannt wurde, stiess der Verkehrsverein als einst grösster Kulturanbieter an seine Grenzen. Einerseits war er dem Prinzip der Ehrenamtlichkeit verpflichtet, anderseits musste er steigenden Qualitätsansprüchen genügen. Dazu kam, dass Einwohner- und Gemeinderat mehrere Versuche, auch kritische Kulturschaffende zu Wort kommen zu lassen, erschwerten oder verunmöglichten. So wurde der Kredit für das Theaterprojekt ‹Tell 91›, basierend auf einem Text des Schriftstellers Rolf Hochhuth, vom Einwohnerrat abgelehnt. Für eine Lesung der Arena-Literaturinitiative mit dem Schriftsteller Christof Wackernagel 1990 verbot der Gemeinderat die übliche Werbung mit Tramplakaten. Grund war nicht die mangelnde Qualität des Werks, sondern die politische Vergangenheit des Autors, der während ein paar Jahren Mitglied der Roten Armeefraktion gewesen war. Zum Zeitpunkt des Verbots hatte er sich davon bereits öffentlich distanziert und sich kritisch damit auseinandergesetzt.[4] Die Lesung fand auch ohne Tramplakate regen Zuspruch.

Die Gräben zwischen dem Verkehrsverein, seinen Kommissionen und der Einwohnergemeinde vertieften sich. 1992 nahm die langjährige Tradition von Theaterproduktionen mit dem Rücktritt der Kommission Theater in Riehen ein abruptes Ende. Riehens Beteiligung am trinationalen Festival Regiokultursommer 1997 stand auf der Kippe, als sich der Verkehrsverein als Organisator kurzfristig zurückzog. Schliesslich fand das Festival Kultur am Schlipf unter der Regie der Gemeindeverwaltung statt. Verschärfend kam hinzu, dass 1997 mit der Fondation Beyeler ein kultureller Leuchtturm nach Riehen kam und die Befürchtung laut wurde, das bestehende Kulturangebot würde in dessen Schatten nicht mehr gesehen. Nach Beiziehung eines externen Beraters entschied sich die Einwohnergemeinde für die Einsetzung eines Kulturbeauftragten. Die bisherigen Kommissionen Kunst in Riehen und Arena-Literaturinitiative wurden vom Verkehrsverein gelöst und organisierten sich als eigenständige Vereine. Das bisherige Sekretariat des Verkehrsvereins wurde unter der Leitung des Kulturbeauftragten weitergeführt. Er wurde damit beauftragt, das bestehende Kulturangebot besser zu vernetzen und mit einem Veranstaltungskalender bekannt zu machen. Darüber hinaus lancierte er neue Veranstaltungen und wurde zu einem Ansprechpartner für Kulturschaffende. Das so entstandene Kulturbüro Riehen realisiert eine Vielzahl von Veranstaltungen in allen Sparten, teilweise in enger Kooperation mit externen Partnern.

Museen und Sammlungen

Neben der Sammlung des Galeristenpaares Beyeler gibt es in Riehen zahlreiche bekannte und weniger bekannte Privatsammlungen, die in Beiträgen im Jahrbuch ‹z'Rieche› vorgestellt wurden. Auch die Einwohnergemeinde hat eine Kunstsammlung, die zu Beginn des 21. Jahrhunderts rund 900 Werke aus den Bereichen Malerei, Skulptur und Grafik umfasst. Ein Teil davon ist in der Gemeindeverwaltung, im Wettsteinhaus, im Landgasthof sowie in weiteren öffentlichen Gebäuden und im Freien ausgestellt.

Riehen erhält eine Kunstsammlung

Anlässlich der Einweihung des Niederholzschulhauses im Jahr 1948 kaufte die Einwohnergemeinde verschiedene Kunstwerke an. Der Kanton hatte den Schulhausbau finanziert, die Gemeinde Riehen übernahm die Ausschmückung. Berücksichtigt wurden bei den Ankäufen vor allem in Riehen wohnhafte, hauptberuflich tätige Künstler. Auch für das 1961 eingeweihte Gemeindehaus wurden zahlreiche Bilder angekauft. Auf diese Weise wuchs mit den Jahrzehnten eine gemeindeeigene Kunstsammlung heran. Zu der ersten Generation von Malern, deren Werke angekauft wurden, zählen Hans Sandreuter, Jean-Jacques Lüscher und Paul Basilius Barth.

Sammlung Friedhof Hörnli und Katzenmuseum

Die Sammlung Friedhof Hörnli ist der privaten Initiative von Peter Galler zu verdanken. Sie kann seit 1995 im umgebauten ehemaligen Krematorium des Friedhofs besichtigt werden. Galler wurde als junger Friedhofgärtner Anfang der 1960er Jahre beauftragt, die Keller der Friedhofanlage zu räumen, wo viele Urnen und Grabkreuze der ehemaligen Gottesäcker Horburg und Kannenfeld lagerten. Anstatt sie zu entsorgen, legte er die ihm kostbar scheinenden Stücke zur Seite. So entstand über die Jahrzehnte eine umfangreiche Sammlung zur Bestattungskultur und Friedhofpflege. Träger des Museums ist ein Verein. 2008 wurden die Ausstellungsräume mit einem finanziellen Beitrag des Kantons erweitert.[5]

Ebenfalls auf privater Initiative beruhte das Katzenmuseum, das 1982 bis 1994 auf dem Berowergut untergebracht war. Wo heute das Beyeler-Museum steht, befand sich früher eine Villa mit 13 Zimmern und Swimmingpool. Nachdem die Gemeinde das Gut 1976 erworben hatte, wurden im Einwohnerrat verschiedene Vorschläge zur Nutzung der Villa diskutiert. Schliesslich wurde sie zum Betrieb eines Katzenmuseums und zu Wohnzwecken an die Antiquitätenhändlerin Rosmarie Müller vermietet. Ihre Privatsammlung enthielt Hunderte von Katzenbildern und -objekten und stiess auf internationales Interesse.[6] Als der Bau des Beyeler-Museums beschlossen war, kündigte die Gemeinde den Mietvertrag mit der Museumsbetreiberin. Nachdem diese den Auszug mehrfach verweigert hatte, musste das Areal zwangsgeräumt werden.[7]

Lichtermandala anlässlich der musikalischen Intervention ‹Son et Lumière› 2005 im Wenkenpark.

Kurz nach ihrer Gründung im Jahr 1972 unternahm die gemeinderätliche Kommission für Bildende Kunst eine ‹Inspektions-Tournée› durch verschiedene öffentliche Gebäude. Kommissionsmitglied Hans Krattiger zeigte sich erstaunt, welche Schätze dabei zum Vorschein kamen. Mehrere Bilder, die der Kommission museumswürdig schienen, wurden aus Schulhäusern entfernt und ins Depot gebracht oder an anderen Orten aufgehängt. Für die ‹entblössten› Klassenzimmer versprach die Kommission baldigen Ersatz, denn es sei ihr ein Anliegen, die Riehener Schulkinder früh mit ‹guter Kunst› vertraut zu machen.[8]

Zwei Ausstellungen im Gemeindehaus im Jubiläumsjahr 1972 bildeten den Anfang einer regen Ausstellungstätigkeit unter der Ägide der Kommission für Bildende Kunst. Zunächst fanden sie im Gemeindehaus, später im Herrschaftshaus des Berowerguts statt, in dem sich heute das Restaurant der Fondation Beyeler befindet. Bis 1995 wurden dort jährlich mehrere Ausstellungen gezeigt. Der Schwerpunkt lag auf Werken von Kunstschaffenden mit enger Verbindung zu Riehen. Mit den Plänen für den Bau der Fondation Beyeler zeichnete sich ab, dass dieser Ort nicht mehr zur Verfügung stehen würde. Als Ersatz dient seit 1998 der Kunst Raum Riehen im ehemaligen Ökonomiegebäude des Berowerguts. Es wurde mit Zustimmung der Einwohnergemeinde für Ausstellungszwecke umgebaut. Jährlich sind hier vier bis sechs Ausstellungen zu sehen. Seit 2001 beteiligt sich der Kunst Raum an der Jahresausstellung ‹Regionale›, die sich dem zeitgenössischen Kunstschaffen in der Region Basel, in Südbaden und im Elsass widmet.

Museen im Wettsteinhaus

‹Spielzeugmuseum, Dorf- und Rebbaumuseum› – der komplizierte Name des Museums im Wettsteinhaus spiegelt seine Entstehungsgeschichte. 1958 erwarb die Einwohnergemeinde die Liegenschaft an der Baselstrasse 34, die von 1968 bis 1971 renoviert und umgebaut wurde. Über die Nutzung der Räume war man sich zunächst uneinig, die Einrichtung eines Dorfmuseums stand zur Diskussion. Damals wurden Objekte mit lokalem Bezug, die als erhaltenswert galten, in Basler Museen aufbewahrt, oder sie fanden Eingang in Privatsammlungen. Eine davon war die Sammlung von Paul Hulliger. Dieser lebte von 1933 bis zu seinem Tod in Riehen, wo er während über fünfzehn Jahren in freiwilliger Arbeit landwirtschaftliche Geräte, Pfannen, Holzzuber, Ofenkacheln und weitere Objekte sammelte. Bald zeichnete sich ab, dass die Sammlung Hulliger zu klein war, um die Räume des Wettsteinhauses zu füllen. Mit der Spielzeugsammlung des Schweizerischen Museums für Volkskunde in Basel

Viel Lärm um eine Kuh

Als die Plastik ‹Nostalgie› des Bündner Bildhauers Giuliano Pedretti auf Empfehlung der Kommission für Bildende Kunst 1974 am Eisenbahnweg aufgestellt wurde, löste sie eine von zahlreichen Kontroversen über staatlich geförderte Kultur aus. In einem Leserbrief in der ‹Riehener Zeitung› wurde sie als «Jammerkuh» bezeichnet, als «ein in Bronce erstarrtes, abgemagertes, erbärmliches Untier». Dass sie ausgerechnet in Riehen ausgestellt wurde, wo vor kurzem bei einer Viehschau die schönste Kuh des Kantons gekürt worden sei, sei eine ungerechte und überflüssige Herausforderung der Ortsbevölkerung, namentlich der Bauern. «Wir möchten der Kunstkommission und dem Gemeinderat vernehmlich zurufen: Haltet ein, uns mit derartigen Erzeugnissen der modernen Kunst weiterhin zu beglücken». Die Kuh gewann aber auch schnell Freunde. So meinte ein anderer Leserbriefschreiber, er sei der Plastik anfänglich ebenfalls mit Zurückhaltung begegnet. Von Tag zu Tag habe er aber neue Formen und Schönheiten daran entdeckt. Von der Riehener Jugend sei sie auf Anhieb akzeptiert worden. «Es vergeht kein Tag, an dem nicht Buben und Mädchen die ‹Kuh› betrachten, betasten, auf den Rücken klettern und auf und ab turnen. [...] Seien wir froh, dass wir eine Kuh aus Bronze haben, welche jung und alt beschäftigt. Einmal wird sie die letzte und berühmteste Kuh von Riehen sein.»[9]

Die Plastik ‹Nostalgie› von Giuliano Pedretti am Eisenbahnweg und eine Parodie vor dem Gemeindehaus (links). Die Aufnahmen stammen aus den Jahren 1976 und 2009.

Performance des Künstlerduos ‹ganzblum› zur Eröffnung der Regionale 2005.

Von Mai bis September 1980 fand im Wenkenpark eine international beachtete Ausstellung zur Geschichte der Skulptur im 20. Jahrhundert statt. Zu sehen waren Werke von Klassikern wie Rodin, Moore, Brancusi und Arp ebenso wie neuere Arbeiten von Nauman, Oppenheim und Tinguely.

(heute Museum der Kulturen) wurde ein Bestand gefunden, der den geplanten Museen im Wettsteinhaus eine neue Ausrichtung gab. Der Erhalt des Wettsteinhauses und die Nutzung als Museum wurden von der Einwohnergemeinde gutgeheissen, das Museum öffnete am 14. Januar 1972 seine Tore.

Zwanzig Jahre später bekamen die Dauerausstellungen im Wettsteinhaus eine neue Konzeption und Gestaltung. Neu wird seither auch die Abteilung Rebbau im Namen geführt, und im Spielzeugmuseum gibt es seither Spielmöglichkeiten für das Publikum. Das Dorfmuseum erhielt einen neuen alltagsgeschichtlichen Schwerpunkt.

Die Sammlung Beyeler kommt nach Riehen

Im Vorfeld der Abstimmung über die Fondation Beyeler am 6. Juni 1993 gab es in Riehen hitzige Debatten. Freunde und Befürworter sahen im Museum ein unschätzbares Geschenk für die Gemeinde, das abzulehnen eine grosse Blamage wäre. Der Beitrag der Gemeinde an das Museum stehe in keinem Verhältnis zum «über hundert Jahre wertbeständigen Millionen-Geschenk der Beyeler-Stiftung», wie es der damalige Gemeindepräsident Michael Raith in seinem Plädoyer im Einwohnerrat ausdrückte.[10] Neben dem kulturellen Wert belebe das Museum auch den Gang der lokalen Geschäfte, bereits sein Bau bringe wichtige Aufträge für das Gewerbe, was sich wiederum positiv auf die Steuereinnahmen auswirke.

Die Abstimmung fiel deutlich zugunsten des Museums aus. Die Einwohnergemeinde stellte der Fondation Beyeler das Gelände des Berowerguts für mindestens achtzig Jahre unentgeltlich im Baurecht zur Verfügung, gab ihr das Nutzungsrecht für die historischen Gebäude auf dem Areal und erklärte sich bereit, die gärtnerische Pflege des Berowerparks kostenlos zu übernehmen. Wie der Kanton Basel-Stadt leistet sie zudem einen Beitrag an die Betriebskosten des Museums. Im Jahr 2007 wurde der Museumsbetrieb von der Beyeler-Stiftung gelöst und als gemeinnützige Aktiengesellschaft organisiert, deren Aktien zu 100 Prozent der Beyeler-Stiftung gehören. Die Gemeinde Riehen ist mit einem Sitz im Stiftungsrat der Beyeler-Stiftung vertreten.

Zwei Mitarbeiter des Museumsteams bei den Aufbauarbeiten zur Ausstellung ‹Eros› im Jahr 2006. Unten: Blick in den Giacomettisaal der Fondation Beyeler, hier in einer Aufnahme aus dem Jahr 2004.

Theater und Musik

Theater wurde in Riehen zunächst im Rahmen verschiedener Vereine gespielt. Aus einer Konfirmandengruppe ging das Riehener Werkstatt-Theater hervor, das in den 1970er Jahren mit Inszenierungen von Dürrenmatt, Strindberg und Frisch auf sich aufmerksam machte.[11] Eng verbunden mit Riehens Theaterleben ist der Schauspieler, Regisseur und Produzent Dieter Ballmann. Nach Engagements an verschiedenen Theatern im deutschsprachigen Raum eröffnete er 1979 in den Kellerräumen einer renovierten Liegenschaft an der Baselstrasse 23 das Atelier Theater Riehen. Von 1976 bis 1984 veranstaltete er im Sommer populäre Freilichtspiele im Wenkenpark. Von 1986 bis 1992 war ‹Theater in Riehen›, eine Kommission des Verkehrsvereins, für deren Gesamtorganisation zuständig. Die jährliche Sommerproduktion wurde nun in Zusammenarbeit mit der Helmut Förnbacher Company durchgeführt. Darüber hinaus organisierte die Kommission im Auftrag der Gemeinde Gastspiele und Theaterkurse für Kinder und Erwachsene.

Mit dem Figurentheater Vagabu hat in Riehen eine Theatersparte seit vielen Jahren ihr Domizil, die in der Schweiz immer noch auf ihre volle Anerkennung wartet. Gegründet wurde es 1978 von Christian Schuppli und dessen Frau Maya Delpy, die in den 1970er Jahren beide am Basler Marionettentheater als Figurenspieler arbeiteten. Seit der Gründung wurden über zwanzig Eigenproduktionen realisiert. Um die Vielfalt und den Reichtum des schweizerischen und internationalen Figurentheaters einem breiten Publikum zugänglich zu machen, initiierte Christian Schuppli 1995 das

HillChill & Co

Mehrere Rockbands haben ihre Probelokale in Riehen; im Keller des Freizeitzentrums Landauer finden hin und wieder Rockkonzerte statt. Seit 2001 wird der Sarasinpark einmal pro Jahr zu einem wichtigen Treffpunkt der regionalen Rockszene. Das Musikfestival HillChill wurde von Mitgliedern der damaligen Band Fort Wendy gegründet, die sich mit Freunden und Bandkollegen eine Auftrittsplattform in ihrem Wohnort schaffen wollten. Inzwischen hat es sich zu einem der wichtigsten eigenständigen Rockfestivals der Region entwickelt. Der ursprünglich auf Rockmusik beschränkte Anlass öffnete sich bald auch weiteren Musikstilen wie HipHop, Singer-Songwriter, elektronischen und experimentellen Stilrichtungen.

Impressionen vom Musikfestival HillChill 2007.

FigurenTheaterFestival Basel. Seit 2003 findet es alle zwei Jahre in Basel, Riehen und St-Louis statt.

Klassik, Folk- und Rockmusik

Seit Beginn des 19. Jahrhunderts sind verschiedene Musikvereine in Riehen aktiv. 1929 unternahm der Verein für Musikfreunde Riehen einen ersten Versuch, Konzerte für Klassikfreunde zu organisieren. In den Wintermonaten wurden in der Kirche und im Gemeindehaus mit einem Konzert-Grammophon klassische Platten abgespielt. Dank der neusten Technik sei der Unterschied zu einem Livekonzert minim, betonten die Initianten in ihrem Subventionsgesuch an die Einwohnergemeinde.[12]

Die 1952 gegründete Kommission ‹Kunst in Riehen› veranstaltet im Saal des damals neugebauten Landgasthofs regelmässig klassische Konzerte. Dank unzähliger Stunden Freiwilligenarbeit und eines ausgezeichneten Beziehungsnetzes gelingt es den Organisatoren bis heute, hochkarätige Ensembles und international bekannte Solisten für Auftritte in Riehen zu gewinnen: Engagements, wie sie über die gängigen kommerziellen Kanäle kaum denkbar wären.[13] Ursprünglich hatte ‹Kunst in Riehen› ein mehrspartiges Programm beabsichtigt, bald beschränkte man sich aber auf klassische Konzerte. Die Akustik des Landgasthofs erwies sich für diesen Zweck als sehr geeignet, nicht aber für Theateraufführungen und Dichterlesungen.

Mehrere Konzerte mit grossem Publikum fanden seit den 1970er Jahren im Wenkenpark statt. 1976 bis 1985 stieg hier das Basler Folkfestival, seit 2000 treten an zwei oder drei Abenden während des Lörracher Stimmen-Festivals Musiker aus aller Welt auf. Erstmals im Jahr 2006 fand ein Ableger des Opernfestivals St. Moritz seinen Weg nach Riehen. Mit Beteiligung eines regionalen Chors wurden in der Reithalle des Wenkenhofs selten aufgeführte Opernwerke auf die Bühne gebracht.

Neben den zahlreichen Musikvereinen, die sich auch in der musikalischen Ausbildung engagieren, bereichern drei Musikschulen das kulturelle Leben. Die Musikschule Riehen, ein von der Einwohnergemeinde getragener Zweig der Musikakademie Basel, bietet seit 1980 Instrumental- und Rhythmikunterricht an, ebenso die Schlagzeug- und Marimbaschule Edith Habraken und die Musikschule ton-in-ton. Mit zwei oder drei sommerlichen Konzerten bietet der Anlass Singeasy seit 2001 einen Einblick in die Vielfalt der in Riehen gespielten Musik.

Die Abonnementskonzerte von ‹Kunst in Riehen› locken mit hochkarätigen Solisten und Ensembles auch auswärtige Besucher an. Die meisten Konzerte finden im Saal des Landgasthofs statt, hin und wieder auch in der Villa Wenken, wie auf diesem Bild aus dem Jahr 2000.

Woodstock-Stimmung im Wenkenpark während des Basler Folkfestivals, hier im Jahr 1978.

Riehen über Riehen

Mit einer wöchentlich erscheinenden Lokalzeitung, einem Jahrbuch, einer Vielzahl heimatkundlicher Schriften und einem Historischen Grundbuch stellt sich Riehen als bedeutendes und geschichtsbewusstes Gemeinwesen dar.

Riehener Zeitung

Einen ersten Anlauf zur Gründung einer Lokalzeitung unternahm der Drucker und Verleger Albert Schudel-Bleiker im Jahr 1913. Mit dem ‹Anzeiger für Riehen und Umgebung› wollte er auch die badischen Nachbargemeinden erreichen, was mit dem Ausbruch des Ersten Weltkriegs unmöglich wurde.[14] 1922 lancierte Schudel gemeinsam mit dem Verkehrsverein das ‹Anzeige- und Verkehrsblatt für Riehen und Bettingen›, das sich insbesondere an die Neuzuzüger im rasch wachsenden südlichen Teil der Gemeinde richtete. Ihnen sollte das Blatt «eine enge Fühlungnahme mit dem eigentlichen Dorfe sichern».[15] Bereits 1942 erreichte die ‹Riehener Zeitung›, wie sie seit Ende 1933 hiess, mit 1300 Exemplaren mehr als die Hälfte der rund 2000 Haushaltungen.

Seit Beginn hat die ‹Riehener Zeitung› auch die Funktion eines Amtsblattes. Ab 1934 führte sie den Untertitel ‹Amtlicher Anzeiger der Gemeinde Riehen›, der aufgrund der kritischen Haltung des Verlegers gegenüber dem Nationalsozialismus ab 1941 vom Gemeinderat verboten wurde.[16] Für die Publikation amtlicher Mitteilungen und Inserate der Gemeinde entrichtet die Einwohnergemeinde seit 1968 einen Pauschalbetrag. Als der Fortbestand der Zeitung zu Beginn der 1970er Jahre aus wirtschaftlichen Gründen gefährdet war, wurde dieser Betrag massiv erhöht. Die Pflicht zur Berichterstattung über Geschäfte der Einwohner- und Bürgergemeinde wurde 1973 vertraglich geregelt. Neuzuzüger erhalten von der Einwohnergemeinde während eines Jahres ein Abo geschenkt. Eine monatlich erscheinende Grossauflage wird an alle Haushalte verteilt.

Bis in die 1970er Jahre enthielt die ‹Riehener Zeitung› neben Mitteilungen der Gemeindeverwaltung und einer Vereinschronik auch eine weltpolitische Wochenschau. Erst ab 1977 richtete Albert Schudel-Feybli, der die Zeitung nach dem Tod seines Vaters leitete, den Fokus konsequent auf das lokale Geschehen. Für die Verfechter der Gemeindeautonomie wurde sie damit zu einem wichtigen Sprachrohr. Während dreier Generationen befand sich die Lokalzeitung in den Händen der Familie Schudel, deren enge Verbindung mit der Vereinigung Evangelischer Wähler (VEW) ihren Inhalt stark prägte. Mangels Nachfolge innerhalb der Familie wurde das Unternehmen, zu dem auch eine Druckerei gehört hatte, im Jahr 2001 an die Friedrich Reinhardt AG in Basel verkauft. Die Druckerei wurde 2002 aufgegeben, die Zeitung wird als Tochterfirma der Reinhardt AG weitergeführt.

Dokumentationsstelle

Akten und Dokumente zur Geschichte Riehens wurden bis in die 1950er Jahre entweder in Privatarchiven oder im Staatsarchiv des Kantons Basel-Stadt gesammelt. Da sich

Die Dokumentationsstelle Riehen, hier in einer Aufnahme aus dem Jahr 2009, entstand 2003 aus der Fusion des Gemeindearchivs und des Historischen Grundbuchs. Hier findet sich eine Fülle an Informationen, Dokumenten und Fotografien zur Geschichte Riehens.

2008 präsentierte der Bündner Schriftsteller Arnold Spescha zusammen mit seiner Übersetzerin Mevina Puorger seinen neuen Gedichtband im Kellertheater der Alten Kanzlei. Für regelmässige Begegnungen zwischen Literaturschaffenden und -interessierten setzt sich in Riehen der Verein ‹Arena-Literaturinitiative› ein.

der damalige Gemeindeverwalter Rudolf Schmid weigerte, die Akten nach Basel zu liefern, stapelten sie sich in der Verwaltung.[17] Nach der Pensionierung Schmids wurde eine Teilzeitstelle für das 1976 eröffnete Gemeindearchiv geschaffen. Inzwischen werden dort alle offiziellen Verwaltungsdokumente nach 1930 aufbewahrt.

Mit dem Historischen Grundbuch Riehen steht ein wichtiges Grundlagenwerk zur Geschichte von Liegenschaften und für genealogische Forschungen zur Verfügung. Es geht auf die Initiative des Gymnasiallehrers Fritz Lehmann zurück, der sich dabei am Historischen Grundbuch Basel orientierte.[18] In den 1960er Jahren begann er, Daten und Angaben zu Riehener Liegenschaften und Grundstücken für die Zeit vor 1885 zu sammeln. Da das Vorhaben die Kapazität einer Einzelperson überstieg, wurde das Projekt seit 1965 von der Einwohnergemeinde finanziell unterstützt und später in die Gemeindeverwaltung integriert. Im Jahr 2007 wurde das Historische Grundbuch für den Dorfkern abgeschlossen.

2003 fusionierten Gemeindearchiv und Historisches Grundbuch zur Dokumentationsstelle, die im Gemeindehaus untergebracht ist. Neben offiziellen Akten werden hier auch Materialien von Kirchgemeinden, Schulen und anderen Institutionen sowie Privatarchive aufbewahrt. Die Dokumentationsstelle umfasst überdies eine umfangreiche Sammlung von Fotos und Negativen, ein nach Stichworten gegliedertes Zeitungsarchiv und eine Bibliothek.[19]

Heimatkunden und Ortsgeschichten

Die Riehener Geschichtsschreibung lag bis Ende des 20. Jahrhunderts hauptsächlich in den Händen von Pfarrern. Besonders geprägt wurde sie durch Johann Rudolf Huber im 18., Johann Gottlieb Linder im 19. sowie Ludwig Emil Iselin und Michael Raith im 20. Jahrhundert. Während Emil Iselins ‹Geschichte des Dorfes Riehen› von 1923 eher einem erzählenden Stil verpflichtet ist, erhält die 1980 erschienene ‹Gemeindekunde Riehen› von Michael Raith eine Fülle von Daten, Listen und Tabellen über fast alle Bereiche des Gemeindelebens.

Raith selbst hatte als Einwohnerrat 1971 die Publikation einer solchen Schrift angeregt, um die staatsbürgerliche Bildung auf Gemeindeebene zu fördern. Da kein anderer Autor gefunden wurde, blieb die Aufgabe an ihm selber hängen. Er übernahm sie primär aus Pflichtgefühl und «Liebe zum Gegenstand» und verzichtete ihretwegen «auf wissenschaftlich ansprechendere Vorhaben», wie aus einem Brief in seinem Nachlass deutlich wird. Darin zeigt er sich enttäuscht über die bescheidene Entschädigung durch die Gemeinde, die nur wenig über derjenigen eines Hilfsarbeiters liege.

Die 1972 erschienene Ortsgeschichte, mit der sieben Wissenschaftler beauftragt wurden, bezeichnete Raith dagegen als Luxusprojekt.[20]

Eine offizielle Würdigung seiner publizistischen Tätigkeit erhielt Raith 1991 mit der Verleihung des Kulturpreises. Als die 1988 erschienene zweite Auflage der ‹Gemeindekunde› vergriffen war, bewilligte der Einwohnerrat 2001 einen Kredit für eine dritte Auflage und beauftragte damit wiederum Michael Raith. Aufgrund dessen unerwarteten Todes im Jahr 2005 wurde der Auftrag für das vorliegende Buch erstmals an ein Team von auswärtigen Fachpersonen vergeben.[21]

Jahrbuch ‹z'Rieche›

Das Jahrbuch ‹z'Rieche› erschien erstmals 1961. Initiant war Hans Renk, Rektor der Landschulen, herausgegeben wurde es vom Verkehrsverein. In Anlehnung an das seit dem 19. Jahrhundert erscheinende Basler Stadtbuch besteht es aus einem Artikel- und einem Chronik-Teil. Mit der Zeit bildete sich ein fester Kreis von Autorinnen und Autoren heraus, die oft auch für die ‹Riehener Zeitung› tätig waren. Zum zwanzigjährigen Bestehen hielt Jahrbuch-Autor Hans Krattiger befriedigt fest, das Buch sei zu einem Forum geworden, wo sich «Bürger und Behörden zu fruchtbarem Gespräch einfinden».[22] Zwanzig Jahre später sah die damalige Redaktionsleiterin Lukrezia Seiler die Kernaufgabe des Jahrbuchs vor allem darin, eine Brücke zwischen Gegenwart und Vergangenheit zu schlagen.[23] Ab 2001 erschien das Buch in einem neuen Format und einer neuen Gestaltung, die veränderten Lesegewohnheiten Rechnung zu tragen versuchte. Vermehrt verfassten nun auch Mitarbeitende der Gemeindeverwaltung Beiträge. Das Interesse der Bevölkerung am Jahrbuch nahm jedoch zu Beginn des 21. Jahrhunderts stark ab – eine Tendenz, die sich auch bei ähnlich gelagerten Publikationen andernorts beobachten lässt.

Literatur und Dichtung

Vereinzelte Vorträge und Dichterlesungen fanden in Riehen bereits vor dem Ersten Weltkrieg statt. Von 1975 bis 1987 organisierte eine Gruppe von Freunden der alemannischen Dichtung im alkoholfreien Restaurant Schlipferhalle die Autorenabende Riehen. Eingeladen wurden Autorinnen und Autoren aus dem alemannischen Sprachraum, die ihre Texte in Mundart und Schriftsprache schrieben. Damit wurde die Zugehörigkeit Riehens zu einem grenzüberschreitenden alemannischen Sprach- und Kulturraum betont. Unter den Organisatoren der Autorenabende war auch Johannes Wenk-Madoery, Mitglied des Hebelbundes und Besitzer einer der grössten Sammlungen von Hebel-Ausgaben. Wichtig bei der Auswahl der Autorinnen und Autoren waren der Gebrauch des alemannischen Dialekts, die Landschaftsverehrung und die Proklamierung von grenzüberschreitender nachbarschaftlicher Freundschaft. In den 1980er Jahren entstand an der Rössligasse 9 auf Initiative von Elisabeth Sen-Wenk die Frauenbibliothek Riehen, in der Werke verschiedener Autorinnen gesammelt und ausgeliehen werden. In den Anfangszeiten fanden dort auch Lesungen und Werkstattgespräche statt.

Mit einem erweiterten geografischen Radius hat sich auch die 1990 gegründete Gruppe Kaleidoskop der Vermittlung von Dialektliteratur verschrieben. Neun Jahre nach ihrer Gründung fusionierte sie mit der Arena-Literaturinitiative. Diese Gruppe wurde 1978 gegründet. Sie versteht sich als Vermittlerin zwischen Literaturinteressierten, Kritikern und Schreibenden. Neben klassischen Lesungen veranstaltet sie auch Literaturwettbewerbe, Podiumsgespräche und musikalisch-literarische Produktionen und vergibt Werkaufträge. In ihren Programmen finden sich bekannte Namen der deutschsprachigen Literatur wie Luise Rinser, Hugo Loetscher und Urs Widmer ebenso wie neu zu entdeckende Talente.

Kein Kino oder die Angst vor einer Revolverküche

1927 lehnte der Riehener Gemeinderat ein Gesuch für ein Kino ab und forderte staatliche Massnahmen, um eine weitere Ausbreitung der Kinobetriebe im Kantonsgebiet zu verhindern.[24] In Basel boomte damals das Kino. Zwischen 1927 und 1928 war die Zahl der Kinobetriebe von 8 auf 15 angestiegen.[25] 1946 wurde in Riehen erneut ein Versuch unternommen, doch die Opposition war noch stärker. Sie ging primär vom Vorstand der evangelisch-reformierten Kirche und von neun kirchlichen Vereinen aus. Nicht das Kino an sich sei das Problem, doch für eine Gemeinde mit nur 7500 Einwohnern wurde ein Betrieb «zweiten oder dritten Ranges» befürchtet. Dafür sei Riehen «und insbesondere seine jungen Männer und Töchter zu gut».[26]

Mit den gleichen Argumenten wehrte sich auch der Verkehrsverein und legte den Riehener Filmfreunden nahe, in Basel ins Kino zu gehen. Im Jahr 1959 – die Bevölkerung war inzwischen auf 18 000 angewachsen – bekam Riehen doch noch ein Kino. Es lag an der Baselstrasse 48 und zählte 400 Plätze. Eine «Revolverküche» habe sich nur verhindern lassen, indem man es einem «guten Kino» erlaubt habe, sich niederzulassen, schrieb Albert Schudel, zweifelsohne ein Kinogegner, 1959 in der ‹Riehener Zeitung›.[27]

Am Eröffnungsabend wurde betont, das Kino respektiere den Wunsch der Gemeindebehörden nach anspruchsvollen Filmen. Das Programm der folgenden Jahre scheint indessen recht beliebig. Es enthielt Unterhaltungs- und Liebesfilme ebenso wie Dokumentar- und Kriminalfilme. Dazu gab es spezielle Vorführungen für Kinder und Jugendliche mit Filmen, die als pädagogisch wertvoll galten, wie etwa einem Dokumentarfilm über Albert Schweitzer.

Neun Jahre nach der Eröffnung steckte das Riehener Kino in einer tiefen Krise. Auch der Verkehrsverein konnte es mit Spezialprogrammen für ausgewählte Zielgruppen nicht retten, 1969 wurde es geschlossen. Dass Kinos durchaus auch in stadtnahen Gemeinden bestehen konnten, zeigt ein Vergleich mit Binningen. Hier wurde 1928 ein Kino eröffnet, das seinen Betrieb nach einem kriegsbedingten Unterbruch 1950 wieder aufnahm und sich bis Ende der 1980er Jahre neben der Konkurrenz in der Stadt behaupten konnte.[28]

Auf Kinofilme am Wohnort musste die Riehener Bevölkerung trotzdem nicht verzichten. Seit den 1930er Jahren wurden im katholischen Jugendheim auf dem Areal der heutigen St. Franziskus-Kirche Filme abgespielt, die weit über die Konfessionsgrenzen hinaus Anklang fanden. Seit 2002 zeigt der Verein Dorfkino Riehen jeweils im Winter und im Sommer rund zehn Filme zu einem bestimmten Thema. Die Filmvorführungen finden an verschiedenen Orten drinnen und draussen statt.

KINO RIEHEN

Täglich 20.15 Uhr, Sonntags 16.00, 18.15 und 20.15 Uhr

Nur bis Sonntag!

Ein neues Meisterwerk des grossen Regisseurs **GUSTAV UCICKY**

WALTER KOPPEL zeigt:

Zwei blaue Augen

Ein Film von **GUSTAV UCICKY**

Ein dramatisches Liebesschicksal — Das Hohelied unerschütterlicher Liebe! Zwischen Licht und tiefer Nacht geht eine junge Frau ihrem Schicksal entgegen. Zwei junge Menschen erkämpfen sich ihr Glück!

Nur 3 Tage! Montag bis Mittwoch:

Der grosse Welterfolgsfilm

Einer der aufrüttelndsten Filme, die bisher in Amerika gedreht wurden!

VIVA ZAPATA

mit Marlon Brando und Jean Peters

Ein grandioses Filmwerk, das uns den heissen Atem Mexikos und die glutvolle Leidenschaft seiner Bewohner verspüren lässt!

Englisch gesprochen — deutsch getitelt

Kinoprogramm aus dem Jahr 1959.

Anmerkungen

1. Riehener Zeitung, 4. April 1986.
2. Steiner, Reto / Fiechter, Julien: Bevölkerungsbefragung 2005 in der Gemeinde Riehen, Bern 2005, S. 15.
3. Telefonische Befragung der Gesellschaft für Sozialforschung zur Identität 1997, zit. nach Steiner/Fiechter, Bevölkerungsbefragung, S. 15.
4. Riehener Zeitung, 26. Oktober 1990.
5. Burgherr, Simone: Das Hörnli-Museum: Den Tod nicht verdrängen, in: z'Rieche, Jg. 39, 1999, S. 128–137.
6. Riehener Zeitung, 17. Juni 1983.
7. Heitz, Dominik: Von der Privatsammlung zur Fondation Beyeler, in: z'Rieche, Jg. 37, 1997, S. 26–33.
8. Krattiger, Hans: Das Gemeindehaus als Museum, in z'Rieche, Jg. 10, 1970, S. 9–19.
9. Riehener Zeitung, 14. November 1975.
10. Riehener Zeitung, 14. Mai 1993.
11. Schmutz, Lukas: Rückblick auf einen Anfang. Das Riehener Werkstatt-Theater, in: z'Rieche, Jg. 19, 1979, S. 99–104.
12. Staatsarchiv Basel-Stadt, Gemeindearchiv Riehen, E 12 (Vereine und Gesellschaften 1911–1924), Schreiben des Vereins der Musikfreunde Riehen an den Gemeinderat Riehen, 9. September 1929.
13. Gessler, Luzius: «Kunst in Riehen»: Eine Institution feiert, in: z'Rieche, Jg. 40, 2000, S. 126–143.
14. Schmid-Cadalbert, Christian: 75 Jahre Dorfzeitung: Tradition als Verpflichtung, in: z'Rieche, Jg. 37, 1997, S. 94–103.
15. Anzeige- und Verkehrsblatt für Riehen und Bettingen, 25. November 1922.
16. Soiron, Rolf: Schweizerkreuz und Christenkreuz. Zur Haltung der Riehener Zeitung im Zweiten Weltkrieg, in: z'Rieche, Jg. 18, 1978, S. 29–45.
17. Riehener Zeitung, 15. Oktober 1999.
18. Riehener Zeitung, 23. Januar 1981.
19. Reck, Daisy: Die Informations-Drehscheibe, in: z'Rieche, Jg. 48, 2008, S. 84–91.
20. Dokumentationsstelle Riehen, Nachlass Michael Raith, Brief von Michael Raith an den Gemeinderat vom 7. Juni 1977.
21. Riehener Zeitung, 23. November 2007.
22. Krattiger, Hans: Eine Idee nimmt Gestalt an. Aus den Anfängen des Riehener Jahrbuches, in: z'Rieche, Jg. 21, 1981, S. 6–12.
23. Seiler, Lukrezia: Ein Buch und ein Dorf als Spiegelbild des tiefgreifenden Wandels, in: z'Rieche, Jg. 40, 2000, S. 4–7.
24. Riehener Zeitung, 28. Oktober 1927.
25. Meier-Kern, Paul: Verbrecherschule oder Kulturfaktor? Kino und Film in Basel 1896–1916, Basel 1993, S. 142.
26. Riehener Zeitung, 22. März 1946.
27. Riehener Zeitung, 12. Juni 1959.
28. Scarpatetti, Beat von et al.: Binningen – die Geschichte, Liestal 2004, S. 364.

Schulanfang im Schulhaus Hinter Gärten, August 2009.

Bildungswandel

Arlette Schnyder

Riehen ist für seine Kindergärten und Primarschulen selbst verantwortlich. Diese Aufgabe mag einer anderen Gemeinde ganz normal vorkommen, für Riehen aber war die Kommunalisierung der unteren Bildungsstufen ein grosser Schritt in Richtung mehr Gemeindeautonomie. Der Blick in die Entstehung der heutigen Bildungs- und Erziehungslandschaft beleuchtet deshalb nicht nur den Wandel der Schule und der Bildungsansprüche, sondern auch das komplexe Verhältnis der Gemeinde zum Kanton. Gerade weil Bildung ein Gut ist, das in die Zukunft hineinwirkt, sind die Erwartungen an Bildungsinstitutionen hoch. In der Geschichte der Schulhausbauten und Schulreformen wird der schwierige Balanceakt zwischen pädagogischen Visionen und realem Bildungsalltag sichtbar. Zum Bildungsangebot gehören heute auch ausserschulische Kindertagesbetreuung, Musikschulen, Deutsch- und Integrationskurse.

Gemeindeautonomie und Schulhausbau

Schule und Bildung kosten. Das wussten die Riehener bereits 1595, als eine Delegation der Riehener und Bettinger beim Rat in Basel mit der Bitte vorsprachen, «inen steur ze ttun [sic], domit sie umb der jugendt willen eine schul anrichten möchten».[1] Der Rat entsprach der Bitte, womit die seit der Reformation in Riehen eingeführte Schule eine gesicherte Existenz und der Lehrer einen festen Lohn erhielt. Als der Pfarrer 1601 beim Rat in Basel auf die Notwendigkeit hinwies, «eine bestendige Schulbehausung zu erwerben, damit die jugendt mit desto mehrerem nutz des bettens, lesens, schreibens, gsangs und catechismi underrichtet werden könne», lautete die Antwort gemäss Ratsprotokoll: «mögen die pauren ime umb ein huss lugen»,[2] was diese 1623 mit dem Kauf einer geeigneten Liegenschaft am heutigen Erlensträsschen auch taten. Hier wurde 1730 ein neues Schulhaus erbaut, auf dessen Existenz heute nur noch eine Lücke in der Nummerierung der Häuser hinweist: Die einstige Nummer sechs wurde 1956 abgerissen.

Die Geschichte der Riehener Schule ist geprägt von wechselnden Ansichten darüber, wer für die Schule zuständig sei. Gerade weil Bildung ein teures Gut ist, sind die bildungspolitischen Debatten bis heute eng verknüpft mit finanziellen Fragen.

Hin und Her zwischen Gemeinde und Kanton

Mit der Entstehung des Bundesstaates im 19. Jahrhundert kam der Schule eine wichtige neue Aufgabe zu: Sie musste mündige Staatsbürger heranbilden, die Stimmzettel ausfüllen, staatspolitische Grundlagen verstehen und ihre Kinder entsprechend erziehen konnten. War es einst die Kirche, die zur Vorbereitung der Konfirmation Grundlagen im Lesen und Schreiben verlangte, so übernahm nun der Staat diese Aufgabe. 1826 erliess der Rat von Basel ein Reglement, das die Schulzeit auf sechs Jahre festsetzte. Die im Dienste der Kirche stehende sogenannte Deputatenschule wurde aufgehoben, die Schulaufsicht, die bisher dem Dorfpfarrer oblag, einem Inspektor übertragen und 1837 gemäss einem Erziehungsratsbeschluss der obligatorische Unterricht eingeführt.[3] Ab 1839 bildeten Kleinhüningen, Riehen und Bettingen zusammen einen Inspektoratsbezirk.[4] 1860 übernahm die Gemeinde Riehen die Zuständigkeit für die Schule vom Kanton. Die Kosten stiegen in den folgenden Jahren massiv, denn die Bundesverfassung von 1874 bestimmte, dass der Schulunterricht unentgeltlich und für alle zugänglich sein sollte. Zudem legte das erste kantonale Basler Schulgesetz von 1880, das diese Vorgabe umsetzte, auch für die Landgemeinden acht obligatorische Schuljahre fest.

Die unentgeltliche Schule bedeutete für die Gemeinde enorme Mehrkosten: Die Einnahmen der Schulgelder fielen weg, mehr Kinder gingen zur Schule und mehr Lehrkräfte mussten angestellt werden. Zudem lag die Oberaufsicht beim kantonalen Erziehungsdepartement, dem ein Mitglied des Regierungsrats vorstand. Der dem Erziehungsdepartement beigegebene Erziehungsrat wählte die Lehrpersonen, bestimmte die Lehrmittel und erliess Ordnungen und Reglemente. Mit den wachsenden kommunalen Aufgaben wie dem Unterhalt des Wieseufers, dem Strassenbau und dem Bildungswesen war Riehen bald wirtschaftlich überfordert. Entsprechend gross war die Erleichterung, als man 1891 das stark reglementierte und kostspielige Schulwesen an den Kanton abgeben konnte. 1923 war in der ‹Geschichte des Dorfes Riehen› zu lesen: «Die allgemeine Schulbildung steht heute auf einer Höhe, die man sich noch vor hundert Jahren nicht hätte träumen lassen.»[5] Nochmals fünfzig Jahre später interpretierte die nun finanziell gut gestellte Gemeinde die Zuständigkeit des Kantons für die Schulen als Eingriff in die Gemeindeautonomie. In der Dorfgeschichte von 1972 klagte der Historiker Hans Adolf Vögelin, ein finanzieller Zustupf an die Schule vonseiten des Kantons hätte damals zur Entlastung der Gemeinde gereicht.[6]

Heute ist Riehen wieder zu einem grossen Teil selbst für seine Schulen verantwortlich. Wichtige Grundlage für die Kommunalisierung war die Neuordnung des Verhältnisses zwischen dem Kanton Basel-Stadt und den Einwohnergemeinden Riehen und Bettingen (NOKE). Anstelle von Geldzahlungen an den Kanton wollten die Gemeinden zusätzliche Aufgaben übernehmen und dadurch ihre Stellung im Kanton stärken. Herzstück der Neuordnung war die Kommunalisierung der Primarschulen und der Tagesbetreuung, die über Jahre vorbereitet und vom Grossen Rat genehmigt wurde. Gegen diesen Entscheid ergriff die Basler Schulsynode das Referendum. Mit knapp zwei Dritteln Ja-Stimmen wurde am 23. September 2007 die Übergabe der Primarschulen an die Gemeinden gutgeheissen. Seit Januar 2008 liegt die ausserschulische Tagesbetreuung von Kindern ganz in der Zuständigkeit der Gemeinden Riehen und Bettingen, und seit Schulbeginn 2009 sind diese gemeinsam für die Ausbildung aller Kinder im Kindergarten- und Primarschulalter verantwortlich. Nach 118 Jahren ging die Zuständigkeit für einen Teil der Volksschule vom Kanton zurück an die Gemeinden und damit auch der finanzielle Aufwand für den Betrieb von Schulhäusern und die Anstellung von Lehrpersonen. Die Schulhausbauten sowie der Grund und Boden, auf dem diese stehen, gehören weiterhin dem Kanton.

Kindergärten

Die Entwicklung des Kindergartens in Riehen spiegelt im Kleinen, was die Schule in langen Prozessen prägt. Die 1840 gegründete Kleinkinderschule wurde von privaten Gönnern getragen und war – entsprechend ihrem Gründervater Christian Friedrich Spittler – religiös geprägt; von 1859 bis 1929 leitete das Diakonissenhaus in Riehen den Kindergarten, und Schwester Anna Schmid stand über dreissig Jahre lang am Anfang der Schulkarriere der meisten Riehener Kinder. Im revidierten kantonalen Schulgesetz von 1929 wurde der Kindergarten gesetzlich verankert. Auch in Riehen

Der Kindergarten an der Paradiesstrasse im Bau, 26. November 1965. Die ‹Riehener Zeitung› kommentierte: «So schnell, wie letzte Woche, ist wohl in unserer Gemeinde überhaupt noch nie ein Haus gebaut worden.»

übernahmen nun vom Kanton gewählte Lehrkräfte diese Aufgabe. In der Nachkriegszeit und bis in die 1970er Jahre wuchsen Kindergärten wie Pilze aus dem Boden. So der Kindergarten an der Paradiesstrasse, der in weniger als drei Stunden errichtet wurde.

In den 1980er Jahren wurden im Rahmen von Autonomiegesprächen zwischen Gemeinde und Kanton Vorschläge zu einer Übernahme der Kindergärten laut. Der Grosse Rat trat jedoch 1984 auf den Ratschlag zu einer entsprechenden Gesetzesänderung nicht ein. Er folgte damit der Meinung der Riehener Kindergärtnerinnen, die Lohneinbussen und ein Absinken in kommunale Isolation befürchteten. Das Thema der Kommunalisierung blieb aber aktuell. 1994 ging nach Verhandlungen mit den Gemeinden Riehen und Bettingen erneut eine Vorlage an den Grossen Rat, der die entsprechende Gesetzesänderung beschloss. In einer Referendumsabstimmung wurde diese 1995 angenommen. Die Riehenerinnen und Riehener sprachen sich mit 2638 zu 3620 Stimmen gegen die Übernahme der Kindergärten aus.[7] Im Rückblick wurde die Kommunalisierung dennoch mehrheitlich als Erfolg für die Gemeinde wahrgenommen und wirkte wegbereitend für die Kommunalisierung der Primarschulen. Welchen Status die Kindergärten in Zukunft haben werden, steht neu im Zusammenhang mit der Schulharmonisierung zur Debatte.

Die Schulhäuser am Erlensträsschen

Die Baugeschichte der Schulhäuser in Riehen zeigt, wie eng Kanton und Gemeinde aufeinander angewiesen sind und wie ambivalent Gemeindeautonomie und kantonale Schirmherrschaft oft empfunden wurden. Mit Stolz verweist Riehen darauf, dass es neben Liestal die erste Basler Landgemeinde war, die nachweislich eine eigene Schule besass. Der Unterhalt des Schulhauses und der Lohn des Lehrers wurden aus dem Kirchenvermögen bestritten und von den Deputaten, einem Ausschuss des Basler Rates, überwacht. Die Unterrichtsverhältnisse waren äusserst einfach: Siebzig bis hundert Kinder sassen in einer Schulstube und wurden von einem einzigen Lehrer unterrichtet. Trotz räumlicher Verbesserungen nach dem Schulhausneubau am Erlensträsschen von 1730 blieb der Unterricht mangelhaft. Die Lehrkräfte verfügten oft selbst nur über eine geringe schulische Vorbildung. Ungeeignete Lehrkräfte, die wegen schlechten Unterrichts, Jähzorns und Gewalttätigkeit des Amtes enthoben und mangels passender Lehrer wieder eingestellt wurden, prägten im 18. Jahrhundert die Schule im Dorf.[8]

1839 erweiterte Basel-Stadt die sechsjährige Schulpflicht durch eine bis zur Konfirmation dauernde Repetierschule, in der die Grundkenntnisse im Schreiben, Lesen und Rechnen an Nachmittagen oder Abenden von den bereits in den Arbeitsprozess eingebundenen Kindern vertieft werden konnten. 1841 wurde an der Bahnhofstrasse 1 ein neues Schulhaus eingeweiht, das bereits 1863 wegen des Lärms der neueröffneten Wiesentalbahn wieder aufgegeben werden musste. Auf der Suche nach einem geeigneten Ersatz erwarb die Gemeinde das am Erlensträsschen gelegene Rüdinsche Landgut und richtete im Herrschaftshaus zwei Schulzimmer und zwei Lehrerwohnungen ein. Der Hofplatz diente als Turn- und Pausenplatz, und im grossen Garten konnten die Lehrer Gemüse anbauen. Die Einführung des unentgeltlichen Schulunterrichts 1874 liess die Schülerzahlen weiter ansteigen: Gingen 1871 240 Knaben und Mädchen zur Schule, verzeichnete Riehen 1878 acht Schulkassen mit rund 400 Kindern.[9] Die Gemeinde reagierte auf die Raumnot und errichtete am Erlensträsschen 8 einen Erweiterungsbau. Während der nächsten hundert Jahre diente das 1879 eingeweihte Schulhaus mit seinen acht Schulzimmern als Primarschule.

Das Wandbild ‹Afrika› am Niederholzschulhaus, gemalt 1948 von Otto Abt.

Das Schulhaus am Erlensträsschen, hier im Sommer 2009, erzählt Geschichte. Hinten links steht erhöht der Bau von 1879 mit ausgebautem Dachstock, im Vordergrund der 1950 eröffnete moderne Anbau. Hinten rechts das Rüdinsche Landgut, in dem sich von 1957 bis 2009 das Rektorat der Landschulen befand und heute die Leitung Gemeindeschulen untergebracht ist.

Afrika in Riehen

Das Wandbild ‹Afrika› war in der Zeit nach dem Zweiten Weltkrieg umstritten, die Debatte wurde in der ‹Riehener Zeitung› ausgetragen. So fragte am 7. November 1948 ein Leserbriefschreiber: «Was soll dieses Afrika in einem Riehener Schulhaus? Gibt es nach einem Weltkrieg, wie wir ihn erlebt haben, in dieser bewegten Zeit wirklich kein weniger dürftiges Thema als dieses ‹Afrika›? Kinder wollen ernst genommen werden. Auch verlangt man von ihnen, dass sie die Schule ernst nehmen sollen und dann malt man ihnen solche Allotria an die Schulhauswände.» Zur Beruhigung der besorgten Eltern, die überzeugt waren, der grosse Löwe erschrecke die Kinder und die Krieger seien ihnen fremd, schrieb daraufhin ein Kunstbegeisterter: «Hüten wir uns vor jeder Verweichlichung. Im letzten Krieg sind die Kinder gleich bombardiert worden wie die Erwachsenen und zu Hunderttausenden umgekommen. Es ist richtig, dass das Erlebnis des Krieges in eine kindertümliche Bildsprache übersetzt wurde, die nicht nur leichter verständlich ist, sondern auch weniger erschreckt als die Fratze des Krieges selbst.»[10]

Scheune und Stall des vormaligen Landgutes wurden zu einer Turnhalle umgebaut, und um 1922 fanden im Dachstock zwei weitere Schulzimmer Platz.

Die erste Sekundarschule

Was mit der Bezeichnung ‹Sekundarschule› gemeint ist, hat sich im Lauf der Zeit geändert. Das Schulgesetz von 1880 legte fest, dass die Schülerschaft im Anschluss an vier gemeinsame Primarschuljahre nach den schulischen Leistungen in drei Schularten aufgeteilt wurde: das Gymnasium für die später einmal Studierenden, die Sekundarschule für sogenannt realistisch Orientierte und für die eher praktisch begabten und schulschwächeren Jugendlichen die obere Primarschule. Mit dem Schulgesetz von 1929 mutierte Letztere zur Sekundarschule, und die bisherige Sekundarschule wurde zur Realschule. Mit der Schulreform von 1994 verschwanden die Schultypen Sekundarschule und Realschule als Parallelschulen; sie wurden ersetzt durch die Orientierungsschule vom 5. bis zum 7. Schuljahr und die Weiterbildungsschule, die im 8. und 9. Schuljahr parallel zu den um drei Jahre verkürzten Gymnasien die Schulabschlussstufe im obligatorischen Bereich verkörperte.

Während sich das achtjährige Schulobligatorium Ende des 19. Jahrhunderts durchzusetzen begann, galten weiterführende Schulen noch lange als Luxus. Wer etwas auf sich hielt und auf die Arbeitskraft seines Kindes verzichten konnte, schickte seinen Knaben ins Gymnasium und – was aber seltener vorkam – sein Mädchen in die höhere Töchterschule. Der Lehrer Carl Tanner hielt in seinen 1922 verfassten Jugenderinne-

Ein Gymnasium für Riehen

Das ‹Bäumlihof› war von seiner Eröffnung 1974 bis 1987 das Gymnasium Riehens schlechthin. Sämtliche Kinder, die rechts des Rheins wohnten, wurden dem damals grössten Gymnasium der Stadt zugeteilt, dessen Sportplatz auf Riehener Boden liegt. Nach der Eröffnung schrieb die ‹Riehener Zeitung› am 31. Mai 1974: «Für viele junge Riehener bedeutet das Näherrücken eines Gymnasiums, direkt auf die Gemeindegrenze, eine erhebliche Zeit-, Kosten- und Unfallverringerung.» Die unterschiedlichen Einzugsgebiete des Gymnasiums, in dem alle Maturitätstypen unterrichtet wurden, spiegelten sich in der Statistik der Schüler. So wohnten 1981 61 Prozent aller Schüler in Riehen oder Bettingen und nur 39 Prozent in Kleinbasel.[11] 1987 wurde die Rheingrenze aufgehoben, nicht zuletzt, weil weniger Lateinklassen gebildet werden konnten und man im Humanistischen Gymnasium die Latein- und Griechischklassen zusammenziehen wollte.[12] Seither ist die Schulhauswahl wieder frei und das Bäumlihof nicht mehr einzig mögliches Gymnasium für Riehener Kinder.

rungen fest, wie er als Junge mit rund vierzig anderen Gymnasiasten täglich den weiten Schulweg nach Basel unter die Füsse nehmen musste. Im Frühling 1875 trafen die müde heimkehrenden Gymnasiasten auf den neugewählten, liberal gesinnten jungen Pfarrer Benjamin Buser und nahmen ihm das Versprechen ab, in Riehen eine Sekundarschule einzurichten. Bereits im Herbst 1875 konnte der Unterricht beginnen: «Näbe dr alte Chille, im alte Gmeinhus, en alte verstaubte Saal mit alter, halbwisser Dünchi, alti wackligi, wurmstichigi Schuelbänk, en alts Schrybpult, en usrangschierte-n alte Sekundarlehrer, e paar alti Gymnasiaste und e paar alti Primaner als Schüeler und alles summa summarum: Die neui Sekundarschuel vo Rieche!»[13]

Nach dem Unterricht im Zivilgerichtssaal im heutigen Haus der Vereine zog die Gesamtklasse in einen Raum der Kleinkinderschule an der Schmiedgasse 46. Ab 1879 wurden die Sekundarschüler im Neubau des Schulhauses am Erlensträsschen unterrichtet. Erst 1907 beschloss das Erziehungsdepartement den Bau eines Sekundarschulhauses, und der Grosse Rat bewilligte den Kauf eines Grundstücks an der Burgstrasse.[14] 1911 weihte Riehen dort sein erstes Sekundarschulhaus ein.

Die erste Quartierschule

Bis 1930 befand sich am Erlensträsschen die einzige Primarschule Riehens. Dies bedeutete vor allem für die Kinder in den wachsenden Quartieren im Süden Riehens lange Schulwege. Die Notwendigkeit neuer Schulhäuser lag auf der Hand. Ein solcher

Wunsch musste von den Behörden der Gemeinde erkannt und von denjenigen des Kantons bewilligt werden, was keine einfache Sache war.

Mit der Einschulung der Primarschüler 1929 bemerkte man, dass unmöglich alle Riehener Kinder im Erlensträsschenschulhaus Platz finden konnten. Das Erziehungsdepartement entschied sich dazu, alle Kinder, die in den Habermatten, der Niederholzstrasse und der Kolonie Gartenfreund schulpflichtig geworden waren, nach Basel zur Schule zu schicken. Die aufgebrachten Eltern tröstete man mit einer vom Kanton finanzierten Gratis-Tramkarte. Im Mai 1929 ereignete sich bei der Mustermesse in Basel ein Unfall, der die Gemüter in Riehen erregte: Ein Erstklässler aus Riehens Süden fiel auf der Fahrt zur Schule in Kleinbasel von der Tramplattform und wurde schwer verletzt.[15] In empörten Leserbriefen wurde dem Erziehungsdepartement Pflichtversäumnis vorgeworfen, und es erging eine Eingabe an den Gemeinderat, etwas in dieser Sache zu tun. Bereits am 21. Juni 1929 reagierte der Grosse Rat und bewilligte eine Vergrösserung des Sekundarschulhauses, bis man einen Neubau ins Auge fassen könne. Auf den Schulbeginn im Frühjahr 1931 war ein Schulhausneubau an der Burgstrasse fertiggestellt. Hier fanden sich nicht nur neue Werk- und Handarbeitsräume, sondern auch Klassenzimmer für die Primarschüler aus dem Südwesten der Gemeinde.

Erst mit einem weiteren enormen Zuwachs der Bevölkerung im Niederholz in den 1940er Jahren erkannte man die Dringlichkeit eines Schulhausneubaus in diesem Quartier. Wegen der Schwierigkeiten bei der Materialbeschaffung und der angespannten Finanzlage direkt nach dem Zweiten Weltkrieg entschloss sich der Kanton für einen Bau in Etappen. 1948 feierte man die Einweihung, und Gemeindepräsident Wolfgang Wenk dankte: «Ohne dass unsere Gemeinde etwas damit zu tun hatte, ist ihr nun das schöne Schulhaus gegeben worden, über dessen gediegen schöne Gestaltung und Ausführung wir uns nur freuen können.»[16] Auf zwei Stockwerken fanden sich sechs Schulzimmer für 130 Kinder, ein Raum für die Verteilung der Schulmilch, ein Lehrer- und Rektorenzimmer und eine Abwartswohnung. Die geplante Schülerzahl wurde mit 220 Kindern bereits beim Einzug ins Niederholzschulhaus deutlich überschritten, und der Bau der Turnhalle zog sich hin bis in den Herbst.[17]

Der grosse Schulhausbauboom

Unmittelbar nach Ende des Zweiten Weltkrieges mussten im gesamten Kanton grosse Schulhausbauten in Angriff genommen werden. 1948 rechnete das Baudepartement für die folgenden zehn Jahre mit Ausgaben von rund zwanzig Millionen Franken für

Das 1964 eingeweihte Wasserstelzenschulhaus in einer Aufnahme von 1979.

Das Modell des geplanten Schulhauses Im Moos 1968. Schulhausprojekte für die Gebiete Stettenfeld und Im Moos aus den 1960er Jahren wurden nie realisiert, da sie direkt mit immer wieder abgelehnten Überbauungen zusammenhingen.

die dringendsten Schulhausbauten. Im Frühjahr 1950 konnte der bereits in den 1930er Jahren geplante Neubau am Erlensträsschen bezogen werden. Er enthielt 12 Klassenzimmer, eine Bibliothek, einen Materialraum, ein Schulzahnarztzimmer, eine gedeckte Spielhalle, eine Duschanlage, Garderoben und eine Turnhalle.[18] 1951 feierte man die Erweiterung des Niederholzschulhauses, das neu 23 Klassen fassen konnte, und 1953 folgte die Eröffnung des heutigen Hebelschulhauses für 16 Klassen, das damals noch der Sekundar- und Realschule, später der Orientierungsschule Raum bot. Bereits 1958 fehlte der Gemeinde abermals Schulraum für rund zehn Klassen. Während der Kanton einen weiteren Bau auf dem Boden des Niederholzschulhauses anstrebte, favorisierte die Gemeinde eine Quartierschule auf dem Wasserstelzenareal, das aber von der Stadt als Bauland vorgesehen war. Die Debatte über die rivalisierenden Nutzungskonzepte – Schulraum gegen Wohnraum – wurde heftig geführt. Die Gemeinde Riehen konnte nicht zuletzt mit dem Argument der stark wachsenden Bevölkerung ihre Vorstellung einer grossen Quartierschule im Wasserstelzenareal durchsetzen:

Das Stadtplanbüro hatte prognostiziert, dass die Bevölkerung bis zur vollen Ausnützung des Baulandes in Riehen und Bettingen auf rund 40 000 Einwohner ansteigen könnte.[19] Mit dem Bau des 24 Klassen fassenden Wasserstelzenschulhauses wollte man diesen Voraussagen Rechnung tragen. Die ‹Riehener Zeitung› vom 20. April 1964 berichtete, wie man bei der Eröffnung «das schöne Spiel von Sichtbeton und Holz» bewunderte und sich an den hellen Räumen freute. Besonders Eindruck machte das erste Schul-Lernschwimmbecken «samt allen Garderoben- und Douchenräumen und den Haartrocknungsmaschinen, dank derer die Wasserstelzenschülerinnen fortan vor Erkältungen geschützt sein werden». Auch wenn die Riehener Bevölkerung nicht im angenommenen Rahmen wuchs, machten die grossen Jahrgänge der frühen 1960er Jahre den Bau eines Primarschulpavillons am Steingrubenweg 37 nötig – ein Jahrzehnte andauerndes Provisorium. Im Frühling 1968 zogen hier vier Klassen mit 130 Kindern ein und brachten damit eine Entlastung für das völlig überfüllte Schulhaus am Erlensträsschen.

Reformen und Raumbedürfnisse

Wie stark der Schulhausbau von Schulreformen abhängt, wird anhand der Riehener Schulgeschichte ersichtlich. So zeigte sich beispielsweise mit der Einführung der Orientierungsschule (OS) im Rahmen eines neuen Schulgesetzes ab August 1994 in Riehen ein massiver Mehrbedarf an Gruppenräumen. Die heftig diskutierte Basler Schulreform wollte die frühe Trennung im Mittelbau vermeiden und die Schülerinnen und Schüler nicht schon nach der vierten Primarschulklasse nach ihrer Leistung selektionieren. Vielmehr sollten alle Kinder von der fünften bis zur siebten Klasse in der OS ihre Fähigkeiten entwickeln können. Während zuvor leistungsstarke Schülerinnen und Schüler direkt nach der vierten Klasse ins Progymnasium wechselten, blieben die Kinder neu sieben Jahre im Schulkreis Riehen-Bettingen. Bei einem durchschnittlichen Anteil von 50 Prozent Gymnasiasten und Gymnasiastinnen hatte dies einen beträchtlichen zusätzlichen Raumbedarf zur Folge, weshalb ein Um- und Neubau des Burgschulhauses und ein grosszügiger Erweiterungsbau des Hebelschulhauses für die neue Schule bereitgestellt wurden.

Ihren vorläufigen Abschluss fand die Geschichte der Schulhausbauten des Kantons auf Gemeindegebiet mit dem Schulhaus Hinter Gärten. Das bereits 1991 vom Rektorat der Landschulen Riehen-Bettingen vorgeschlagene Neubauprojekt musste während fünfzehn Jahren auf seine Realisierung warten. Der Kanton vertröstete die Gemeinde mit Provisorien auf den bereits bestehenden Schulhausarealen. Im Jahr 2000 zählte man

Der Erweiterungsneubau des Hebelschulhauses war auf die Einführung der Orientierungsschule im August 1994 bezugsbereit und bietet zwölf Klassen Raum. Die Aufnahme stammt von 2001.

in Riehen elf Schulcontainer. Bei der Grundsteinlegung des über sechzehn Millionen Franken teuren Schulhauses Hinter Gärten im April 2005 betonte Gemeindepräsident Michael Raith, gute Schulen trügen wesentlich zur Standortqualität einer Gemeinde bei. Riehen sei sehr an einer Übernahme der Schulen vom Kanton interessiert. Nur vier Jahre später ging dieser Wunsch mit der Kommunalisierung der Primarschulen in Erfüllung.

Schule als Spiegel der Zeit

Welche Anforderungen eine Gesellschaft an die Schule stellt, ändert sich je nach den geltenden Normen und Werten. Riehen ging innerhalb des Kantons häufig einen eigenen Weg – sei es in der Führung gemischtgeschlechtlicher Klassen, mit der Einführung von Blockzeiten oder mit den ersten Versuchen eines schulfreien Samstags im Kanton.

Erste kantonale Schulgesetze

Das kantonale Schulgesetz von 1880 reglementierte erstmals den Unterricht auf 20 bis 26 Wochenstunden mit Klassen von maximal 54 Kindern. Die gesetzlich vorgeschriebenen Klassengrössen konnten jedoch in der wachsenden Gemeinde keineswegs eingehalten werden. 1906 wurden 75 Knaben und Mädchen eingeschult, die alle von einem Lehrer in einem Zimmer Unterricht erhielten. Eine Parallelisierung der Klassen war nicht mehr zu vermeiden, weshalb man 1907 die eintretenden Schulkinder

Schulchronik

1538	Erste Nennung einer Schule in Riehen.
1623	Kauf von Schulräumen.
1730	Neubau des Schulhauses am Erlensträsschen.
1837	Der Schulunterricht im Kanton Basel-Stadt wird obligatorisch.
1863	Die Gemeinde erwirbt das Rüdinsche Landhaus zu Schulzwecken.
1879	Neubau des Schulhauses am Erlensträsschen mit Turnhalle, Erweiterungsbau 1950.
1880	Das Basler Schulgesetz legt acht obligatorische Schuljahre fest.
1911	Bau des Schulhauses an der Burgstrasse, Erweiterungsbau 1931.
1929	Der Kindergarten in Riehen wird staatlich.
1948	Einweihung des Niederholzschulhauses, Erweiterungsbau 1951.
1953	Eröffnung des Hebelschulhauses.
1957	Rektorat der Landschulen im Rüdinschen Landhaus.
1964	Einweihung des Wasserstelzenschulhauses.
1994	Einführung der Basler Schulreform.
1995	Kommunalisierung der Kindergärten von Bettingen und Riehen.
2005	Einweihung des Schulhauses Hinter Gärten, Kindergarten wird obligatorisch.
2009	Kommunalisierung der Primarschulen von Bettingen und Riehen.

Schule während der Kriegszeit

Während der Kriegszeit ersetzten Schulklassen zuweilen in der Landwirtschaft fehlende Arbeitskräfte. Sie wurden zum Ährenlesen auf Feldern aufgeboten, halfen bei der Kartoffelernte oder bei der Schädlingsbekämpfung. So wurden im Juni 1940 sieben Klassen zum Suchen von Kartoffelkäfern angesetzt. Im selben Jahr erhielten die Schüler für einen Liter gesammelter Maikäfer 20 Rappen. 1943 entschied man sich gegen das Spritzen von Gift, weil die Schulkinder «20 Meter Ackerland pro Stunde beim Ablesen der Kartoffelkäfer schafften». Neben solch ungewöhnlichen Schularbeiten prägte auch der Brennstoffmangel den Schulunterricht. Gemäss einer Verfügung des Volkswirtschaftsdepartements vom 5. September 1940 war der Schulunterricht am Samstag einzustellen. Die Schulstunden wurden von 50 auf 45 Minuten reduziert, damit sie innerhalb der Fünf-Tage-Woche Platz fanden. 1942 setzte man gar aus demselben Grund das Ende des Schuljahres auf den 20. Februar fest. Wanderungen, Ski- und Eislaufkurse ersetzten auf freiwilliger Basis die fehlenden Schulstunden.

Wie auch immer die Schulgesetze und Schulreformen lauten: die Umsetzung muss durch die Lehrkräfte geschehen. Die Aufnahme um 1934 zeigt Lehrerin Emmy Schlumpf, die von 1930 bis 1960 am Erlensträsschen unterrichtete. Die Musikinstrumente und Zahlenschildchen aus der Dreierreihe in den Händen der Kinder verweisen auf die damals modernen Unterrichtsmethoden.

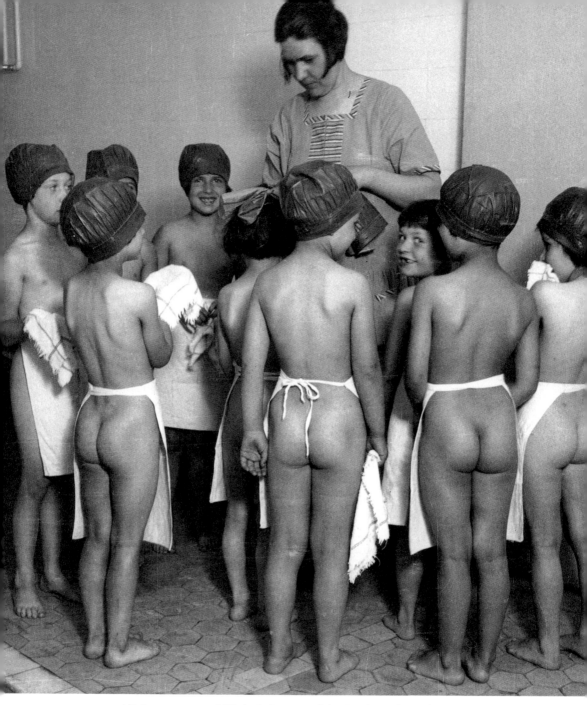

Mit dem sogenannten Schülerbad, einem monatlichen Duschen in den modernen Schulhäusern des Kantons Basel-Stadt, sollten die Kinder Hygiene als soziales Verhalten lernen. Anna Hügi-Seckinger erkannte in dieser Fotografie von Lothar Jeck aus dem Jahr 1931 die für sie prägende Erfahrung der Badstunde im Burgschulhaus und bewahrte die Fotografie in ihrem Album auf. Das Bild wurde für die ‹Schweizer Illustrierte› aufgenommen, aber nicht abgebildet. Dem Fotografen gelang es, eine für die Schweiz kaum dokumentierte Hygienemassnahme innerhalb der Volksschule festzuhalten.

nach dem Geschlecht trennte.[20] 1909 wurde Elisabeth Bucher als erste Lehrerin in Riehen zur Führung der Mädchenprimarschule eingestellt.

Hygiene und Schule

Die grossen Schulhausneubauten, zu welchen derjenige am Erlensträsschen 8 oder das Sekundarschulhaus an der Burgstrasse gehörten, entsprachen den Überzeugungen der im ausgehenden 19. Jahrhundert aufkommenden Hygienebewegung. Luftige, helle Gebäude mit grossen Korridoren, Pausenplätzen, Lehrerzimmern und Turnhallen wurden gefordert, so dass man zuweilen von Bildungspalästen sprach.[21] Neu war auch die Erkenntnis, dass eine frühzeitige Behandlung von Krankheiten Kosten reduziert, weshalb die Gesundheit der Kinder fortan von einem kantonalen Schularzt überprüft wurde. In Riehen, auch ‹Chropfheim› genannt, bildete die Prophylaxe von Kropfbildungen einen Schwerpunkt. Anna Hügi-Seckinger erinnert sich an Schuluntersuchungen in den 1920er Jahren: «Wir wurden in Gruppen eingeteilt, je nach Grösse der Verwachsung, zum Teil fotografiert, und erhielten dann regelmässig durch den Lehrer Jodtabletten.»[22] Auch die Zahnpflege war bereits zu Beginn des 20. Jahrhunderts ein Thema. 1929 erhielt das kantonale Baudepartement die Ermächtigung, im Sekundarschulhaus Riehen eine Zahnpflegeeinrichtung für Schüler zu erstellen.[23] Diese bewilligte Filiale der kantonalen Schulzahnklinik konnte jedoch erst 1950 mit dem Erweiterungsbau am Erlensträsschen eingerichtet werden, 1962 zog sie in das Gemeindehaus an der Wettsteinstrasse 1. Seit 1994 ist die Schulzahnklinik Gemeindeangelegenheit.

Nebst den ärztlichen Untersuchungen waren allgemeine Hygienemassnahmen ein wichtiges Anliegen der neuen Schule. Im Schulhaus an der Burgstrasse diente ein öffentliches Wannen- und Brausebad dem monatlichen Duschen der Schulkinder: «Wir mussten uns ein Schürzchen umbinden, der Abwart verteilte an alle flüssige Seife und dann mussten wir uns schrubben und fegen und unter der Dusche waschen», erinnert sich Anna Hügi-Seckinger an ihre Schulzeit in den 1920er Jahren.[24]

Vom Rektorat der Landschulen zur Leitung Gemeindeschulen

Von 1891 bis 1957 war für die Überwachung der Primar- und Sekundarschule der Landgemeinden ein Inspektor aus Basel zuständig. 1957 erhielten Riehen und Bettingen ein eigenes Rektorat, das sie am Erlensträsschen 10 einrichteten. Diese subtile Berücksichtigung der Gemeinde förderte die Chance eigener Akzentsetzungen. Diese charakterisierte Liselotte Kurth, von 1988 bis 2003 Rektorin, wie folgt: «Die Leitidee

Im Elbs-Birrschen Landhaus, das mit dem Kauf der Sarasinschen Güter 1975 vom Diakonissenhaus an die Gemeinde gelangte und – wie die Aufnahme von 1979 zeigt – sorgfältig renoviert wurde, ist seit 1980 die Musikschule Riehen untergebracht.

im Riehener Rektorat war, den Themen nicht hinterherlaufen, sondern sie selber aufgreifen, damit wir das Gesetz des Handelns in der Hand behalten.»[25] Tatsächlich gingen von hier viele neue Impulse aus. In Riehen wurden 1989 erstmals im Kanton Blockzeiten eingeführt, hier entstand die Idee einer Musik-Orientierungsschule, und hier wurde 1998 erstmals im Kanton Basel-Stadt die Fünf-Tage-Woche eingeführt. Im Zuge der Kommunalisierung fand 2009 die Fusion der Kindergärtenleitung mit dem Schulrektorat zur Leitung Gemeindeschulen Bettingen und Riehen statt.

Bildung und Erziehung ausserhalb der Regelschule

Von Schulheimen für Kinder mit besonderen Bedürfnissen über das Projekt ‹Deutsch und Integration› für fremdsprachige Mütter bis zum Unterricht an der Musikschule Riehen: Die Bildungslandschaft in Riehen ist vielfältig. Die Regelschule deckt nur einen Teil dessen ab, was in Riehen geformt, erlernt und gebildet wird. Viele öffentliche und private Kulturinstitutionen leisten Bildungsarbeit, und die Gemeinde führt Kurse zur Integration von Neuzuzügern durch, die grossen Anklang finden. Nebst Vereinen und der Einwohnergemeinde bieten vor allem die Kirchgemeinden und das Diakonissenhaus Schulungen und Kurse im Bereich der Erwachsenenbildung an.

Heilpädagogische Schulen

Bildung steht allen Kindern zu, auch solchen, die dem Unterricht in der Volksschule nicht folgen können. Die Geschichte der Gehörlosen- und Sprachheilschule Riehen, des Sonderschulheims Zur Hoffnung und des Schulheims Gute Herberge zeugen vom Unterricht an Kindern, die zur Zeit der Gründung dieser Institutionen noch kaum als bildungsfähig betrachtet wurden. Die sogenannte Taubstummenanstalt Riehen wurde 1838 von Christian Friedrich Spittler ins Leben gerufen. Ihr erster Inspektor, Wilhelm Daniel Arnold, entwickelte eine Lernmethode, die den Kindern das lautierende Spre-

Inspektor Heinrich Heusser übt 1918 mit den Zöglingen das ‹Lautieren›. Der Spiegel an der Wandtafel hilft dabei.

Die Neue Tagesschule im Niederholz 2009. 1990 startete das Rektorat der Landschulen an der Burgstrasse eine Primartagesschule und ermöglichte so die Weiterführung des Pilotprojektes, das zwei Jahre zuvor im städtischen Inselschulhaus initiiert worden war. In den letzten Jahren wurde dieses Angebot mit schulinternen Tagesbetreuungsplätzen im Schulhaus Niederholz (2007) und im Erlensträsschenschulhaus (2009) neu organisiert und ausgebaut.

chen ermöglichte. Nach 25 Jahren war ‹Vater Arnold› berühmt, und es kamen wahre Pilgerzüge von interessierten Pädagogen, um bei ihm zu hospitieren.[26] Um 1930 hatten sich die Methoden, wie sie in Riehen gelehrt wurden, in der Pädagogik für Hörbehinderte durchgesetzt. Die grossen Jahre der Riehener Taubstummenschule waren vorbei, und die Baufälligkeit des alten Gebäudes belastete die mit Geldproblemen kämpfende Institution.[27] So verkaufte man 1933 das ganze Areal der Einwohnergemeinde, die hier knapp dreissig Jahre später das neue Gemeindehaus errichtete. Dank Subventionen von Bund und Kanton konnte ein Neubau an der Inzlingerstrasse erstellt und 1940 bezogen werden.[28] Um eine volle Auslastung zu erreichen, gliederte man der Taubstummenanstalt 1943 eine Sprachheilabteilung an. Heute ist die Gehörlosen- und Sprachheilschule Riehen Beratungsstelle und Durchgangsschule für Kinder und Jugendliche mit einer Kommunikationsstörung als Folge einer Hörbeeinträchtigung.

Auch das Sonderschulheim Zur Hoffnung, welches von Professor Karl Gustav Jung 1857 in Basel gegründet wurde, hatte zum Ziel, den damals noch als ‹schwachsinnig› bezeichneten Kindern in einer Anstalt Erziehung und Heilung zu ermöglichen.[29] 1905 zog das Heim mit seinen 25 Zöglingen an die Mohrhalde in Riehen. Seit 1914 wird das Heim vom Kanton geführt.[30] Das Sonderschulheim bietet heute 32 Wohnplätze für lern- und geistig behinderte Kinder und Jugendliche an.

Das Schulheim Gute Herberge war von Anfang an ein kantonales Erziehungsheim. Mit dem Klosterfiechten auf dem Bruderholz verfügte der Kanton über eine Erziehungsanstalt für Knaben, jedoch fehlte eine entsprechende Einrichtung für Mädchen. 1905 wurde zu diesem Zweck die Gute Herberge an der Äusseren Baselstrasse gebaut. Das Gut dient dem Erziehungsdepartement bis heute als Schulheim für Kinder mit grösstenteils familiären, sozialen und schulischen Problemen. In den 1950er Jahren wurde das Mädchenheim zum koedukativen Kinderheim, die grossen Schlafsäle verschwanden, und erste Familiengruppen entstanden. Das Schulheim verfügt über Klassen auf der Primar-, Orientierungs- und Weiterbildungsstufe. Ziel ist die Integration in die öffentliche Schule. Seit 2001 besteht mit der privaten Kleinschule Eccola ein Angebot für Kinder, die schwerwiegende Schulprobleme haben.

Schulergänzende Tagesstrukturen und erste Kinderkrippen
«Eine Kinderkrippe ist eine segensreiche Einrichtung. Sie ermöglicht es Mutter und Kind, dort wo die Mutter unbedingt dem Erwerb nachgehen muss, in gemeinsamem Haushalt zusammen zu bleiben», äusserte sich ein Amtsvormund in der ‹Riehener Zeitung›

vom 12. November 1954. Die Debatte um die Notwendigkeit ausserfamiliärer Betreuung von Kindern wurde bis in die späten 1970er Jahre äusserst emotional geführt. Die immer städtischer werdende Einwohnerschaft und die in den Wohnkolonien niedergelassenen Kleinverdiener waren auf Krippenplätze angewiesen. Diese Entwicklung wurde von den am dörflichen Riehen hängenden Alteingesessenen mit Skepsis betrachtet. Dass man Kinder freiwillig fremd betreuen lassen und dies sogar als pädagogisch wertvolle Erziehungsergänzung begründen würde, hätte sich damals niemand vorstellen können. Die erste Kinderkrippe mit Tagesheim eröffnete am 1. Juli 1956 In den Neumatten 36 ihre Tore. Sie wurde zunächst von einem Verein getragen und erhielt finanzielle Unterstützung von der Gemeinde und von Privaten; 1972 übernahm der Basler Frauenverein den Betrieb. Das Tagesheim bietet heute 62 Plätze für familien- und schulergänzende Betreuung an. 1973 eröffneten die Diakonissen die Kinderkrippe Rägeboge, vor allem für die Kinder ausländischer Arbeiterinnen. Sie reagierten damit auf die Schweizer Fremdenpolitik, die in den boomenden 1970er Jahren einen Familiennachzug nur erlaubte, wenn die Frau ebenfalls arbeitete. Die öffentliche Krippe mit 32 Betreuungsplätzen wird bis heute vom Diakonissenhaus Riehen betrieben. Daneben decken die Tagesheime Ali Baba, Zum Glugger und Simba die schul- und familienexterne Betreuung von Kindern ab. In allen Quartieren bietet zudem eine Vielzahl an Spielgruppen ihre Dienste an.

Bis in die 1950er Jahre bestanden in Riehen keine Angebote, Kinder ausserfamiliär betreuen zu lassen, es sei denn, man habe sie ganz in einem Heim untergebracht. In Riehen gab es zwei solche Heime: das von zwei Kinderschwestern gegründete und geführte Kinderheim ‹Im Baumgarten›, das 1964 vom Frauenverein übernommen wurde, und das von den Diakonissen bis 1956 geführte Kinderheim im Werthemann-Stähelinschen Landgut an der Baselstrasse 88, hier um 1930.

Werbeflyer vom ‹Kinderhuus zum Glugger›, 1984. Dieses wurde 1983 von Frauen aus dem Niederholzquartier gegründet und ist bis heute auf privater Basis organisiert. Das Kinderhaus zeichnet sich durch sein flexibles Angebot aus und wird seit 1984 von einem eigenen Förderverein getragen.

Anmerkungen

1 Iselin, Ludwig Emil: Geschichte des Dorfes Riehen, Basel 1923, S. 162.
2 Iselin, Geschichte, S. 162.
3 Freundlicher Hinweis von Willi Schneider.
4 Kaspar, Albin: Häuser in Riehen und ihre Bewohner. Heft I, Riehen 1996, S. 29.
5 Iselin, Geschichte, S. 232.
6 Vögelin, Hans Adolf: Von der Französischen Revolution bis zur Gegenwart (1789–1970), in: Riehen. Geschichte eines Dorfes, Riehen 1972, S. 319–410, hier S. 342.
7 Burgherr, Simone: Riehener Kindergärten – Geschichte, Fakten, Impressionen, in: z'Rieche, Jg. 36, 1996, S. 48–59, hier S. 51.
8 Kaspar, Häuser in Riehen I, S. 29.
9 Kaspar, Häuser in Riehen I, S. 29.
10 Riehener Zeitung, 21. November 1948.
11 Gygli, Hans: Riehen und Gymnasium Bäumlihof, veröffentlichte Rede in: Riehener Zeitung, 15. Mai 1981.
12 Riehener Zeitung, 11. Dezember 1987.
13 Tanner, Carl: Vor Fufzig Johre. Dr Afang vo dr Riechemer Sekundarschuel, in: Basler Nachrichten, 21. Juni 1923.
14 Rausser, Johannes: Riehen im Jahre 1907. Eine Chronik mit Rückblicken, in: Jahresbericht Verkehrsverein Riehen, o.J., S. 14.
15 Riehener Zeitung, 31. Mai 1929.
16 Riehener Zeitung, 30. April 1948.
17 National-Zeitung, 28. April 1948.
18 Riehener Zeitung, 20. Oktober 1950.
19 National-Zeitung, 17. April 1964.
20 Rausser, Riehen im Jahre 1907, S. 14.
21 Raulf, Monika: Die Basler Primarschulen von 1880–1914. Eine Untersuchung des Schulbetriebs und der fürsorgerisch-pädagogischen Massnahmen, unveröffentlichte Lizentiatsarbeit, Universität Basel, 1993.
22 Hügi-Seckinger, Anna: Von Nägeln, Steinen und Gästen. Zusammengestellt auf Grund von Tonbandaufnahmen und mündlichen Erzählungen durch Lukrezia Seiler-Spiess, in: z'Rieche, Jg. 37, 1997, S. 75–85, hier S. 84.
23 Riehener Zeitung, 18. Oktober 1929.
24 Hügi-Seckinger, Von Nägeln, S. 85.
25 Basellandschaftliche Zeitung, 3. Juli 2003.
26 Heusser, Hans: Ein Jahrhundert Taubstummen-Anstalt Riehen, 1839–1939, Basel 1939, S. 24.
27 Pachlatko, Erwin: Die Taubstummenanstalt in Riehen, in: z'Rieche, Jg. 2, 1962, S. 15–24, hier S. 23.
28 Riehener Zeitung, 11. Oktober 1940.
29 Kaufmann, Brigitta: 150 Jahre Hoffnung, in: z'Rieche, Jg. 46, 2006, S. 9–21, hier S. 9.
30 Zirngibl, Gregory: 150 Jahre Sonderschulheim Zur Hoffnung, Festschrift, Riehen 2006.

Glockenaufzug der Kornfeldkirche im Jahr 1964.

Kirchen im Dorf

Arlette Schnyder

Einst war die Kirche eine der mächtigsten Institutionen der Gemeinde.
Heute befindet sie sich im Umbruch, die Mitgliederzahlen der Kantonalkirchen sinken drastisch. Dennoch spielen kirchliche Kreise bis heute eine wichtige Rolle im Leben Riehens. Dies ist nicht zuletzt auf eine starke pietistische Tradition zurückzuführen. Die Gründung der meisten sozialen Werke ging von kirchlichen Kreisen aus: das Gemeindespital und die Gehörlosenschule, die ersten Altersheime und die Anfänge der Sozialarbeit im Freizeitzentrum Landauer, die Gemeindeschwestern und der Frauenverein Riehen. Eine Reise durch das kirchliche und soziale Riehen führt gewissermassen ins alte Herz der Gemeinde, das bis heute schlägt.

Kirche im Umbruch

Noch um 1900 war Riehen eine konfessionell beinahe homogene Gemeinde mit 82,8 Prozent Protestanten, 16,8 Prozent Katholiken und je 0,2 Prozent jüdischen und konfessionslosen Menschen.[1] Dieses Verhältnis hat sich im Lauf des letzten Jahrhunderts massiv verändert. 1980 war die Hälfte der Riehener protestantisch, ein Viertel römisch-katholisch und rund 4,5 Prozent waren konfessionslos. Seit 1980 sanken die Mitgliederzahlen der beiden grossen Kantonalkirchen um fast die Hälfte beziehungsweise ein Drittel; gleichzeitig verzehnfachte sich die Zahl der Konfessionslosen auf gut vierzig Prozent der Gesamtbevölkerung. Zugenommen hat die Zahl der Muslime, während die Zahl jüdischer Einwohner seit dem Wegzug des jüdischen Altersheims La Charmille aus Riehen im Jahr 2002 deutlich abgenommen hat. Unter die Rubrik ‹Andere Konfessionen› fallen auch Mitglieder evangelischer Freikirchen, die aus der reformierten Kirche ausgetreten sind.[2]

Konfessionsstatistik Riehen

	1980	1990	2000	2008
Protestantisch	10 896	9 154	7 508	6 222
Römisch-katholisch	5 442	4 833	4 215	3 780
Christkatholisch	98	75	58	40
Jüdisch	94	88	76	29
Ostkirchliche Religionsgemeinschaften	94	129	186	166
Islamisch	39	96	330	535
Andere	274	461	978	1 307
Konfessionslose	900	5 247	7 172	8 492
Gesamtbevölkerung	20 847	20 083	20 525	20 571

Die protestantische und die römisch-katholische Kirche erleben im Kanton Basel-Stadt wie in der gesamten Schweiz einen enormen Mitgliederrückgang. Dennoch steht in Riehen die Kirche sprichwörtlich noch mitten im Dorf. Die reformierte Kirchgemeinde Riehen-Bettingen zeichnet sich mit ihren vier Gemeindekreisen Andreashaus, Bettingen, Kornfeld und Riehen Dorf als äusserst aktiv aus. Jeder Kreis ist durch seine eigene Geschichte geprägt und deckt unterschiedliche kirchliche Ausrichtungen ab. Allein der in pietistischer Tradition stehende Gemeindekreis Riehen Dorf zählt über 40 Hauskreise, die Bibeltexte diskutieren und lesen.

In enger Verbindung mit der Dorfkirche stehen mehrere wichtige evangelische Gemeinschaften: so das Diakonissenhaus, die Freie Evangelische Gemeinde (FEG) mit dem Begegnungszentrum am Erlensträsschen, die Pilgermission St. Chrischona in Bettingen, die Regiogemeinde und die Stadtmission, die über Jahre im 1975 abgebrochenen ‹Landauerkirchli› arbeitete. Neben diesem evangelischen Schwergewicht, das sich in der Evangelischen Allianz einflussreich verbunden hat, versammelt die römisch-katholische Pfarrei St. Franziskus mit ihrer 1950 geweihten modernen Kirche und dem in den 1960er Jahren erbauten Pfarreizentrum ihre Gemeindemitglieder im Pfaffenloh.

Eine Riehener Besonderheit ist die Verknüpfung von kommunaler Politik und evangelischer Religiosität. Seit 1970 liegt das Amt des Gemeindepräsidenten in den Händen der Vereinigung Evangelischer Wählerinnen und Wähler (VEW), die immer Teil der Evangelischen Volkspartei (EVP) war und sich seit 2007 auch wieder so nennt. Bei den Gesamterneuerungswahlen 2006 erreichte sie im 40-köpfigen Gemeindeparlament sieben Mandate. Riehen hat damit die stärkste EVP-Vertretung in der Schweiz überhaupt.

Um die einzigartige Landschaft Riehens in kirchlichen Belangen zu verstehen, lohnt sich ein Blick in die Geschichte.

Als wäre die Zeit stehengeblieben – die Kirche mitten im Dorf. Aufnahme von 2008.

Die Riehener Reformation

Am 15. August 1528 wurde in der Dorfkirche Riehen die letzte katholische Messe gefeiert. Eine Woche später, am 22. August, traten Vertreter Riehens vor den Basler Rat und baten erfolgreich darum, sie zukünftig von der Messe zu verschonen. Damit hatte sich Riehen ein halbes Jahr vor Basel für den neuen Glauben entschieden.[3] Treibende Kraft der Reformation in Riehen war Ambrosius Kettenacker. Ab 1519 war der Freund Zwinglis als Pfarrer von Riehen tätig und starb ebenda 1541. Ab Februar 1529 galt in Stadt und Landschaft Basel allein die reformierte Lehre. Durch die Reformation löste sich die alte katholische Glaubenseinheit auf, und es entstanden konfessionelle Grenzlinien, an die sich die Menschen erst gewöhnen mussten. Die unter österreichischer Herrschaft stehenden Nachbardörfer Stetten, Inzlingen und Wyhlen blieben katholisch, während Weil, Lörrach und Grenzach 1556 protestantisch wurden. Zur Kirchgemeinde Riehen hinzu kam noch während des 16. Jahrhunderts Bettingen, das bis dahin zu Grenzach gehört hatte. Das genaue Datum der Gebietserweiterung ist nicht überliefert. Gemeinhin galt, dass die Untertanen die Konfession ihrer Herren annahmen. Die neuen Konfessionsgrenzen erschwerten Mischehen und bewirkten, dass zum reformierten Glauben Konvertierte aus katholischen Gegenden in protestantische Gebiete zogen. 1811 waren 96,9 Prozent der Bewohner Riehens reformiert.[4]

Erweckter Widerstand gegen die Staatskirche

Die neuen reformierten Kirchgemeinden waren eingebunden in die staatskirchliche Ordnung. Der Pfarrer wurde als Vertreter der städtischen Obrigkeit eingesetzt. Bereits 1530 wachte der Kirchenbann, bestehend aus Pfarrer und drei Bannbrüdern, über die Einhaltung der Sonntagsruhe und über die Sitzordnung in der Kirche. Er entschied über Ausschluss von Kirchenbesuch und Abendmahl und ahndete Verbrechen wie Gotteslästerungen, Schwören oder uneheliche Schwangerschaften. «Tanzen, Trunkenheit und Fressgelage» wurden durch den Pfarrer wenn immer möglich unterbunden und bestraft.[5]

Erst vor dem Hintergrund der Kirche als staatlichem Kontrollorgan ist die Kritik verständlich, die vonseiten der pietistischen Erneuerungsbewegung kam. Kleine Gemeinschaften taten sich in der Überzeugung zusammen, dass sich die Staatskirche vom reformatorischen Grundgedanken wegbewegt habe. Die Pietisten setzten auf ein möglichst wortgetreues Leben nach der Bibel und suchten in Bibelgruppen ein ganz persönliches Verhältnis zu Gott. Als einer der ersten Pietisten hielt der Schulmeister Peter Weisler 1703 in Riehen Einzug. Noch im 21. Jahrhundert berufen sich die Mitglieder der ‹Riehener Gemeinschaft›, die sich heute in der Freien Evangelischen Gemeinde (FEG) versammelt, auf Weisler. Dieser weigerte sich, die Gottesdienste in der Dorfkirche zu besuchen, da er sich nicht mit «Ungläubigen» vor Gott stellen wollte.[6] Die Pfarrer in Riehen sahen sich immer wieder konfrontiert mit ähnlichen Aussagen, liessen aber die Pietisten meist gewähren. Oft hatten sie selbst nahe Kontakte zu erweckten Kreisen.

Die Dorfkirche Riehens

Die 1157 erstmals erwähnte, dem Heiligen Martin geweihte Kirche geht in ihren ältesten Teilen bis ins 11. Jahrhundert zurück. Nach den Zerstörungen durch das grosse Erdbeben von 1356 wurde sie über weite Teile im spätgotischen Stil neu errichtet. Aus dieser Bauphase stammt eine 1357 datierte Glocke, welche die Riehener Bevölkerung während 550 Jahren zum Gottesdienst rief, bis sie 1907 ins Historische Museum Basel transferiert wurde. 1543–1544 unterzog man die Kirche einem umfassenden Um- und Ausbau; dabei erhielt sie erstmals eine Orgel und ein Uhrwerk. 1693/1694 wurde die Kirche unter Beibehaltung der gotischen Formen stark vergrössert. Der Einbau von Emporen und die Preisgabe des Triumphbogens zwischen Chor und Schiff gab dem Inneren das Gepräge eines auf die Kanzel ausgerichteten reformierten Predigtraums. Im Mittelalter war die Kirche von einem Speicher- und Kellerkranz umgeben, der Teil einer Kirchenburg war. Daran erinnert bis heute die Anlage der umliegenden Häuser. 1942 wurde die Kirche unter Denkmalschutz gestellt.[7]

Letzte Machtdemonstrationen der Kirche

Die nach der Besetzung durch französische Truppen ausgerufene Helvetische Republik (1798–1803) schränkte die Macht der Kirche ein: Die Glaubensfreiheit wurde eingeführt, und der Bann trat nicht mehr zusammen. Kaum aber war die Helvetische Republik zusammengebrochen, setzte man nach nur fünf Jahren Unterbruch den neu aus zehn Mitgliedern bestehenden Bann wieder ein.

Es fällt auf, dass in dieser Zeit das besondere Augenmerk des Kontrollorgans den Frauen galt. So betonte die Bannbruderordnung von 1803, die Mitglieder hätten den Pfarrer vor allem über «leichtsinnige Weibspersonen» und solche, die uneheliche Kinder geboren haben, zu informieren.[8] Eine besonders drastische Massnahme waren sogenannte ‹Genissgerichte›, bei welchen zwei Bannbrüder eine unehelich Schwangere während den Geburtswehen nach dem Namen des Kindsvaters befragten. Solche Verhöre sind in Riehen für 1824 und zum letzten Mal für 1832 nachgewiesen.[9] Diese Machtdemonstration der bröckelnden Kirchengewalt verweist darauf, dass ledige Mütter und uneheliche Kinder als Zeichen einer ausser Kontrolle geratenen Gesellschaftsordnung wahrgenommen wurden. Mit der Bundesverfassung von 1848 gewährte der neue Bundesstaat allen anerkannten christlichen Konfessionen die freie Ausübung des Gottesdienstes in allen Regionen der Eidgenossenschaft.

Innenraum der Dorfkirche 1993.

Das evangelisch-reformierte Riehen

1874 erhielt die Schweiz eine revidierte Bundesverfassung und Basel eine neue Kirchenordnung. Die Bundesverfassung brachte die Glaubens- und Gewissensfreiheit: Niemand durfte zum Anschluss an eine Religionsgemeinschaft, zur Vornahme einer religiösen Handlung gezwungen oder wegen Glaubensansichten mit Strafen belegt werden. Die einstige Staatskirche wurde durch die staatlich anerkannten Landeskirchen abgelöst, zu welchen die römisch-katholische, die christkatholische und die evangelisch-reformierte Kirche zählten.

Demokratisierung und Richtungskämpfe

In Basel-Stadt wurde mit der Kirchenordnung von 1874 erstmals eine evangelisch-reformierte Kirchensynode als kantonales Kirchenparlament gewählt, und Riehen erhielt einen Kirchenvorstand als kirchlichen Gemeinderat. Bis dahin hatten in Riehen kirchlich liberal Ausgerichtete noch keine Stimme, und erst jetzt mussten die Bannbrüder ihre Macht abgeben. Da die Wahl der Kirchenvorstände und des Pfarrers seit 1874 durch alle stimmberechtigten Kirchgemeindemitglieder erfolgte, wurde mit Benjamin Buser bereits 1875 ein liberaler Pfarrer nach Riehen gewählt. Anhänger der aufkommenden Reformtheologie oder der liberalen Ausrichtung entsprachen dem politischen Freisinn, während die pietistische oder auch positive Ausrichtung der politischen Gruppierung der Konservativen zugeordnet werden konnte.[10] Die Kulturkämpfe zwischen Positiven und Freisinnigen führten in Riehen quasi zu einer Spaltung der Kirchgemeinde – die Positiven richteten einen Separatgottesdienst und einen eigenen Konfirmationsunterricht beim Pfarrer des Diakonissenhauses ein. Benjamin Buser demissionierte bereits nach einem Jahr. Auch während der Amtszeit des darauffolgenden Reformtheologen Johann Gottlieb Linder, dem Riehen seine erste Kirchengeschichte verdankt, hielt die Spaltung an. Erst mit dem Amtsantritt Ludwig Emil Iselins 1887 konnte die Gemeinde wieder zusammengeführt werden.

1920, noch während der Amtszeit Iselins, erhielten die Frauen in Basel-Stadt das kirchliche Stimm- und Wahlrecht. Erstmals durften sie bei der Wahl um die Nachfolge Iselins 1923 aktiv wählen: Die Stimmbeteiligung lag bei 70 Prozent,[11] mehr als die Hälfte der Stimmenden waren Frauen. Mit 936 gegen 362 Stimmen wurde der Hausgeistliche der Diakonissenanstalt, Karl Brefin, gegen den Kandidaten der Pfarrwahlkommission gewählt.[12] Die Frauen wählten nicht explizit anders als die Männer, jedoch war es für die Männer gewöhnungsbedürftig, die Frauen als aktive Stimmbeteiligte zu akzeptieren.

Pfarrer Brefin trat kein leichtes Erbe an. Iselin hatte von 1887 bis 1923 zwischen Reformern und Konservativen vermittelt und es verstanden, den Kontakt zur ‹Riehener Gemeinschaft› aufrechtzuerhalten. Diese hatte in der Amtszeit Iselins durch den mächtigen Evangelisten Jakob Vetter und durch Vereinsgründungen an Einfluss gewonnen und nimmt bis heute eine wichtige Stellung innerhalb der gesamten Gemeinde ein.

Evangelische Gemeinschaft in Riehen

Unter dem Namen ‹Gemeinschaft› versammelten sich seit dem 18. Jahrhundert erweckte, pietistische Riehenerinnen und Riehener. 1962 ging die ‹Gemeinschaft› in die Freie Evangelische Gemeinde (FEG) über. Die frommen Kreise waren eng mit den alteingesessenen Familien verbunden. Nicht zuletzt deshalb war Riehen für den Sekretär der Deutschen Christentumsgesellschaft, Christian Friedrich Spittler, ein günstiger Ort für die Gründung evangelischer Anstalten.

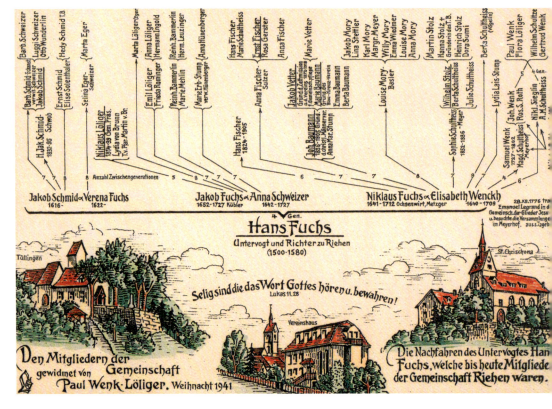

Der 1941 von Paul Wenk-Löliger zusammengestellte und von Hans Lengwiler gezeichnete Stammbaum der Mitglieder der ‹Gemeinschaft von Riehen› macht nicht nur die einflussreichen Riehener Familien sichtbar, sondern auch die Orte, mit welchen man sich verbunden fühlte.

Das ‹Landauerkirchli› am Bluttrainweg kurz vor dem Abbruch (Aufnahme von 1975). Umbrüche bedeuten immer auch neu entstehende Freiräume. Die kleine Kirche der Stadtmission fand am Erlensträsschen als Jugendhaus der Freien Evangelischen Gemeinde (FEG) eine neue Aufgabe, bis sie 2008 dem Neubau eines Begegnungszentrums der FEG weichen musste. Die Aufnahme unten stammt von 2009.

Im Zusammenhang mit den Richtungskämpfen trat ein Teil der pietistischen Gemeinschaft 1875 mit der Gründung des Christlichen Männervereins, dem späteren Christlichen Verein Junger Männer (CVJM), an die Öffentlichkeit und stärkte so den konservativen Flügel der Kirchgemeinde. Die Gemeinschaftsleute hatten mächtige Gönner; so den gut betuchten Basler Kaufmann und Redaktor des ‹Christlichen Volksboten› Theodor Sarasin-Bischoff, der als Haupt, Freund und Förderer der Gemeinschaft galt. Als einheitliche Gruppierung trat die Gemeinschaft 1913 mit dem durch Jakob Vetter gegründeten Verein für kirchliche Evangelisation und Gemeinschaftspflege in Erscheinung. Der CVJM Posaunenchor, der im selben Jahr entstand, war über Jahre ein Ort, an dem sich einflussreiche Männer Riehens trafen. 1914 fand die Einweihung des sogenannten ‹Vereinshauses› am Erlensträsschen statt. Anliegen des Vereins war die unverfälschte Verkündigung des Evangeliums, wie es in den Statuten hiess. Um dieses Ziel zu erreichen, hielt man Bibelstunden ab, lud Prediger ein und veranstaltete Evangelisationen. Bis heute gehören viele Mitglieder der FEG der reformierten Kirche an, glauben aber, dass «der Mensch nicht durch die Geburt, sondern durch eine persönliche Entscheidung und bewussten Glauben Christ wird», wie auf der Webseite der FEG Riehen zu lesen ist.[13] Enge Verbindungen zur Pilgermission St. Chrischona, zur Stadtmission und Zeltmission oder zur Herrnhuter Brüdergemeine prägen die FEG. Der Kontakt zur Dorfkirche war und ist bis heute je nach der theologischen Ausrichtung des Dorfpfarrers näher oder distanzierter. 2008 zählte die FEG rund 170 Mitglieder.

Die wohl wichtigste Gruppierung neben der Freien Evangelischen Gemeinde war die Basler Stadtmission, die 1948 am Bluttrainweg im Niederholzquartier die Landauerkapelle baute. Die Initiantin, Fräulein Pfarrer Hanny Wartenweiler, und deren Nachfolgerin, Fräulein Gerda A Porta, seien überall anzutreffen gewesen: «In den Vorgärten, den Waschküchen, den Wohnstuben, an den Arbeitsplätzen und in der Schulstube».[14] Über Jahre leisteten die Stadtmissionarinnen Sozialarbeit, zunächst im ‹Landauerkirchli› und ab 1977 in den Räumen des an seiner Stelle gebauten Freizeitzentrums Landauer.

Eine stark evangelikal ausgerichtete Gruppierung bildet die Staatsunabhängige Theologische Hochschule (STH), die 1974 als Freie Evangelisch-theologische Akademie (FETA) am Mühlestiegrain gegründet wurde. Sie betreibt nach eigener Aussage «bibeltreue wissenschaftliche Forschung auf evangelisch-reformatorischer Glaubensgrundlage»[15]. Die STH hat Riehen zu einem Zentrum streng evangelikaler, bibeltreuer Kreise innerhalb des deutschsprachigen Raums werden lassen.

Alles Ding währt seine Zeit

Die Kirchenglocken bestimmten während Jahrhunderten den Tagesablauf der Menschen. Noch 1935 bedauerte die ‹Riehener Zeitung› das Wegfallen des Betzeitläutens, das zur Morgen-, Mittags-, Vesper- und Abendzeit an die zu verrichtenden Gebete mahnte, die Kinder nach Hause rief und den Erwachsenen Arbeitsanfang und -ende signalisierte.[16] Ab 1965 wurde das Frühgeläut von 6 Uhr morgens auf 7 Uhr verschoben. ‹Die Riehener Zeitung› erklärte die Änderung am 31. Dezember 1964: «Damit soll der Tatsache Rechnung getragen werden, dass die meisten Leute heute einen späteren Arbeitsbeginn haben als früher und dass besonders Schichtarbeiter und Leute mit Spätdienst am Morgen ein Bedürfnis nach längerer Ruhe haben.» Bis heute erinnert neben dem Frühgeläut auch das Geläut um 11.30 und um 18 Uhr (im Sommer um 19 Uhr) an die früher durch Kirchenglocken eingeteilte und strukturierte Tageszeit.

Die Kornfeldkirche und das Andreashaus

Bis 1937 war die Dorfkirche das Zentrum des kirchlich-reformierten Geschehens in Riehen. Die aktiven evangelischen Gruppierungen im Vereinshaus am Erlensträsschen interessierten sich derweil für die wachsenden Wohnkolonien im südlichen Dorfteil Riehens. 1931 errichtete der Christliche Verein Junger Männer (CVJM) an der Ecke Wasserstelzenweg/Morystrasse auf einer kleinen Wiese eine Hütte, in der Jungschartreffen, Sonntagsschule und Bibelstunden abgehalten wurden. Dem CVJM kam eine Pionierrolle im Bereich der Jugendarbeit zu. Wer etwas auf sich hielt, engagierte sich im CVJM, so dass dieser Verein in der Biografie vieler heute einflussreicher Riehener eine wichtige Rolle spielt. Ab den 1930er Jahren führte man neben den Bibelstunden und regelmässigen Treffen auch Ferienlager und Ausflüge durch, bis 1972 allerdings nur für Knaben.

Die CVJM-Baracke war bald zu klein, weshalb man den Bau eines Hauses an der Kornfeldstrasse in Angriff nahm, das 1934 als ‹CVJM-Haus zum Kornfeld› eröffnet wurde.[17] Im selben Jahr genehmigte die Kirchensynode der wachsenden evangelisch-reformierten Kirchgemeinde Riehen-Bettingen eine zweite Pfarrstelle. 1937 trat Gottlob Wieser als zweiter Riehener Gemeindepfarrer für den Kornfeldbezirk seine Stelle an. Zwar verfügte er noch über keine eigene Kirche, denn für ein Bauvorhaben waren die Mittel in der Zwischenkriegszeit zu knapp. Jedoch konnte der Pfarrer von den Tätigkeiten des aktiven CVJM profitieren. Auch der zweite Kornfeldpfarrer, Gottfried Locher, blieb ohne eigene Kirche. Erst am 13. September 1964 konnte die Kirche ein-

Die 1964 eingeweihte Kornfeldkirche, hier im Herbst 2008, verlieh den schnell gewachsenen Quartieren im Süden Riehens mehr Gewicht und Bedeutung.

geweiht werden und Pfarrer Theophil Hanhart in das neue Pfarrhaus am Vierjuchartenweg einziehen. Die theologische Ausrichtung der Pfarrer dieses Gemeindekreises ist bis heute einer intellektuellen Auseinandersetzung mit der Bibel verpflichtet.

1955 nahm die stets grösser werdende evangelisch-reformierte Kirchgemeinde den Bau eines neuen Pfarrhauses mit Saalanbau am Keltenweg in Angriff, das einem 1956 bewilligten dritten Gemeindepfarrer Heim werden sollte. 1957 konnte der neue Treffpunkt mit dem Namen Andreashaus eingeweiht und mit einem dezidiert liberalen Pfarrer besetzt werden. Der Gemeindekreis um Pfarrer Hans Rudolf Rothweiler verstand sich als Gegenpol zur traditionell pietistischen Linie des Dorfpfarrers. Die Seelsorgebezirke wurden klar voneinander getrennt, so dass man in den 1960er Jahren scherzhaft vom ‹Eisernen Vorhang› sprach, der den Dorfkern vom Süden trenne.[18] Das Andreashaus spielte in der Quartierbildung im Niederholz eine wichtige Rolle. So wurde von Pfarrer Günther Hauff der Andreasverein gegründet, und der regelmässige Treff am Donnerstag erfreut sich bis heute grosser Beliebtheit.

1965 bewilligte die Synode der immer noch wachsenden Kirchgemeinde eine vierte und von 1971 bis 1984 gar eine fünfte Pfarrstelle. Bis in die 1970er Jahre verfügte der Gemeindekreis Dorf über kein eigenes Kirchgemeindehaus. Vereinstreffen, Mittagessen oder Sitzungen fanden im Pfarrhaus oder im Pfarrsaal statt. 1967 kaufte die Kirchgemeinde den historischen Meierhof, der 1975 nach aufwendigen Renovationsarbeiten als kirchliches Zentrum eingeweiht werden konnte.

Der Aufbruch der Jugendlichen in den 1970er Jahren erlebte im reformierten Riehen mit der Jugendgruppe Nikodemus eine besondere Ausprägung. Die von den sogenannten ‹Christusträgern› in Basel angeleiteten Jugendlichen richteten im Waschhaus des Pfarrhausgartens eine Kapelle ein. Der Andrang war manchmal so gross, dass die Aufenthaltszeit beschränkt werden musste.

Nicht nur das gemeinsame Nachtessen und der anschliessende Kurzgottesdienst, sondern auch die Kleiderbörse und der Verkauf von biologischem Gemüse locken seit den 1980er Jahren jeden Donnerstag selbst Kirchenferne ins Andreashaus. Die Aufnahme stammt von 2008.

Werke der inneren Mission

Das kirchliche Riehen wurde in seiner evangelischen Ausrichtung besonders durch die Anstaltsgründungen des Sekretärs der Christentumsgesellschaft Christian Friedrich Spittler geprägt. Die Pilgermission (in Riehen 1836, auf der Chrischona 1840), die Taubstummenanstalt (1838), die Diakonissenanstalt (1852), die Schule für die älteste Klasse der Chrischonabrüder im Klösterli (1853), wo ab 1881 das ‹Spittlerstift zum Klösterli› für alte Frauen entstand, und die Freiwillige Zwangsarbeitsanstalt im Maienbühl (1858) sind Ausdruck dafür, wie günstig das Klima für Werke der sogenannten ‹inneren Mission› in Riehen waren. Diese verstand sich als Gegenstück zur ‹äusseren Mission›, die das Evangelium in fremden Kontinenten unter Nichtgläubigen verbreiten sollte.

Von der Diakonissenanstalt zur Kommunität

Das Diakonissenhaus in Riehen hat das Dorf wie keine andere Anstalt geprägt. Seit der Gründung 1852 war das Mutterhaus für über tausend Schwestern ein Zuhause. Stand einst vor allem der Dienst in unzähligen Spitälern und Heimen im Mittelpunkt, besinnen sich die rund 100 Schwestern heute grundsätzlich auf die ordensmässige Lebensform der Schwesterngemeinschaft. Seit 2008 nennt sich das Werk denn auch ‹Kommunität Diakonissenhaus Riehen›. Für viele Menschen in Riehen sind die Diakonissen als langjährige Gemeindeschwestern, als Kindergärtnerinnen, als Sonntagsschullehrerinnen, als Betreuerinnen in der Betagten- und Krankenpflege oder als Seelsorgerinnen wichtige Bezugspersonen. Das Diakonissenhaus hat heute eine verstärkt kirchliche Identität mit Tagzeitengebeten und versteht sich auch als Ort des Rückzuges und der Besinnung für Gäste. Die Schwestern sind in der Seelsorge aktiv und übernehmen pflegerische und begleitende Aufgaben. Im Kirchenvorstand, der Exekutive der Kirchgemeinde, ist seit einigen Jahren eine Diakonisse vertreten.

Um 1850 herrschte in Basel grosser Mangel an ausgebildetem Pflegepersonal, die Situation in Spitälern und Anstalten war katastrophal. Die Idee einer erneuerten evangelischen weiblichen Diakonie, wie sie im 19. Jahrhundert auflebte, fiel in Riehen auf fruchtbaren Boden. 1852 erstand Spittler hier eine ehemalige Knabenpension an der Oberdorfstrasse 20 und gründete nach dem Vorbild der Diakonissenhäuser von Kaiserswerth, Strassburg und Stuttgart eine evangelische Schwesterngemeinschaft. Die erste Liegenschaft, ‹Pilgerasyl› genannt, diente den Schwestern als Mutterhaus und Krankenhaus gleichzeitig. Hier war das Zuhause der Schwestern, hier beteten sie und versammelten sich, hier schliefen und assen sie, und hier mussten Kranke versorgt oder gar operiert werden. 1853 wagte man in Riehen bereits eine erste Kropfoperation.[19] Die Platzverhältnisse waren eng und die Nachfrage war gross, so dass 1871 abgesetzt vom Mutterhaus ein Diakonissenspital gebaut wurde. Ein chirurgisch ausgebildeter Arzt kam hinzu, und die Pflege wurde professionalisiert. Dennoch reichten die Platzverhältnisse und die Infrastruktur für Wäscheverbrauch, Sterilisation, Labor oder Unterricht bald nicht mehr. 1907 weihte man in Riehen das zweite, noch grössere Diakonissenspital ein, und 1939, kurz vor dem Zweiten Weltkrieg, öffnete an der

Zur Durchführung seiner Werke brauchte der von Gründung zu Gründung eilende Sekretär der Christentumsgesellschaft Christian Friedrich Spittler starke, sich aufopfernde Menschen. So zum Beispiel Trinette Bindschedler. Die erste Oberschwester des Diakonissenhauses leitete die Anstalt als Glaubenswerk in alleiniger Verantwortung 24 Jahre lang. Unten das 1871 erbaute Diakonissenspital, im Hintergrund das Stammhaus, links ein kleiner Teil des ersten ‹Spitäli›.

Ausblick von St. Chrischona um 1955. Mit ihrer Tracht, durch welche die Diakonissen ihre Zusammengehörigkeit ausdrücken, prägten und prägen sie das Dorfbild. Während der Schleier auf die Ehelosigkeit und die Zugehörigkeit zu Christus verweist, ist die Schürze ein Zeichen des Dienens, das im Wort Diakonie enthalten ist.

Schützengasse 35–37 die Erweiterung des Spitals ihre Tore. Als nach dem Krieg die Schwesternzahl stetig zurückging, trat das Diakonissenhaus das Spital 1973 an die Gemeinde Riehen ab. Bis 2009 betrieb Riehen sein eigenes Gemeindespital, Besitzerin der Gebäulichkeiten blieb das Diakonissenhaus Riehen. Die Diakonissen gründeten und führten auch Schulen, darunter die Schule für Psychiatrieschwestern in der Klinik Sonnenhalde, die Schule für Krankenpflege, die Vorschule für Pflegeberufe und die im Diakonissenhaus untergebrachte Marthaschule, die ein hauswirtschaftliches Lehrjahr anbot. Die Ausbildung zur Krankenschwester in Riehen war schweizweit bekannt, und als sogenannte Riehener Schwester genoss man im Pflegeberuf einen guten Ruf.

1900 gründeten die Schwestern die damals noch ‹Evangelische Heilanstalt Sonnenhalde› genannte Klinik aus der Überzeugung heraus, dass die Nerven- und Gemütskranken nicht nur ärztliche, sondern auch seelsorgerische Betreuung brauchen. Bis 1996 nahm die Klinik Sonnenhalde nur Frauen auf. Bis Ende 2000 befand sie sich unter der Leitung des Diakonissenhauses, seit Januar 2001 ist sie als gemeinnützige Aktiengesellschaft organisiert.

Auch in der Altersbetreuung waren die Diakonissen Pionierinnen. Im sogenannten ‹Klösterli› neben der Dorfkirche betreuten sie von 1896 bis 1966 pflegebedürftige und alleinstehende alte Frauen. Am 16. Februar 1919 wurde die Pflegeanstalt Moosrain für alte, chronisch kranke Männer und Frauen eröffnet. Von 1928 bis 1968 betrieb das Diakonissenhaus ein Wohnhaus für ältere Damen und Ehepaare im Elbs-Birrschen Herrschaftshaus im heutigen Sarasinpark. Nach dem Bau verschiedener Altersheime in Riehen initiierten die Schwestern 1991 im Moosrain das Wohnzentrum für Asylsuchende, das Ende 2005 auf Betreiben des Kantons geschlossen werden musste, mit der Begründung, man sehe keinen Bedarf mehr für dieses Betreuungsangebot.

Das katholische Riehen

Nach der Einführung der Reformation war die Bevölkerung Riehens über Jahrhunderte rein protestantisch. Erst im 19. Jahrhundert haben sich vereinzelt Katholiken dauerhaft im Dorf niedergelassen. So wurde zum Beispiel der Sohn eines katholischen Schäfers in Inzlingen getauft, wuchs aber in Riehen auf. Als Katholik konnte er noch 1836 wegen seiner Konfession nicht Basler Bürger werden.[20] Mit steigender Mobilität der Bevölkerung stieg der Anteil der Katholiken von 1,2 Prozent im Jahr 1811 auf 16,8 Prozent im Jahr 1900 an.[21] Der Bundesstaat bot neue Stellen als Grenzwächter, Polizisten und Bahnbeamte an, und die industrielle Entwicklung zog katholische Zuwanderer an. Um 1850 gehörten alle in Riehen lebenden Katholiken der Unterschicht an. Sie waren Dienstmägde und Knechte, verbrachten oft nur einige Jahre an ihrer Arbeitsstelle und kehrten dann in ihre Heimatgemeinde zurück oder fanden in der Basler Industrie eine Beschäftigung.[22]

Die Anfänge der Pfarrgemeinde Riehen-Bettingen

Die steigende Zahl der Katholiken liess um 1900 die Frage nach einer eigenen Gemeinde in Riehen laut werden. Bisher gehörte Riehen zur städtischen Pfarrei St. Clara, viele Katholiken gingen auch im nahen Stetten zur Messe. Im Jahre 1899 liess der Kanton einen neuen Gottesacker am Friedhofweg erstellen. Die ‹hohe röm.-kath. Geistlichkeit in Basel› deponierte daraufhin ein Gesuch beim Regierungsrat um Benutzung der Kapelle im alten Friedhof an der Mohrhaldenstrasse. Das Begehren wurde bewilligt und die Friedhofskapelle vorläufig den Riehener Katholiken zur Verfügung gestellt. Am 19. Februar 1899 feierte man hier erstmals nach der Reformation offiziell eine katholische Messe in Riehen.[23]

Bereits zuvor unterrichtete der Vikar von St. Clara die katholischen Kinder in der Stube des Bahnhofvorstandes Friedrich Eisinger. Seine Frau, Mina Eisinger-Flach, waltete als gute Seele der Riehener Katholiken. Sie war darum besorgt, dass die Friedhofskapelle zum Messeraum wurde, und nahm nach jedem Gottesdienst den Kelch und die Paramente zur Aufbewahrung in die Familienwohnung mit. Die Riehener nannten sie ‹Bischof von Riehen›.[24] Die zwei ältesten Vereinigungen der katholischen Pfarrei Riehen formierten sich bereits 1899: Die Ministranten und der Kirchenchor gehören beide zum Sakralbereich und bilden bis heute einen festen Bestandteil des Pfarreilebens.

1911 war die katholische Gemeinde auf 600 Mitglieder angewachsen, so dass die Friedhofskapelle bei weitem nicht mehr reichte und die katholischen Einwohner eine eigene Pfarrei verlangten. 1914 zog der erste katholische Pfarrer, Dr. Joseph Wenzler, im neuerbauten Pfarrhaus auf dem Gelände des heutigen Dominikushauses ein, und der Bischof von Basel erhob Riehen zu einer selbständigen Pfarrei. Im Dezember 1914 wurde die Herz-Jesu-Kapelle geweiht, die mit dem Pfarrhaus einen Komplex bildete. Bis sich der Kultusverein Riehen 1948 der römisch-katholischen Kirche Basel-Stadt (RKK) anschloss, musste der gesamte administrative und finanzielle Aufwand, inklusive des Eintreibens der Kirchensteuern und der Anstellung des Pfarrers, ehrenamtlich bestritten werden.[25]

Bau der St. Franziskuskirche 1949/1950

Erst 1945 konnte der Bau einer katholischen Kirche ins Auge gefasst werden. Bereits 1927 hatte Pfarrer Wenzler den Kauf eines Grundstücks im Pfaffenloh südwestlich des alten Dorfes veranlasst, denn hier hatte sich ein grosser Teil der katholischen Einwohnerinnen und Einwohner angesiedelt. Dank des grossen Einsatzes vieler Gemeindeglieder und des Pfarrers Hans Metzger, der unzählige Predigtreisen zur Sammlung von Geldern für die geplante Kirche unternahm, konnte im Juni 1950 die dem heiligen Franz von Assisi gewidmete Kirche durch den Bischof von Basel geweiht werden.

Wegen knapper finanzieller Mittel fehlten bei der Weihe ein Gemeindehaus, Glocken und jeglicher Schmuck im Innern. Erst 1959 erhielt die Franziskuskirche vier Glocken, die freundnachbarschaftlich auf die Glocken der reformierten Riehener Dorfkirche abgestimmt wurden.[26] Am Bettag desselben Jahres wurden die neuen Glocken geweiht, gewaschen, gesalbt und dann von Hunderten von Schulkindern aufgezogen; ein besonderes Erlebnis auch für reformierte Kinder. 1967 konnten sich die Katholiken in Riehen für die Franziskuskirche eine Orgel leisten, allerdings nur eine kleine, «da angesichts des bevorstehenden Baues des Pfarreiheims finanziell grösste Zurückhaltung geboten war», wie die ‹Riehener Zeitung› am 26. Mai 1967 schrieb. 1969 fand endlich die Eröffnung des Pfarreiheims statt. Der Innenraum der Kirche erhielt erst 1989 eine künstlerische Ausstattung. Die moderne Gestaltung des Sakralraumes durch den Tessiner Künstler Pierre Casè löste bei den Gläubigen grosse Diskussionen aus – dies vor allem, weil der Künstler das bisherige Kreuz im Altarraum, das einen Korpus aufweist, durch ein einfaches ersetzte. In der Folge wurde das alte Kreuz in der Kapelle über dem Altar angebracht.

Aufbruch und Ökumene

1971 verabschiedete sich der beinahe dreissig Jahre in Riehen tätig gewesene Pfarrer und Domherr Dr. Hans Metzger. In seine Amtszeit fiel eine erste offizielle Einladung an die reformierten Kollegen zum fünfzigjährigen Bestehen der katholischen Kirche Riehen und der erste ökumenische Gottesdienst 1968. Diese Öffnung hing nicht zuletzt mit dem Zweiten Vatikanischen Konzil zusammen. Sie wurde in der Amtszeit von Hans Metzgers Nachfolger, Pfarrer Franz Kuhn, noch stärker spürbar. Kuhn lebte im Pfarrhaus in einer Art Grossfamilie gemeinsam mit Vikar, Katechet, Haushälterin, deren Adoptivsohn und sogar einem eigenen Pflegekind. Um den jungen Menschen ein sympathisches Bild der Kirche zu vermitteln, veranstaltete der dynamische Seelsorger mit seinem Team wöchentlich den Jugendtreffpunkt Meet-In und die monatliche Tanz-

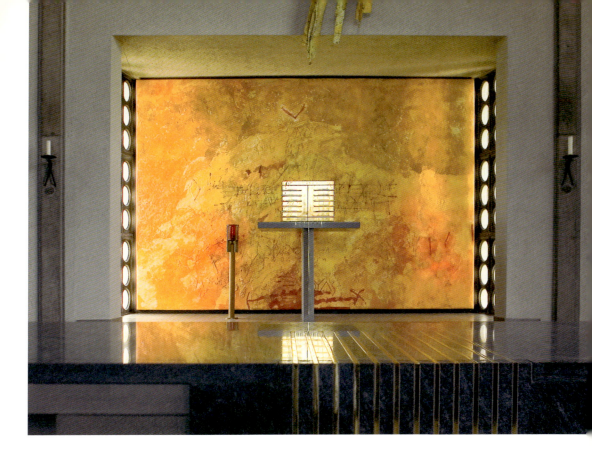

Die von Architekt Fritz Metzger erbaute Riehener St. Franziskuskirche gilt heute als einer der wichtigen Sakralbauten des 20. Jahrhunderts in der Schweiz. Die Aufnahme unten zeigt die Kirche im Jahr ihrer Weihe 1950, noch ohne Glocken und Pfarreiheim; oben ein Blick auf den von Pierre Casè gestalteten Altarraum in einer Aufnahme von 2009.

Ordensschwestern in Riehen

1950 kauften die Missionsdominikanerinnen von der Heiligen Katharina von Siena das Anwesen der Herz-Jesu-Kapelle an der heutigen Albert Oeri-Strasse. Die Schwestern des in Südafrika beheimateten Ordens zogen in die Herz-Jesu-Kapelle samt Pfarrhaus ein und bauten hier ihr erstes Schweizer Kloster auf. Ende der 1950er Jahre zeichnete sich in Riehen ein Mangel an Betreuungsplätzen für alte Menschen ab. Die Dominikanerinnen entschieden sich zum Bau eines Alters- und Pflegeheims, weshalb 1967 der Abriss der alten Kapelle beschlossen wurde, um auf dem Gelände das Dominikushaus zu bauen. 1969 zogen die Dominikanerinnen in das dem modernen Alters- und Pflegeheim angeschlossene Kloster ein. Heute ist das Dominikushaus ein staatlich anerkanntes, konfessionell neutrales Alters- und Pflegezentrum und bietet über siebzig Betagten ein Zuhause.

veranstaltung Pop Dance. Jugendliche aus Riehen, Basel und Umgebung strömten in den 1970er Jahren ins Pfarreiheim, im Wissen, «von religiöser Indoktrination unversehrt zu bleiben».[27] Höhepunkt war jeweils das Meet-In am Mittwochabend mit Colabar, Diskothek, Teestübli und Bibliothek.

Gemeinsam mit den Pfarrern der reformierten Kirche führte Kuhn ökumenischen Religionsunterricht und regelmässig ökumenische Gottesdienste mit Eucharistie und Abendmahl durch. Heute ist die ökumenische Arbeit stark zurückgegangen. Der Gründe gibt es viele: sei es, dass die wöchentlichen ökumenischen Gottesdienste nicht mehr gut genug besucht wurden, dass sich die Kantonalkirchen in der Zeit des Mitgliederschwunds stärker auf ihre Identität besinnen oder dass sowohl die freikirchlichen und evangelikalen Kreise wie auch die neuen Weisungen des Vatikans ökumenische Bestrebungen erschweren. Dennoch will man in Riehen der Ökumene weiterhin die gebührende Beachtung entgegenbringen. So trifft sich die Mischehegruppe bis heute, und im Altersheim Zum Wendelin finden regelmässig ökumenische Gottesdienste statt.

Ökumenischer Gottesdienst im Wenkenpark am eidgenössischen Buss- und Bettag 1992.

Von Freiwilligen, Frauen und Sozialen

Mittagstische, Kinderhorte, Altersnachmittage oder Gemeindeschwestern gäbe es ohne den Einsatz kirchlich engagierter Frauen nicht. Zu Beginn des 20. Jahrhunderts wurde die soziale Arbeit in Riehen, soweit sie nicht durch das Diakonissenhaus abgedeckt war, zu einem grossen Teil von Frauenvereinen wahrgenommen. Selbstverständlich wurde die Sozial- und Kirchengeschichte auch in Riehen dennoch vor allem durch Männer geprägt. Als Präsidenten karitativer Vereine, Kirchgemeinderäte und Gründer sozialer Werke profilieren sie sich mit ihren kirchlichen Interessen noch heute sowohl im gesellschaftlichen wie auch im politischen Bereich. Während der freiwillige Einsatz von Männern oft mit offiziellen Ämtern verbunden war, hielten sich Frauen in den Vereinen eher im Hintergrund. Dies entsprach der Vorstellung einer bürgerlichen Rollenteilung, wie sie sich im 19. Jahrhundert durchsetzte und bis weit ins 20. Jahrhundert als Norm galt. Die Frauen trafen sich unter ihresgleichen, die politische und konfessionelle Ausrichtung der Familie war über lange Zeit ausschlaggebend für die Zugehörigkeit bei einem bestimmten Frauenverein.

Kirchliche Frauenvereine

Der älteste Frauenverein in Riehen bildete sich im evangelisch-reformierten Milieu. 1878 wurde er aus zwei ähnlich gelagerten Hilfsvereinen gegründet und bis nach dem Zweiten Weltkrieg vom Dorfpfarrer präsidiert. Der Reformierte Frauenverein nannte sich zwischenzeitlich auch Frauenverein für Armenzwecke, heute ist er konfessionell unabhängig und heisst kurz und bündig Frauenverein Riehen. Die Frauen trafen sich in wöchentlichen Kränzchen und fertigten allerlei Textiles für Bedürftige. Noch in den 1960er Jahren wurden über hundert Pakete verteilt.[28] Später veranstaltete der Frauenverein Basare zur Sammlung von Geldern für gemeinnützige Zwecke. Diese traditionelle Arbeit des Frauenvereins ist mit der Auflösung des letzten Arbeitskreises 1989 zu Ende gegangen. Der Verein rief in der Folge eine Reihe wichtiger Angebote ins Leben. Seit 1975 wird erfolgreich die Kinderfähre durchgeführt, eine Spielgruppe wurde initiiert. Bis 2009 betrieb der Frauenverein die Patientenbibliothek im Gemeindespital, er veranstaltet alljährlich das Kerzenziehen, und bei Betagten finden Spiel- und Singnachmittage sowie das Altersturnen grossen Anklang. 1990 übernahm der Frauenverein von der Gemeinde die Organisation der Freizeitkurse im Brünnlirain, seit 1993 führt er eine Kinderkleiderbörse und seit 1995 eine Brockenstube.

Wohl eines der grössten Projekte des Frauenvereins war die Gründung des Lehrtöchterheims 1972. Während für Lehrlinge längst ein solches Angebot bestand, standen Mädchen, die während ihrer Ausbildung nicht bei ihren Familien wohnen konnten, zu diesem Zeitpunkt gerade mal zwölf Plätze im Waisenhaus Basel zur Verfügung. Das Lehrtöchterheim an der Schlossgasse 27 in Riehen wurde zu einer wichtigen Institution innerhalb des Stadtkantons. 1993 änderte die Institution ihre Zweckbestimmung und bot im ‹Wohnheim Schlossgasse 27› betreutes Wohnen an. Seit 2005 bietet die Offene Tür (OT) in der nun ‹Schärme› genannten renovierten Liegenschaft begleitetes Wohnen für Menschen in psychisch schwierigen Situationen an. Die OT, ein christli-

Mit Frauenvereinen ist die Welt in Ordnung

Im Jahrbuch ‹z'Rieche› von 1978, zum 100-Jahr-Jubiläum des Reformierten Frauenvereins, nahm dessen damalige Präsidentin Aletta Schubert-Vischer die legendären Stricksocken der Basare als Metapher für die Wichtigkeit ihrer Arbeit: «Aber ehrlich, was ist eine Kleidung ohne Socken? Sie ist nicht vollständig. – Was ist aber, wenn die Socken grell, auffallend oder misstönend sind? Die Kleidung ist aus dem Gleichgewicht. Ich wage den Vergleich: Wenn ein Frauenverein auffällig, grell oder zu laut ist, dann stimmt etwas nicht. Fehlen aber die Frauenvereine, in welcher Form auch immer, dann ist ein Dorf, eine Stadt nicht in Ordnung.»

Der ‹Rausverkauf› der Kinderkleiderbörse am Schopfgässchen im Sommer 2009, ein beliebtes Angebot des Frauenvereins Riehen.

Die Brockenstube des Frauenvereins Riehen, hier in einer Aufnahme aus dem Jahr 2008.

cher Verein für Lebenshilfe, wirkt in Riehen im ‹Fischerhus›, im christlichen Jugendtreff Go-In und in der Hausgemeinschaft ‹Sunnehuus›.

Unter den wohltätigen Frauen gab es einflussreiche und charismatische Gründerinnen, die vielfältige Spuren hinterliessen. So wurden der Hauspflegeverein, ein Vorläufer der heutigen Spitex, der Hausarbeitsverein und der Krankenpflegeverein Riehen von Anna Katharina Heusler mitbegründet und über Jahre geprägt. Als während des Ersten Weltkriegs bei vielen Familien der Verdienst des Vaters ausfiel, entschied die von 1911 bis 1957 im alten Wettsteinhaus lebende Anna Katharina Heusler, den Hausarbeitsverein Riehen zu gründen. Gemeinsam mit ihrer Schwester Julie Heusler gab sie Handarbeiten an bedürftige Frauen in Auftrag, nahm die fertigen Sachen entgegen, kontrollierte sie und entlöhnte die beauftragten Frauen. 1923 fand im Gemeindehaus eine erste öffentliche Frauenversammlung statt, an der ungefähr sechzig Frauen teilnahmen, um Mittel und Wege zur Anstellung einer Gemeindeschwester zu suchen. Anna Katharina Heusler stand dieser Gründungssitzung des Krankenpflegevereins vor und blieb bis 1950 dessen Präsidentin. Die Frauen fragten das Diakonissenhaus um eine geeignete Schwester an, suchten eine passende Wohnung im Dorfzentrum und organisierten die Finanzierung, die über Jahre zu einem grossen Teil durch Spenden und Mitgliederbeiträge bestritten wurde.[29] Mit dem Wachsen der evangelisch-reformierten Kirchgemeinde entstanden neue Frauenvereine, so der Frauenverein Albert Schweitzer im liberalen Umfeld des Andreashauses in den 1950er Jahren, der Verein Gegenseitige Hilfe im Umfeld der Kornfeldkirche oder der Frauenverein der Heilsarmee unter dem Namen ‹Heimbund Riehen›.

Die katholischen Frauen schlossen sich 1943 unter dem Namen Mütterverein zusammen. Die heutige Frauenvereinigung St. Franziskus wirkte als integrative Kraft innerhalb der römisch-katholischen Pfarrei: Da viele katholische Familien in Riehen ohne verwandtschaftliches Netz lebten, beschloss die Frauenvereinigung 1963, mit einem grossen Basar gegen diese Vereinzelung anzugehen. Damit war eine lange Tradition von Pfarreifesten und Basaren begründet, die der katholischen Gemeinde Riehen-Bettingen Zusammenhalt gaben. Heute ist die Frauenvereinigung mit rund 250 Mitgliedern die grösste Gruppierung der Pfarrei. Sie veranstaltet Gottesdienste, Wanderungen, Mittagsclubs, Kinderturnen, Ausflüge, Adventsfeiern und Weihnachtsverkäufe.

Neue Herausforderungen: Betagte, Randständige, Flüchtlinge

In Riehen wurde die Betreuung von alten und gebrechlichen Menschen bis nach dem Zweiten Weltkrieg allein durch das Landpfrundhaus und die Institutionen des Diakonissenhauses abgedeckt. Eine Ausnahme bildete das 1906 begründete Sanatorium La Charmille,[30] das 1946 vom Verein Jüdisches Heim gekauft wurde. Dort sollten ältere jüdische Menschen, viele von ihnen Flüchtlinge des Naziregimes, nach den jüdischen Gesetzen ihren Lebensabend verbringen können. 2002 genügte das Heim den Anforderungen der Zeit nicht mehr, die Bewohnerinnen und Bewohner zogen in den neu eröffneten Holbeinhof in Basel. Das alte Haus im herrschaftlichen Park wurde abgerissen. Heute findet sich auf dem Gelände mit den alten Bäumen die Wohnüberbauung Inzlingerpark. 1967 wurde das politisch und religiös neutral geführte Alters- und Pflegeheim Humanitas von den vier Basler Freimaurerlogen gegründet; es bietet heute über neunzig Pflegeplätze. Eine Verlegung des Altersheims ist zurzeit in Diskussion.

Die Zahl betreuungsbedürftiger Menschen stieg ab den 1970er Jahren, als vermehrt Asylsuchende aus fremden Kulturkreisen nach Riehen kamen. 1979/1980 nahm die

Wohngemeinschaft Gatternweg

Die Alterung der Bevölkerung bewirkte, dass Pflege- und Wohnheime für betagte Menschen ohne Widerspruch geplant und gebaut wurden. Hingegen mussten sich Sozialwerke, die ehemalige Drogenabhängige in die Gesellschaft eingliedern wollten, immer wieder erklären. So die 1972 ins Leben gerufene Therapeutische Wohngemeinschaft am Gatternweg, die weder kirchlich gebunden war noch Heim sein wollte und keine autoritären Strukturen aufwies. Ihr Ziel war es, die drogenabhängigen Jugendlichen nach einem Entzug bei deren Rückkehr in den Alltag zu begleiten. Aufgrund der veränderten Drogenpolitik nach 27 Jahren Therapiearbeit in Riehen stellte das Team am Gatternweg im Jahr 2000 den Betrieb ein. Seit den 1980er Jahren kümmert sich in Riehen auch die evangelische Lebens- und Therapiegemeinschaft ‹Fischerhus› um den gesellschaftlichen Wiedereinstieg drogenabhängiger Menschen.

Gemeinde drei Familien aus Vietnam auf. Die Einwohnerinnen und Einwohner wurden aufgefordert, Gegenstände für die Flüchtlingswohnungen zu spenden oder junge Vietnamesen in die Familie aufzunehmen.[31] Auch für Flüchtlinge aus Sri Lanka, die 1985 in der Bäumlihof-Zivilschutzanlage untergebracht waren, stellte die Gemeinde rasch zwei Baracken im Hof der Liegenschaft Bahnhofstrasse 34 auf. Hier sollten sich 25 Asylsuchende tagsüber aufhalten können. Die Tamilen würden von kirchlichen Kreisen gut betreut, versicherte die ‹Riehener Zeitung› am 13. Dezember 1985. Als 1988 rund dreissig kurdische Flüchtlinge in den Holzbaracken des Diakonissenhauses Riehen im Sarasinpark untergebracht wurden, war direkte Solidarität kein Thema mehr. Vielmehr versicherte man, es würden ruhige und bereits integrierte Kurden in den Baracken einziehen.[32] Von 1991 bis 2005 übernahm das Diakonissenhaus im Auftrag der Gemeinde die Betreuung von Flüchtlingen im Moosrain.

Zwei Baracken im Sarasinpark beherbergten 1988 rund dreissig kurdische Flüchtlinge.

Visionen und Perspektiven

Die Kirchen stehen in Riehen noch im Dorf. Sowohl die evangelisch-reformierte als auch die römisch-katholische Gemeinde haben aber einen enormen Mitgliederrückgang zu verzeichnen. Die Gründe für den Austritt aus der Kirche sind vielfältig. Für viele wurde die Kirche als Institution unglaubwürdig, bei den meisten ist die Kirchensteuer ausschlaggebend. Leider auch bei etlichen älteren Menschen, deren finanzielle Ressourcen durch den Eintritt in ein Alters- und Pflegeheim knapp werden.[33]

Die basel-städtischen Kantonalkirchen haben sich die Frage gestellt, wie sie bis zum Jahr 2015 auf den Rückgang der Mitgliederzahlen und damit auch des Ertrags der Kirchensteuern reagieren wollen, und entsprechende Strategiepapiere entwickelt. ‹Visionen 15› heissen die Richtlinien bei den Katholiken, ‹Perspektiven 15› bei den Reformierten.

‹Visionen 15› sieht vor, die dreizehn Pfarreien Basels in drei ‹pastoralen Lebensräumen› zusammenzuziehen.[34] Die katholische Pfarrei St. Franziskus gehört laut dem Umstrukturierungsplan zum Pastoralraum ‹C Kleinbasel›, bleibt jedoch mit einer Pfarreileitung selbständig. Diese arbeitet im Team mit einem teilzeitlich angestellten leitenden Priester des zuständigen Pastoralraumes.

Gemäss dem Strategiepapier ‹Perspektiven 15› der reformierten Kirche Basel-Stadt sollte die Zahl der Gemeindekreise in der Kirchgemeinde Riehen-Bettingen auf zwei verringert werden. Vorerst ist eine Zusammenlegung der Kreise Andreas und Kornfeld geplant. Wie nahe die ursprünglich eine Gemeinde bildenden Kreise Dorf und Bettingen wieder zusammenrücken, steht noch offen. Man ist sich in Riehen jedoch einig, dass die Gemeindekreise nicht nur geografisch eigenständig bleiben, sondern auch theologisch verschiedene Prägungen aufweisen sollen.

Anmerkungen

1. Raith, Michael: Gemeindekunde Riehen, 2. Aufl., Riehen 1988, S. 240.
2. Quellen für die Bevölkerung nach Religion seit 1980 in Riehen: Statistisches Amt Basel nach Stichtagauswertungen, www.statistik-bs.ch/quartier/wv20/bev, 17. März 2009.
3. Raith, Michael: Das kirchliche Leben seit der Reformation, in: Riehen. Geschichte eines Dorfes, Riehen 1972, S. 165–214, hier S. 171.
4. Raith, Gemeindekunde, S. 248.
5. Raith, Kirchliches Leben, S. 177f.
6. Raith, Kirchliches Leben, S. 180.
7. Riehener Zeitung, 23. April 1993.
8. Zit. nach Linder, Gottlieb: Geschichte der Kirchgemeinde Riehen-Bettingen, Basel 1884, S. 148.
9. Linder, Geschichte der Kirchgemeinde, S. 159.
10. Roth, Dorothea: Die Politik der Liberal-Konservativen in Basel 1875–1914, Basel 1988, S. 197.
11. Raith, Kirchliches Leben, S. 193.
12. Riehener Zeitung, 13. April 1923.
13. www.feg-riehen.ch/feg-riehen/wer-wir-sind/faq, 17. März 2009.
14. Riehener Zeitung, 21. September 1943.
15. www.sthbasel.ch, 9. August 2009.
16. Riehener Zeitung, 6. Dezember 1935.
17. Raith, Michael: Hundert Jahre CVJM Riehen 1875–1975, Riehen 1975, S. 28.
18. Gespräch mit Pfarrfrau Aletta Schubert-Vischer, Basel, 17. März 2009.
19. Kellerhals, Doris / Seiler, Lukrezia / Stuber, Christine: Zeichen der Hoffnung. Schwesterngemeinschaft unterwegs. 150 Jahre Diakonissenhaus Riehen, Basel 2002, S. 16.
20. Suter, Stefan et al.: Menschen zur Gemeinschaft führen. 100 Jahre katholische Kirche in Riehen und Bettingen, Riehen 1999, S. 23f.
21. Raith, Gemeindekunde, S. 240.
22. Suter et al., Menschen, S. 20–23.
23. Raith, Kirchliches Leben, S. 199.
24. Suter et al., Menschen, S. 33.
25. Suter et al., Menschen, S. 73.
26. Riehener Zeitung, 29. Mai 1959.
27. Suter et al., Menschen, S. 102.
28. Seiler, Lukrezia: Ganz Frau, in: z'Rieche, Jg. 43, 2003, S. 109–119, hier S. 111.
29. Tamm, Lisa: Wer betreut unsere Kranken ausserhalb des Spitals?, in: z'Rieche, Jg. 13, 1973, 65–71, hier S. 65f.
30. Jaquet, Nicolas: Das Sanatorium «La Charmille» und sein Begründer, in: z'Rieche, Jg. 7, 1967, S. 5–12, hier S. 9.
31. Riehener Zeitung, 25. April 1980.
32. Riehener Zeitung, 15. April 1988.
33. Gespräch mit Pfarrer Paul Jungi, Riehen, 5. März 2009.
34. Riehener Zeitung, 1. April 2005.

Blick von der Wieseebene auf den historischen Dorfkern. Die Aufnahme stammt aus dem Jahr 2009.

Anhang

Zeittafel

mehr als	
100 000 Jahre	Alter eines 1999 an der Gehrhalde entdeckten Choppers (primitives Steinwerkzeug)
14. Jh. v. Chr.	Spätbronzezeitliche Begräbnisstätte im Britzigerwald
1.–3. Jh. n. Chr.	Römische Besiedlung (Landgüter am Hörnli und beim Hinterengeli, gallorömisches Heiligtum im Pfaffenloh)
751	Erwähnung des ‹Wenken› (‹vahcinchova›) als Dinghof im Besitz des Klosters St. Gallen
11. Jh.	Bau einer Kirchenburg
1113	Erste namentliche Erwähnung Riehens in den Schriftquellen
1157	Erste Erwähnung der Dorfkirche
1238/1248	Übergang des Kirchenpatronats an das Kloster Wettingen
1270	Erwerb von Zwing und Bann über Riehen durch den Bischof von Basel
1357	Datierung der ältesten erhaltenen Kirchenglocke (heute im Historischen Museum Basel)
1492–1493	Erstellung des Riehenbrunnwerks (Quellgebiet im Moos) als Beitrag zur Wasserversorgung von Kleinbasel
1522	Erwerb von Riehen durch die Stadt Basel
1528	Reformation in Riehen
1538	Erste Erwähnung einer Schule in Riehen
1540	Kauf aller Rechte des Klosters Wettingen in Riehen durch die Stadt Basel
um 1540	Erste Landsitze von Basler Bürgern
1609	Bau des ersten Gemeindehauses
1626–1635	Amtszeit des Obervogts Johann Rudolf Wettstein (späterer Basler Bürgermeister)
1661	Bau eines Schützenhauses
1693–1694	Erweiterung der Dorfkirche und Umwandlung in einen reformierten Predigtraum
1758	Grosser Erdrutsch am Schlipf
1791	Aufhebung der Leibeigenschaft
1796	Letzte Huldigung der Riehener Untertanen vor einer Deputation des Basler Rats
1798	Helvetische Republik: rechtliche Gleichstellung der Riehener Männer mit den Bürgern der Stadt Basel
1803	Mediation: Einschränkung des Wahlrechts der Landbevölkerung
1813	Durchmarsch alliierter Truppen anlässlich des Koalitionskriegs gegen Napoleon
1825	Erste Vermessung des Riehener Bannes
1828	Eröffnung des Gottesackers an der Mohrhalde (in Betrieb bis 1898)
1833	Kantonstrennung: Zuteilung von Riehen an den Kanton Basel-Stadt
1835	Eröffnung des Landarmenhauses (seit 1902 Landpfrundhaus)
1836–1837	Bau eines neuen Gemeindehauses (Alte Kanzlei)
1837	Einführung des Schulobligatoriums im Kanton Basel-Stadt

1838	Ansiedlung der Taubstummenanstalt aus Beuggen (heute: Gehörlosen- und Sprachheilschule Riehen)
1840	Eröffnung einer privat getragenen Kleinkinderschule
1845	Erste Poststelle in Riehen
1850	Schaffung einer eidgenössischen Nebenzollstelle (seit 1864 Hauptzollstelle)
1852	Eröffnung der Diakonissenanstalt mit angegliedertem Spital
•	Staatsvertrag über eine Zollfreistrasse zwischen Weil und Lörrach
1861	Bau einer Strassenbrücke über die Wiese (Neubau 1938)
1862	Inbetriebnahme der Wiesentalbahn
1863	Einführung einer Gemeindesteuer
1871	Eröffnung des Diakonissenspitals in einem Neubau
1875	Eröffnung einer Sekundarschule
1876	Verabschiedung des Gemeindegesetzes im Kanton Basel-Stadt: Stimm- und Wahlrecht für alle in Riehen niedergelassenen Schweizer Bürger
1878	Gründung der Spar- und Leihkasse Riehen
1882	Beginn der Trinkwassergewinnung in den Langen Erlen
1886	Erste allgemeine Wasserversorgungsanlage Riehens (Auquellen)
1889	Einführung des Telefons
1891	Übernahme des Schulwesens durch den Kanton
1898	Eröffnung des Schwimmbads an der Weilstrasse (2007 geschlossen)
1899	Einführung der Kehrichtabfuhr
•	Erste katholische Messe in Riehen seit der Reformation
•	Eröffnung des Gottesackers im Grienboden
1900	Offizielle Benennung der Riehener Strassen und Einführung von Hausnummern
1901	Einführung der Elektrizität
1903	Anschluss von Riehen ans Netz der Basler Wasserversorgung
1906	Abschluss der Wiesenkorrektion
1907	Anschluss Riehens ans Basler Gasleitungsnetz
•	Bau des zweiten Diakonissenspitals
1908	Inbetriebnahme der Tramlinie Basel – Riehen
1909	Bau der Riehener Kanalisation
1910	Bau der ersten Etagenhäuser Riehens an der Lörracherstrasse
1914	Vorübergehende Schliessung der Grenze zu Deutschland nach dem Ausbruch des Ersten Weltkriegs
1921	Bildung der ersten Wohngenossenschaften (Gartenfreund, Niederholz)
1922	Gründung des ‹Anzeige- und Verkehrsblatts für Riehen und Bettingen› (seit Ende 1933 ‹Riehener Zeitung›)
1923	Feier der ‹400jährigen Vereinigung von Riehen und Basel›
1924	Einführung eines Gemeindeparlaments (Weiterer Gemeinderat, seit 1986 Einwohnerrat)
1929	Bau des ersten Sportplatzes der Gemeinde auf der Grendelmatte
1930	Erster Zonenplan für Riehen
1932	Eröffnung des Zentralfriedhofs am Hörnli
1939	Schliessung der Grenze zu Deutschland nach Ausbruch des Zweiten Weltkriegs
1946	Gründung der Bürgerkorporation Riehen
1948	Einweihung des Niederholzschulhauses, der ersten Quartierschule Riehens

1949	Erstmals über 10 000 Einwohnerinnen und Einwohner
1950	Weihe der katholischen St. Franziskuskirche
1951	Eröffnung des Landgasthofs
1958	Stimm- und Wahlrecht für Frauen in der Bürgergemeinde Riehen (Schweizer Premiere)
1960	Eröffnung der ersten Alterssiedlung Riehens an der Oberdorfstrasse
1961	Eröffnung des neuen Gemeindehauses
•	Erstmaliges Erscheinen des Jahrbuchs ‹z'Rieche›
1964	Einweihung der reformierten Kornfeldkirche
1965	Erstmals über 20 000 Einwohnerinnen und Einwohner
1966	Stimm- und Wahlrecht für Frauen im Kanton Basel-Stadt in Kantons- und Gemeindeangelegenheiten
1969	Ablehnung einer Umfahrungsstrasse in einer kantonalen Volksabstimmung
1970	Gründung der Freien Evangelisch-Theologischen Akademie (heute Staatsunabhängige Theologische Hochschule Basel)
1972	Eröffnung des Spielzeug-, Dorf- und Rebbaumuseums im Alten Wettsteinhaus
1973	Übernahme des bisherigen Privatspitals der Diakonissenanstalt durch die Gemeinde
1977	Eröffnung der Freizeitanlage Landauer
•	Gründung der Bürgerinnenkorporation Riehen
1978	Eröffnung des Rauracherzentrums
1979	Eröffnung des ‹Atelier Theater Riehen›
1980	Skulpturenausstellung im Wenkenpark
•	Eröffnung der Musikschule Riehen
1994	Inbetriebnahme der Geothermieanlage
1996	Kommunalisierung der Kindergärten von Bettingen und Riehen
1997	Eröffnung der Fondation Beyeler
1998	Eröffnung des ‹Kunst Raum Riehen›
•	Projekt ‹Wrapped Trees› des Künstlerehepaars Christo und Jeanne-Claude im Park der Fondation Beyeler
2005	Übergang der Sozialhilfe von der Bürgergemeinde an die Einwohnergemeinde
2006	Neue Kantonsverfassung mit mehr Handlungsspielraum für Riehen und Bettingen
•	Baubeginn der Zollfreistrasse zwischen Weil und Lörrach
2008	Eröffnung der S-Bahn-Haltestelle Niederholz
2009	Kommunalisierung der Primarschulen von Bettingen und Riehen
2010	Eröffnung eines Gesundheitszentrums anstelle des bisherigen Gemeindespitals

Quellen und Literatur

Wer Informationen über Riehen sucht, wird vielerorts fündig. Folgende Zusammenstellung gibt einen Überblick über die wichtigsten Quellenbestände und Dokumentationen zu Riehen und führt neben der in den Endnoten der Kapitel nachgewiesenen Literatur eine Auswahl weiterführender Titel an.

Archive
Die Dokumentationsstelle Riehen im Gemeindehaus umfasst neben einer lokalgeschichtlich ausgerichteten Bibliothek folgende Abteilungen:
- Registraturarchiv: Akten der Gemeindeverwaltung seit 1930
- Privatarchive: Dokumentationsgut von Kirchen, Schulen, Vereinen, Parteien und Privatpersonen
- Historisches Archiv: Dokumente zu Riehen aus der Zeit vor 1930, meist Kopien von Archivalien aus dem Staatsarchiv Basel-Stadt und anderen Archiven
- Historisches Grundbuch: topografisch geordnete Dokumente zur Geschichte der Liegenschaften und Gebäude im historischen Dorfkern von Riehen, ergänzt durch eine historische Personenkartei
- Zeitungsdokumentation: Artikel zu Riehen in regionalen Zeitungen, abgelegt in thematischen Dossiers
- Fotoarchiv: Fotos, Dias, Negative und einzelne Filme seit dem späten 19. Jahrhundert

Das Staatsarchiv Basel-Stadt enthält Akten der Gemeindeverwaltung vor 1930 sowie Dokumente zu kantonalen Verwaltungsvorgängen, die Riehen betreffen. Unentbehrlich für die Beschäftigung mit der Geschichte von Riehen sind die beiden folgenden Bestände:

- Älteres Hauptarchiv, Gemeinden R 1–12 (1328–1936)
- Nebenarchive, Gemeindearchiv Riehen (1602–1931)
  Benutzt wurden auch gedruckte Quellen, namentlich die Ratschläge der Regierung an den Grossen Rat und die Gesetzessammlung.

Das Privatarchiv Johannes Wenk-Madoery in Riehen wurde von Paul Wenk-Löliger aufgebaut und von dessen Sohn Johannes Wenk-Madoery weitergeführt. Es umfasst zahlreiche Schriftstücke und Abbildungen zur Geschichte Riehens und der Familie Wenk.

Das Privatarchiv Lukrezia Seiler-Spiess in Riehen enthält Unterlagen zur publizistischen und historiografischen Tätigkeit der Autorin, darunter zahlreiche lebensgeschichtliche Dokumente.

Literatur mit Bezug zu Riehen
Albertini, Ursina von / Schulthess, Peter: Die therapeutische Gemeinschaft Gatternweg. Ein Kleinstgruppenmodell in der Drogentherapie. Entstehung – Entwicklung – Erfahrungen, Riehen 1981.

Appenzeller, Stephan: Basel und sein Tram. Die Geschichte der Basler Verkehrs-Betriebe, hg. von den Basler Verkehrsbetrieben, Basel 1995.

Bachmann, Fritz: Obstbau und Reben in Riehen, in: z'Rieche, Jg. 19, 1979, S. 110–122.

Bachmann, Fritz: Riehens Gemeinderebberg im Schlipf, in: z'Rieche, Jg. 27, 1987, S. 213–216.

Bachmann, Peter: Langsam – aber sicher! Pilotprojekte mit Tempo-30-Gebieten, in: Schweizer Ingenieur und Architekt, Jg. 111, 1993, S. 642–646.

Baettig, Marco: Die Rückkehr der Wildschweine, in: z'Rieche, Jg. 36, 1996, S. 165–175.

Baumann, Christoph Peter: Das religiöse Riehen, in: z'Rieche, Jg. 49, 2009, S. 9–17.

Berweger, Ivo: Ein Wohnort, wie er im Buche steht, in: z'Rieche, Jg. 43, 2003, S. 7–13.

Besset, Florian et al.: Spielzeugmuseum, Dorf- und Rebbaumuseum Riehen (bei Basel), Braunschweig 1992.

Blättler, Alfred: Aus der Geschichte der Riehener Dorfbibliothek, in: z'Rieche, Jg. 30, 1990, S. 161–169.

Bloch, Urs: Grenzgänger aus Südbaden in Basel-Stadt in den ersten Jahren nach dem Zweiten Weltkrieg, in: Basler Zeitschrift für Geschichte und Altertumskunde, Jg. 95, 1995, S. 207–235.

Bolliger, Peter: Das Riehener Quellwassersystem, in: z'Rieche, Jg. 24, 1984, S. 151–161.

Brodbeck, Martin: 50 Jahre Hörnli-Friedhof, in: Basler Staatskalender 1982, S. 44–48.

Bruckner, Albert: Das Mittelalter, in: Riehen. Geschichte eines Dorfes, hg. vom Gemeinderat Riehen, Riehen 1972, S. 79–164.

Bruckner, Daniel: Versuch einer Beschreibung historischer und natürlicher Merkwürdigkeiten der Landschaft Basel, Stück 7: Riehen, Basel 1752 [Faksimiledruck: Dietikon 1968].

Buess, Markus: Abschied vom Bahnhofgebäude Riehen, in: z'Rieche, Jg. 13, 1973, S. 72–76.

Burgherr, Simone: Riehener Kindergärten – Geschichte, Fakten, Impressionen, in: z'Rieche, Jg. 36, 1996, S. 48–59.

Burgherr, Simone: Das Hörnli-Museum: Den Tod nicht verdrängen, in: z'Rieche, Jg. 39, 1999, S. 128–137.

Chiquet, Simone / Meyer, Pascale / Vonarb, Irene (Hg.): Nach dem Krieg: Grenzen in der Regio 1944–1948. Publikation zu den Ausstellungen in Lörrach (D), Liestal (CH), Mulhouse (F), Zürich 1995.

Christ, Martin: Vom alten Gemeindehaus zum Haus der Vereine, in: z'Rieche, Jg. 23, 1983, S. 24–34.

Christen, Hans Rudolf: Die Deutung des Riehener Wappens, in: Baselbieter Heimatblätter, Jg. 67, April 2002, S. 22–30.

Clavel-Respinger, Alexander und Fanny: Das Buch vom Wenkenhof, Basel 1957.

Degen, Peter: Geschichte des Turnvereins Riehen, Festschrift zum 100jährigen Jubiläum 1882–1982, Basel 1982.

Deisler, Otto: Die Riehener Mühle, in: z'Rieche, Jg. 3, 1963, S. 33–37.

Del Pozo, Barbara / Schlosser, Margrit: Sozio-demographische Aspekte funktionaler und sozialer Segregation. Eine Untersuchung am Beispiel einer Agglomerationsgemeinde, Diss. Zürich 1987.

Dennler-Brack, Marie: Lehr- und Wanderzeit. Im Dienst bei einer Riehener Herrschaft, aufgezeichnet von Lukrezia Seiler, in: z'Rieche, Jg. 34, 1994, S. 51–59.

Der Reformation verpflichtet. Gestalten und Gestalter in Stadt und Landschaft Basel aus fünf Jahrhunderten, hg. vom Kirchenrat der evangelisch-reformierten Kirche Basel-Stadt, Basel 1979.

Dick-Briner, Liselotte: Die Freizeitanlage Landauer, in: z'Rieche, Jg. 21, 1981, S. 91–105.

Dick-Briner, Liselotte: Erinnerungen an die Anfänge des Niederholzquartiers, in: z'Rieche, Jg. 31, 1991, S. 36–45.

Die Siedlung der Heimstätten-Genossenschaft ‹Gartenfreund› Riehen. Nach den Plänen der Architekten Bercher & Tamm in Basel, Basel 1923.

Diesseits und Jenseits des Stacheldrahts – Erlebnisse aus dem Zweiten Weltkrieg, Audio-CD, aufgenommen im Februar 1992, hg. vom Dorf- und Rebbaumuseum Riehen.

Durrer, Heinz: Das Naturschutzgebiet im Autäli, in: z'Rieche, Jg. 20, 1980, S. 38–49.

Durrer, Heinz: Naturschutzgebiet Am Eisweiher. Eine Station des Projektes Arche Noah, in: z'Rieche, Jg. 26, 1986, S. 54–63.

Eicher-Huber, Paula: Die Bewohner des Hauses Rössligasse 40 seit 1894. Aus der Geschichte meiner Familie, in: z'Rieche, Jg. 21, 1981, S. 35–46.

Eisenhut, Hanspeter: Zur Geschichte der Alten Kanzlei, in: z'Rieche, Jg. 23, 1983, S. 5–11

Eugster, Timm: «Im Glauben an die Jugend». Jugend und Moderne im Blick der Basler Freizeitaktion BFA 1942–1970, unveröffentlichte Lizentiatsarbeit, Universität Basel, 2001.

Feldschützen Riehen, Jubiläumsausgabe 1967, Riehen 1967.

Fellmann, Walter: Die Entwicklung der Katholischen Parteiorganisation in Riehen, in: Hänggi, Leo: 50 Jahre Katholische Volkspartei Baselstadt 1905–1955, Basel 1955, S. 143–146.

Fischer, Judith: Je wärmer der Sommer, desto höher der Lohn: die Riehener Schnapsbrenner Hans und Heidy Augenstein-Lippuner, in: z'Rieche, Jg. 36, 1996, S. 145–153.

Fischer, Lorenz: Die wildwachsenden Orchideen von Riehen und Bettingen, in: z'Rieche, Jg. 32, 1992, S. 145–153.

Fischer, Willi: Riehener Landwirtschaft im 20. Jahrhundert, in: z'Rieche, Jg. 35, 1995, S. 31–43.

Fischer, Willipeter / Katzenmaier, Christoph / Tschudin, Marc: Zum Wandel der Riehener Vogel-Welt. Welche Vögel brüten in Riehen? Veränderungen in den letzten 20 Jahren, in: z'Rieche, Jg. 25, 1985, S. 136–147.

Frei, Martin: Gefährdete Kostbarkeiten: das Moostal als Lebensraum für Pflanzen und Tiere, in: z'Rieche, Jg. 34, 1994, S. 99–113.

Frei, Martin: Süsse Verführung: das Beerenobstprojekt der Pro Specie Rara, in: z'Rieche, Jg. 39, 1999, S. 61–67.

Freivogel, Ludwig: Die Landschulen, in: Mangold, Fritz: Das Basler Schulwesen 1880–1930, Basel 1930, S. 135–146.

Frey, Jakob: Vom Wässern der Riehener Matten, in: z'Rieche, Jg. 3, 1963, S. 19–23.

Fürstenberger, Markus: Bahnprojekt in Basels Umgebung, in: Basler Volkskalender 1963, S. 33–56.

Gabriel, Peter / Osswald, Franz (Hg.): Am Ende des Weges blüht der Garten der Ewigkeit: 75 Jahre Friedhof am Hörnli: Bestattungskultur im Kanton Basel-Stadt, Basel 2007.

Gasser, Hans: Festschrift zum Jubiläum des 50jährigen Bestandes des Turnvereins Riehen 1882 bis 1931, Basel 1932.

Gasser, Michael: Jugend für Jugend – 60 Jahre Pfadi St. Ragnachar, in: z'Rieche, Jg. 43, 2003, S. 151–155.

Gebhard, Jürgen: Fledermäuse: die heimlichen Nachtflieger, in: z'Rieche, Jg. 37, 1997, S. 161–167.

Geotechnisches Institut: Deponie Maienbühl, Riehen (BS), Altablagerung Mönden, Inzlingen (D). Ergänzende historische Untersuchung, 25. Juli 2006.

Gerber, Rainer: Die Wiesentalbahn. 70 Jahre elektrischer Betrieb 1913–1983, Freiburg i. Br. 1983.

Gessler, Christoph: Riehen seit 1900. Die bauliche Entwicklung der Gemeinde Riehen in den letzten achtzig Jahren, Basel 1978.

Gessler, Christoph: Zwischen Pragmatismus und Avantgarde. Neues Bauen in Riehen von 1925 bis 1935, in: z'Rieche, Jg. 36, 1996, S. 107–119.

Gessler, Luzius: «Kunst in Riehen»: Eine Institution feiert, in: z'Rieche, Jg. 40, 2000, S. 126–143.

Golder, Eduard: Die Wiese. Ein Fluss und seine Geschichte, hg. vom Baudepartement Basel-Stadt, Basel 1991.

Gränzbsetzig 1940: Erinnerungsheft des Detachement Riehen, Basel 1940.

Grass, Richard: Wärme aus der Erde. Die Erfolgsgeschichte des Wärmeverbundes Riehen, in: z'Rieche, Jg. 36, 1996, S. 120–131.

Grass, Richard: Grenzüberschreitende Geothermie, in: z'Rieche, Jg. 41, 2001, S. 54–59.

Greuter, Christoph: Historische Gärten in Riehen, in: Der Gartenbau, Jg. 112, 1991, S. 871–877.

Grieder, Fritz: Basel im Zweiten Weltkrieg 1939–1945, Basel 1945 (123. Neujahrsblatt der GGG).

Gröflin-Buitink, Ruedi: Die Therapeutische Gemeinschaft Gatterweg, in: z'Rieche, Jg. 20, 1980, S. 101–109.

Grolimund, Markus: Die Autonomie der basel-städtischen Landgemeinden Riehen und Bettingen, Diss. Basel 1983.

Gschwend, Max / Eder, Katharina: Zur Baugeschichte des Fischerhauses, in: z'Rieche, Jg. 25, 1985, S. 7–19.

Hardegger, Bertha: Verbreitung des Kropfes bei den Schulkindern von Basel und Riehen im Jahre 1930, Lachen 1930 (Diss. Basel).

Hauser, Erwin: Längst vergessen: Das Trämli von Riehen auf die Chrischona, in: Basler Zeitung, 23. Januar 1980.

Heim, Urs F. A.: Leben für Andere. Die Krankenpflege der Diakonissen und Ordensschwestern in der Schweiz, Basel 1998.

Heitz, Dominik: Der Quartierverein Niederholz, in: z'Rieche, Jg. 31, 1991, S. 46–53.

Heitz, Dominik: Von der Privatsammlung zur Fondation Beyeler, in: z'Rieche, Jg. 37, 1997, S. 26–33.

Helmig, Guido: Gallorömische Tempel in Riehen, in: z'Rieche, Jg. 49, 2009, S. 35–41.

Hess, Stefan: Von der Krisenstimmung zum Festrausch: die «Vierhundertjährige Vereinigungsfeier von Riehen und Basel» im Jahre 1923, unveröffentlichte Lizentiatsarbeit, Universität Basel, 1995.

Heusser, Hans: Ein Jahrhundert Taubstummen-Anstalt Riehen, 1839–1939, Basel 1939.

Hoch, Fritz: Hundert Jahre Diakonissen-Anstalt Riehen 1852–1952. Eine Jubiläumsschrift aus Dokumenten der Gründungszeit, Beiträgen von Schwestern und Mitarbeitern des Werkes in der Gegenwart, Riehen 1952.

Hoch, Fritz: Die Kleinkinderschule in Riehen, in: z'Rieche, Jg. 9, 1969, S. 24–33.

Hoch, Fritz: Ein Leben im Dienste des Bruders. Christian Friedrich Spittlers Beziehungen zu Riehen und Bettingen, in: z'Rieche, Jg. 10, 1970, S. 42–53.

Hoch, Fritz: Die Gemeindekrankenpflege in Riehen und Bettingen 1852–1922, in: z'Rieche, Jg. 12, 1972, S. 77–80.

Hofmann, Silvia: Historische Gärten in Riehen: der Bäumlihof, in: z'Rieche, Jg. 31, 1991, S. 5–19.

Hofmann, Silvia/Raith, Michael/Sigl, Robert: Der Wenkenhof, in: z'Rieche, Jg. 24, 1984, S. 5–47.

Huber, Dorothee: Architekturführer Basel. Die Baugeschichte der Stadt und ihrer Umgebung, Basel 1993.

Huber, Jacob Gottfried: Riehen in Vergangenheit und Gegenwart, Basel 1973.

Huber, Karl Albert: Die Basler Wasserversorgung von den Anfängen bis heute, in: Basler Zeitschrift für Geschichte und Altertumskunde, Jg. 54, 1955, S. 63–122.

Hügi-Seckinger, Anna: Von Nägeln, Steinen und Gästen. Zusammengestellt auf Grund von Tonbandaufnahmen und mündlichen Erzählungen durch Lukrezia Seiler-Spiess, in: z'Rieche, Jg. 37, 1997, S. 75–85.

Hulliger, Paul: Riehens Brunnen und ihre Quellen, in: z'Rieche, Jg. 3, 1963, S. 5–18.

Hulliger, Paul: Alte Brunnen in Riehen, in: z'Rieche, Jg. 5, 1965, S. 77–81.

Imobersteg, Barbara: Das andere Riehen, in: z'Rieche, Jg. 43, 2003, S. 53–61.

Iselin, Ludwig Emil: Geschichte des Dorfes Riehen. Festschrift zur Jubiläumsfeier der 400jährigen Zugehörigkeit Riehens zu Basel 1522–1922, Basel 1923.

Jaggi, Bernard/Helmig, Guido: Zur Baugeschichte der Dorfkirche St. Martin, in: z'Rieche, Jg. 33, 1993, S. 5–21.

Jaggi, Bernard: Ein Landgut und sein Gartensaal. Der Cagliostropavillon im Glögglihof, in: z'Rieche, Jg. 34, 1994, S. 13–32.

Jann, Christian: Neues Abfallkonzept «Ihr Mist gibt einen Haufen Energie», in: z'Rieche, Jg. 48, 2008, S. 16–22.

Janner, Sara: Wenn man den Frauen das Reden verbietet, zwingt man sie dazu, das Frauenstimmrecht zu verlangen, Basel 1992.

Jaquet[-Dolder], Nicolas: Das Sanatorium «La Charmille» und sein Begründer, in: z'Rieche, Jg. 7, 1967, S. 5–12.

Jaquet-Anderfuhren, Nicolas: 40 Jahre Dorfsaal-Idee, in: z'Rieche, Jg. 18, 1978, S. 54–58.

Jaquet[-Anderfuhren], Nicolas: Riehens eigene Buslinie, in: z'Rieche, Jg. 19, 1979, S. 123–127.

Jaquet-Anderfuhren, Nicolas: Riehen im Zweiten Weltkrieg, in: z'Rieche, Jg. 25, 1985, S. 76–108.

Jaquet[-Anderfuhren], Nicolas: Männer, werdet Sänger! Aus der Geschichte des Männerchors Riehen, in: z'Rieche, Jg. 31, 1991, S. 70–82.

Jaquet[-Anderfuhren], Nicolas: 100 Jahre Verkehrsverein: Wegbereiter für ein modernes Riehen, in: z'Rieche, Jg. 39, 1999, S. 79–107.

Jeanmaire, Claude: Die Entwicklung der Basler Strassen- und Überlandbahnen 1840–1969, Basel 1969.

Jenny, Fränzi/Gugger, Chris: Baselexikon, Basel 2001.

Johann Rudolf Wettstein 1594–1666. Seine Bedeutung für Riehen, Basel und die Schweiz, hg. von der Gemeinde Riehen, Riehen 1994.

Jost, Dieter: Vom Obstbaumgarten zum Siedlungsgebiet. Die veränderte Nutzung des Riehener Gemeindegebietes, in: z'Rieche, Jg. 27, 1987, S. 46–57.
Jost, Dieter: Bauerngärten in Riehen einst und jetzt, in: z'Rieche, Jg. 30, 1990, S. 117–129.
Kaegi, J[ohann] J[akob]: Eben Ezer. Das Diakonissenhaus Riehen 1852–1902. Mitteilungen aus der Geschichte seines Werdens und Wirkens, Riehen 1902.
Kaiser, Eberhard: 150 Jahre Gehörlosen- und Taubstummenanstalt Riehen, Riehen 1989.
Kälin, Hans B.: Onoma – oder die Herkunft der Ortsnamen, in: Regio-Familienforscher, Jg. 15, 2002, Nr. 4.
Kaspar, Albin: Johannes Fischer-Eger, in: z'Rieche, Jg. 25, 1985, S. 21–35.
Kaspar, Albin: Die Mühle von Riehen – ein Gewerbe in alter und neuer Zeit, in: z'Rieche, Jg. 26, 1986, S. 5–32.
Kaspar, Albin: Feuer und Eisen. Die Geschichte des Schmiedehandwerks in Riehen, in: z'Rieche, Jg. 32, 1992, S. 31–41.
Kaspar, Albin: «… und schön weiss brodt bachen müssen.» Die Geschichte des Bäckerhandwerks in Riehen, in: z'Rieche, Jg. 33, 1993, S. 87–97.
Kaspar, Albin: Häuser in Riehen und ihre Bewohner, erarbeitet aus den Beständen des Historischen Grundbuches von Riehen, hg. von der Gemeinde Riehen, 2 Teile, Riehen 1996, 2000.
Kaspar, Albin: «Geht auf die Indfabrik – ist zu haus in Jakob Meyers häuslein», in: z'Rieche, Jg. 43, 2003, S. 15–25.
Kaufmann, Brigitta: Wohnen im Alter, in: z'Rieche, Jg. 43, 2003, S. 71–79.
Kaufmann, Brigitta: Riehener Mundart oder «Mir häi aliwil die erschte Chirsi gkha.», in: z'Rieche, Jg. 44, 2004, S. 71–77.
Kaufmann, Brigitta: Reden sollten sie, nicht gebärden, in: z'Rieche, Jg. 45, 2005, S. 25–33.
Kaufmann, Brigitta: 150 Jahre Hoffnung, in: z'Rieche, Jg. 46, 2006, S. 9–21.
Kaufmann, Brigitta: Und er bewegt sich doch, in: z'Rieche, Jg. 47, 2007, S. 21–29.
Kaufmann, Gerhard: Die Heimstätte-Genossenschaft Niederholz 1921–1933, in: z'Rieche, Jg. 20, 1980, S. 86–100.
Kaufmann, Gerhard: Die lange Leitung. Vom Känel zum Hauptsammelkanal, in: z'Rieche, Jg. 22, 1982, S. 124–141.
Kaufmann, Gerhard: Ein Fluss wird gebändigt. Die Wiese, des Feldbergs liebliche Tochter, in: z'Rieche, Jg. 25, 1985, S. 116–135.
Kaufmann, Gerhard: Erst der Gärtner macht die Landschaft zum Garten. Das Gärtnereigewerbe in Riehen, in: z'Rieche, Jg. 31, 1991, S. 142–157.
Kaufmann, Gerhard: Riehener – hütet Euch am Gstaltenrain. Landesstreik und Generalstreik in Riehen, in: z'Rieche, Jg. 34, 1994, S. 60–69.
Kaufmann, Gerhard: Ein «Relikt» behauptet sich, in: z'Rieche, Jg. 47, 2007, S. 103–111.
Keller, Eugen: Die Planungs-, Bau- und Wohnentwicklung in Riehen im Wandel der Zeit, in: z'Rieche, Jg. 24, 1984, S. 123–137.
Kellerhals, Doris / Seiler, Lukrezia / Stuber, Christine: Zeichen der Hoffnung. Schwesterngemeinschaft unterwegs. 150 Jahre Diakonissenhaus Riehen, Basel 2002.
Kern, Eduard: Alte Basler Landgüter in Riehen, Typoskript, Basel 1923.
Kobelt-Leu, Alfred: Das kantonale Erziehungsheim «zur Hoffnung» in Riehen, in: z'Rieche, Jg. 5, 1965, S. 82–92.
Koelner, Paul: Bäumlihof, Klein-Riehen. Ein Basler Landgut und seine Besitzer, Basel 1953.
Krattiger, Hans: Das Gemeindehaus als Museum, in z'Rieche, Jg. 10, 1970, S. 9–19.
Krattiger, Hans. 100 Jahre CVJM Riehen. Reminiszenzen, in: z'Rieche, Jg. 15, 1975, S. 72–76.
Krattiger, Hans: Eine Idee nimmt Gestalt an. Aus den Anfängen des Riehener Jahrbuches, in: z'Rieche, Jg. 21, 1981, S. 6–12.
Krattiger, Hans: 125 Jahre Musikverein Riehen 1861–1986, Riehen 1986.
Kreis, Georg: Der Kampf um ein Stück Erde. Vorwort zur Broschüre ‹Zollfreistrasse. Entstehungsgeschichte eines Brunnens von der Idee zur Ausführung›, o. O. 1994.
Krepfer-Kirchhofer, Kurt: Aufbau und jüngste Entwicklung des Siedlungsraumes von Riehen,

unveröffentlichte Lizentiatsarbeit, Universität Basel, 1972.

Kuhn, Thomas K. / Sallmann, Martin (Hg.): Das «Fromme Basel». Religion in einer Stadt des 19. Jahrhunderts, Basel 2002.

Kuntzemüller, Albert: Die Badischen Eisenbahnen, 2. umgearbeitete Aufl., Karlsruhe 1953.

Küry, Daniel: Feuersalamander und Quelljungfern im Gebiet um St. Chrischona: der Schutz bedrohter Bewohner unserer Bäche, in: z'Rieche, Jg. 33, 1993, S. 139–149.

Kurth-Schläpfer, Liselotte: Neue Schule in Riehen. Der Beginn der Orientierungsstufe an den Riehener Schulen, in: z'Rieche, Jg. 34, 1994, S. 167–175.

Labhardt, Felix: Füchse – auch in Riehen heimisch, in: z'Rieche, Jg. 35, 1995, S. 65–71.

Lehmann, Fritz: Die Aufzeichnungen des letzten Riehener Untervogts Johannes Wenk-Roth im Meyerhof, in: z'Rieche, Jg. 4, 1964, S. 37–70.

Lehmann, Fritz: Unter der Herrschaft der «Gnädigen Herren» von Basel (1522–1798), in: Riehen. Geschichte eines Dorfes, hg. vom Gemeinderat Riehen, Riehen 1972, S. 267–318.

Lehmann, Fritz / Frey, Lucas: Die Sarasinschen Güter in Riehen, in: Basler Zeitschrift für Geschichte und Altertumskunde, Jg. 66, 1966, S. 157–226.

Lengweiler, Hans: «'s' Fasnachtsfüür». Jugenderinnerungen um 1900, in: z'Rieche, Jg. 4, 1964, S. 77–80.

Leuzinger, Fridolin: Vereine, in: Burckhardt, Lukas et al. (Hg.): Das politische System Basel-Stadt, Basel 1984, S. 365–373.

Linder, Gottlieb: Geschichte der Kirchgemeinde Riehen-Bettingen, Basel 1884.

Manasse, Christoph / Tréfás, David: Vernetzt, versorgt, verbunden. Die Geschichte der Basler Energie- und Wasserversorgung, hg. von den Industriellen Werken Basel (IWB), Basel 2006.

Matteotti, René: Die alte Landvogtei in Riehen. Ein archäologischer Beitrag zum Alltagsgerät der Neuzeit, Basel 1994 (Materialhefte zur Archäologie in Basel, Heft 9).

Maurer, François: Baugeschichte, in: Riehen. Geschichte eines Dorfes, hg. vom Gemeinderat Riehen, Riehen 1972, S. 215–266.

Meier, Eugen A.: Der Badische Bahnhof und seine Zufahrtslinien, in: Basler Volkskalender 1963, S. 33–56.

Meier, Eugen A.: Von alten Bädern in der Stadt und der Landschaft Basel, Basel 1964.

Meier-Kern, Paul: Verbrecherschule oder Kulturfaktor? Kino und Film in Basel 1896–1916, Basel 1993 (171. Neujahrsblatt der GGG).

Meyer, Karl: Göttin Diana, ich danke dir! in: z'Rieche, Jg. 19, 1979, S. 39–47.

Meyer, Paul: Mit der Eisenbahn von Riehen auf die Chrischona, in: z'Rieche, Jg. 5, 1965, S. 93–108.

Meyrat, Sibylle: Von der Spezereihandlung zum Haushaltcenter, in: z'Rieche, Jg. 45, 2005, S. 147–153.

Meyrat, Sibylle: Der lange Weg zum Zentralfriedhof – Ein Blick in die Geschichte, in: Gabriel, Peter / Osswald, Franz (Hg.): Am Ende des Weges blüht der Garten der Ewigkeit: 75 Jahre Friedhof am Hörnli: Bestattungskultur im Kanton Basel-Stadt, Basel 2007, S. 16–79.

Meyrat, Sibylle: Ausgebadet, in: z'Rieche, Jg. 48, 2008, S. 43–51.

Minikus, Marlene: Vom Glöggliwagen zur modernen Kehrichtverwertung, in: z'Rieche, Jg. 26, 1986, S. 178–190.

Minikus, Marlene: «Wenn Bauer, dann ‹bio›!»: die Pächterfamilien Graber vom Spittelmatthof, in: z'Rieche, Jg. 35, 1995, S. 23–29.

Moehring, Markus / Zückert, Martin: Landesgrenze. Schmuggel und Grenzentwicklung im Dreiländereck, Lörrach 2000.

Moosbrugger-Leu, Rudolf: Die Ur- und Frühgeschichte, in: Riehen. Geschichte eines Dorfes, hg. vom Gemeinderat Riehen, Riehen 1972, S. 21–78.

Moser, Hans-Rudolf: Basler Klimareihe, in: z'Rieche, Jg. 40, 2000, S. 102–107.

Mühlemann, Heinz: Register der in Basel, Bettingen und Riehen abgebrochenen Bauten 1907–1976, Typoskript, Basel 1977/1978.

Müller, C[hristian] A[dolf]: Das Zehntenhaus in Riehen, genannt die «Alte Landvogtei». Seine Vergangenheit, Bewohner und Aufgabe, Typoskript, o. O. 1949.

Müller-Jeanett, Paul: Die Wohngenossenschaft Mühleteich, in: z'Rieche, Jg. 26, 1986, S. 37–48.

Murbach, Ernst: Der Wenkenhof in Riehen BS, Bern 1989 (Schweizerische Kunstführer, Nr. 458).

Naturinventar Riehen 2008, CD-ROM, hg. von der Gemeinde Riehen, 2008.

Neukom, Heini: Wir Lörracherstrassler. Jugenderinnerungen, in: z'Rieche, Jg. 33, 1993, S. 72–79.

Nussberger, Peter: Der Kropf und seine Bedeutung für Riehen, in: z'Rieche, Jg. 38, 1998, S. 27–35.

Osswald, Franz: Auf Gottes Wegen quer durchs Dorf, in: z'Rieche, Jg. 40, 2000, S. 118–125.

Osswald, Franz: Ein Ort der Stille und Erholung, in: z'Rieche, Jg. 42, 2002, S. 125–133.

Pachlatko, Erwin: Die Taubstummenanstalt in Riehen, in: z'Rieche, Jg. 2, 1962, S. 15–24.

Pitel, Peter: 75 Jahre Fussballclub Amicitia Riehen 1930–2005. Eine Chronik, Riehen 2005.

Preiswerk, Georges: Die Riehener Vogelwelt, in: z'Rieche, Jg. 38, 1998, S. 145–157.

Raith, Michael: Aus der Geschichte des Gemeinderates von Riehen, in: z'Rieche, Jg. 9, 1969, S. 45–85.

Raith, Michael: 25 Jahre Vereinigung Evangelischer Wähler Riehen, Typoskript, Riehen 1970.

Raith, Michael: Johannes Stump und Samuel Wenk – zwei Riehener Politiker des beginnenden 19. Jahrhunderts, in: z'Rieche, Jg. 11, 1971, S. 45–85.

Raith, Michael: Das kirchliche Leben seit der Reformation, in: Riehen. Geschichte eines Dorfes, hg. vom Gemeinderat Riehen, Riehen 1972, S. 165–214.

Raith, Michael: Kleine Geschichte der Riehener Parteien, in: Riehener Zeitung, 15. März 1974.

Raith, Michael: Hundert Jahre CVJM Riehen 1875–1975, Riehen 1975.

Raith, Michael: Pietismus in Riehen, in: z'Rieche, Jg. 22, 1982, S. 6–31.

Raith, Michael: Vier Jahrhunderte Riehener Kulturgeschichte, dargestellt an der Familie Wenk, Riehen 1983.

Raith, Michael: Riehens Waschhaus, in: z'Rieche, Jg. 26, 1986, S. 49–53.

Raith, Michael: Gemeindekunde Riehen, hg. vom Gemeinderat Riehen, 2. überarbeitete und aktualisierte Aufl., Riehen 1988 [1. Aufl.: Riehen 1980].

Raith, Michael: Das Dorfspital in Riehen, in: z'Rieche, Jg. 29, 1989, S. 4–37.

Raith, Michael: Die hochgeehrten und wohlweisen Herren Obervögte. Die Bedeutung der Landvogtei für Riehen, in: z'Rieche, Jg. 30, 1990, S. 25–43.

Raith, Michael: Vom Rheinbett zum Niederholzquartier. Die Entwicklung von Riehens Süden, in: z'Rieche, Jg. 31, 1991, S. 21–35.

Raith, Michael: «Das war ein Fest, davon wird man noch reden in den späteren Zeiten», 2. August 1891, die 600-Jahr-Feier der Eidgenossenschaft in Riehen, in: z'Rieche, Jg. 31, 1991, S. 83–87.

Raith, Michael: Kleines Lexikon der Dorfkirche, in: z'Rieche, Jg. 33, 1993, S. 22–31.

Raith, Michael: Das Dorfspital in Riehen, in: z'Rieche, Jg. 38, 1998, S. 12–25.

Raith, Michael: Zweihundert Jahre gelebte Demokratie, in: z'Rieche, Jg. 39, 1999, S. 4–37.

Raith, Michel: Zweihundert Jahre gelebte Demokratie: Die Jahre nach dem Krieg, in: z'Rieche, Jg. 40, 2000, S. 40–53.

Raith, Michael: Basel und seine Landgemeinden Riehen, Bettingen und Kleinhüningen, in: Kreis, Georg/Wartburg, Beat von (Hg.): Basel – Geschichte einer städtischen Gesellschaft, Basel 2000, S. 355–359.

Raith, Michael: CVJM, 125 Jahre 1875–2000, überarbeitete und ergänzte Festschrift von 1975, Riehen 2000.

Raith, Michael: Riehen im 20. Jahrhundert: Schwerpunkte aus zehn Jahrzehnten, in: z'Rieche, Jg. 40, 2000, S. 8–19.

Raith, Michael: Entwicklung der Landgemeinde Riehen. Leben vor der Stadt am Rhein und an der Grenze im Grünen, Sonderdruck aus: Das Markgräflerland, 2003, Bd. 1.

Raith, Michael: Grenzen entlang, in: z'Rieche, Jg. 44, 2004, S. 47–69.

Raith, Michael: Der Grenze entlang, in: z'Rieche, Jg. 45, 2005, S. 113–139.

Rappard, Carl Heinrich: Fünfzig Jahre der Pilgermission auf St. Chrischona. Gedenkschrift zur Feier des fünfzigjährigen Bestandes der Anstalt, Basel 1890.

Rausser, Johannes: Riehen im Jahre 1907. Eine Chronik mit Rückblicken, in: Jahresbericht Verkehrsverein Riehen, o.J.

Reck, Daisy: Die Informations-Drehscheibe, in: z'Rieche, Jg. 48, 2008, S. 84–91.

Reck-Schöni, Yvonne: Vom «Negerdöfli» zum Privileg, in: z'Rieche, Jg. 34, 1994, S. 152–165.

Reinhardt, Ursula: Riehen, Basel 1978 (Schweizerische Kunstführer, Nr. 250).

Renzo Piano – Fondation Beyeler. Ein Haus für die Kunst, hg. von der Fondation Beyeler, Basel et al. o.J.

Reutlinger, Hans: Rebbau in Riehen – einst und jetzt, in: z'Rieche, Jg. 24, 1984, S. 48–69.

Riehen 1291, hg. von der Gemeinde Riehen, Riehen 1991.

Riehen 2000–2015: Leitbild für das Grosse Grüne Dorf, hg. von der Gemeinde Riehen, Riehen 2000.

Riehen einst und jetzt, in: z'Rieche, Jg. 4, 1964, S. 71–98.

Riehen. Geschichte eines Dorfes. Zur Feier der 450jährigen Zugehörigkeit Riehens zu Basel, 1522–1972, hg. vom Gemeinderat Riehen, Riehen 1972.

Riehener Zeitung, wöchentlich seit 29. Dezember 1933 [Vorgänger: 1913–1916 Anzeiger für Riehen und Umgebung; 1922–1933 Anzeige- und Verkehrsblatt für Riehen und Bettingen].

Rüetschi, Daniel: Europaweit einzigartig: Das Trinkwasser aus den Langen Erlen, in: z'Rieche, Jg. 40, 2000, S. 20–29.

Rüetschi, Daniel: Basler Trinkwassergewinnung in den Langen Erlen: biologische Reinigungsleistungen in den bewaldeten Wässerstellen, Diss. Basel 2000.

Schaefer, Hans: Sclerosaurus armatus, der Saurier von Riehen, in: z'Rieche, Jg. 20, 1980, S. 50–63.

Schär, Regula: «Der Wunsch Diakonisse zu werden schlummerte schon lange in mir». Die Diakonissen aus Riehen und ihr Mutterhaus von 1852 bis 1872, unveröffentlichte Lizentiatsarbeit, Universität Zürich, 2008.

Schär, Werner: Höfe und Landgüter in Riehen, Riehen 1966.

Schär, Werner: Der Kettenacker-Verein Riehen, in: z'Rieche, Jg. 8, 1968, S. 36–42.

Schär, Werner: Die Post zu Riehen, in: z'Rieche, Jg. 10, 1970, S. 54–58.

Schäublin. Johann Jakob: Erinnerungen aus meinem Leben, hg. von Fritz Schäublin, Basel 1902.

Schäublin, Paul: 75 Jahre Turnverein Riehen. Festschrift über die Jahre 1932–1957, Riehen 1957.

Schlatter Wilhelm: Geschichte der Basler Mission, Bd. 1, Basel 1916.

Schmid-Cadalbert, Christian: 75 Jahre Dorfzeitung: Tradition als Verpflichtung, in: z'Rieche, Jg. 37, 1997, S. 94–103.

Schmid, Jürg: Abfälle vermeiden, vermindern, verwerten, in: z'Rieche, Jg. 31, 1991, S. 167–176.

Schmid, Jürg: Einheit trotz Grenzen. Der Landschaftspark Wiese, in: z'Rieche, Jg. 44, 2004, S. 23–29.

Schmid, Jürg: Der Aubach, der Mühleteich und die Sache mit dem Grundwasser, in: z'Rieche, Jg. 47, 2007, S. 62–69.

Schmid, Rudolf: Das Landpfrundhaus des Kantons Basel-Stadt in Riehen, in: z'Rieche, Jg. 22, 1982, S. 62–95.

Schmutz, Lukas: Rückblick auf einen Anfang. Das Riehener Werkstatt-Theater, in: z'Rieche, Jg. 19, 1979, S. 99–104.

Schneider, Willi: Verwaltete Reizzonen. Texte zu Schulreform, Bildungspolitik und Vermischtem, Amtsort Erziehungsdepartement Basel, 1970 bis 2004, Berlin 2009.

Schnüriger, Claude: Die Stellung der Gemeinde Riehen im Kanton Basel-Stadt, in: Basler juristische Mitteilungen, Jg. 23, 1976, S. 193–226.

Schnyder, Arlette: Pilgersöhne und Frauenrechte, in: z'Rieche, Jg. 47, 2007, S. 31–41.

Schnyder, Arlette: Amtspflicht ohne Kirchenamt, in: z'Rieche, Jg. 49, 2009, S. 19–27.

Schönbächler, Mark: Riehen und die Eisenbahn, unveröffentlichte Diplomarbeit, Universität Basel, 1987.

Schubert-Vischer, Aletta: 100 Jahre Reformierter Frauenverein Riehen, in: z'Rieche, Jg. 18, 1978, S. 67–76.

Schudel, Albert: Stätten der Geborgenheit. Zwei wichtige Sozialwerke in Riehen, in: z'Rieche, Jg. 14, 1974, S. 95–102.

Schultheiss, Hans: Die Riehener Winzerfeste, in: z'Rieche, Jg. 26, 1986, S. 107–117.

Schulz, Hans-Rudolf: Der Riehener Verkehr – Probleme und Lösungsansätze, in: z'Rieche, Jg. 27, 1987, S. 166–182.

Schuppli, Andreas: Vom fetten Spatz in der Hand. Baselstädtische Gemeindepolitik in neuer Verfassung, in: Basler Stadtbuch, Jg. 126, 2005, S. 109–111.

Schuppli, Andreas: Neu geordnet: Basel-Stadt und seine Gemeinden. Die Primarschulen von Riehen und Bettingen werden zur Gemeindeaufgabe, in: Basler Stadtbuch, Jg. 128, 2007, S. 98–99.

Schwab, Hans: Riehen seit 1825. Die Entwicklungs-Vorgänge der Siedlung, Basel 1935.

Schwarz, Peter-Andrew: Der Chopper: Archäologische Sensation an der Gehrhalde, in: z'Rieche, Jg. 40, 2000, S. 62–75.

Seckinger, Theodor: Die Bürgerkorporation Riehen, in: z'Rieche, Jg. 6, 1966, S. 91–96.

Seckinger, Theodor: 75 Jahre Männerchor Riehen 1875–1970, Riehen 1970.

Seiler, Lukrezia: Die Zollfreistrasse. Ein Zwischenbericht, in: z'Rieche, Jg. 24, 1984, S. 139–149.

Seiler, Lukrezia: Als Riehen noch ein Bauerndorf war: Geschichten aus Riehen und Bettingen, aufgeschrieben nach Erzählungen, Aufzeichnungen und Gesprächen, in: z'Rieche, Jg. 35, 1995, S. 44–53.

Seiler, Lukrezia: Ein Buch und ein Dorf als Spiegelbild des tiefgreifenden Wandels, in: z'Rieche, Jg. 40, 2000, S. 4–7.

Seiler, Lukrezia: Ganz Frau, in: z'Rieche, Jg. 43, 2003, S. 109–119.

Seiler, Lukrezia: Geschichten von Flucht, Verweigerung und Hilfe, in: z'Rieche, Jg. 44, 2004, S. 30–45.

Seiler, Lukrezia: 150 Jahre Singen und Jubeln, in: z'Rieche, Jg. 46, 2006, S. 83–95.

Seiler, Lukrezia/Lachenmeier, Margrit: Frauen gemeinsam auf dem Weg, in: Suter, Stefan et al.: Menschen zur Gemeinschaft führen, 1899–1999. 100 Jahre katholische Kirche in Riehen und Bettingen, Riehen 1999. S. 80f.

Seiler, Lukrezia/Moser, Hans-Rudolf: Klima im Wandel: Die Launen des Wetters, in: z'Rieche, Jg. 40, 2000, S. 88–107.

Seiler, Lukrezia/Wacker, Jean-Claude: «Fast täglich kamen Flüchtlinge»: Riehen und Bettingen – zwei Schweizer Grenzdörfer in der Kriegszeit: Erinnerungen an die Jahre 1933–1948, Riehen 1996 [2. Aufl. 1997].

Siegfried, Paul: Die neuste Zeit (1815–1922), in: Iselin, Ludwig Emil: Geschichte des Dorfes Riehen, Basel 1923, S. 223–250.

Skulptur im 20. Jahrhundert. Ausstellung im Wenkenpark Riehen/Basel, Basel 1980.

Soiron, Rolf: Die Sozialaufgaben der Gemeinde Riehen, in: z'Rieche, Jg. 17, 1977, S. 19–29.

Soiron, Rolf: Schweizerkreuz und Christenkreuz. Zur Haltung der Riehener Zeitung im Zweiten Weltkrieg, in: z'Rieche, Jg. 18, 1978, S. 29–45.

Sollberger, Jürg: Der Park des Gemeindespitals, in: z'Rieche, Jg. 38, 1998, S. 37–41.

Spielmann, Matthias: Das Gemeindespital Riehen an der Schwelle zur Jahrtausendwende, in: z'Rieche, Jg. 38, S. 4–11.

Spriessler, Rolf: Zahlreiche erfolgreiche Sportler, in: Basellandschaftliche Zeitung, 8. August 2001.

Spriessler, Rolf: Mehr als bloss ein Sportverein, in: z'Rieche, Jg. 42, 2002, S. 113–117.

Spriessler, Rolf: Alte Bahn in neuem Kleid, in: z'Rieche, Jg. 43, 2003, S. 121–125.

Spriessler-Brander, Rolf: Sport ist gesund, der TV Riehen wird 125, in: z'Rieche, Jg. 47, 2007, S. 7–20.

Staehelin Ernst: Die Christentumsgesellschaft in der Zeit der Aufklärung und der beginnenden Erweckung. Texte aus Briefen, Protokollen und Publikationen, Basel 1970.

Steiner, Reto/Fiechter, Reto: Bevölkerungsbefragung 2005 in der Gemeinde Riehen (BS), KPM-Schriftenreihe, Nr. 7, Bern 2005.

Steiner, Reto et al: Zwischenevaluation des Reformprojekts PRIMA in Riehen (BS), KPM-Schriftenreihe, Nr. 8, Bern 2006.

Stohler, Hans: Riehens Banngrenze, in: z'Rieche, Jg. 1, 1961, S. 41–55.

Stohler, Hans: Die Basler Grenze, Basel 1964 (142. Neujahrsblatt der GGG).

Strahm-Lavanchy, Nicole: 100 Jahre Tram nach Riehen 1908–2008, Riehen 2008.

Strahm-Lavanchy, Nicole: 100 Jahre Tram nach Riehen, in: z'Rieche, Jg. 48, 2008, S. 57–65.

Stückelberger, Johannes: Die Kornfeldkirche in Riehen, Kanton Basel-Stadt, Bern 2004 (Schweizerische Kunstführer, Nr. 760).

Stückelberger-Preiswerk, Karl: Ein neues «Eben Ezer». Das Diakonissenhaus in seinem Werden und Wirken 1852–1927, Riehen 1927.

Südbeck-Baur, Wolf: Bewegte Geschichte, in: z'Rieche, Jg. 45, 2005, S. 105–111.

Suhr, Paul: Jugendzeit im Oberdorf. Aufgrund von Tonbandaufnahmen und mündlichen Erzählungen von Paul Suhr aufgezeichnet durch Lukrezia Seiler-Spiess, in: z'Rieche, Jg. 36, 1996, S. 40–47.

Sulzer, Hans: Landwirtschaftlicher Verein Riehen und Umgebung 1977, Riehen 1977.

Suter, Stefan: «Liebe Freunde und Nachbarn». Riehen und die Nachbargemeinde Stetten, in: z'Rieche, Jg. 26, 1986, S. 64–85.

Suter, Stefan: Hüter von Feld und Wald. Geschichte und Funktion der Bannwarte, in: z'Rieche, Jg. 29, 1989, S. 151–161.

Suter, Stefan: Kein Stein blieb auf dem andern: Riehener Steinbrüche und Kiesgruben, in: z'Rieche, Jg. 34, 1994, S. 85–97.

Suter, Stefan: Von der Landwirtschaft in die Fabrik, in: z'Rieche, Jg. 42, 2002, S. 63–71.

Suter, Stefan et al.: Menschen zur Gemeinschaft führen, 1899–1999. 100 Jahre katholische Kirche in Riehen und Bettingen, hg. von der Römisch-Katholischen Pfarrei St. Franziskus Riehen/Bettingen, Riehen 1999.

Tamm, Lisa: Wer betreut unsere Kranken ausserhalb des Spitals? in: z'Rieche, Jg. 13, 1973, S. 65–71.

Tamm, Nikolaus: Grünes Licht für die Rote Linie? in: z'Rieche, Jg. 41, 2001, S. 37–45.

Tanner, Carl: Vor Fufzig Johre. Dr Afang vo dr Riechemer Sekundarschuel, in: Basler Nachrichten, Nrn. 179–184, Juni 1923.

Thommen, Bruno: Aus der Geschichte der Riehener Feuerwehr, in: z'Rieche, Jg. 15, 1975, S. 43–57.

Thommen, David: Ein gerütteltes Mass an Innovation, in: z'Rieche, Jg. 41, 2001, S. 47–53.

Thommen, Peter: Die Kirchenburg von Riehen. Mit Beiträgen von Kurt Wechsler und Marcel Mundschin, Basel 1993 (Materialhefte zur Archäologie in Basel, Heft 5).

Tobler, Hansjörg: Die Gemeinde Riehen und ihre Selbständigkeit, in: z'Rieche, Jg. 7, 1967, S. 30–38.

Tschanz, Peter: 100 Jahre Feuerwehr Riehen, in: Riehener Zeitung, 7. September 1973.

Unter uns – Archäologie in Basel, hg. von der Archäologischen Bodenforschung Basel-Stadt und dem Historischen Museum Basel, Basel 2008.

Veiel, Friedrich: Pilgermission von St. Chrischona 1840–1940, Basel 1940.

Vischer, Georg: Steuern in Riehen, in: z'Rieche, Jg. 30, 1990, S. 54–61.

Vögelin, Hans Adolf: Das Riehener Fest 1923, in: z'Rieche, Jg. 11, 1971, S. 28–34.

Vögelin, Hans Adolf: Von der Französischen Revolution bis zur Gegenwart (1798–1970) in: Riehen. Geschichte eines Dorfes, hg. vom Gemeinderat Riehen, Riehen 1972, S. 319–410.

Vosseler, Paul: Gestalt und Bau der Landschaft, in: Riehen. Geschichte eines Dorfes, hg. vom Gemeinderat Riehen, Riehen 1972, S. 9–20.

Wackernagel, Rudolf: Wahinkhofen, Wenken, in: Anzeiger für schweizerische Geschichte, N.F. 19, 1888, S. 240–242.

Wackernagel, Rudolf: Geschichte des Wenkenhofs, in: Basler Jahrbuch, Jg. 46, 1926, S. 82–112.

Wälchi, Philipp: Riehen – eine besondere Gemeinde in einer Sandwichlage zwischen zwei Städten, in: Die Schweizer Gemeinde, Jg. 38, 2001, Nr. 10, S. 24 f.

Wehrlin, Rolf: Die Langen Erlen, in: z'Rieche, Jg. 3, 1963, S. 38–52.

Weissenberger, Fritz: Energiestadt Riehen: Ein Label, das verpflichtet, in: z'Rieche, Jg. 40, 2000, S. 30–39.

Weissenberger, Patrick: Die Evakuationsfrage in Basel, in: Guth, Nadja / Hunger, Bettina (Hg.): Réduit Basel 39–45. Katalog zur Ausstellung des Historischen Museums Basel in der Stückfärberei, Kleinhüningen, 4. November 1989 bis 28. Januar 1990, Basel 1989, S. 19–29.

Wenk-Löliger, Paul: Güter und Grenzsteine in und um Riehen, Riehen 1941.

Wenk, Peter: Die Gemeinde Riehen und ihre Stellung im Kanton Basel-Stadt, Diss. Basel 1951.

Wirz, Eduard: Die ersten Jahre der Sekundar-/Realschule Riehen. Notizen zur Riehener Schulgeschichte, Typoskript, o. O. 1955.

Wirz, Eduard: Unser Riehen, Riehen 1956.

Wirz, Eduard: 100 Jahre Liederkranz Riehen 1856–1956, Festschrift, Riehen 1956.

Wirz, Eduard: Das alte Gemeindehaus, in: z'Rieche, Jg. 1, 1961, S. 17–24.

Wirz, Eduard: Vor hundert Jahren: Riehen wird Eisenbahnstation, in: z'Rieche, Jg. 2, 1962, S. 25–30.

Wirz, Eduard: Alte Riehener Strassensorgen, in: z'Rieche, Jg. 3, 1963, S. 57–60.

Wolff, Madeleine von: Hilfe zur Selbsthilfe. Die Riehener Patengemeinden, in: z'Rieche, Jg. 31, 1991, S. 131–141.

Würsch-Suter, Ernst: Zur Geschichte des kantonalen Schulheims «Gute Herberge», in: z'Rieche, Jg. 21, 1981, S. 72–81.

Wüthrich, Dieter: Ein Hauch von Kaiseraugst: die Zollfreistrasse – das wohl am heftigsten umstrittene Strassenprojekt seit der Nordtangente, in: Basler Stadtbuch, Jg. 125, 2004, S. 40–43.

Wüthrich, Dieter: Eine Verbindung scheidet die Geister, in: z'Rieche, Jg. 44, 2004, S. 79–85.

Wullschleger, Max: Die Umfahrungsstrasse Riehen, in: z'Rieche, Jg. 3, 1963, S. 53–56.

Wunderlin, Dominik: Wein in Riehen, Wein um Basel. Kulturhistorischer Streifzug durch die Weinlandschaft im Dreiländereck, Riehen 1986.

Ziegler, Hilde: Während der Verlobung wirft einer einen Hering an die Decke. 198 Erinnerungen eines Kindes, Basel 1991.

Zinkernagel, Peter/Jaquet, Nicolas: Riehener Gewerbe einst und jetzt, in: z'Rieche, Jg. 31, 1991, S. 158–166.

Zinkernagel, Robert: Der Verkehrsverein Riehen, in: z'Rieche, Jg. 5, 1965, S. 68–76.

Zinkernagel, Robert: 50 Jahre Weiterer Gemeinderat der Einwohnergemeinde Riehen, in: z'Rieche, Jg. 14, 1974, S. 45–80.

Zirngibl, Gregory: 150 Jahre Sonderschulheim Zur Hoffnung, Festschrift, Riehen 2006.

z'Rieche (Untertitel 1961–1995: Ein heimatliches Jahrbuch, 1996–2000: Das Riehener Jahrbuch, seit 2001: Jahrbuch; gedrucktes Register 1961–1985), Riehen 1961 ff.

Zurfluh, Dominik: Riehen und seine Obstbäume, in: z'Rieche, Jg. 35, 1995, S. 55–63.

Literatur zu Nachbargemeinden und zu den Kantonen Basel-Stadt und Basel-Landschaft

Alioth, Martin/Barth, Ulrich/Huber, Dorothee: Basler Stadtgeschichte 2, vom Brückenschlag 1225 bis zur Gegenwart, Basel 1981.

Berner, Hans/Sieber-Lehmann, Claudius/Wichers, Hermann: Kleine Geschichte der Stadt Basel, Leinfelden-Echertdingen 2008.

Burckhardt, Lukas et al. (Hg.): Das politische System Basel-Stadt. Geschichte, Strukturen, Institutionen, Politikbereiche, Basel 1984.

Burckhardt, Paul: Geschichte der Stadt Basel von der Reformation bis zur Gegenwart, Basel 1942 [2. Aufl.: 1957].

Deisler, Otto: Inzlingen, Freiburg i. Br. 1958.

Deisler, Otto: Lörrach-Stetten, Lörrach 1963.

Eichenberger, Kurt et al. (Hg.): Handbuch des Staats- und Verwaltungsrecht des Kantons Basel-Stadt, Basel 1984.

Felder, Pierre: Der Kanton Basel-Stadt. Eine Einführung in Staat und Politik, Basel 1991.

Felder, Pierre/Gschwind, Eva: Grenzfall Basel-Stadt. Politik im Stadtkanton, Basel 2009.

Habicht, Peter: Basel – mittendrin am Rande. Eine Stadtgeschichte, Basel 2008.

Hugger, Paul: Kleinhüningen. Von der «Dorfidylle» zum Alltag eines Basler Industriequartiers, Basel 1984.

Iselin, Ludwig Emil: Geschichte des Dorfes Bettingen, revidiert und bis zur Gegenwart fortgeführt von Albert Bruckner, Basel 1963 [1. Aufl.: Basel 1913].

Kagerer, Raimund: Weil am Rhein, Konstanz 1991.

Kreis, Georg/Wartburg, Beat von (Hg.): Basel – Geschichte einer städtischen Gesellschaft, Basel 2000.

Lörrach – Landschaft, Geschichte, Kultur, hg. von der Stadt Lörrach, Lörrach 1983.

Moehring, Gerhard: Kleine Geschichte der Stadt Lörrach, Karlsruhe/Leinfeld-Echterdingen 2007.

Moehring, Markus: Lörrach und die Schweiz. Ergebnisse einer Ausstellung zur Lörracher Stadtgeschichte, Lörrach 1992.

Nah dran, weit weg. Geschichte des Kantons Basel-Landschaft, 6 Bde., Liestal 2001.

Ramseyer, Adolf: Basels Polizei im Wandel der Zeiten. Fragmente zur Geschichte des Basler Polizeiwesens, Basel 1955.

Raulf, Monika: Die Basler Primarschulen von 1880–1914. Eine Untersuchung des Schulbetriebs und der fürsorgerisch-pädagogischen Massnahmen, unveröffentlichte Lizentiatsarbeit, Universität Basel, 1993.

Richter, Erhard: Beiträge zur Geschichte von Grenzach-Wyhlen und Umgebung, Schopfheim 1999.

Roth, Dorothea: Zur Vorgeschichte der Liberal-konservativen Partei 1846–1874, in: Basler Zeitschrift für Geschichte und Altertumskunde, Jg. 68, 1968, S. 177–221.

Roth, Dorothea: Die Politik der Liberal-Konservativen in Basel 1875–1914, Basel 1988 (166. Neujahrsblatt der GGG).

Rüdisühli, Kaspar (Hg.): Heimatkunde Birsfelden. Festschrift zum hundertjährigen Bestehen der selbständigen Gemeinde Birsfelden, Liestal 1976.

Sarasin, Philipp: Stadt der Bürger. Struktureller Wandel und bürgerliche Lebenswelt, Basel 1870–1900, Basel/Frankfurt a. M. 1990 [2. überarbeitete Aufl.: Göttingen 1997].

Scarpatetti, Beat von et al. (Hg.): Binningen – die Geschichte, Liestal 2004.

Schülin, Fritz: Rötteln-Haagen. Beiträge zur Orts-, Landschafts- und Siedlungsgeschichte, (Lörrach-)Hagen 1965.

Schülin, Fritz: Haltingen 767–1967, (Weil am Rhein-)Haltingen 1967.

Schülin, Fritz: Brombach 786–1972, Brombach 1974.

Seiler, Lukrezia (Hg.): Was wird aus uns noch werden? Briefe der Lörracher Geschwister Grunkin aus dem Lager Gurs, 1940–1942, Zürich 2000.

Sepaintner, Fred Ludwig (Hg.): Weil am Rhein, Weil a. Rh. 1986.

Stiefvater, Hermann: Heimatbuch Inzlingen. Dokumente und Selbsterlebtes aus Vergangenheit und Gegenwart 1850–1989, hg. von der Gemeinde Inzlingen, Lörrach 1989.

Stolz, Peter: Stadtwirtschaft und Stadtentwicklung, Basel in den Jahrzehnten nach der Kantonstrennung (1833–1860), Basel 1979 (Basler Geographische Hefte 19).

Teuteberg, René: Basler Geschichte, 2. Aufl., Basel 1988 [1. Aufl.: 1986].

Tschamber, Karl: Chronik der Gemeinde Weil, Weil 1928.

Urkundenbuch der Stadt Basel, hg. von der historischen und antiquarischen Gesellschaft zu Basel, bearbeitet von Rudolf Wackernagel und Rudolf Thommen, 11 Bde., Basel 1890–1910.

Wackernagel, Rudolf: Geschichte der Stadt Basel, 3 Bde., Basel 1907–1924; Registerband Basel 1954.

Weil am Rhein 786–1986, Schopfheim 1986.

Sonstige Literatur und Nachschlagewerke

Blickle, Peter (Hg.): Landgemeinde und Stadtgemeinde in Mitteleuropa. Ein struktureller Vergleich, München 1991.

Forter, Martin: Farbenspiel. Ein Jahrhundert Umweltnutzung durch die Basler chemische Industrie, Zürich 2000.

Hagmann, Daniel: Grenzen der Heimat. Territoriale Identitäten im Laufental, Liestal 1998 (Quellen und Forschungen zur Geschichte und Landeskunde des Kantons Basel-Landschaft, Bd. 65; Diss. Basel).

Herzog, Eva: «Frisch, frank, fröhlich, frau» – Frauenturnen im Kanton Basel-Landschaft. Ein Beitrag zur Sozialgeschichte des Breitensports, Liestal 1995 (Diss. Basel).

Heyer, Hans-Rudolf: Historische Gärten der Schweiz. Die Entwicklung vom Mittelalter bis zur Gegenwart, Bern 1980.

Historisches Lexikon der Schweiz, hg. von der Stiftung Historisches Lexikon der Schweiz (HLS), Bd. 1 ff., Basel 2002 ff. [Online: http://www.hls-dhs-dss.ch].

Historisch-biographisches Lexikon der Schweiz, hg. unter der Leitung von Heinrich Türler, Marcel Godet und Victor Attinger, 7 Bde. und Supplementband, Neuenburg 1921–1934.

Interkantonales Walddauerbeobachtungsprogramm der Kantone AG, BL, BS, BE, SO, ZG, ZH, TG, FR und des BAFU. Bericht 2005, Institut für Angewandte Pflanzenbiologie, Schönenbuch, 8. Juni 2006.

Kaschuba, Wolfgang/Lipp, Carola (Hg.): Dörfliches Überleben. Zur Geschichte materieller und sozialer Reproduktion ländlicher Gesellschaft im 19. und frühen 20. Jahrhundert, Tübingen 1982.

Ladner, Andreas: Politische Gemeinden, kommunale Parteien und lokale Politik. Eine empirische Untersuchung in den Gemeinden der Schweiz, Zürich 1991.

Leitbild Fliessgewässer Schweiz. Für eine nachhaltige Gewässerpolitik, hg. vom Bundesamt für Wald und Landschaft, Bern 2003.

Lexikon der schweizerischen Gemeindenamen, Frauenfeld 2005.

Madörin, Tobias et al.: Gleichgesinnt. Der Verein – ein Zukunftsmodell, Zürich 2003.

Nawiasky, Hans et al. (Hg.): Die Gemeindeautonomie, Einsiedeln 1946 (Veröffentlichungen der Schweizerischen Verwaltungskurse an der Handels-Hochschule St. Gallen, Bd. 6).

Notter, Benedikt et al.: Ökomorphologischer Zustand der Schweizer Fliessgewässer: Zwischenauswertung aufgrund der Erhebungen aus 18 Kantonen, Bundesamt für Umwelt, Bern 2005.

Pledl, Wolfgang: Heimatgeschichte und Heimatforschung – Annäherungen an ein schwieriges Thema, in: Forum Heimatforschung. Ziele – Wege – Ergebnisse, Heft 1, 1996, S. 1–14.

Schöber, Peter: Kommunale Selbstverwaltung. Die Idee der modernen Gemeinde, Stuttgart 1991.

Wallner, Ernst M.: Die Rezeption stadtbürgerlichen Lebens durch die Bevölkerung auf dem Lande, in: Wiegelmann, Günter (Hg.): Kultureller Wandel im 19. Jahrhundert, Göttingen 1973.

Wernle, Paul: Der schweizerische Protestantismus in der Zeit der Helvetik 1798–1803, 2 Bde., Zürich/Leipzig 1938–1942.

Internet

Statistische Angaben stammen von der Homepage des Kantons Basel-Stadt (www.bs.ch), insbesondere vom Statistischen Amt (www.statistik-bs.ch) und von der Steuerverwaltung (www.steuerverwaltung.bs.ch).

Dokumente aus der Verwaltungstätigkeit der Riehener Gemeindebehörden sowie Unterlagen zur Arbeit des Einwohnerrates finden sich auf der Homepage der Gemeinde Riehen (www.riehen.ch).

Weitere Links zu Informationsquellen im Internet sind in den Endnoten der einzelnen Kapitel aufgeführt.

Personenregister

Abt, Otto (1903–1982) 306
A Porta, Gerda (1910–1992) 338
Arnold, Wilhelm Daniel (1810–1879) 319, 321
Arp, Jean (1886–1966) 285
Artaria, Paul (1892–1959) 100

Baier, Emil (1911–2000) 206
Baier, Karl (1908–1990) 206
Baier, Max (1916–1995) 206
Ballmann, Dieter (*1939) 288
Barth, Paul Basilius (1881–1955) 279
Baselitz, Georg (*1938) 274
Baumann, Jakob (1836–1905) 247
Berger-Frei, Paul (*1924) 227
Berri, Melchior (1801–1854) 45, 244
Beyeler, Ernst (*1921) 274, 276, 279
Beyeler, Hildy (1922–2008) 274, 279
Bindschedler, Trinette (1825–1879) 343
Bischoff, Familie 119
Blumer, Robert (*1948) 30
Bock, Hans (um 1550–1624) 21, 22, 109
Bonaparte, Napoleon (1769–1821) 362
Brancusi, Constantin (1876–1957) 285
Brändle, Fritz (1925–1944) 83
Bräuning, Franz (1888–1974) 115
Brefin, Karl (1880–1975) 252, 335
Bruckner, Albert (1904–1985) 18
Bruckner, Daniel (1707–1781) 14, 134
Büchel, Emanuel (1705–1775) 24
Bucher, Elisabeth (1887–1977) 317
Bucherer, Paul († 1621) 43
Bürgermeier, Christoph (*1954) 49
Bürgi, Bernhard (*1935) 257
Buser, Benjamin (1875–1876) 308, 335

Casè, Pierre (*1944) 348, 349
Cézanne, Paul (1839–1906) 274

Christen, Hans Rudolf (*1945) 20
Christo und Jeanne-Claude (*1935/1935–2009) 276, 364
Clavel-Respinger, Alexander (1883–1973) 229, 274
Clavel-Respinger, Fanny (1883–1967) 229

Delpy, Maya (*1946) 288
Dennler-Brack, Marie (1897–1976) 244
Dürig, Arthur (1903–1978) 115
Dürrenmatt, Friedrich (1921–1990) 288
Durrer, Heinz (*1936) 148

Eger, Familie 216
Eger, Simon (*1923) 163
Eichin, Bettina (*1942) 169
Eisinger-Flach, Friedrich (1835–1903) 347
Eisinger-Flach, Mina (1845–?) 347

Fischer-Schultheiss, Hans (1889–1969) 88, 118
Fischer-Burri, Irène (*1946) 49
Fischer, Kurt (1925–2007) 34
Fischer-Pachlatko, Willi (*1949) 49, 54, 118
Frey-Burckhardt, Jenny (1883–1968) 244
Frisch, Max (1911–1991) 288

Galler, Peter (*1941) 279
Geigy, Johann Rudolf (*1943) 274
Giacometti, Alberto (1901–1966) 287
Grunkin, Josef (1908–1945) 82
Grunkin, Marie (1913–1942) 82
Grunkin, Rosa: siehe Schäublin-Grunkin, Rosa

Habraken, Edith (*1965) 290
Hänggi, Leo (*1934) 163
Hanhart, Theophil (1914–1997) 340
Hauff, Günther (*1929) 340
Hebel, Johann Peter (1760–1826) 186

Herrliberger, David (1697–1777) 30
Hetzel-Zürcher, Wilhelm (1841–1930) 174
Heusler, Anna Katharina (1872–1957) 354
Heusler, Julie (1866–1940) 354
Heusser-Bachofner, Heinrich (1865–1921) 319
Hochhuth, Rolf (*1931) 277
Huber, Johann Rudolf (1766–1806) 294
Hügi-Seckinger, Anna (1909–2003) 316, 317
Hulliger, Paul (1887–1969) 282
Hünenberger, Fritz (1897–1976) 255

Iselin, Ludwig Emil (1861–1925) 14, 17, 18, 252, 267, 294, 335
Iselin-Löffler, Maria (*1946) 49, 59

Jeck, Lothar (1898–1983) 316
Joray-Muchenberger, Rose-Marie (*1929) 222
Jung, Carl Gustav (1794–1864) 321
Jung, Oskar (1925–2006) 86, 92

Kälin, Hans B. (*1931) 17
Kammerer, Karl (1897–?) 86
Kandinsky, Wassily (1866–1944) 274
Karl Friedrich, Markgraf von Baden-Durlach (1728–1811) 193
Kauer, Ernst (*1926) 84
Kauer, Hedwig (1924–?) 84, 90
Kaufmann, Gerhard (*1931) 38, 50, 54
Kettenacker, Ambrosius († 1541) 332
Kiefer, Anselm (*1945) 274
Klee, Paul (1879–1940) 274
Krattiger-Enzler, Hans (1914–1993) 48, 282, 295
Kron, Ernst (1894–1969) 88
Kuhn, Franz (*1932) 348, 350
Kurth, Liselotte (*1939) 317
Kurz, Jakob (*1951) 139

Le Grand, Abraham (1710–1773) 119
Le Grand, Emanuel (1746–1808) 119
Lehmann, Fritz (*1922) 294
Lengweiler, Hans (1892–1968) 267, 336
Linder, Johann Gottlieb (1842–1912) 252, 294, 335
Link, Simon (1812–?) 238
Locher, Gottfried (1911–1996) 339
Loetscher, Hugo (1929–2009) 296
Löliger, Anna (1877–1967) 77

Löliger, Niklaus (1814–1899) 267
Lüscher, Jean-Jacques (1884–1955) 279

Maring, Ludwig (1820–1893) 196
Martig, Michael (*1962) 49
Matisse, Henri (1869–1954) 274
Meckes, Wilhelm (1895–?) 86
Merian, Amadeus (1808–1889) 45
Metzger, Hans (1910–1976) 348
Meyel (Meigel), Balthasar (1527?–1606) 108
Meyer, Georg Friedrich (1645–1693) 21
Meyer, Jacob (1614–1678) 21, 24
Miescher, Paul (1849–1922) 195
Monet, Claude (1840–1926) 274
Moore, Henry (1898–1986) 285
Moosbrugger, Rudolf (*1923) 18, 166
Müller-Bühler, Elisabeth (1913–1985) 264
Müller, Rosmarie (1945–2002) 279

Napoleon: siehe Bonaparte
Nauman, Bruce (*1941) 285
Neukom, Heinrich (*1926) 80, 83, 86
Newman, Barnett (1905–1970) 274

Oeri, Albert (1875–1950) 86
Oppenheim, Dennis (*1938) 285

Panozzo, Giovanni (1909–1993) 49
Pedretti, Giuliano (*1924) 283
Picasso, Pablo (1881–1973) 274
Puorger, Mevina (*1956) 293

Raith-Bandle, Michael (1909–1944) 83
Raith, Michael (1944–2005) 6, 8, 17, 18, 20, 21, 54, 58, 132, 247, 251, 276, 286, 294, 295, 313
Renk, Hans (1903–1966) 295
Riehen, Edle von, Familie 18
Riehen, Gottfried von (erwähnt 1183) 18, 19
Rinklin-Thommen, Frieda (*1918) 85
Rinser, Luise (1911–2002) 296
Riocho 17
Rodin, Auguste (1840–1917) 285
Rothko, Mark (1903–1970) 274
Rothweiler, Hans-Rudolf (1920–1991) 340
Rüdin, Jakob (1501–1573) 108
Rütti, Heinz (*1949) 58

Ryhiner, Heinrich (ca. 1490–1553)　**108**

Sandreuter, Hans (1850–1901)　**279**
Sarasin, Familie　**119**
Sarasin-Bischoff, Theodor (1838–1909)　**338**
Schär-Seckinger, Margrit (1908–1997)　**14**
Schaubhut, Kurt (1913–2007)　**254**
Schäublin-Grunkin, Rosa (*1910)　**82**
Scherrer, Peter (*1941)　**139**
Schloss, Oskar (1881–1945)　**274**
Schlumpf, Emmy (1899–1986)　**315**
Schmid, Anna (1868–1936)　**303**
Schmid, Friedrich (1856–1917)　**76**
Schmid, Jürg (*1948)　**148**
Schmid Rosina (1875–1975)　**221**
Schmid, Rudolf (1911–1975)　**294**
Schmidt, Hans (1893–1972)　**100**
Schmocker, Alfred (*1912)　**86**
Schmutz-Rüegsegger, Marie (*1920)　**85**
Schmutz, Matthias (*1955)　**49**
Schubert-Vischer, Aletta (*1931)　**353**
Schudel, Familie　**292**
Schudel-Bleiker, Albert (1877–1941)　**292**
Schudel-Feibly, Albert (1910–2003)　**86, 292, 297**
Schuppli, Andreas (*1953)　**49**
Schuppli-Delpy, Christian (*1950)　**288**
Schuppli-Delpy, Maya: siehe Delpy, Maya
Schweitzer, Albert (1875–1991)　**296**
Schweizer, Marcel (*1960)　**49**
Schwörstadt, Anna (erwähnt 1274)　**109**
Seckinger, Theodor (1905–1991)　**32**
Seiler-Spiess, Lukrezia (*1934)　**295, 365**
Sen-Wenk, Elisabeth (1925–2002)　**296**
Siegfried, Philipp Jakob (1799–1862)　**28**
Späth-Schweizer, Gertrud (1908–1990)　**51**
Spescha, Arnold (*1941)　**293**
Spielmann, Matthias (*1962)　**65**
Spittler, Christian Friedrich (1782–1868)　**303, 319, 336, 342, 343**
Stickelberger, Familie　**215**
Stoecklin, Niklaus (1896–1982)　**277**
Stohler, Hans (1884–1963)　**28**
Strindberg, August (1849–1912)　**288**
Strub, Heiri (*1916)　**54**
Suhr, Paul (1910–2002)　**115, 120**

Tanner, Carl (1864–1927)　**307**
Tettamanti, Robert (1926–1996)　**83**
Thöni, Gion Peder (*1921)　**16**
Tinguely, Jean (1925–1991)　**285**

Unholz, Familie　**223**
Unholz, Heinrich (1809–1874)　**75**
Unholz-Müry, Johann Jakob (1764–1833)　**224**
Üsenberg-Waldeck, Edle von　**18**

Vetter, Jakob (1871–1918)　**335, 338**
Vögelin, Hans Adolf (1923–1999)　**303**

Wackernagel, Christof (*1951)　**277**
Waldeck, Waldo von (erwähnt 1113)　**17**
Wartenweiler, Hanny (*1922)　**338**
Weber, Bruno (†1963)　**221**
Weber-Stierlin, Ernst (1866–1930)　**218**
Weber, Omar (1903–1988)　**221**
Weisler-Friot, Peter (1671–1757)　**332**
Weissenberger-Meier, Fritz (1905–1994)　**51**
Weissenberger, Heinrich (1813–1857)　**259**
Wenk, Familie　**43, 44**
Wenk-Weber, Emma (1869–1943)　**123**
Wenk-Löliger, Flora (1901–1995)　**123**
Wenk-Madoery, Johannes (*1930)　**123, 295, 365**
Wenk, Lucas (1786–1859)　**246**
Wenk, Otto (1872–1935)　**161**
Wenk-Löliger, Paul (1900–1982)　**336, 365**
Wenk-Kuhn, Wolfgang (1906–1972)　**51, 204, 309**
Wenzler, Josef (1867–1939)　**347, 348**
Werner, Felix (*1961)　**236**
Wettstein, Johann Rudolf (1594–1666)　**362**
Widmer, Urs (*1938)　**296**
Wieser, Gottlob (1888–1973)　**339**
Wirz, Eduard (1891–1970)　**204**
Wullschleger, Max (1910–2004)　**164, 204**

Ziegler, Hilde (1939–1999)　**76**
Zinkernagel, Peter (*1942)　**223**
Zwingli, Huldrych (1484–1531)　**332**

Orts- und Sachregister

Nicht erfasst sind die geografischen Bezeichnungen Riehen, Basel, Basel-Stadt und Schweiz, die in allen Kapiteln mehrfach vorkommen.

Aachen 79
Aargau 266
Abfallentsorgung: siehe Deponien, Kehrichtabfuhr
Abwasser: siehe Kanalisation, Wasserverschmutzung
Ackerbau 42, 214
Ackerland 36, 42, 109, 216
Agent (Beamter) 44
Alexander Clavel-Stiftung 274
Alkoholkonsum 242
Allgemeiner Consum Verein (ACV): siehe Coop
Allmend 42, 62, 64, 107
Allschwil 160, 201, 232
Alphorn: siehe Regio-Alphorngruppe
Alte Kanzlei 45, 60, 64, 69, 244, 293, 308, 362
Altersheime 67, 105, 121, 327, 346, 355, 358; siehe auch Charmille, Dominikushaus, Haus zum Wendelin, Humanitas, Landpfrundhaus
Alterssiedlungen 67, 105, 364
Altersstruktur 16, 104, 106
Alterswohnungen 105, 121
Andreashaus 204, 329, 340, 341
Andreasverein 340
Antwerpen 255
Anzeige- und Verkehrsblatt für Riehen und Bettingen: siehe Riehener Zeitung
Apotheken 224
Arbeiter 75, 102, 112, 120, 121, 228, 251, 322, 339
Arbeiter-, Turn- und Sportverein SATUS 251
Arbeiter-Radfahrerverein ‹Solidarität› 251
Arbeiterverein: siehe Sozialdemokratische Partei
Arbeitsbeschaffungsmassnahmen 235
Arbeitslosenversicherung 232

Arbeitslosigkeit 235
Arbeitsrappen 235
Arena Literaturinitiative 277, 278, 293, 296
Arlesheim 232
Armengesetz 66
Armenschaffner 60
Armenverein 252
Armenwesen: siehe Sozialhilfe
Art Basel 274
Asylsuchende 346, 355–357; siehe auch Flüchtlinge
Atelier Theater Riehen 288, 364
Aubach 37, 120, 186, 189, 190, 197, 202, 206, 262
Aufforstung: siehe Waldpflege
Augst 93
Ausländeranteil 104
Ausserfeld 109
Auswanderung 214
Autal 132, 136, 148, 149, 193
Autobahn 158, 164, 182
Autobusse 37, 87, 162, 165, 170–172, 174
Autonomie: siehe Gemeindeautonomie
Autonomiekommission 58
Autonomieleitbild 58
Autorenabende Riehen 295

Bäckereien 212, 220
Baden (Land) 73–76, 79, 89, 91, 92, 98, 167, 193, 282
Badischer Bahnhof 158, 160
Bahndamm 146, 158, 170, 172
Bahnhof Basel SBB 98, 160, 172
Bahnhof Riehen 75, 158, 159, 171, 176, 218
Bann: siehe Kirchenbann
Bannbrüder: siehe Kirchenbann
Bannritt 32
Banntag 30–33, 72, 270

Bannwart 216, 262
Basare 245, 247, 270, 352, 354, 355
Basel-Landschaft (Kanton) 34, 36, 57, 266, 270
Basler Freizeitaktion (BFA) 262
Basler Verkehrsbetriebe (BVB) 87
BastA! 53
Bau- und Planungsgesetz 116
Bauboom 14, 111, 112, 114
Bauern: siehe Landwirtschaft
Bauernhäuser 102, 103, 117, 118, 120;
    siehe auch Dreisässenhäuser, Taunerhäuser
Baufirmen, Baugewerbe 217, 220
Bauland 109, 112, 114, 116, 121, 152, 153, 223
Bäumlihof 28, 29, 131, 134, 135, 140, 153, 164, 274
Bauprojekte (nicht realisierte) 110, 115, 153
Bauzone 116, 117, 140, 143, 153
Bebauungsplan 109
Bedienstete: siehe Dienstpersonal
Begegnungszentrum FEG Riehen 329, 337
Belfort 85
Beraine 102
Berowergut 140, 274–276, 279, 282, 286
Berufsfischer: siehe Fischerei
Besitzer (Riehens) 18, 21, 42, 362
Bettingen 29, 34, 35, 42–44, 46, 57–59, 61, 63, 64,
    66, 69, 80, 82, 83, 85, 114, 129, 130, 134, 142,
    147, 162, 196, 201, 231, 252, 253, 302–304,
    308, 312, 314, 317, 329, 332, 364
Bettingerbach 186, 197
Bevölkerungsentwicklung: siehe Einwohnerzahl
Bezirk: siehe Landbezirk
Bezirksschreiber 45, 46
Bezirksstatthalter 44–46
Bibliothek: siehe Gemeindebibliothek, Patienten-
    bibliothek
Binningen 161, 196, 201, 232, 297
biologische Landwirtschaft 134
Biotope 127, 128, 132, 148
Biovergärungsanlage Pratteln 205
Birsfelden 34, 36, 128, 200, 201, 232
Bischof von Basel 42, 362
Bischoffhöhe 110, 114
Blockzeiten 318
Bogenschützen Juventas Basel 258
Bosenhalde 110

Bottmingen 171, 201
Brauchtum 32, 241, 267, 270; siehe auch Banntag,
    Fasnacht, Miesme, Scheibenschlagen, Würstlisinge
Britzigerberg, Britzigerwald 69, 128, 362
Brockenstuben 245, 352, 354
Brombach 76
Bronzezeit 362
Brügge 79
Brunnen 120, 140, 169, 193, 195, 199
Bruno Weber & Sohn 221
Bundespolizei 83, 86
Bundesverfassung 45, 63, 302, 333, 335
Buntsandstein 128
Bürger- und Gewerbepartei (BGP) 52, 53
Bürgergemeinde der Stadt Basel 107
Bürgergemeinde Bettingen 107
Bürgergemeinde Riehen 45–47, 50–52, 61, 66, 67,
    107, 130, 206, 292, 364
Bürgerinnenkorporation 364
Bürgerkorporation 32, 33, 363
Bürgerliche Vereinigung Riehen 53
Bürgerrat 47, 50, 51
Bürgerratspräsident 50, 51
Bürgerrecht 42, 50
Bürgerversammlung 18, 46, 50, 51
Burgstrasseschulhaus 308, 309, 314, 316, 317, 320
Busse: siehe Autobusse

Cagliostro-Pavillon 117
Charmille, La 328, 355
Chopper 362
Chrischona: siehe St. Chrischona
Chrischonabahn (Projekt) 174
Chrischonalauf 256
Christentumsgesellschaft: siehe Deutsche Christen-
    tumsgesellschaft
Christkatholiken 328, 335
Christlichdemokratische Volkspartei (CVP) 53, 114
Christlicher Verein Junger Männer (CVJM) 54, 246,
    247, 251, 338, 339
Chropf 317
Chropfclique 270
Ciba 216
Clubhaus Landauer 264
Compagnie Foncière et Immobilière 110

Coop 216, 220, 224, 227
Csíkszereda: siehe Miercurea Ciuc
CVJM-Haus zum Kornfeld 339

Damenturnverein: siehe Turnerinnen Riehen
Demokratisch-Soziale Partei (DSP) 53
Denkmalschutz 333
Deponien 204–207
Deputatenschule 302, 305
Detachement Riehen 85, 88
Detailhandel 217, 220, 223–227
Deutsche Christentumsgesellschaft 336, 342, 343
Deutsches Reich, Deutschland 28, 36, 37, 73, 76, 78–80, 83, 88, 89, 92, 104, 147, 182, 205, 210, 218, 221, 228, 230, 363
Diakonissenanstalt, Diakonissenhaus 54, 65, 78, 108, 119, 140, 144, 202, 218, 303, 318, 319, 322, 323, 329, 335, 342–346, 352, 355, 356, 363
Diakonissenspital 65, 202, 235, 342, 343, 346, 363, 364
Dialekt 74
Dienstboten: siehe Dienstpersonal
Dienstleistungssektor 213, 217
Dienstmädchen: siehe Dienstpersonal
Dienstpersonal 229, 230, 244, 347
Dinkelberg 128, 129
Distriktsstatthalter 44
Dokumentationsstelle Riehen 292–294, 365
Dominikushaus 347, 350
Dorfetter: siehe Etter
Dorffest 244, 267, 269
Dorfhebamme 43
Dorfkern 14, 37, 64, 74, 76, 82, 109, 111, 114, 134, 136, 138, 142, 156, 158, 161, 164, 170, 176, 195, 208, 209, 227, 231, 237, 242, 266, 267, 294, 340, 355
Dorfkino: siehe Kino
Dorfkirche St. Martin 14, 37, 136, 160, 176, 182, 242, 321, 329, 332–334, 338, 339, 346, 348, 362
Dorfmuseum: siehe Spielzeugmuseum, Dorf- und Rebbaumuseum
Dorfwache 64, 160
Dornach 128
Dörranlage 136

Drei König (Wirtshaus) 242
Dreifelderwirtschaft 109
Dreisässenhäuser 117
Dreissigjähriger Krieg 74, 214
Dritte-Welt-Laden 204
Düngung 193, 202, 205
Durchgangsverkehr 121, 156, 157, 162, 164–168, 170, 171, 176, 178, 231

Eccola 321
Eheschliessungen 36, 74
Ehrendamen, Ehrenjungfrauen 252, 253
Einbürgerung: siehe Bürgerrecht
Einfamilienhäuser 115, 119, 142, 227
Eingabe der 200 88
Eingemeindungsdebatte 55, 56
Einkaufs- und Rabattvereinigung Liga 224
Einkaufstourismus 74, 92, 93, 95, 227
Einkommenssteuer: siehe Gemeindesteuer
Einwohnergemeinde 44–47, 50, 52, 57, 59, 107, 193, 206, 214, 217, 242, 245, 254, 255, 258, 264–266, 273–275, 278, 279, 282, 286, 290, 292, 294, 303, 319, 321, 364
Einwohnerrat 46–48, 54, 61, 62, 65, 112, 152, 178, 206, 236, 255, 266, 276–279, 286, 294, 295, 329, 363
Einwohnerzahl 14, 16, 47, 102, 103, 170, 364
Eisenbahn 38, 128, 142, 158, 159, 161, 167, 171
Eiserne Hand: siehe Maienbühl
Eisweiher 128, 148
Elbs-Birrsches Landhaus 117, 119, 318, 346
Elektrizität 55, 174, 185, 208, 363
Elsass 73, 74, 76, 89, 92, 98, 282
Energieleitbild 208
Energieversorgung 208–210; siehe auch Elektrizität, Gasversorgung, Geothermieanlage
Entwässerungsplan 202
Erdbeben 333
Erdrutsche 21, 24, 132, 362
Erdwärme: siehe Geothermieanlage
Erlenpumpwerk 193, 195–197, 199, 258
Erlensträsschenschulhaus 83, 305, 306, 308, 309, 311, 312, 314, 315, 317, 320
Ernst Weber (Firma) 218, 219
Erster Weltkrieg 36, 73, 76–78, 86, 158, 160, 228, 292, 363

Erziehungsrat 302
Etter 109
Europäische Union 69, 93
European Energy Award 8, 208
Evangelische Allianz 329
Evangelische Stadtmission 264, 329, 337, 338
Evangelische Volkspartei (EVP) 52–54, 114, 166, 292, 329

Fabrikarbeiter: siehe Arbeiter
Fabriken 218, 228
Familiengärten 14, 116, 140, 142, 143
Faschinen 186
Fasnacht 247, 270; siehe auch Chropfclique, Landigugge
Fasnachtsfeuer 267
FC Amicitia 251, 254
FC Riehen 251
Feldberg 186
Feldschützen 246
Feldwege: siehe Fusswege
Fernheizung 208
Fernsehen 69
Feuerwehr 43, 64
Figurentheater Vagabu 288
FigurenTheaterFestival Basel 290
Finanzausgleich 59
Finnenbahn 258
Fischerei 189, 200, 201
Fischerhus 354, 356
Fischerverein Bann Riehen 200
Fischsterben 200
Fischzucht 200
Flüchtlinge 37, 73, 80, 82, 83
Flurnamen 17, 193
Flurzwang 109
Flusskorrektion: siehe Gewässerkorrektion
Folkfestival Basel 290, 291
Fondation Beyeler 140, 217, 272–275, 277–279, 282, 286, 287, 364
Forstgesetz 130
Fotovoltaikanlagen 209
Frankreich 80, 92, 221
Frauenbibliothek Riehen 296
Frauenstimmrecht 46, 47, 51, 335, 364

Frauenverein Albert Schweitzer 355
Frauenverein Riehen 246, 247, 252, 323, 327, 352–354
Frauenvereinigung St. Franziskus 247, 355
Freiburg im Breisgau 18
Freie Evangelische Gemeinde (FEG) 247, 329, 332, 335–338
Freie Evangelisch-Theologische Akademie (FETA): siehe Staatsunabhängige Theologische Hochschule Basel
Freikirchen 328, 329; siehe auch Freie Evangelische Gemeinde
Freisinnig-Demokratische Partei (FDP) 52, 53
Freiwillige Zwangsarbeitsanstalt 342
Freizeitaktion Riehen Süd (FARS) 264
Freizeitwerkstätte 262
Freizeitzentrum Landauer 36, 114, 209, 263–265, 288, 327, 338, 364
Friedhof am Hörnli 114, 128, 141, 154, 162, 279, 363
Friedhöfe: siehe Friedhof am Hörnli, Gottesacker im Grienboden, Gottesacker Mohrhaldenstrasse
Friedhofskapelle Mohrhaldenstrasse 347
Fron 42, 43
Fürsorge: siehe Sozialhilfe
Fürsorgegesetz 66
Fussball 245; siehe auch FC Amicitia, FC Riehen
Fussgängerzone 176, 226
Fusswege 37, 79, 98, 160, 161, 170, 175, 235, 258

Gärten 109, 117, 119, 126, 127, 140, 142, 162; siehe auch Familiengärten und Parkanlagen
Gärtnereien 115, 136, 137, 214, 220, 221, 223; siehe auch Gemeindegärtnerei
Gas- und Wasserwerk: siehe Industrielle Werke Basel (IWB)
Gasversorgung 120, 208, 363
Gastgewerbe 217; siehe auch Wirtshäuser
Gasthäuser: siehe Wirtshäuser
Gehörlosen- und Sprachheilschule Riehen 140, 176, 242, 262, 319, 321, 327, 342, 363
Gehrhalde 124
Geigy (Firma) 37, 79, 201
Gemeindeangestellte 60, 61, 163
Gemeindearchiv: siehe Dokumentationsstelle Riehen

Gemeindeautonomie 9, 34, 41–43, 46, 55–59, 276, 292, 301, 303–305
Gemeindebehörden: siehe Gemeinderat, Einwohnerrat
Gemeindebibliothek 61, 68, 69
Gemeindefläche 14
Gemeindegärtnerei 60, 64, 65, 142, 144, 204
Gemeindegesetz 45, 46, 50, 59, 363
Gemeindegrenze 13, 21–24, 28, 29, 32, 34, 36, 72–98, 186, 200; siehe auch Kantonsgrenze, Landesgrenze
Gemeindehaus 14, 40, 43, 49, 64, 67, 176, 177, 243, 244, 279, 282, 283, 294, 317, 321, 354, 362, 364; siehe auch Alte Kanzlei
Gemeindehelfer 60
Gemeindekanzlei: siehe Gemeindeverwaltung
Gemeindekassier 60
Gemeindekreise 329, 358
Gemeindeparlament: siehe Einwohnerrat
Gemeindepersonal: siehe Gemeindeangestellte
Gemeindepräsident 44, 47, 49–51, 54, 75, 309, 313, 329
Gemeinderat 16, 18, 44, 47, 49, 50, 54, 55, 58, 59, 61, 62, 65, 66, 114, 115, 138, 148, 153, 164, 166–168, 170, 172, 176, 178, 189, 202, 208, 218, 223, 235, 251, 255, 266, 277, 283, 292, 297, 309
Gemeindeschreiber 60
Gemeindeschulen 108, 362
Gemeindeschwestern 327, 352, 354
Gemeindespital 58, 61, 65, 66, 327, 346, 364
Gemeindesteuer 55–58, 223, 363
Gemeindeversammlung 202
Gemeindeverwalter 49
Gemeindeverwaltung 19, 60–62, 66, 76, 204, 235, 244, 278, 279, 292, 294, 295
Gemeinnütziger Frauenverein: siehe Verein Spitex Riehen-Bettingen
Genisstgericht 333
Genossenschaftssiedlungen: siehe Wohngenossenschaften
Geologie 129, 131
Geothermieanlage 208–210, 364
Gerichte 42, 46, 243
Gescheid 24, 32
Geschichtsschreibung 8, 13, 14, 17, 275, 294, 295

Geschworene 42, 43
Gesundheitswesen 61, 65, 217
Gesundheitszentrum 65, 364
Getreideanbau 109, 134, 214, 216
Gewässerkorrektion 186; siehe auch Wiesenkorrektion
Gewässerschutz 201, 206
Gewässerschutzgesetz 202
Gewerbeausstellungen 222, 224
Gewerbebetriebe 205, 214, 215, 217, 220–223
Gewerbehaus 222
Gewerbekanäle: siehe Mühleteich, Riehenteich
Glaubensfreiheit 333, 335
Glögglihof 117, 140
Go-In 354
Gottesacker im Grienboden 347, 363
Gottesacker Mohrhaldenstrasse 141, 347, 362
Grendelmatte 193, 209, 254, 257, 258, 363
Grenzach 14, 37, 201, 332
Grenzach-Wyhlen 34, 36; siehe auch Grenzach und Wyhlen
Grenzacherhorn 74, 75
Grenzgänger 74, 92, 95, 228, 230
Grenzpolizei 23, 80, 83, 91
Grenzschliessung 37, 76, 80, 363
Grenzsteine 21–24, 79, 80, 95, 96
Grenzübergänge 77–79, 84, 85, 93
Grenzverkehr 73, 74, 76, 78, 79, 91–93, 218
Grenzverschiebungen 28, 29
Grenzwachtkorps 76, 93
Grenzwachtregion Basel 93
Grossbritannien 104
Grosser Rat (Basel-Stadt) 44, 52, 88, 114, 116, 196, 199, 204, 303, 304, 308, 309
Grossgemeinschafts-Antennenanlage (GGA) 69
Grünanlagen: siehe Parkanlagen
Grundbuch 24, 46
Grundeigentum 106–108, 130, 153
Grundwasser 136, 143, 186, 195–199, 201, 208
Grundwasserschutz 108, 134, 135, 148, 164, 168, 197–200, 223, 254
Grüne Partei 53
Grünzone 114, 116, 126, 128
Gstaltenrain 110
Gute Herberge (Sonderschulheim) 319, 321
Gymnasien 307, 308, 312
Gymnasium Bäumlihof 129, 172, 308

Haagen 76
Habermatten 112, 116, 134, 164, 171, 178, 309
Hackberg 78, 110, 214
Handels- und Gewerbefreiheit 220, 265
Handels- und Gewerbeverein Riehen (HGR) 223, 224
Handwerker: siehe Gewerbebetriebe
Hardwald 130, 199
Hauingen 76
Haus der Vereine: siehe Alte Kanzlei
Haus Schaeffer 100
Haus zum Wendelin 67, 105, 350
Hausarbeitsverein 354
Hausfrauen, Hausmänner 224, 233, 234
Haushaltcenter Wenk 223–225
Hauskreise 329
Hausnummerierung 363
Hauspflegeverein: siehe Verein Spitex Riehen-Bettingen
Hebelschulhaus 16, 209, 311–314
Hebeltag 87, 89, 92
Heimbund Riehen 355
Heimstättengenossenschaft Gartenfreund 110, 112, 147, 308, 363
Helmut Förnbacher Company 288
Helvetische Republik 44, 46, 333, 362
Herberge, Gute: siehe Gute Herberge
Herrnhuter Brüdergemeine 338
Herz-Jesu-Kapelle 347, 350
HillChill 265, 288, 289
Hinter Gärten (Schulhaus) 254, 300, 312–314
Hinterengeli 362
Hirten 43
Hirzenpavillon 274
Historisches Grundbuch Riehen 292–294, 365
Hochbautengesetz 109
Hochhäuser (geplante) 114, 153
Hochwasser 143, 186, 187, 189
Hochwasserschutz 143, 186
Hoffmann-La Roche (Firma) 37
Hölstein 85
Holzheizkraftwerk Basel 130
Holzschnitzelheizungen 130, 209
Horngraben 80, 128, 148
Hörnli 110, 112, 174
Hülfsverein 252

Humanitas (Alters- und Pflegeheim) 121, 355
Hygienebewegung 316, 317

Identität, Riehener 14–17, 30, 32, 33, 276
IG Riehener Schützen 258
IG Riehener Sportvereine (IGRS) 222, 254
IG Velo: siehe Pro Velo
Immenbach 186, 197
Immobilienfonds 108
Indiennefabriken 102
Industrialisierung 102, 158, 228, 241, 242
Industrielle Werke Basel (IWB) 189, 193, 195, 199, 208
Infothek 244
Initiativen 47, 65, 152, 153, 166, 178
Interessengemeinschaft Riehen (IGR) 222
Inzlingen 18, 34, 37, 38, 74, 172, 200, 201, 206, 332, 347
Inzlingerpark (Wohnüberbauung) 110, 335
Iselin-Weber-Gut 140
Isteiner Klotz 79
Italien 104

Jagd 22
Jubiläumsfeiern 56, 253, 267, 275, 363
Juden 80, 82, 83, 328, 355
Jugendarbeit 262, 264–266
Jünglingsverein: siehe Christlicher Verein Junger Männer
Jura 129

Kaleidoskop 296
Kanalisation 55, 185, 196, 201–203, 209, 363
Kantonalkirchen 107, 327, 328, 350, 358
Kantonsgrenze 28, 36, 73, 200, 201
Kantonsparlament: siehe Grosser Rat
Kantonsregierung: siehe Regierungsrat
Kantonsspital 65
Kantonstrennung 44, 46, 67, 362
Kantonsverfassungen 44–46, 50, 58, 59, 246, 364
Kanzlei, Alte: siehe Alte Kanzlei
Karlsruhe 164
Katholiken 36, 247, 328, 347–350, 355, 358; siehe auch Pfarrei St. Franziskus
Katholische Volkspartei (KVP): siehe Christlich-demokratische Volkspartei (CVP)

Katzenmuseum   275, 279
Kaufkraft   224
Kehrichtabfuhr   34, 37, 61, 204, 205, 363
Kehrichtverbrennungsanlage   205
Kiesgruben   128, 204, 264
Kilchgrund   214
Kindererziehung   234
Kinderfähre   352
Kindergärten   58, 61, 217, 270, 301, 304, 305, 314, 364; siehe auch Kleinkinderschule
Kinderheime   321, 323
Kinderkleiderbörse   352, 353
Kinderkrippen   321, 322, 324
Kino   153, 273, 297, 298; siehe auch Verein Dorfkino Riehen
Kirchenbann   42, 332, 333, 335
Kirchenburg   8, 108, 333, 362
Kirchenchor St. Franziskus   247, 347
Kirchenglocken   38, 326, 333, 339, 348, 349, 362
Kirchenordnung   335
Kirchensteuer   347, 358
Kirchensynode   335, 339, 341
Kirchenvorstand   335, 342
Kirchgemeinde Riehen-Bettingen, reformierte   34, 45, 142, 329, 355, 358
Kirchgemeinden: siehe Kirchgemeinde Riehen-Bettingen, Pfarrei St. Franziskus
Kirschen   129, 135–137
Kläranlagen   201, 203
Kleinbasel   34, 112, 189, 192, 193, 258, 308, 309, 358
Kleinbauern: siehe Tauner
Kleinbauernhäuser: siehe Taunerhäuser
Kleinfamilie   120
Kleinhüningen   34, 44, 55, 102, 112, 162, 189, 200, 302
Kleinkinderschule 303, 308, 363
Klima   129, 131, 134, 136
Klösterli   108, 342, 346
Koechlin (Firma)   228
Kommission für Bildende Kunst   275, 282, 282
Kommunistische Partei   53, 55, 56
Kommunität Diakonissenhaus Riehen: siehe Diakonissenanstalt Riehen
Kompostierungsanlage Maienbühl   206, 207

Konfessionen   328, 329
Konkurs- und Gantwesen   46
Konzerte 273, 274, 288–291; siehe auch Rockkonzerte
Kornfeld   114
Kornfeldkirche   326, 339, 340, 355, 364
Kraftsportverein Riehen   255
Krankenpflegeverein: siehe Verein Spitex Riehen-Bettingen
Krankenversicherungsgesetz   65
Kropf   317, 342
Kultur am Schlipf   278
Kulturbüro   278
Kulturförderpreis   274
Kulturförderung   61, 275
Kulturpreis   275, 295
Kultusverein Riehen: siehe Pfarrei St. Franziskus
Kunst in Riehen (Kommission)   278, 290, 291
Kunst Raum Riehen   282, 364
Künstlerateliers   275
Kurhaus Bad   259

Landarmenhaus: siehe Landpfrundhaus
Landauer   28, 29, 164; siehe auch Clubhaus Landauer, Freizeitzentrum Landauer, Landauerkolonie
Landauerkapelle   329, 337, 338
Landauerkolonie   28, 29
Landbezirk   44, 46
Landesgrenze   8, 13, 21–24, 28, 30, 36–38, 73–98, 147, 160, 178, 201, 206, 210, 227
Landesring der Unabhängigen (LdU)   53
Landgasthof   14, 64, 140, 242, 279, 290, 291, 364
Landgüter   8, 108, 109, 117, 119, 120, 140, 274, 275, 362
Landigugge   270
Landpfrundhaus   67, 103, 107, 355, 362
Landschaftspark Wiese   98, 126, 147
Landsitze: siehe Landgüter
Landvermesser   23, 24
Landvogt   42, 362
Landwirtschaft   15, 22, 36, 42, 61, 64, 76, 80, 85, 117, 118, 126, 131–138, 140, 147, 193–195, 199, 214, 216, 217, 223
Landwirtschaftlicher Verein   246, 266
Lange Erlen   29, 78, 82, 83, 126, 129, 130, 132, 141,

143, 147, 164, 195, 196, 198, 199, 208;
siehe auch Landschaftspark Wiese
Langoldshalde **116, 153**
Langzeitarbeitslose **235**
Lebensqualität **216**
Le Grand-Gut **119**
Lehrlingsheim **118**
Lehrtöchterheim **352**
Leibeigenschaft **41, 42, 362**
Leistungsauftrag **48, 62**
Leitbild 2000–2015 **102, 152, 153, 216, 223**
Leitung Gemeindeschulen **306, 318**
Leseverein Riehen **69**
Liberal-Demokratische Partei (LDP) **53, 54, 178**
Liederkranz **246, 248, 252**
Liestal **305**
Lohen **23, 24**
Lörrach **34, 37, 38, 76–80, 82, 83, 85, 87, 89, 90, 92, 98, 160, 164, 167, 168, 172, 182, 195, 200, 201, 206, 210, 214, 228, 332, 364;**
siehe auch Brombach, Haagen, Hauingen, Stetten, Tüllingen, Tumringen
Löschwesen: siehe Feuerwehr

Madrid **274**
Maienbühl **18, 37, 64, 80, 81, 95, 128, 138, 204–207, 342**
Maienbühlhof **80, 84, 85, 90, 134, 135**
Majorz **50**
Mandolinenverein **251**
Männerchor **246, 248**
Männerverein Riehen: siehe Christlicher Verein Junger Männer (CVJM)
Marksteine: siehe Grenzsteine
Marthaschule **346**
Maschinenbau **217**
Mattenhof **134, 199**
Mediation **44, 46, 362**
Meet-In **348, 350**
Mehrfamilienhäuser **101, 102, 113, 118**
Meierhof **18, 43, 341**
Metallverarbeitung **217**
Miercurea Ciuc **67**
Miesme **267**
Mietwohnungen **103, 112**

Migros **220, 224**
Militär **76, 79, 80, 84**
Missionsdominikanerinnen von der Heiligen Katharina von Siena **350**
Mittelalter **17, 18, 41, 128, 186, 189, 214, 258, 333**
Mittelfeld **109, 116, 152, 153**
Mittelstands- und Gewerbepartei (BMG): siehe Bürger- und Gewerbepartei (BGP)
Mohrhalde **110**
Moosrain **346**
Moostal **116, 127, 152, 153, 193**
Mosterei **136**
Mühlen **189, 192, 218**
Mühleteich, Riehener **132, 189, 193, 197, 200, 221**
Münchenstein **232**
Munizipalität **44**
Museen: siehe Fondation Beyeler, Katzenmuseum, Sammlung Friedhof Hörnli; Spielzeugmuseum, Dorf- und Rebbaumuseum **64, 117, 137, 244, 275, 282, 364**
Musik-Orientierungsschule **318**
Musikschule Riehen **58, 61, 64, 117, 144, 290, 318, 319, 364**
Musikschule ton-in-ton **290**
Musikverein Riehen **246, 248, 251, 252, 267**
Muslime **328**
Mutten **67**
Muttenz **36, 130, 161, 223, 232**
Mütterverein: siehe Frauenvereinigung St. Franziskus

Nationalsozialismus **38, 79, 86–88, 230, 292, 355**
Naturbad (Projekt) **259**
Natureisbahn **258, 261**
Naturschutz **61, 127, 128, 147–149, 168, 189**
Nazi-Sympathisanten **86**
Negerdörfli **112**
Neues Bauen **100**
New Public Management **62**
Nichterwerbspersonen **232–234**
Niederholzboden **115**
Niederholzpartei **53, 112**
Niederholzquartier **114, 166, 227, 245, 264, 309, 324, 332, 340**
Niederholzschulhaus **209, 254, 279, 306, 309, 311, 314, 320, 363**

Niederlassungsfreiheit 44, 45
Nikodemus (Jugendgruppe) 341
NOKE 59, 303
Notwohnungen 121, 264

Oberdorf 109, 115
Oberfeld 109
Obervogt: siehe Landvogt
Oberwil 201
Obstbau 14, 15, 127, 129, 135–137, 149, 152;
  siehe auch Kirschen
Ochsen (Wirtshaus) 161, 242, 243
Offene Tür (OT) 118, 352, 354
Öffentlicher Grundbesitz: siehe Allmend
Öffentlicher Verkehr 106, 116, 157, 170–172
Ökologie: siehe Naturschutz
Ökozentrum Langenbruck 204
Ökumene 350, 351
Opernfestival St. Moritz 290
Ordensschwestern: siehe Missionsdominikanerinnen
  von der Heiligen Katharina von Siena
Orientierungsschule (OS) 307, 311, 312, 313
Ortsbildschutz 116
Ortsplan 21, 22, 24, 35

Papier-, Verlags-, Druckgewerbe 217
Paris 221
Parkanlagen 61, 64, 117, 127, 140–143, 195, 229
Parkhäuser: siehe Tiefgaragen
Parkplätze 171, 176–178, 227, 236
Parlament: siehe Grosser Rat, Einwohnerrat
Partei der Arbeit (PdA) 53, 54
Patientenbibliothek 352
Pendler 228, 230, 231; siehe auch Grenzgänger
Pensionierte: siehe Rentner
Pfadfinder 251, 262
Pfaffenloh 138, 329, 348
Pfarrei St. Franziskus 34, 329, 347–350, 355, 358
Pfarreiheim (katholisches) 348–350
Pflanzenwelt 127, 131, 148, 186
Pflanzlandpächter 143, 147
Pflanzlandstiftung 143
Pflegeheime: siehe Altersheime
Pietismus 327, 332, 336, 340
Pilgermission St. Chrischona 329, 338, 342

Politikbereiche 61, 62
Politikplan 62
Polizei 16, 60, 63, 64, 86, 168
Polizeiposten 64, 69, 83, 86, 243
Pop Dance 350
Posaunenchor 338
Post, Postamt 107, 159, 160, 363
Postkutsche 160
Pratteln 205
Prima (Gemeindereform) 62
Primarschule 59, 61, 217, 270, 301, 303, 305, 307,
  312–314, 317, 364
Primarschulpavillon Steingrubenweg 312
Proporz 48, 54
Pro Specie Rara 149, 152
Protestanten 246, 247, 328, 332–341
Pro Velo 172, 174
Publikumsdienste 61, 62

Quartiere 109, 114–115, 162, 178;
  siehe auch Bischoffhöhe, Kornfeld, Moos,
  Niederholz, Pfaffenloh und Stettenfeld
Quartiervereine 114, 245, 246
Quellen 132, 193, 206
Quer durch Riehen (Stafettenlauf) 254, 256

Radio 69, 86
Rauracherzentrum 69, 114, 227, 364
Realschule 307, 311
Rebbau 14, 16, 21, 38, 129, 132, 134, 137–139,
  214, 216, 222
Rebbaumuseum: siehe Spielzeugmuseum,
  Dorf- und Rebbaumuseum
Rechtsradikalismus 266
Recycling 204
Referenden 47, 176, 276, 277, 303, 304
Reformation 332, 347, 362
Reformierter Frauenverein: siehe Frauenverein Riehen
Regierungsrat (Basel-Stadt) 55, 57, 116, 153, 159,
  164, 302, 347
Regierungsstatthalter 44
Regio-Alphorngruppe 30, 31
Regio Basiliensis 98
Regiogemeinde 329
Regio-Messe Lörrach 236

Regionale (Kunstausstellung) 282, 284
Regio-S-Bahn 98, 159, 165, 171–173, 364
RegioTriRhena 98
Reihenhäuser 112, 124
Reinach 232, 236, 264, 265
Rektorat der Landschulen 306, 312, 314, 317, 318, 320
Renaturierung von Gewässern 186, 189, 190
Rentner 106, 233
Restaurants: siehe Wirtshäuser
Revierförster 130
Rhein 29, 34, 36, 83, 85, 128, 129, 195, 199–201
Rheinfelden 208
Rheinkraftwerk Birsfelden 36
Richtplan 116, 143, 153, 170–172
Riehen (Ortsname) 17
Riehen für Sie (Gewerbezeitung) 236
Riehen hilft Rumänien 67, 69
Riehen Nord 114
Riehen regional 37
Riehenbrunnwerk 193, 362
Riehener Zeitung 14, 29, 32, 49, 63, 64, 67, 86, 91–93, 152, 158, 161, 178, 182, 200, 230, 253–255, 262, 276, 283, 292, 295, 297, 304, 307, 308, 312, 321, 339, 348, 356, 363
Riehenteich 189, 192, 193
Rockkonzerte 273, 288
Roggenburg 93
Römer 362
Rössli (Wirtshaus) 242, 251
Rüdinsches Landgut 305, 306, 314
Russland 84

St-Louis 98, 290
Sammlung Friedhof Hörnli 279
Sängerbund (Männerchor) 252
Sängerstübli 86
St. Blasien (Kloster) 42
St. Chrischona 16, 95, 174, 344; siehe auch Pilgermission St. Chrischona
St. Franziskuskirche 297, 329, 348, 349, 364
St. Gallen (Kloster) 362
St. Moritz 221
Sarasinpark 127, 140–142, 144, 258, 261, 265, 288, 346, 356, 357

S-Bahn: siehe Regio-S-Bahn
S-Bahn-Haltestelle Niederholz 172, 364
Scheibenschlagen 267
Schengener Abkommen 73, 93
Schiessanlage 258
Schlagzeug- und Marimbaschule Edith Habraken 290
Schlipf 16, 21, 24, 38, 80, 85, 126, 132, 138, 167–169, 214–216, 362
Schmuggel 36, 75, 91
Schopfheim 158
Schrebergärten: siehe Familiengärten
Schudel & Co. AG 254, 292
Schularzt 317
Schulcontainer 312
Schule für Krankenpflege 346
Schule für Psychiatrieschwestern 346
Schulgeld 302
Schulgesetze 302, 303, 307, 312, 314
Schulhaus im Moos (Projekt) 311
Schulhäuser 43, 282, 301–303, 305; siehe auch Burgstrasseschulhaus, Erlensträsschenschulhaus, Hebelschulhaus, Hinter Gärten, Niederholzschulhaus, Primarschulpavillon Steingrubenweg, Wasserstelzenschulhaus
Schulinspektor 302, 317
Schulmilch 309
Schulobligatorium 302, 305, 307, 314, 362
Schulreformen 301, 312, 314
Schulsynode 303
Schulwesen 34, 55
Schulzahnpflege 58, 61, 311, 317
Schützenhaus 43, 362
Schwarzwald 17, 129, 186
Schweizer Demokraten 277
Schweizerische Volkspartei (SVP) 53
Schwerverkehr 179, 182
Schwimmbad 41, 167, 258, 259, 363
Sekundarschule 306, 308, 309, 311, 317, 363
Seniorennachmittag 226
Singeasy 290
Skinheads 266
Skulpturenausstellung 276, 285, 364
Solarstrasse 2005 124
Sonderschulheime: siehe Gute Herberge, Zur Hoffnung
Sonnenhalde (Psychiatrische Klinik) 202, 346

Sonntagsschule 339, 342
Sozialdemokratische Partei (SP) 52, 53
Sozialhilfe 43, 52, 61, 66, 67, 364
Sozialhilfegesetz 66
Sozialstellenplan 235
Spar- und Leihkasse Riehen 363
Sperrzone (militärische) 80, 82–84
Spezialfabrik für Watte und pharmazeutische Produkte 218
Spielgruppen 270, 322, 352
Spielplätze 258, 264
Spielzeugmuseum, Dorf- und Rebbaumuseum 64, 117, 137
Spionage 86
Spitalpark 140
Spitex 34; siehe auch Verein Spitex Riehen-Bettingen
Spittelmatthof 134, 135, 199
Spittlerstift 342
Sportanlagen 254, 363; siehe auch Grendelmatte
Sportpreis 254
Sri Lanka 356
Staatskirche 332, 335
Staatsunabhängige Theologische Hochschule Basel 54, 338, 364
Staatsvertrag 167, 363
Stab (Restaurant) 86
Städteranking 106
Stadtmission: siehe Evangelische Stadtmission
Steinbrüche 128, 204
Stellfallen 193, 194
Stellimatten 129, 193, 258
Stetten 37, 38, 74, 81, 98, 187, 193, 332, 347
Stettenfeld 38, 78, 114, 116, 132, 136, 153, 172, 209, 223, 254, 311
Steuersatz: siehe Gemeindesteuer
Stimm- und Wahlrecht: siehe Wahlrecht
Strassburg 342
Strassenbahn: siehe Tram
Strassenunterhalt 34, 43, 55, 61, 64
Stuttgart 342
Südbaden: siehe Baden, Wiesental
Sunnehuus 354
Tagesbetreuung 59, 61, 303
Tagesheime 262, 322
Tagesschulen 320

Taglöhner: siehe Tauner
Tankstellen 200
Taubstummenanstalt: siehe Gehörlosen- und Sprachheilschule Riehen
Tauner 102, 103, 120, 121, 214, 216
Taunerhäuser 120, 122
Teich: siehe Mühleteich, Riehenteich
Teichkorporation, Kleinbasler 189
Telefon 363
Tempolimiten: siehe Verkehrsberuhigung
Tennisplatzbau 221
Theaterkurse 288
Therapeutische Wohngemeinschaft am Gatternweg 356
Tiefgaragen 41, 170, 176, 177
Tierwelt 127, 132, 133, 148, 186
Töchterschule 307
Totengräber 43
Tracht, Riehener 30, 31
Tram 36, 63, 87, 109, 111, 158–161, 165, 170–172, 174, 228, 363
Trampler & Co. 218
Tramstübli (Wirtshaus) 242
Transportunternehmer 214
Trinationaler Eurodistrict Basel 37, 98
Trinkwasser 43, 55, 147, 166, 185, 189, 193, 195, 196, 198–202, 362, 363
Tüllingen 21, 37, 38, 76
Tüllinger Hügel 21, 38, 79, 83, 126, 128–132, 167, 187, 277
Tumringen 76
Türkei 104
Turnerinnen Riehen 252
Turnhallen 254, 258, 309, 311, 314, 317
Turnverein Riehen 246, 252, 254, 255, 257
Twins Pub 266

Überalterung: siehe Altersstruktur
Umfahrungsstrasse (Projekte) 164–166, 170, 171, 176, 178, 364
Umweltbewusstsein 205
Umweltschutz: siehe Naturschutz
Umweltschutzgesetze 137, 178
Unterhalt der Wieseufer 186, 187, 302
Unternehmensberatung 217

Untertanen 18, 21, 42
Untervogt 42–44
Usego 224
Uusestuehle 235, 236

Velowege 38, 98, 146, 147, 160, 161, 166, 170, 172, 174, 175
Verein Dorfkino Riehen 297
Verein für kirchliche Evangelisation und Gemeinschaftspflege 247, 338
Verein für Musikfreunde Riehen 290
Verein Gegenseitige Hilfe 355
Verein Jüdisches Heim 355
Verein Spitex Riehen-Bettingen 252, 354, 355
Vereinigung Evangelischer Wählerinnen und Wähler (VEW): siehe Evangelische Volkspartei (EVP)
Vereinigung Riehener Dorfgeschäfte (VRD) 224
Vereinshaus am Erlensträsschen 247, 338, 339
Verkehrsberuhigung 176–182
Verkehrsverein Riehen 170, 246, 251, 258, 270, 274, 277, 278, 288, 292, 295, 297
Vieh- und Milchwirtschaft 63, 134, 135, 214, 216
Villen 109, 117, 227
Vohland + Bär AG 223
Volksabstimmungen 56–58, 65, 164, 166, 167, 170, 176, 223, 254, 276, 277, 286, 303, 304, 364
Volksbibliothek: siehe Gemeindebibliothek
Volksschule 303, 316
Vorschule für Pflegeberufe 346

Wahlrecht 44–47, 362, 363
Wald 14, 61, 127, 130, 141, 143, 147–149, 195, 198, 199, 209
Waldpflege 130, 143
Wannen- und Brausebad, Öffentliches 259, 317
Wappen, Riehener 17–20
Wärmeverbund 208, 210
Wäscherei 221
Waschhaus 221
Wasserkraft 189, 192
Wässern 193, 195, 198
Wasserqualität 195, 196, 200, 201, 206
Wasserreservoir 193, 196
Wasserstelzenschulhaus 30, 259, 310–312, 314
Wasserverschmutzung 189, 200, 201, 206

Wasserversorgung: siehe Trinkwasser
Wegpendler: siehe Pendler
Weideland 42, 134
Weil am Rhein 24, 34, 37, 38, 76, 78, 82, 98, 132, 164, 167, 168, 172, 187, 193, 201, 332, 364
Weinbau: siehe Rebbau
Weinlese 42, 215
Weiterbildungsschule (WBS) 307
Weiterer Gemeinderat: siehe Einwohnerrat
Weltkriege: siehe Erster Weltkrieg, Zweiter Weltkrieg
Wenken: siehe Wenkenhof
Wenkenhalde 110
Wenkenhof 140, 144, 274, 290, 291, 362
Wenkenpark 64, 141, 144, 276, 281, 285, 288, 290, 291, 351, 364
Werkhof 60, 65, 204, 209
Werthemann-Stähelinsches Landgut 119, 323
Wettingen (Kloster) 109, 362
Wettsteinhäuser 63, 117, 193, 275, 279, 282, 286, 354
Wettsteinpark 140, 141, 176, 234
Wiese 24, 79, 82, 129, 132, 143, 151, 164, 168, 186–189, 193, 195, 197, 200, 201, 258
Wieseebene 127, 184, 186, 193, 194, 196, 300
Wiesenbrücke 167, 168, 188, 363
Wiesenkorrektion 143, 186–189, 195, 363
Wiesental 14, 75, 98, 200, 242
Wiesentalbahn 75, 82, 109, 158–160, 166, 170–172, 305, 363
Wildtiere: siehe Tierwelt
Winzerfest 267
Wirtschaftsförderung 61, 236
Wirtshäuser: 242; siehe auch Drei König, Landgasthof, Ochsen, Rössli, Sängerstübli, Stab, Tramstübli
Wohnbevölkerung: siehe Einwohnerzahl
Wohnblöcke 102, 112, 140
Wohngenossenschaften 101, 108, 111–114, 121, 363; siehe auch Heimstättengenossenschaft Gartenfreund
Wohnungsbelegung 102–104
Wohnungsknappheit 114
Wrapped Trees 276, 364
Würstlisinge 267
Wyhlen 37, 332

Zell im Wiesental   98
Zeltmission   338
Zichorienfabrik (Projekt)   218
Zivilstandswesen   62, 63
Zoll   74, 91
Zollfreistrasse   38, 147, 151, 164, 165, 167–171, 259, 363, 364
Zollposten   72, 76, 93, 98, 182, 363
Zonenplan   113, 116, 166, 363
z'Rieche (Jahrbuch)   16, 28, 32, 65, 279, 295, 353, 364
Zünfte   220
Zupendler: siehe Pendler
Zur Hoffnung (Sonderschulheim)   319, 321
Zürich   86
Zweiter Weltkrieg   36, 37, 73, 80–86, 114, 315

Bildnachweis

Christian Aeberhard, Basel/Zürich:
    Umschlag, S. 96/97, 145, 184, 272, 287 unten

Archiv Frauenverein Riehen:
    S. 353, 354

Archiv Kommunität Diakonissenhaus Riehen:
    S. 323, 343
Ludwig Bernauer: S. 344/345

Archiv Riehener Zeitung:
    S. 179, 283 links
Philipp Jaquet: S. 351, 357
Sandra Ziegler: S. 66, 291 unten

Basler Denkmalpflege:
Markus Schmid: S. 100

Dokumentationsstelle Riehen:
    S. 19 oben und unten links; S. 45, Planarchiv, B 6;
    S. 113 oben; S. 115, 600.2.5; S. 205; S. 207, 452.3.6
    a.1; S. 249; S. 250, S. 324, Zeitungsdokumentation
Diasammlung (anonyme Aufnahmen): S. 40, B.4 03,
    o. Nr.; S. 126, B.4 03, o. Nr.; S. 135, B.4 02,
    Nrn. 3285 und 3286; S. 139, B.4 01, Nr. 956;
    S. 162/163, B.4 01, Nr. 218; S. 291 oben, B.4 03,
    o. Nr.
Fotosammlung (anonyme Aufnahmen): S. 12, B.1
    04897-04; S. 43, B.1 02588-00; S. 60, B.1 00 437-
    00; S. 78, B.1 02902-00; S. 87, B.1 02896-00; S. 89,
    B.1 04731-00; S. 122 oben, B.1 01547-00; S. 159,
    B.1, 00802-00; S. 161, B.2 00531-00; S. 248 oben,
    B.1 06706-00; S. 253, B.1 06568.00; S. 248 unten,
    B.1 0646-00; S. 255, B.1 07375-00; S. 256 oben,
    B.1 06758-00; S. 310 B.1 04987-01; S. 315,
    B.1 07607-00; S. 319, B.1 06429-00; S. 349 unten,
    B.1 04908-02

Ludwig Bernauer: S. 48, B.1 05110-00; S. 194 unten
Peter Bolliger: S. 105 unten, B.1 02367-00; S. 119 oben,
    B.1 03350-00; S. 177, B.4 02, Nr. 2317; S. 318,
    B.1 05986-00; S. 337 oben, B.1 05406-00
Hansruedi Clerc: S. 119 unten, B.1 0797-00
Höflinger: S. 77 oben, B.1 02900-00; S. 243,
    B.1 00262-00
Marlene Minikus: S. 23 oben, B.1 05563-00
Bernhard Raith: S. 334, B.1 04770-00
Helena Schneider: S. 293 oben
E. Schweiss: S. 84 oben, B.1 05765-00; S. 90 unten
    links, B.1 05731-00; S. 90 unten Mitte,
    B.1 05733-00; S. 90 unten rechts, B.1 05729-00;
    S. 257, B.1 06759-00
Adrian Stückelberger: S. 180/181, Stüc 2; S. 275; S. 285
Dieter Wüthrich: S. 49 unten
Reinhard Zimmermann: S. 122 unten

Urs Denzler, Riehen:
    S. 360

Fondation Beyeler:
Ben Ludwig: S. 287 oben

Peter Gabriel (Kaktus Design), Riehen:
    S. 169

Gemeindeverwaltung Riehen:
    S. 19 unten links
Christian Jann: S. 203

Grundbuch- und Vermessungsamt Basel-Stadt:
    S. 35

hartmann bopp, Basel:
    S. 34, 36 – 38, 53, 61, 104, 108, 111, 128, 141, 165,
    197 oben, 199, 217, 232, 233

Hintermann & Weber AG, Reinach:
Matthias Plattner: S. 146

Philippe Jaquet, Riehen:
S. 31, 72, 256 unten, 260/261, 263 unten, 268/269, 284, 289, 293 unten

Christoph Junck, Riehen:
S. 68, 94, 95, 124, 131, 137, 150/151, 152, 154, 156, 175, 190 unten, 191, 194 oben, 198, 240, 277, 280/281, 300, 306, 320, 337 unten, 349 oben

Markus Junck, Riehen:
S. 15, 63, 105 oben, 144, 173, 326, 330/331, 340

Mediendienst Grenzwache Basel:
S. 91

Sibylle Meyrat, Basel:
S. 283 rechts

Andreas Ochsenbein, Basel:
S. 149

Gerd Pinsker, Riehen:
S. 49, 118 oben, 248 unten, 263 oben, 304

Plakatsammlung Basel:
S. 54

Privatarchiv Rolf Jeck, Reinach:
Lothar Jeck: S. 316

Privatarchiv Ernst Kauer:
S. 84 unten, 90 oben

Privatarchiv Johannes Wenk-Madoery:
S. 51, 56, 75, 77 unten, 81, 118 unten, 123, 188 oben, 190 oben, 192 oben, 336

Ruedi Schärer, Riehen:
S. 341

Staatsarchiv Basel-Stadt:
S. 22, Planarchiv G 1,23; S. 25, Planarchiv A 1,26; S. 26/27, Planarchiv U 4,80a; S. 103, NEG 21250; S. 113 unten, BSL 1013 1-206 2 (Foto: Hans Bertolf); S. 187, BILD 4,404; S. 188 unten, AL 20, 2-3; S. 192 unten, AL 45, 1-68-1; S. 196, BD-REG 11b 1-9 1-1; S. 197 unten, BILD 4,84; S. 311, BSL 1013 1-3723 1 (Foto: Hans Bertolf)

Fredy Wickli (www.fotorama.ch):
S. 110, 313

Andreas Zimmermann, Münchenstein:
S. 394

Repros:
Riehen. Geschichte eines Dorfes, Riehen 1972 (S. 105 und 131): S. 19, mittlere Reihe links und Mitte
Stohler, Hans: Die Basler Grenze, Basel 1964 (S. 31): S. 23 unten
Johann Siebmachers Wappen-Buch. Faksimile-Nachdruck der 1701–1705 in Nürnberg erschienenen Ausgabe, München 1975: S. 19, mittlere Reihe rechts
Basellandschaftliche Zeitung, 16. Juli 2004: S. 58
Riehener Zeitung, 1959: S. 298

http://commons.wikipedia.org:
Luc Viatour: S. 133

Autorinnen und Autoren

Arlette Schnyder, Stefan Hess, Sibylle Meyrat, Daniel Hagmann, Isabel Koellreuter.

Daniel Hagmann, geboren 1966 in Hilden (D), studierte in Basel Geschichte, Deutsche Literatur- und Sprachwissenschaft. Er promovierte 1998 im Fach Neuere Allgemeine Geschichte und publiziert seit vielen Jahren als freiberuflicher Historiker zur Regionalgeschichte. Wohnhaft ist er, zusammen mit Partnerin und Tochter, in Basel.

Stefan Hess, geboren 1965 in Basel, studierte in Basel Geschichte, Deutsche Literaturwissenschaft und Kunstgeschichte und promovierte 2007 im Fach Kunstgeschichte. Nach langjähriger freiberuflicher Tätigkeit arbeitet er seit November 2008 an der Dokumentationsstelle der Gemeinde Riehen und seit Anfang 2009 als Leiter der Historischen Sammlung am Museum Aargau. Er wohnt in Basel.

Isabel Koellreuter, geboren 1974 in Locarno, studierte Geschichte, Kunstwissenschaft und Volkswirtschaftslehre an den Universitäten Basel und Salamanca. Sie arbeitete als wissenschaftliche Mitarbeiterin an Hochschulen, für Ausstellungen und diverse Publikationsprojekte. Zurzeit verfasst sie ihre Dissertation zum Thema Glücksspiel in der Schweiz. Sie wohnt zusammen mit Partner und Sohn in Basel.

Sibylle Meyrat, geboren 1972 in Basel, studierte Geschichte, Deutsche Sprach- und Literaturwissenschaft in Basel, Berlin und Freiburg i. Br. Von 2002 bis 2008 war sie Redaktorin der ‹Riehener Zeitung›, seit 2004 arbeitet sie am Jahrbuch ‹z'Rieche› mit. Seit 2008 freischaffende Tätigkeit als Historikerin und Journalistin. Sie wohnt in Basel.

Arlette Schnyder, geboren 1968 in Bafut, Kamerun, studierte in Basel Germanistik, Philosophie und Geschichte und promovierte 2006 im Fach Neuere Allgemeine Geschichte. Sie arbeitet als freischaffende Historikerin und Journalistin, wohnt gemeinsam mit Partner und zwei Kindern in Basel.